1987
A História Definitiva

1987

A fasting seminar

1987
A História Definitiva

Pablo Duarte Cardoso

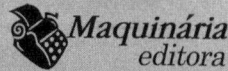

Maquinária
editora

Em pé: Leandro, Zé Carlos, Andrade, Edinho, Leonardo e Jorginho.
Agachados: Bebeto, Aílton, Renato, Zico e Zinho

O Campeão Brasileiro de 1987

01 - Bebeto faz o gol do título contra o Internacional

02 - Renato arranca para fazer o gol da vitória contra o Atlético (MG)

03 - Renato e Bebeto comemoram mais um gol do Fla

04 - Carlinhos: o grande comandante do time

05 - Zico e Bebeto: duas gerações de campeões

06 - Zico e Zinho levam o troféu de campeão

07 - O Galinho de Quintino ergue a taça do tetra

Copyright © Pablo Duarte Cardoso, 2017

Todos os direitos desta edição reservados à Maquinária Editora.
Rua Olegarinha, 47 – Grajaú
Rio de Janeiro, RJ – CEP 20560-200
www.maquinariaeditora.com.br
contato@maquinariaeditora.com.br
Proibida a reprodução total ou parcial deste conteúdo

Coordenação editorial
Paschoal Ambrósio Filho
Roberto Sander

Capa
Júlio Galhardi

Preparação de originais
Caroline Salzmann

Revisão
Gilson Soares

Projeto Gráfico e Diagramação
Simone Oliveira

CIP – CATALOGAÇÃO NA PUBLICAÇÃO

C268

Cardoso, Pablo Duarte, 1976-
    1987: a história definitiva / Pablo Duarte Cardoso. - 1. ed. - Rio de Janeiro : Maquinária, 2017.
    308 p. : il. ; 23 cm

    Contém Apêndice
    Inclui bibliografia e índice
    ISBN 978-85-62063-79-4

  1. Clube de Regatas do Flamengo. 2. Futebol - Torneios - Brasil – História. I. Título.

0043/2017   CDD: 963.34981
                            CDU: 796(81)

Bibliotecária
Eliane Lemos
CRB 5866

Ao meu pai,
Pelas tardes de domingo
(com ou sem Zico)
no Maracanã.

À Raquel,
Pela paciência resignada.

À Beatriz,
luz dos meus olhos,
e ao Arthur,
que não carrega esse nome à toa,
porque eu teria um desgosto profundo
se faltassem eles no mundo.

1987
A História Definitiva

CLUBE DA VERDADE 1987
Rubro-negros e esportistas que contribuíram e ajudaram a viabilizar este documento histórico

- Acrísio Cansado
- Adail de Sousa Carneiro
- Adelina Maria Alves Novaes e Cruz
- Adilson Mendes
- Adriana Paraná Lacerda
- Alaor Mello
- Aldenizio Tabosa Santos
- Aldizio Tabosa Santos
- Alex da Silva Gomes
- Alexandre Farah
- Alexandre Ferro
- Alexandre Furtado Gonçalves
- Alexandre Lacerda Pedrazzi
- Allan Borges
- Almir Ghiaroni
- Altamir Tojal
- Ana Luísa Teixeira Bosi Ribeiro
- Andrei Duarte Cardoso
- André Buarque de Hollanda
- André Dória
- André Galdeano Simões
- André Mendes Fikota
- Andre S. B. R. Santos
- Antenor Gomes Fernandes
- Antonio José Carvalho
- Arizio Varejão Passos Costa
- Armando Francisco do Souto
- Arnaldo Cardoso Pires
- Arnaldo Cardoso Pires Filho
- Arthur Lavigne
- Arthur Muhlenberg
- Arturo Vaz
- Ary Sucena
- Aureo Ferreira Sardão
- Benício Medeiros
- Beto Caires
- Breno de Bragança Soares Chaves
- Bruna Grimberg
- Bruno de Lima Louro
- Caio Tasso Brêtas
- Camila Traverssa Muhlenberg
- Carlos Alberto Amorim Jr.
- Carlos Augusto Montenegro
- Carlos Fontão
- Carlos Geraldo Langoni
- Carlos Henrique Magalhães de Lima
- Carlos Miguel Castex Aidar
- Catarina Correa
- Cecília Figueiredo
- Cecília Mendes
- Celso da Silva Costa Júnior
- Cesar Biaggio Fontelles
- Claudio Domênico
- Cláudio Luiz Torres
- Cyro Britto
- Cleiton Caiado Braga

1987
A História Definitiva

- Clemente Gonzaga Leite
- Cristiano Franco Berbert
- Danilo Abdalla
- Davi Vieira Berbert
- David Estevam de Britto
- Debora Areal de Souza
- Denise Lacerda Pedrazzi
- Deyvson d'Àvila Nunes Silva
- Eduardo Carnaval
- Eduardo Maragna Guimarães Lessa
- Eduardo Ramos
- Edson Roberto Panisset Vieira
- Eliane Silva Ambrósio
- Elias Luna Almeida Santos
- Emerson Kloss
- Emília Traverssa Muhlenberg
- Emmerson Abdalla
- Enzo Dória
- Erasmo Lino Alfaia
- Ercio Braga
- Erick Xavier Marques
- Ernesto de Carvalho Dunlop
- Esperidião Fernandes Campos
- Felipe Nepomuceno Triaca
- Felipe Vilalva Lessa
- Fernanda Grimberg
- Fernando Antunes
- Fernando Falcão
- Flávio Garcia Netto Machado
- Francisca Ferreira Leite
- Francisco Eduardo de Luna A. Santos
- Francisco Horta
- Frederico Garrido de Barros
- Gabriela Ramos Miranda
- Gabriel Cintra
- Gabriel Gdalevici Junqueira
- Gabriel Luiz Carvalho Torres
- Gabriel Megre Carvalho Assunção
- Gabriel Ribeiro Madeira Campos
- Gabriel Salazar Fontes
- Gelson Guedes Rodrigues
- Geraldo Azevedo Filho
- Germano Toscano de Brito
- Gílson Sant'anna
- Glauco Fernandes Guedes
- Gonny Arruda
- Guido Antonio
- Guilherme Bianchini Galdeano Simões
- Guilherme Calmon
- Guilherme de Cerqueira Madeira Campos
- Guilherme Dias Fontes
- Guilherme Luiz B. R. Leite Ribeiro
- Gustavo Almeida Raposo
- Gustavo Areias
- Gustavo de Sá Duarte Barboza
- Gustavo Fernandes
- Gustavo Rafare
- Heitor Bastos Tigre
- Hélio Paulo Ferraz
- Henrique Fabian de Carvalho
- Igor Abdalla
- Igor Xavier Marques
- Ivan F. C. Guimarães
- Isabela Bianchini Galdeano Simões

1987
A História Definitiva

- Israel Marco Péres Neto
- Ivette Stiebler Dunlop
- Jair Lamarca Dias
- Janette Maria Pimentel Corrêa de Sá
- Jeronymo Monteiro de Sá
- Joaquim José de Oliveira Filho
- João Marcos F. Mendes de Almeida
- João Pedro Cordeiro Leite
- João Theotonio Mendes de Almeida Junior
- Joca Góes
- Jocimar Caiado Braga
- Jorge Fernando Schettini Bento da Silva
- Jorge Porcaro
- José Carlos de Oliveira
- José Cruz
- José Eustáquio Cardoso
- José Francisco Monachesi Péres
- Josino Catarino
- Julia Vilalva Lessa
- Juliana Alves Novaes e Cruz
- Kleber Leite
- Klefer Marketing Esportivo
- Laura Maria Gomes Fernandes
- Leandro Lopes Campos
- Leonardo Brandão Magalhães
- Léo Almada
- Leo Rabelo
- Leonardo Poles Amorim
- Lucas de Castro Brêtas
- Lucas Vieira Berbert
- Luiz Antonio de Souza Teixeira Junior
- Luiz Cyrillo Fernandes
- Luiz Edmundo Del Negro Sutter
- Luis Roberto Barroso
- Luiz Roberto H. Caires
- Luiz Guilherme Costa
- Luiz Gustavo
- Luiz Leal Netto Machado
- Luis Nogueira
- Marcela Lèbre Drummond Reis
- Marcelo Ambrósio
- Marcelo Carvalho Ambrósio
- Marcelo Conduru
- Marcelo Conti Baltazar
- Marcelo Ferreira Rosenthal
- Marcelo Ramos Araújo
- Márcia Felipe
- Marcio Baroukel Braga
- Márcio Mattos Carneiro
- Marcius da Costa Ferreira
- Marco Aurélio Mello
- Marco Aurélio Pires Ambrósio
- Marco Cintra
- Marcos César Schettini Soares
- Marcus Reis
- Marcus Vinícius Fernandes
- Marcus Vinícius Fernandes Campos
- Maria Isabel Soares de Araújo
- Marilene Dabus
- Marili Maria Oliveira
- Marina Alves Novaes e Cruz
- Marina Mendes Fikota
- Mario Stiebler Dunlop
- Matheus Augusto Ferreira Pimentel

1987
A História Definitiva

- Matheus Cario Ambrosio
- Maurício Gomes de Mattos
- Maurício Neves de Jesus
- Maurício Ribeiro
- Mauro Beting
- Mauro Sérgio F. Bayout
- Maxwel Ribeiro Moreira
- Neires Maria Tabosa Santos
- Nelson Siqueira Rangel Netto
- Nestor Castilho Gomes
- Oldon Machado de Sousa
- Orlando Leite Ribeiro
- Otavio Grimberg
- Patricia Areal de Souza
- Paula Areias
- Paulo Niemeyer
- Paulo Rodrigues
- Pedro Calmon
- Pedro Miguel Machado Ferreira Muhlenberg
- Pedro Trengrouse
- Rafaela Bianchini Galdeano Simões
- Ramon Reis Gomes da Silva
- Rafael Paulino Ferreira Sardão
- Rafael dos Santos Bosi Ribeiro
- Rafael Schincariol
- Raphael Monteiro
- Regina Brait
- Renaldo Bussiere
- Ricardo de Oliveira Amorim
- Ricardo Japiassu
- Ricardo Luís Gomes Assunção
- Robert Grimberg
- Roberto Barreto de Moraes
- Roberto Rodriguez de Moraes
- Rodolfo Pinheiro de Moraes
- Rodrigo Dias Fontes
- Rogério Portugal Barcellar
- Ronaldo Costa Filho
- Ruy Castro
- Samuel Nogueira
- Sandro Rilho
- Sebastião Pedrazzi
- Sergio Andrea Ferreira
- Sérgio Arthur Calmon
- Sérgio Muniz da Silva
- Sérgio Rabello Cardoso Pires
- Schalom Grimberg
- Sidneia Reis Cardoso
- Sigmaringa Seixas
- Suzana Albino França
- Theo Caldas Machado
- Thiago Bastos
- Tiago Antunes Gonçalves Ambrósio
- Tiago Ribeiro dos Santos
- Tulio Rogerio Vieira de Jesus
- Valério Kloss
- Vanise de Figueiredo Lèbre
- Vinicius Colpas Fernandes Campos
- Vinícius França
- Vinícius Lopes Campos
- Vinicius Martins Botelho
- Vitor Almeida Ribeiro de Miranda
- Wellington Basílio Costa Júnior
- Yago Souto Samuel
- Zion Nepomuceno Triaca

SUMÁRIO

INTRODUÇÃO
AQUELE ASTERISCO 16

CAPÍTULO 1
TUDO SÃO ASTERISCOS 23

CAPÍTULO 2
ZARALHO NO PAÍS DE OCTÁVIO E NABI 45

CAPÍTULO 3
A REBELIÃO DE CLUBES E TORCIDAS 67

CAPÍTULO 4
NASCE O MARKETING ESPORTIVO 101

CAPÍTULO 5
O MAIOR CAMPEONATO DE TODOS 117

CAPÍTULO 6
O CAMPEONATO CLANDESTINO 166

CAPÍTULO 7
O TRIUNFO DO ATRASO 190

CAPÍTULO 8
POST SCRIPTUM 219

CAPÍTULO 9
DE VILÕES E HERÓIS 243

CAPÍTULO 10
PONTO FINAL 248

CAPÍTULO 11
AGRADECIMENTOS 253

CAPÍTULO 12
CRONOLOGIA 255

CAPÍTULO 13
NOTAS E REFERÊNCIAS 277

INTRODUÇÃO
AQUELE ASTERISCO

Não se sabe ao certo quando ele apareceu, o asterisco. A 13 de dezembro de 1987, quando o sr. José de Assis Aragão trilou o apito final e Zico ergueu a Copa União, o Flamengo sagrava-se campeão brasileiro de futebol pela quarta vez.

Assim retratou, no dia seguinte, a grande imprensa da época. Para o *Jornal do Brasil*, que talvez ainda fosse o mais influente do país, o "Fla conquista o tetracampeonato". *O Globo* abriu a primeira página com a manchete "Flamengo tetracampeão" e estampou seu caderno de esportes com um garrafal "Tetra" em vermelho e preto. *O Jornal dos Sports*, na mesma linha, sentenciou: "Mengo é tetra".

Bairrismo carioca? Em São Paulo, a *Folha*, já então o jornal de maior tiragem do país, tampouco deixava margem a dúvidas: "Flamengo é tetracampeão". (*O Estado de São Paulo*, à época, não circulava às segundas-feiras.) A *Gazeta Esportiva* batia na mesma tecla: "Mengo é tetra!". Para o *Jornal da Tarde*, um Brasileiro era um Brasileiro era um Brasileiro, e dispensava maiores explicações: "Flamengo, o campeão". A *Placar*, algo assim como os santos evangelhos do torcedor, a 18 de dezembro intitulava a sua matéria principal "Quatro vezes Flamengo", para depois insistir no número mágico: "o rubro-negro conquista o tetra".

No Rio Grande do Sul, o jornal *Zero Hora* confirmava o tetracampeonato rubro-negro pela via reversa: "Sonho do tetra do Inter acaba nos pés de Bebeto". (Ainda hoje, 30 anos depois, é difícil ler a manchete sem conter um sorriso. Ela recorda e valida a piada antiga sobre como a *Zero Hora* noticiaria o fim do mundo: "Rio Grande vai acabar".) Lá dentro, encimando o pôster do campeão, a manchete garrafal: "Os tetracampeões". No subtítulo, para não deixar nenhuma dúvida, o jornal sentencia: "Com veteranos e garotos, o Flamengo chegou ontem ao seu quarto título brasileiro".

Em Brasília, o *Correio Braziliense* repetia a fórmula na capa, em sua manchete principal: "Fla é tetra", esclarecendo mais abaixo que "só a CBF não aceita este resultado". E tripudiando: "Módulo Amarelo vira uma piada".

Só a CBF? Mesmo no Recife, o *Diário de Pernambuco* estampou, em seu caderno de esportes, a manchete "Flamengo é campeão no Maracanã". O jornal não deixou de registrar as ressalvas burocráticas da CBF quanto ao *status* oficial da Copa União, nem se escusou de noticiar os acontecimentos algo patéticos que se desenrolavam, simultaneamente, na

Ilha do Retiro. Ainda assim, a matéria deixa claro que tampouco havia dúvidas quanto ao real valor da conquista do time *mais querido do Brasil*:

> O Flamengo, com todo o merecimento, sagrou-se o primeiro campeão da Copa União, denominada pelo Clube dos 13, correspondente ao Módulo Verde da Copa Brasil e Troféu João Havelange, ao vencer no segundo jogo decisivo o Internacional, por 1 a 0, com um gol de Bebeto, jogador que decidiu as partidas mais importantes. A torcida do Flamengo promoveu um grande carnaval no Maracanã, festejando o inédito título, *que lhe valeu pelo tetracampeonato brasileiro* [grifos do autor].[1]

Confissão de parte, relevo de prova? Era o que parecia: aos olhos de todo o mundo — do sul e do norte, de todos os cantos, de toda a nação —, no dia 13 de dezembro de 1987, o Flamengo sagrou-se tetracampeão brasileiro.

Àquela altura, Sport do Recife e Guarani de Campinas dividiam o título irrelevante do Módulo Amarelo, um nome pomposo que não escondia, aos olhos de ninguém, que aquilo ali não era mais do que a segunda divisão. Ninguém apostava, ninguém queria que se realizasse um cruzamento final entre Flamengo e Internacional, campeão e vice da Copa União, mais Sport e Guarani, os dois finalistas de um campeonato disputado simultaneamente, na mais perfeita clandestinidade.

Ninguém, claro, a não ser os autores da proposta: uma CBF já completamente desacreditada e carente de legitimidade, mais um punhado de federações estaduais. Juntas, essas forças retrógradas conspiravam para perpetuar o atraso em que vegetava o nosso futebol. Para a CBF e as federações, como se verá, era necessário domar a rebelião dos grandes clubes de futebol, que ameaçavam subverter a ordem estabelecida por duas ditaduras e reorganizar o nosso futebol em benefício não da cartolagem, mas dos clubes, depositários de toda a paixão. E o caminho encontrado para domar a revolta era justamente o tal cruzamento, uma imposição esdrúxula que, mais que igualar à força os desiguais, sinalizava que *manda quem pode e obedece quem tem juízo.*

Fora essa gente, no entanto, a virtual unanimidade nacional — entre clubes, torcedores e formadores de opinião — descartou já no nascedouro a ideia cretina do cruzamento. Para ilustrá-lo, basta recorrermos à voz autorizada de João Saldanha, que em 1987 ditava cátedra no *Jornal do Brasil*, e que achincalhou a proposta tão logo dela tomou conhecimento:

> Agora são os "amarelos" que querem e tentam exigir que joguem contra eles. Esportivamente, isso é muito feio. Imaginem o Lá Vai Bola exigindo que o Posto 4 jogasse com ele. Nem o Viriato Trindade Júnior, o "Boi", faria isso, nem o Neném Prancha toparia. O jogo poderia ser tratado no boteco do Carnera ou do Damião, antigo Bar do Bico. Mas nunca saído de uma lei. O juiz que ousasse isso poderia ter uma surpresa. Os jogadores não iriam ao campo. E daí? Seria desacato? Nada disso. É que, esportivamente, de acordo com tradições centenárias, o jogo não tinha sido tratado por Pé de Prancha e Trindade.

E o mesmo João Saldanha, logo a seguir, explicava o que estava em jogo por trás de questão aparentemente tão prosaica:

> Foi contra isso que o Clube dos Treze se rebelou. Eles querem o direito natural e esportivo de jogar contra quem quiserem e quando quiserem. [...] E, na hora em que [o nosso futebol] tenta se levantar, lá vêm as forças retrógradas das viúvas do atraso e do antifutebol.[2]

Para resumir, às vésperas do Natal de 1987, o Flamengo era tetracampeão do Brasil e, juntamente com o Internacional de Porto Alegre, recusava-se a coonestar um golpe armado pelo que havia de pior na cartolagem brasileira: não jogariam contra Sport e Guarani e nisso tinham o apoio dos demais grandes clubes, dos principais meios de comunicação e formadores de opinião, para não falar de 95% da torcida nacional. Naquele momento, estava claro que o Clube dos Treze, a Copa União, a liga independente de clubes eram o futuro. A CBF, Octávio Pinto Guimarães, Nabi Abi Chedid, Eduardo Viana, José Maria Marin, Rubens Hoffmeister e os campeonatos com trinta, quarenta, noventa times, eram o passado. E, ao passado, a lata de lixo da história.

E, no entanto, aos pouquinhos, quase imperceptivelmente, o asterisco foi dando o ar de sua graça. Apareceu aqui e ali, em almanaques e compêndios históricos que registravam, quase anedoticamente, o entendimento da CBF de que o campeão *oficial* de 1987 era o Sport Club do Recife. Cresceu e robusteceu-se com as decisões judiciais que, uma atrás da outra, o clube pernambucano foi obtendo diante da desídia de um Flamengo indiferente, *rempli de soi-même*[3], consciente de que sua grandeza não principiava e se encerrava em 1987. Tornou-se talvez definitivo, inamovível, quando, por isso mesmo, as sentenças em favor do Sport se tornaram inapeláveis, *transitadas em julgado,* como passou a declamar a torcida do clube pernambucano, a demonstrar uma familiaridade um tanto insólita com a terminologia jurídica. E, pouco a pouco, até mesmo os grandes jornais e emissoras de televisão do país viram-se constrangidos a abrir espaço para a versão inacreditável, aos olhos de todo o mundo que viveu o ano de 1987, de que também o Sport era campeão nacional.

Este livro é a história daquele asterisco. É a obra de um obsessivo, de alguém que teve em 1987 uma de suas experiências formadoras como torcedor e que cresceu com a lembrança indelével daqueles acontecimentos. É fruto de trinta anos de reflexões a esse respeito e, por isso mesmo, pretende ser exaustivo e, quiçá, definitivo.

Ao longo das próximas páginas, o autor buscará demonstrar que ele, o asterisco, resultou de um golpe armado pelas forças do atraso, pelo que de pior havia em nosso futebol: uma CBF ilegítima e as federações estaduais que a integravam. Foi a resposta que puderam dar à revolução libertária que os grandes clubes ameaçavam promover, em perfeita sintonia com a atmosfera que vivíamos no Brasil da Nova República. Um momento em que, apesar do desalento com os rumos do país e de nosso futebol, ainda acreditávamos que tudo era possível. Um momento em que ainda brigávamos por eleições diretas e nos preparávamos para redigir uma Constituição que enterrasse o *entulho autoritário* e assentasse as bases de um país mais justo e democrático. E o futebol, como se verá, era parte desse processo.

Este livro procurará demonstrar que alguns anseios que virão à tona em 1987 são quase tão antigos quanto o nosso Campeonato Nacional: a busca de maior autonomia por parte de nossos grandes clubes; a formação de uma liga independente fora da tutela da CBF e das federações. Para isso, vai buscar lá nos primórdios da história de nosso esporte profissional — mais precisamente no Estado Novo de Getúlio Vargas — as origens de um sistema autoritário que avassalou os clubes às federações e à Confederação Brasileira de Desportos, para depois descrever como o regime militar de 1964-1984 acentuou os piores defeitos desse sistema (e como alguns deles perduram, intocados, até hoje).

O livro relata também a luta de alguns visionários para subverter esse sistema retrógrado, justamente no momento em que o Brasil tratava de restabelecer a democracia e as liberdades públicas. Entre esses visionários, destacaram-se as figuras de Marcio Braga, presidente do Flamengo em tantas oportunidades, e do professor Manoel Tubino, presidente do Conselho Nacional de Desportos entre 1985 e 1990. A eles se juntarão, em 1987, figuras como as de Carlos Miguel Aidar, presidente do São Paulo, Paulo Odone de Araújo Ribeiro, presidente do Grêmio, e até mesmo Eurico Ângelo de Oliveira Miranda, vice-presidente do Vasco da Gama, todos protagonistas na criação do Clube dos Treze, que reunia os clubes de maior torcida do Brasil, e da Copa União, a liga independente de 1987, que funcionava como verdadeira *meta-síntese* daquela revolução. Uma revolução que contava com o apoio entusiástico do que havia de melhor em nossa imprensa esportiva, tendo à frente Juca Kfouri, Armando Nogueira e João Saldanha.

É em resposta a essa revolução que os vilões de nossa história haverão de somar esforços para quebrar a espinha dos grandes clubes, que se organizaram para tomar o que era seu por direito. Após muitas ameaças vazias e sabotagens mesquinhas, o caminho afinal encontrado para *não largar a rapadura* foi impor o famoso cruzamento, um quadrangular entre campeão e vice da Copa União e os dois primeiros do campeonato mambembe que a própria CBF organizou às pressas com o rebotalho. Com isso acreditavam poder domar os ímpetos revolucionários dos grandes clubes e manter as coisas como sempre foram e como sempre haviam de ser.

E conseguiram, que esta é a história de uma revolução frustrada, interrompida quando tinha tudo para frutificar. Lentamente, à força de ameaças covardes e incentivos espúrios, CBF e federações foram minando a unidade dos grandes clubes, até o momento em que as traições se tornaram a regra do jogo e se impôs a regra ancestral da *farinha pouca, meu pirão primeiro*. Lado a lado com os sonhos e a ousadia de 1987, a nossa é também uma história de mesquinhez, inveja e rivalidades, e ajudará a entender por que, trinta anos depois, o nosso futebol chegou aonde chegou, e por que parece não encontrar forças para reagir, a despeito do trauma dos 7 a 1.

O leitor terá reparado que, até aqui, quase não se falou no Sport do Recife. É que, a rigor, ele não é exatamente o vilão da história. O clube era e permaneceu uma simples nota de rodapé no enredo maior do futebol brasileiro, mas calhou de estar na hora e no lugar certo para aproveitar-se plenamente da oportunidade única que aquele cruzamento lhe proporcionava.

O fato é que havia, no Sport, algo daquela tenacidade tão própria de sua terra, uma tenacidade frequentemente nobre, outras vezes desavisada e quixotesca. O clube haverá de agarrar-se àquele título inverossímil, nascido de um conluio entre gente da pior espécie, e fará dessa causa o caminho para ganhar notoriedade e, quem sabe, deixar de ser, eternamente, aquela nota de rodapé, travando uma longuíssima batalha judicial para ver-se reconhecido, quando mais não seja, como o campeão *legal* (ainda que não legítimo) de 1987. Nesse processo, o clube ganhará também o seu asterisco, para sempre pespegado à gloríola que constitui, ainda hoje, o momento mais brilhante dos 112 anos de história leonina.

Tudo isso também é parte de nossa história.

E, com tudo isso, ao longo desses trinta anos, o torcedor rubro-negro teve de aturar que se lançassem dúvidas sobre a legitimidade de uma das mais límpidas, das mais cristalinas das conquistas de um clube brasileiro, desde Charles Miller e Oscar Cox. A conquista que ilustra à perfeição a regra do *deixou chegar, fodeu*. A do Zico, de tantas glórias, questionado como nunca depois daquele pênalti e de duas cirurgias no joelho, a dar o seu último fôlego para calar os críticos e conquistar o último grande título de sua carreira vitoriosa. A de Renato Gaúcho, endeusado como um *Beatle*, a calar definitivamente Telê e o Mineirão, numa noite de loucuras em 2 de dezembro de 1987. A de Andrade, melhor jogador das finais, a jogar a melhor temporada de sua carreira, culminada na assistência que coroou uma jogada coletiva de antologia, na finalíssima contra o Internacional. A de Leandro, também ele às voltas com lesões intermináveis, mas com a mesma classe e a mesma raça que fizeram dele o maior lateral-direito de todos os tempos. A de Bebeto, Jorginho, Aldair, Leonardo e Zinho, que juntos haveriam de compor meio time da Seleção que finalmente deu o tetra ao Brasil, em 1994. A da alquimia do grande Carlinhos, que soube mesclar à perfeição tantos craques consagrados com uma geração tão notável de estrelas ascendentes. A de Zé Carlos, o Zé Grandão, que Deus o tenha, primeiro substituto à altura de Raul Guilherme Plassmann no meu time de botão e no meu coração.

Por todos esses ingredientes, aquele é um título especialíssimo para a geração deste autor, e essa sua dimensão emocional não poderia estar ausente deste relato. Como tampouco poderia faltar a referência à famosa *Taça das Bolinhas*, esse troféu já algo mítico, cuja posse definitiva representaria para os rubro-negros a confirmação de que aquele título é nosso e ninguém tasca. Esse troféu que, para o São Paulo Futebol Clube, virou uma verdadeira maldição, que, se há justiça neste mundo, ele nunca mais ganhará nada que preste enquanto não o devolver a quem de direito.

De maneira que o leitor há de perdoar um ou outro escorregão emotivo deste autor, ao falar dos jogos que perfizeram e dos jogadores que garantiram aquela conquista. É inevitável, por ser este, também, um livro de memórias de um torcedor que ainda hoje, trinta anos depois, tem na Taça das Bolinhas o seu *Rosebud*.

Mas este não é um livro voltado unicamente aos torcedores rubro-negros. Há nele, como se disse, muito de reivindicação histórica de um título que nem as traições, nem as sentenças judiciais serão capazes de apagar. Mas isso não é tudo. Aqui se descrevem processos históricos que terminaram em algumas perdas irreparáveis, nem todas elas relacionadas a uma taça de design talvez datado, mas linda aos olhos de quem viu o Zico erguê-la em 1980, 1982 e 1983. Perdeu-se, acima de tudo, uma grande oportunidade de organizar o futebol brasileiro em benefício dos depositários de toda a paixão que ele gera: os grandes clubes, donos das grandes torcidas.

Como aqui se argumentará, foi por causa das hesitações, mesquinharias e traições que se seguiram ao título do Flamengo, em 1987, que sobrevieram 23 anos de Ricardo Teixeira, mais sabem-se lá quantos de José Maria Marin e Marco Polo Del Nero, fora o que o futuro nos reserva. Foi por tudo isso que os cariocas padecemos mais quase vinte anos de reinado de Eduardo Viana, o Caixa d'Água, e ainda hoje sofremos com seus herdeiros. O torcedor de outras latitudes terá outras histórias, mais ou menos tétricas, para contar de suas federações locais, talvez sem o colorido de um Caixa d'Água e de seu vasto prontuário[4], mas todas elas com um substrato comum: os grandes clubes de cada estado, donos das maiores torcidas, avassalados por ditadorezinhos eleitos e mantidos por coalizões nefastas de clubes pequenos e ligas fantasma do interior.

O autor desta obra recusa-se, no entanto, a acreditar que esses sonhos tenham morrido em 1988. Por isso escreveu este livro movido por uma esperança: a esperança de que algumas das lições destes processos possam ser úteis num momento em que o nosso futebol parece viver uma crise terminal. O autor não nutre ilusão nenhuma quanto à possibilidade de, um dia, até mesmo o torcedor vascaíno, o são-paulino e o atleticano celebrarem o título rubro-negro de 1987 por seus méritos desportivos. Acredita, no entanto, que, a despeito disso, boa parte deles será capaz de compreender o que estava em jogo então, e o que está em jogo a cada vez que se tenta desmerecer a conquista da Copa União.

Este livro, portanto, tem por alvo dois públicos distintos. Em primeiro lugar, o torcedor rubro-negro, que acalenta a memória de 1987 por uma questão de afeto e de identidade. Mas está dedicado, também, ao torcedor de qualquer outro clube, sejam lá quais forem as suas cores, que não se conforma com o estado de coisas vigente no futebol brasileiro.

A todos eles, o autor assegura que buscou relatar e analisar os fatos com a honestidade possível, quando o que está em jogo envolve tamanha dose de paixão. Mas de nenhum deles esconde que escreve estas linhas de uma perspectiva rubro-negra. Uma perspectiva informada por trinta anos de reflexão obsessiva sobre os fatos que aqui se relatam, e temperada pela crença de que o caminho vislumbrado em 1987 era o melhor não apenas para o Flamengo, mas também para o Vasco da Gama, o Corinthians, o São Paulo, o Cruzeiro, o Internacional, o Bahia e talvez até mesmo o Sport — se o clube não tivesse preferido viver, eternamente, a rugir em fúria grande e sonorosa uns feitos distantes de que já ninguém se lembra, porque a bem da verdade ninguém viu.

I
TUDO SÃO ASTERISCOS

> *"Vim fazer convites*
> *Na minha festa, mando eu."*
> João Havelange, 1971

Asterisco, para o dicionário Houaiss, é um "sinal gráfico em forma de estrela (*), para indicar uma chamada de nota ou assinalar supressão, dúvida ou outra convenção previamente estabelecida". Esse sinal gráfico é comumente usado para lançar dúvidas sobre uma afirmação qualquer, ou para relativizá-la com esclarecimentos adicionais.

Pois é nesse sentido que a torcida arco-íris afirma que o título rubro-negro de 1987 foi um "campeonato com asterisco". O subtexto evidente é que o torcedor do Flamengo pode até sentir-se campeão, e os grandes meios de comunicação endossarem esse sentimento, mas aquele não é um campeonato como todos os outros. É diferente. É menos. É quase nada. O campeão de verdade e de direito, com trânsito em julgado e tudo o mais, seria o Sport Club do Recife.

O que talvez escape ao torcedor do Vasco ou do Corinthians, do São Paulo ou do Atlético, é que, em matéria de Campeonato Brasileiro de Futebol, tudo são asteriscos. Tivemos, todos, um *insight* desse fato quando, com o objetivo manifesto de "pacificar" a comunidade futebolística pátria, o sr. Ricardo Teixeira resolveu, em uma canetada, unificar os títulos brasileiros — ou seja, reconhecer como Campeonatos Brasileiros de pleno direito as edições da Taça Brasil disputadas entre 1959 e 1968, e as do torneio Roberto Gomes Pedrosa de 1967 a 1970.[5]

Até pouco tempo antes, essa ideia soaria no mínimo extravagante, ao menos para a geração deste autor, que começou a viver o futebol nos anos 80 do século passado. Para os que cresceram lendo a *Placar*, a questão era perfeitamente simples: o Campeonato Brasileiro de Futebol foi criado em 1971, seu primeiro campeão foi o Atlético e os títulos contam-se a partir de então. Antes disso, havia os estaduais, ainda capazes de arregimentar multidões até meados dos anos 80, mas já em franca decadência a partir daí. Havia ainda o torneio Rio-São Paulo, que não percebíamos bem o que fosse, mas intuíamos, sem que a razão nos desassistisse de todo, que passava pouco mais de uma pré-temporada. E sabíamos, por nossos pais, que o Cruzeiro um dia dera uma surra no Santos, com Pelé e tudo, num negócio chamado Taça Brasil, e que para além disso houvera um torneio chamado Robertão. Mas a ideia de que pudesse haver um Campeonato Nacional de futebol antes de 1971 foi algo que recebemos com genuíno estarrecimento, e esse sentimento foi capturado com maestria no título da matéria que a revista *Trivela* publicou a respeito: *Antes do Big Bang*.[6]

Mas a canetada do sr. Ricardo Teixeira teve o mérito de abrir o debate que, havia anos, torcedores do Santos, do Fluminense ou do Bahia tratavam de introduzir. Abriu-o e não o encerrou, que desde então ninguém se pôs de acordo quanto à correção e justiça de se considerar como Campeonatos Brasileiros as cinco Taças Brasil conquistadas, de enfiada, pelo Santos de Pelé entre 1961 e 1965, ou o Robertão vencido pelo Fluminense em 1970.

Aberto o debate, o torcedor de boa vontade seria forçado a reconhecer que talvez houvesse algo de errado nas ideias preconcebidas que recebera na infância. E, tendo boa vontade, reconheceria que houve, sim, competições nacionais de futebol antes do *Big Bang* convencional. Mais: admitiria que algumas delas talvez pudessem, legitimamente, equiparar-se ao Campeonato Brasileiro pós-1971.

O problema com a medida do sr. Ricardo Teixeira era a sua motivação patentemente populista, que o levou a misturar alhos e bugalhos. Talvez, então, o czar do nosso futebol já intuísse que o círculo se fechava em torno de si e de seu reinado, e isso o teria levado a medidas desesperadas de "pacificação" (para insistir no termo que ele próprio empregou, naquela oportunidade). Mas, populismo à parte, bastou investigar um pouco para descobrir que o Robertão — ou, por extenso, o torneio Roberto Gomes Pedrosa, tal como disputado entre 1967 e 1970 — foi sim a gênese do Campeonato Brasileiro. E era legítimo, portanto, que em 2010 os torcedores do Fluminense se declarassem tricampeões, e que em 2012 passassem a considerar-se tetracampeões.

No entanto, este autor acredita (no que, aliás, está em excelente companhia)[7] que é preciso distinguir o Robertão da velha Taça Brasil, disputada entre 1959 e 1968. O primeiro, como se buscará demonstrar, foi um Campeonato Brasileiro com tudo o que se exige desse torneio, e portanto deve ser reconhecido como tal. O segundo, em contraste, foi um torneio puramente eliminatório disputado apenas entre os campeões estaduais[8], e com um propósito meramente adjetivo.

Para entender essa distinção, é preciso remontar ao ano de 1958, que alguns saudosistas preferiam não tivesse terminado.[9] Pois naquele ano, depois da conquista da Copa do Mundo pelo Brasil, reuniu-se no Rio de Janeiro um congresso da Confederação Sul-Americana de Futebol. Nesse convescote, os cartolas do continente decidiram criar um torneio à imagem e semelhança da Copa dos Clubes Campeões Europeus (a atual Liga dos Campeões). Nascia a Copa dos Campeões da América, depois rebatizada de Libertadores da América.

A bem da verdade, era uma ideia que estava no ar desde, pelo menos, 1948, quando o Colo Colo do Chile organizou, por conta própria, um Campeonato Sul-Americano de Campeões. Mas havia uma dificuldade de ordem prática: não existia um campeonato nacional no maior país do continente, justamente o Brasil. Em 1948, os organizadores contornaram o problema convidando para representar o Brasil o campeão da Capital Federal no ano precedente, o Vasco da Gama (ignorando os méritos equivalentes do campeão paulista, o Palmeiras).[10] Em 1958, os cartolas brasileiros resolveram, por assim dizer, democratizar o acesso ao certame continental, criando um torneio qualificatório, e portanto claramente adjetivo, a disputar-se entre os campeões de todos os estados no ano anterior.

A ideia tinha pelo menos uma virtude inegável: ao contrário do que se dera em 1948, a indicação do representante brasileiro atendia agora a um critério nacionalmente reconhecido de mérito desportivo. Será o bastante para considerar que nascia, então, o Campeonato Brasileiro? À luz de tudo o que se viu, a conclusão parece no mínimo apressada. Em primeiro lugar, por causa do caráter adjetivo do torneio, que não nasceu por aspirações orgânicas da comunidade futebolística pátria. Em segundo lugar, havia o formato puramente eliminatório, claramente inadequado a um verdadeiro campeonato nacional. E havia, por fim, a maneira singular como se selecionavam os participantes: a cada ano, ficavam de fora, em princípio, pelo menos três dos quatro grandes do Rio de Janeiro, três dos quatro grandes de São Paulo, um dos dois mineiros e um dos dois gaúchos.[11]

Diante de tudo isso, é difícil sustentar que o campeão desse torneio carregasse consigo, forçosa e inequivocamente, a condição de melhor time do Brasil.

Fazer essa constatação não implica, necessariamente, relegar ao completo esquecimento a hegemonia absoluta do Santos de Pelé, entre 1961 e 1965; as jornadas gloriosas do Cruzeiro de Tostão, em imaculadas camisas brancas, em 1966; a vitória do Bahia contra o Santos (sem Pelé), em 1959. Ao contrário, tais conquistas devem ser celebradas por seus méritos intrínsecos, como o são os tricampeonatos rubro-negros de 1942-1943-1944 e 1953-1954-1955, ou os dez Campeonatos Paulistas de Pelé.

Reconheçamos, não obstante, haver algum mérito na argumentação do historiador Odir Cunha de que seria anacronismo (no sentido que os historiadores emprestam ao termo) negar reconhecimento à Taça Brasil por seu formato estritamente eliminatório: afinal de contas, argumenta Cunha, os primeiros Campeonatos Italianos, vencidos pelo Genoa — "que fez dois jogos no mesmo dia e num campo de dimensões irregulares" —, também eles guardam pouca semelhança com a Série A dos nossos dias.[12]

Tudo isso é verdade, mas a análise fria dos fatos não parece autorizar a afirmação de Cunha de que, ao contrário da Copa do Brasil, a Taça Brasil nunca foi uma "competição secundária". É constatar que, em 1959, escassos 20 mil pagantes testemunharam a conquista do Bahia contra o Santos, num Maracanã onde cabiam 200 mil; que, em 1966, o Pacaembu — que normalmente abrigava muito mais — recebeu algo em torno de 30 mil torcedores para ver o Cruzeiro bater o Santos;[13] que, na derradeira edição do torneio, já em plena vigência do Robertão, talvez apenas 13 mil pessoas tenham assistido à vitória do Botafogo sobre o Fortaleza no Maracanã.[14]

O torcedor do Santos ou do Bahia poderá contra-argumentar que, se nunca foram secundários, o Campeonato Brasileiro e o seu antecessor direto, o Robertão, tampouco eram o objeto maior dos desejos do torcedor, quando foram instituídos. E não carecerá de elementos para ilustrar o que sustenta. Em 1969, por exemplo, o Palmeiras conquistou o Robertão diante de apenas 8.210 pagantes, ao vencer o Botafogo por 3 a 1, no Morumbi. Até o fim dos anos 70 — provavelmente até a primeira conquista do Flamengo em 1980 — era corrente a percepção de que, ao menos no Rio e em São Paulo, o torcedor valorizava muito mais os seus campeonatos estaduais do que o campeonato nacional. Mesmo assim, já em 1970, 112.402 torcedores pagaram ingresso para ver o Fluminense empatar com o Atlético em 1 a 1 (gols de Mickey e Vaguinho) e levantar a Taça de Prata. Em 1974, um público equivalente (112.933) viu o Vasco derrotar o Cruzeiro por 2 a 1 (Nelinho para os mineiros, Ademir e Jorginho Carvoeiro para os cariocas) e sagrar-se campeão brasileiro.

Diante disso, o defensor da equivalência entre a Taça Brasil e o Campeonato Brasileiro apelará, talvez, para o último argumento: a imprensa da época cansou de qualificar os vencedores da Taça Brasil de "campeões brasileiros". É verdade, porque de campeões brasileiros se tratava — ou, por outra, de campeões do único certame de abrangência nacional que existia. Mas fazia-o em manchetes discretas e, para usar a fórmula de Nelson Rodrigues, "sem conceder ao fato um único e reles ponto de exclamação" (recurso gráfico que abundava nos jornais brasileiros dos anos 60). A conquista do Cruzeiro em 1966, por exemplo, foi noticiada no canto inferior esquerdo da capa de *O Globo* e no canto inferior direito da capa do *Jornal do Brasil*.[15] Sem ponto de exclamação, em nenhum dos dois casos.

Anos depois, João Havelange havia de explicar por que uma competição com jeito e cara de Campeonato Brasileiro, tal como o conhecemos, só veio a surgir em 1967. Segundo o velho cartola, este nosso atraso deveu-se às dificuldades evidentes de transportar as delegações através de um país de dimensões continentais, como é o Brasil.

Não era um problema exclusivo nosso. Ali ao lado, na Argentina, o que até 1967 se chamava campeonato de *primera división* era um torneio disputado apenas pelos clubes filiados à Associação Argentina de Futebol (AFA), quase todos eles da região metropolitana de Buenos Aires. Ao longo dos anos, houve um punhadinho de participantes de Rosário (a 280 km da capital), de Santa Fé (480 km) e, quando muito, de Córdoba (720 km), mas essas eram exceções a confirmar a regra. Apenas em 1967, mesmo ano do nosso Robertão, criou-se um segundo torneio, batizado *Nacional*, que incorporava clubes vencedores de torneios regionais interioranos. Como, no entanto, a Argentina é um país muito mais centralizado do que o nosso, a ninguém ocorre considerar que os campeões pré-1967 não fossem campeões nacionais: com efeito, apenas em 1971 um quadro do interior, o Rosario Central, venceu pela primeira vez um campeonato disputado pelos grandes de Buenos Aires e Avellaneda.

Voltando ao Brasil, o que se deve resgatar dos parágrafos precedentes é a afirmação que ali se insinua de que o Campeonato Brasileiro é aquilo que tem "jeito e cara" de Campeonato Brasileiro. É intuitivo, e que nos perdoem os tricolores baianos, os palmeirenses, santistas, cruzeirenses e botafoguenses. E, se de algo vale a evidência anedótica, a geração deste autor cresceu tripudiando dos botafoguenses, cantando-lhes parabéns a cada jogo, porque seu último título datava de 1968 — o que, evidentemente, desconsidera a Taça Brasil de 1968, aquela das 13 mil testemunhas, decidida apenas no dia 4 de outubro de 1969, após seguidos adiamentos e em meio ao desinteresse geral.

Ora, muito bem: um torneio com "jeito e cara" de Campeonato Brasileiro só foi surgir em 1967, com a expansão do antigo torneio Roberto Gomes Pedrosa, popularmente chamado de Rio-São Paulo. Naquele ano, à ancestral competição entre cariocas e paulistas incorporaram-se dois clubes mineiros, dois gaúchos e um paranaense, e o torneio daí resultante foi batizado de Robertão.

Talvez, para soar respeitável, seja preciso enunciar essa verdade em linguagem um pouco mais empolada do que fizemos até aqui. Pois, sendo assim, diremos que é apenas esse Robertão, não a Taça Brasil, quem guarda com o Campeonato Brasileiro pós-1971 um *vínculo orgânico*. Um nasceu do outro. Assim o diz a revista *Placar*, ao anunciar a edição inaugural do chamado (incorretamente) *Primeiro Campeonato Nacional de Clubes* (o de 1971): "o Campeonato Nacional de Clubes [...] não passará de um Robertão um pouco diferente em sua forma de disputa".[16]

O Robertão, a bem da verdade, nasceu da constatação de que alguma coisa não andava bem no futebol brasileiro após o vexame da Copa de 1966. O Brasil, como se recorda, foi eliminado na primeira fase, depois de derrotas para Hungria e Portugal, e a desclassificação veio bem a calhar para um projeto que, desde o princípio, primou pela esculhambação. Por empáfia, politicagem ou desorganização, a Confederação Brasileira de Desportos (CBD) resolveu convocar, já em março, uma primeira leva de nada menos que 45 jogadores, e o folclore registra que o fez para mostrar ao mundo que o Brasil, bicampeão vigente, podia formar quatro seleções em condições de levantar o caneco. O folclore também registra que, a partir daí, houve de tudo, inclusive a convocação do Ditão errado. Um paredro paulista — que era como se chamavam os cartolas de então —queixou-se da escassez de jogadores do Corinthians e sugeriu que se convocasse o zagueiro Ditão, registrado sob o nome de Geraldo Freitas Nascimento. Entretanto, o funcionário que datilografava a lista atrapalhou-se e aí incluiu o Ditão do Flamengo, batizado Gilberto Freitas Nascimento, aliás irmão do primeiro. Para não cair no ridículo, a CBD preferiu não desfazer o mal-entendido.[17]

Não terá sido, é claro, a troca de Ditões que ocasionou o vexame na Inglaterra. Para a crônica, a cartolagem e os torcedores que puderam cruzar o Atlântico para assistir à Copa, o que chamou a atenção mesmo era o quanto o nosso futebol tinha envelhecido desde a consagração de 1962. Esse envelhecimento tornava-se flagrante diante das inovações táticas, de treinamento e de preparação levadas a cabo pelos europeus. À luz dessa constatação chocante, os homens da bola haveriam de dividir-se em duas correntes quase filosóficas, em busca da receita que nos fizesse recuperar a primazia perdida: de um lado, os defensores do *futebol-arte*, tal como praticado desde sempre nestas latitudes; de outro, os adeptos do *futebol-força*, tal como desenvolvido por ingleses e alemães na oitava Copa do Mundo.[18]

Mais do que as inovações táticas, no entanto, o que se vê é uma percepção generalizada de que o Brasil não soubera conduzir adequadamente a renovação do escrete bicampeão de 1958 e 1962. Com um Pelé caçado em campo por búlgaros, húngaros e portugueses; com um Garrincha que, contra a Bulgária, fazia o seu canto do cisne com a amarelinha; com um Zito veterano a amargar o banco; sem o gênio de Didi na condução; e sem que o talento ascendente de Gérson, Jairzinho e Edu pudesse, ainda, compensar o envelhecimento do time-base — nessas condições, aquele Brasil era apenas uma cópia desbotada do escrete que encantara o mundo na Suécia e no Chile. É esta a opinião, entre outras, de Cláudio Mello e Souza, o *havaiano de Ipanema* das crônicas de Nelson Rodrigues, que anos depois passará a pontificar, em *O Globo*, sobre como tudo na vida era melhor quando o Botafogo era melhor: "Em 1966, tentamos mesclar experiência com juventude, sem nos apercebermos de que estávamos, tão-somente, tentando conciliar velhice com imaturidade".[19]

Esse quadro contrastava com a afirmação plena de novos talentos que, jogando pelos demais protagonistas, fizeram uma Copa dividida entre brilhante e respeitável. Foi o caso de Bobby Moore (25 anos) e, vá lá, Bobby Charlton (28) e Gordon Banks (28) pela Inglaterra; Franz Beckenbauer (20) pela Alemanha Ocidental; Eusébio (24) por Portugal; Pedro Rocha (23) pelo Uruguai; Roberto Perfumo (23) e Silvio Marzolini (25) pela Argentina. Nesse contexto, começa a ganhar corpo a ideia de que, se quiser voltar a vencer, o Brasil terá de botar a casa em ordem e selecionar os seus craques a partir de um *pool* mais amplo de jogadores.

Não que o selecionado de 1966 fosse monopólio de cariocas e paulistas. Além de indicar os representantes brasileiros na Libertadores, a Taça Brasil vinha cumprindo um segundo propósito importante, ao chamar a atenção da cartolagem e da crônica para o potencial do futebol noutros estados. O Grêmio Porto-Alegrense, em especial, desde sempre vinha fazendo bom papel na competição. Decorreu daí, sobretudo, a convocação do centroavante Alcindo, o "Bugre Xucro", para a Seleção de 1966. Ao mesmo tempo, o território de Minas Gerais começava a ficar acanhado demais para o talento de um atacante miúdo, de futebol simples e inteligentíssimo, de nome Tostão, que acabou também convocado para a Copa da Inglaterra.

Depois do Mundial, o Cruzeiro de Tostão, Dirceu Lopes, Wilson Piazza, Raul Plassmann, Natal e Evaldo atropelou todos os adversários com que cruzou na Taça Brasil: não tomou conhecimento do Americano de Campos (4 x 0 e 6 x 1), domou o Grêmio bravio (0 x 0 e 2 x 1) e dobrou o Fluminense (1 x 0 no Mineirão e 3 x 1 no Maracanã). Nas finais, massacrou em casa (6 x 2) um Santos decerto envelhecido (ainda jogavam Gilmar, Mauro Ramos, Zito, Dorval e Pepe), mas sempre com Pelé e já com a presença de Carlos Alberto e Toninho Guerreiro. No jogo da volta, consagrou-se no Pacaembu, batendo o esquadrão santista de virada, por 3 a 2, depois de sair perdendo por 2 a 0.

A crônica do Rio e de São Paulo encantou-se com o time celeste. Do alto de sua tribuna no *Jornal do Brasil*, o cronista Armando Nogueira, talvez o mais influente dos jornalistas esportivos da época, passou a cantar loas a "uma das maiores equipes que o futebol brasileiro já viu nascer e crescer", um "dos mais perfeitos campeões do futebol moderno".[20] O Cruzeiro, enfim, vivia o seu *annus mirabilis* (algo assim como o 1981 rubro-negro), e todo o Brasil tomava nota.

Em suma, em 1966, mineiros e gaúchos (os primeiros, sobretudo) estavam seguros de ter todas as credenciais para integrar, com cariocas e paulistas, a elite do futebol brasileiro. E, para que não faltasse nada, Minas Gerais contava, desde o ano anterior, com um grandioso estádio à beira da Pampulha para 130 mil pessoas, uma verdadeira certidão de emancipação do futebol mineiro. O Rio Grande, que já desde 1954 abrigava o Estádio Olímpico Monumental, com capacidade para 54 mil pessoas, prometia para breve outro colosso à margem do rio Guaíba, também para 130 mil espectadores.[21]

Foi nesse contexto que surgiu e ganhou corpo a ideia de expandir o velho Rio-São Paulo, incorporando-lhe os gaúchos e os mineiros. Quem primeiro a propôs continua sendo um mistério, mas a motivação da proposta é evidente. Como se viu, depois do vexame na Copa, 1966 foi um ano de profunda reflexão entre os homens da bola. De mais a mais, a edição daquele ano do Rio-São Paulo terminou, se não em chacota, ao menos num anticlímax frustrante: o título terminou dividido, e não entre dois, mas entre quatro times — a saber, Vasco da Gama, Botafogo, Santos e Corinthians. (O Vasco, líder isolado até a penúltima rodada, entregou a rapadura na última, ao ser derrotado pelo Botafogo por 3 a 0. Ao menos moralmente, o Vasco foi vice.)

Fato é que, no segundo semestre, diante da ascensão triunfal do Cruzeiro, o ingresso dos mineiros em um Rio-São Paulo expandido tornava-se uma evidência ofuscante. Diante disso, os gaúchos, até ali tidos como "a terceira força"[22] e aparentemente receosos de serem passados para trás, lançaram uma campanha de relações públicas (ou de *lobbying*, como chamaríamos hoje) para também participarem do torneio vitaminado. A certa altura, chegaram mesmo a convidar o já referido Armando Nogueira para visitar o Rio Grande e constatar *in loco* as excelências do futebol da terra. Armando Nogueira voltou de lá muito bem impressionado e, mais do que isso, convencido da justeza do pleito gaúcho:

> Vim [a Porto Alegre] convidado pelos dois maiores clubes do Sul, Internacional e Grêmio, rivais terríveis a dividir, como adversários mas não como inimigos, a ardente paixão esportiva do povo gaúcho. Os dois, no momento, estão de mãos dadas, politicamente, movidos pela determinação que empolga também os mineiros: entrar no Campeonato Rio-São Paulo, *primeiro gesto efetivo para a criação do Campeonato Nacional de Clubes* [grifo do autor]. Não conheço a posição de paulistas e cariocas, mas de uma coisa estou certo: se gaúchos e mineiros não entrarem no Rio-São Paulo, o futebol brasileiro não terá mais saída.[23]

Ocorre que a posição dos paulistas já era conhecida, pelo menos, desde o dia 21 de outubro. Naquela data, o presidente da federação local, o sr. João Mendonça Falcão, reuniu-se com o titular da CBD, o sr. João Havelange, para "trazer seu apoio à ideia da ampliação do Rio-São Paulo, com quatro clubes do Rio, quatro de São Paulo, dois de Minas e dois do Rio Grande do Sul".[24] Nas semanas subsequentes, cariocas e paulistas bateram o pé, insistindo em preservar cinco vagas para cada, ao passo que os mineiros queriam quatro para si. E mais: tratava-se de criar um torneio que fosse lucrativo para os participantes, em contraste com a Taça Brasil (que, para o sr. Mendonça Falcão, "financeiramente só serve para prejudicar paulistas e cariocas"[25]). Circulou, então, a proposta de que mineiros e gaúchos assumissem um ônus maior, quase uma indenização, no custeio da estada de cariocas e paulistas em Belo Horizonte e Porto Alegre: a garantia de pelo menos 5 milhões de cruzeiros, a deduzirem-se eventualmente da renda do jogo. Em contraste, entre cariocas e paulistas, a caução seria de apenas 600 mil cruzeiros.[26]

Tudo isso parece hoje miudeza, e só mesmo com uma tabelinha de correção monetária dá para se ter ideia do que essas cifras representavam (a bagatela de R$ 6.783,50, no primeiro caso, e de R$ 814,02, no segundo[27]). O que parece digno de nota aqui é que já em 1967 — e exatamente como se dará em 1987 — os doze grandes do futebol brasileiro tiveram de defrontar-se com uma questão espinhosa: quem ficaria de fora do campeonato que começavam a montar. Ao exigir quatro, os mineiros queriam decerto levar três, abrindo com isso uma vaga para o América, que talvez ainda contasse com mais torcida que o Cruzeiro. Ao impor cinco, cariocas e paulistas abriram espaço para Bangu (campeão carioca de 1966) e Portuguesa. Talvez por não terem, até então, as mesmas credenciais dos mineiros, os gaúchos aceitaram tudo sem reclamar.

Quase na reta final dos preparativos, a federação paranaense somou-se às negociações, logrando incluir na competição o seu campeão estadual, o já extinto Ferroviário. Houve quem não gostasse. Uma vez mais, Armando Nogueira não se furtou a opinar de sua tribuna, afirmando que "não [entendeu] a jogada" de incluir o clube paranaense, "deixando de fora o Náutico", que havia anos fazia bonito na Taça Brasil, com rendas que superavam os 100 milhões de cruzeiros[28] (R$ 135.670,08 em valores de hoje). Prevaleceu, aparentemente, o argumento logístico de que os jogos em Curitiba seriam "uma escala" a render uns trocados a mais para cariocas, mineiros e paulistas que fossem jogar em Porto Alegre. No final das contas, do ponto de vista financeiro, os mineiros foram aceitos em condições de igualdade — receberiam em seus deslocamentos e pagariam como anfitriões a caução de 3 milhões de cruzeiros —, ao passo que os gaúchos e o Ferroviário garantiriam aos visitantes a quantia de 5 milhões de cruzeiros, mais passagens e hospedagem.

No dia 5 de março de 1967, um avião da Varig caiu na Libéria e matou 51 pessoas (naquela época, o Brasil tinha uma linha aérea de bandeira que voava até para a Libéria). No Rio, o general Artur da Costa e Silva, o segundo Presidente do regime militar, regressara de Buenos Aires, onde tratara com o também Presidente e também general Juan Carlos Onganía da cúpula vindoura de Punta del Este. Como os generais estavam na moda, na França o partido de Charles De Gaulle venceu o primeiro turno das eleições legislativas, mas com uma votação abaixo da esperada. Nos Estados Unidos, ganhava corpo a pré-candidatura presidencial do senador Robert Kennedy (irmão de JFK), com a abertura de um escritório nacional de campanha no *Upper West Side* de Manhattan. No Irã, morria em prisão domiciliar o ex-Primeiro-Ministro Mohammed Mossadegh, destituído do poder em 1953, em um golpe de estado orquestrado por ingleses e americanos.

Pois foi naquela data e nesse mundo distante que, às dezesseis horas do Rio, dez clubes deram o pontapé inicial do *Robertão* — o torneio Roberto Gomes Pedrosa ampliado, o primeiro Campeonato Brasileiro de clubes. No Pacaembu, o Flamengo bateu a Portuguesa por 2 a 1 (gols de Ademar Pantera e Rodrigues Neto). No Maracanã, o Palmeiras de Ademir da Guia ganhou com folga do Fluminense de Samarone por 4 a 2. No Mineirão, o Cruzeiro massacrou o Galo: 4 a 0 (dois de Evaldo, um de Natal, um de Wilson Almeida). Em Porto Alegre, o Internacional bateu o Grêmio por 2 a 0. Em Curitiba, Ferroviário e Bangu empataram em 1 a 1. O craque Bráulio, do Inter, e o ponta-esquerda Aladim, do Bangu, disputam a glória de terem marcado o primeiro gol da história da competição.[29]

Durante os dois meses seguintes, os quinze clubes jogaram entre si em um turno único. Ao término da fase classificatória, classificaram-se quatro para um quadrangular final: Corinthians e Palmeiras, Internacional e Grêmio (no campo, os gaúchos mostraram que cariocas e paulistas não lhes faziam favor nenhum em convidá-los). Um mês depois, a 8 de maio de 1967, o Palmeiras de Ademir da Guia e Dudu, Djalma Santos e Baldocchi, César e Tupãzinho bateu o Grêmio por 2 a 1, no Pacaembu, e sagrou-se o primeiro campeão brasileiro à vera ("campeão de um verdadeiro e primeiro Campeonato Nacional de Clubes", na formulação do jornal *O Globo*).[30]

Não é o propósito desta obra fazer um relato exaustivo do que se deu entre o gol inaugural de Bráulio ou de Aladim e o tento de consolação do gremista Ari Ercílio, de pênalti, na partida derradeira. Importa aqui salientar que, já em 1967, quem tinha olhos de ver já identificava a tensão que iria explodir em 1987, com a Copa União. À época, talvez ninguém o tenha formulado com tanta perspicácia quanto o *Jornal do Brasil*, no artigo de fundo publicado no dia da primeira rodada:

> A entidade que ainda regulamenta o futebol entre nós [a CBD] — e que manteve sua estrutura atual graças aos títulos mundiais de 1958 e 62 — sabe agora que o Campeonato Nacional poderá marcar um ponto a mais na reconquista da taça perdida na Inglaterra, daí o impasse: ou aprovar a reforma que poderá significar o seu próprio fim [da CBD], ou combatê-la na esperança de que o passado a sustente.[31]

Em outras palavras, a questão que se colocava em 1967 era se os grandes clubes do país, organizados em liga independente, continuariam a trilhar esse caminho de autonomia, condenando a CBD à irrelevância, ou se a entidade optaria por cortar-lhes as asinhas já no nascedouro da liga. A Confederação optou pelo segundo caminho e, já para 1968, decidiu organizar ela própria a competição, rebatizada de *Taça de Prata*, vencida pelo Santos após bater o Vasco por 2 a 1 no Maracanã (gols de Toninho e Pelé). Em 1969, o Palmeiras voltou a vencer, sagrando-se campeão ao bater o Botafogo por 3 a 1 no Morumbi. Em 1970, finalmente, foi a vez do Fluminense de Félix, Marco Antônio, Denílson, Cafuringa, Mickey e Lula tornar-se campeão brasileiro, ao empatar com o Atlético (1 x 1) num Maracanã com 112 mil pagantes. O público em si, mais a grande repercussão do título[32], provava que o Campeonato Brasileiro era um caminho sem volta.

Tanto quanto o favor popular, no entanto, importa ressaltar aqui a maior nacionalização do torneio: a partir de 1968, em lugar dos quinze originais, dezessete clubes passaram a disputar a Taça de Prata: cinco cariocas (em 1968, o quinto foi o Bangu; em 1969 e 1970, o América), cinco paulistas (em 1970, a Ponte Preta tomou o lugar da Portuguesa), dois mineiros, dois gaúchos, um paranaense (Atlético Paranaense em 1968 e 1970, Coritiba em 1969), um baiano (o Bahia nas três edições) e um pernambucano (o Náutico em 1968, o Santa Cruz em 1969 e 1970).[33]

E chegamos, então, a 1971, o ano em que, segundo a lição aprendida lá na nossa infância, teria começado o Campeonato Brasileiro de futebol. Por que, afinal, ao menos a geração deste autor aceitou de maneira tão acrítica este marco convencional, que o presente relato servirá ao menos para pôr em dúvida? O já referido Odir Cunha assinala, corretamente, o papel central que desempenhou, nesse processo, o regime militar, interessado em "integrar o país pelo futebol".[34] Era do *espírito do tempo*: datam da mesma época, do governo do general Emílio Garrastazu Médici, as grandes obras de infraestrutura destinadas a promover, fisicamente, a integração nacional que o futebol promovia *simbolicamente*: a rodovia Transamazônica, a Santarém-Cuiabá, a Perimetral Norte e — importantíssimo elo espiritual, como não? — a ponte Rio-Niterói. Mais do que isso, é intuitivo que propalar a ideia algo equivocada de que apenas agora o Brasil tinha um Campeonato Nacional digno desse nome (tratava-se, afinal, do *Primeiro Campeonato Nacional de Clubes*) ajudava a alimentar os conceitos de Brasil novo e de Brasil grande.

Tudo isso é verdade, mas é apenas parte da história. É inegável que os desígnios do regime militar eram um fator importante, mas havia outros, no mínimo, igualmente relevantes. E, fruto de suas pesquisas e reflexões a respeito, este autor acredita que o fator fundamental neste processo é aquele que permeia toda esta obra: o desejo da CBD (e depois da CBF), mancomunada com as federações estaduais, de preservar o seu quinhão de poder, a sua supremacia sobre todo o esporte brasileiro, impedindo qualquer gesto mais enfático de independência dos grandes clubes de futebol — ainda que em detrimento dos interesses maiores do esporte.

Por que, afinal, 1971? A resposta, como costuma ser o caso, está na revista *Placar*, em sua edição de 14 de outubro de 1970. O título é bombástico: "Exclusivo: vai mudar tudo no nosso futebol". O conteúdo não é menos. Ali se expunham ao público, pela primeira vez, os planos do cartola José Carlos Vilella Rabello, então diretor do departamento jurídico do Fluminense. Já àquela altura, o dr. Vilella se celebrizara como o *Rei do Tapetão*, o mestre das manobras judiciais que fariam do Fluminense, ao longo dos anos, o filho dileto dos tribunais (tomai nota, moços: o que se viu em 1996 e 2013 lança raízes lá nos anos 60). Pois o dr. Vilella, além de advogado de mão cheia e, segundo os que o conheceram, homem de imensa erudição, era também um dirigente esportivo de visão. Mesmo hoje, quase meio século depois, o seu plano de 1970 impressiona pela atualidade e ambição. Começava pelo óbvio e pelo conjuntural — "um Campeonato Nacional com a participação de vinte clubes [....]; uma entidade nacional cuidando exclusivamente do futebol e desligando-o de vez da CBD; um Departamento de Árbitros composto quase só por juízes com curso universitário" — para depois atacar de frente as questões estruturais que, ainda hoje, continuam a minar a credibilidade do futebol brasileiro:

> Pode parecer um sonho, mas, a partir do ano que vem, você passará a viver dentro de um futebol totalmente diferente, sem cartolas, dirigido por profissionais pagos, *desligados da CBD*, sem campeonatos suicidas e deficitários e, o que é mais importante, com um Campeonato Nacional. [...] E, para que tudo isso se transforme em realidade, só falta uma reunião (já planejada por Vilela) que será feita em novembro *entre os diretores dos maiores clubes do Brasil*. [...]
>
> A simples imposição do novo calendário para 1971 significa a emancipação do futebol com relação à CBD. E, a longo prazo, significa também a transformação das federações em entidades rigidamente [sic] administrativas, sem dirigentes ou colaboradores gratuitos. [...]
>
> Enquanto aprovam o novo calendário (os clubes, segundo Vilela, não vão discutir a aprovação com a CBD — vão exigir a oficialização), os cariocas, paulistas, mineiros, paranaenses e gaúchos preparam o golpe definitivo para o *desligamento da CBD*.
>
> — Temos condições de nos preparar em dois meses para a emancipação. Primeiro, com a revogação do Decreto-Lei 3.199, de 1944, que legisla (doidamente) o esporte. Nesse mesmo tempo, redigiremos a nova legislação, regulando o esporte profissional e o amador, além de elaborarmos o novo Código Brasileiro de Futebol [...], o regulamento da atividade do atleta profissional e a reestruturação estatutária dos clubes. Essa reestruturação obrigaria os clubes a manterem o futebol profissional em termos de empresas.
>
> Todo o sistema seria profissionalizado, terminando assim a carreira do cartola e a velha imagem de que "o cargo é sempre um sacrifício". *As federações ficariam restritas à parte administrativa* (marcar jogos, designar locais, escalar funcionários, receber súmulas, encaminhar contratos e arquivar a história do futebol). Todo o pessoal será pago e trabalhará em cargos que não permitam transformá-los [sic] em fontes eleitorais.[35] [Grifos do autor]

Soa familiar? Talvez, se você acompanhou, como este autor, todos os meandros da criação do Clube dos Treze e da liga independente — a Copa União — em 1987. Rigorosamente, está tudo ali, no plano do dr. Vilella: calendários decididos de comum acordo pelos clubes; campeonatos geridos diretamente por eles; o abandono de velhos preconceitos contra o televisionamento dos jogos e, consequentemente, a exploração racional dos direitos de transmissão; federações reduzidas a um papel adjetivo, quase notarial; enxugamento dos estaduais, seja em sua duração, seja no número de participantes (no Rio, falava-se em não mais de oito clubes); imposição do resultado a uma confederação apequenada para o bem do futebol brasileiro. E, como símbolo da ruptura, a criação, pelos próprios interessados, de um Campeonato Nacional que obedeça aos ditames do sentido comum (ou do sentido comum da época): notadamente, a participação de vinte clubes, "incluindo Amazonas, Ceará e outros estados até agora ignorados".

É de se imaginar o pânico com que o sr. João Havelange, encastelado na nova sede da CBD na rua da Alfândega, terá recebido esses desatinos. A *Placar* infelizmente não registra as jogadas de bastidores que permitiram ao velho cartola reverter os avanços já obtidos, até ali, pelo dr. Vilella. Àquela altura, em outubro de 1970, o que se dizia era que o Presidente Médici "já prometeu o apoio do governo para essa revolução no nosso futebol".³⁶ O que se sabe é que, quatro meses depois, em fevereiro de 1971, não é o dr. Villela, não são os presidentes dos grandes clubes, mas o sr. João Havelange e o diretor de futebol da CBD (e ex-presidente da federação carioca), o sr. Antônio do Passo, que sobem à ribalta para anunciar as boas novas:

> Antônio do Passo, diretor de futebol da CBD, anunciava um plano perfeito para tirar os clubes do atoleiro financeiro em que vivem. Mas João Havelange, presidente da CBD, continua firme na decisão de "sacrificar-se" pelo futebol brasileiro — *e mais uma vez a política venceu o futebol.*
>
> O Campeonato Nacional de Clubes [...] não passará de um Robertão um pouco diferente em sua forma de disputa. *Isso não contribuirá em nada para modificar as arcaicas estruturas do futebol brasileiro, que, segundo a CBD, continuará a viver preso aos campeonatos regionais*: "Entendemos que a competição no período em apreço atende aos interesses das Federações filiadas, porque julgamos que o Campeonato Nacional não deve contribuir de forma alguma para prejudicar, aniquilar ou diminuir o interesse dos campeonatos estaduais." (Do Plano-Base do Campeonato, distribuído pela CBD.) [...]
>
> Verdadeiramente, *o que aconteceu foi uma vitória do sr. João Havelange*, que, com a nova fórmula aplicada ao futebol brasileiro, reforçou seu esquema político e agora tranquilamente pode tratar de sua candidatura à presidência da FIFA — mas sem pensar em abandonar a CBD. [Grifos do autor.]³⁷

Em suma, o que veio a público e se implementou foi "um Robertão um pouco diferente". Como já se sustentou aqui, isto só reforça a tese de que o Campeonato Nacional começou mesmo em 1967. Mas essa opinião já está suficientemente fundamentada. O que importa aqui é que o que ocorreu em 1971 foi uma apropriação (se indébita deixemos ao critério do leitor), por parte da CBD e do sr. João Havelange, de um projeto dos grandes clubes. Ou, se se permite a citação algo batida, o que se deu, por parte do sr. João Havelange, foi uma espécie de *gattopardismo: cambiare tutto perche niente cambi* (ou, em bom português, mudar tudo para que nada mude).

Em outras palavras, deixado correr solto, o projeto original levaria inevitavelmente à formação de uma liga independente e, consequentemente, ao enfraquecimento da CBD e das federações estaduais. E, disso, *Dieu nous en préserve!* — Deus nos livre! —, diria talvez, na língua de seus pais, o belgo-carioca Jean-Marie Godefroid de Havelange. Se era preciso ocupar metade do calendário com uma competição que traria pouco ou nenhum proveito à clientela de Havelange e Passo — as federações estaduais —, que ao menos os critérios de participação estivessem subordinados aos "interesses das federações filiadas", como denuncia, de maneira cristalina, o tal Plano-Base da CBD.

E assim se fez. O campeonato seria disputado por vinte clubes, em lugar dos dezessete do Robertão. Cinco do Rio, cinco de São Paulo, três de Minas Gerais, dois do Rio Grande do Sul, dois de Pernambuco[38], um do Paraná, um da Bahia e um do Ceará. Seriam todos indicados pela CBD — Havelange disse: "vim fazer convites; na minha festa, mando eu."[39] —, e indicados "dentro dos mesmos critérios do tempo do Robertão: capacidade técnica e financeira". Isso queria dizer que, para o recrutamento dos participantes, se levaria em conta o desempenho dos clubes nesses oito campeonatos estaduais.

Por "desempenho técnico" entendia-se que pelo menos o campeão de cada um desses oito estados deveria estar presente, e assim se deu em todos os casos, inclusive nos dos três estados que só contavam com um representante.[40] Com o critério da "capacidade financeira", insinuava-se que as federações dos estados maiores poderiam levar em conta, na hora de sugerir seus representantes à CBD, as rendas auferidas pelos clubes nos campeonatos estaduais. Com isso, ficava praticamente garantida a participação dos doze grandes.[41] De resto, nos casos do Rio, de São Paulo e talvez de Minas, estabelecia-se uma competição entre os clubes menores pela última vaga, o que obrigava as suas torcidas a continuar comparecendo aos jogos do estadual, mesmo quando seus times já não contassem com chances efetivas na disputa.[42]

Valeu a pena? Depende do ponto de vista. Se compararmos com o que o campeonato poderia ter sido, caso tivesse prosperado o projeto original do dr. Villela, aquela foi uma das muitas oportunidades perdidas no futebol brasileiro. Mas, do ponto de vista financeiro, a disputa parece ter merecido mais elogios do que críticas. A média de público foi marginalmente superior à do ano anterior (20.360 pagantes, contra 20.259 em 1970), mas inferior à de 1969 (22.067, cifra que só seria ultrapassada em 1983, ano do tricampeonato do Flamengo). Entre cariocas e paulistas, prevalecia a percepção de que os estaduais continuavam a ser mais rentáveis. No caso dos cariocas, no entanto, isto bem poderia creditar-se ao fato de que nenhum dos cinco clubes fez bom papel no Brasileiro. Já os demais participantes parecem ter recebido o Campeonato Nacional como a salvação da lavoura, a julgar pelas avaliações colhidas pela *Placar* na reta final da fase classificatória, em novembro.[43]

Já do ponto de vista de organização, 1971 trouxe a primeira grande virada de mesa — para os almanaques, mais um asterisco — da história da competição. O regulamento estabelecia dois critérios para a classificação para a segunda fase: classificavam-se os três primeiros de cada um dos dois grupos, mais os dois clubes de cada grupo que, dentre os demais, tivessem obtido as melhores rendas. Rapidamente se multiplicaram as suspeitas de que os clubes participantes produziam rendas fantasma para classificarem-se pelo critério financeiro. Nesse enredo não houve nenhum santo, mas as suspeitas tornaram-se certezas quando Vasco da Gama e Palmeiras jogaram no Maracanã para um público estimado entre 30 e 40 mil pessoas. O borderô da partida, no entanto, registrava a enormidade de 115 mil ingressos vendidos. Imediatamente, circulou a notícia de que um consórcio de comerciantes e industriais vascaínos despendera 500 mil cruzeiros em ingressos, de modo a inflar a renda.[44]

Para além da abertura que dava a manipulações dessa ordem, o regulamento tornou-se motivo de piada quando se constatou que, para classificar-se para a segunda fase, o Flamengo teria que perder do Santos. Explica-se: o Santos, pelo esquadrão que tinha, era atração aonde quer que fosse, e por isso suas rendas eram maiores que as do Flamengo. Diante disso, a única possibilidade de os rubro-negros classificarem-se estava em o Santos classificar-se pelo critério técnico, ou seja, terminando entre os três primeiros do grupo. Para isso, precisava vencer o Flamengo.

Imediatamente, uma legião de cartolas e políticos — entre eles, os governadores de São Paulo e da Bahia, respectivamente os senhores Laudo Natel e Antônio Carlos Magalhães — foi bater à porta do sr. João Havelange a exigir a virada de mesa. Em um primeiro momento, Antônio do Passo deu demonstrações comovedoras de orgulho ferido. A despeito disso, Havelange houve por bem aceitar as ponderações de gente tão graúda e mandou mudar o regulamento. Acabava a classificação por rendas e, para que ninguém se sentisse prejudicado, estendia-se a fase classificatória, com os clubes de cada grupo jogando, agora, contra os do outro grupo.[45]

Não seria a última virada de mesa da história, nem, muito menos, a mais grave. Para isso, teremos de chegar ao zaralho criado pela CBF e pelo Conselho Nacional de Desportos em 1986 — um episódio que, como se verá oportunamente, explica e justifica a rebelião do Clube dos Treze em 1987.

O Atlético Mineiro, como se sabe, foi campeão em 1971, e até aqui nunca mais voltou a alcançar essa glória. No entanto, mais importante que esse fenômeno único e talvez irrepetível é que 1971 foi a garantia de que o Campeonato Brasileiro se tornou uma realidade permanente. Ao contrário do que se dera entre 1967 e 1970, havia agora recursos e capital político demais investidos na realização do torneio. Quando mais não seja, o próprio projeto político do sr. João Havelange — chegar à presidência da FIFA — dependia da preservação do esquema montado, capaz de manter as federações felizes e conter os ímpetos de autonomia dos grandes clubes, sem contrariá-los de todo.

E, píncaro da criação que era, o Campeonato Nacional cresceu e frutificou. Em 1972 participaram 26 times (entraram clubes de Alagoas, Amazonas, Pará, Sergipe e Rio Grande do Norte). O Palmeiras sagrou-se campeão e a média de público parece ter-se ressentido do ingresso de times de menor expressão: caiu de 20.360 para 17.590.⁴⁶ Era apenas o prenúncio do que estava por vir. Em 1973 há a primeira expansão monstro: participam do campeonato nada menos que 40 equipes, entre as quais passam a figurar capixabas, maranhenses, mato-grossenses, piauienses, goianos e catarinenses. Fruto desse expediente, pela primeira vez o campeonato atravessa o ano-calendário, encerrando-se apenas em 28 de fevereiro de 1974.

Nesse mesmo ano de 1974, o sr. João Havelange elegeu-se presidente da FIFA. Durante alguns meses, buscou acumular as duas funções, a doméstica e a internacional. Mas tornara-se uma figura excessivamente poderosa e com isso passou a despertar temores do regime vigente no Brasil. Assim o explicou o historiador Carlos Eduardo Sarmento:

> [Nos] anos do Presidente Geisel e das maquinações políticas de Golbery do Couto e Silva, não era mais admissível que um instrumento político poderoso como o futebol estivesse sob o comando de uma pessoa alheia ao regime e que não se submetesse automaticamente aos desígnios do General-Presidente.

O "alheio ao regime" talvez merecesse reparos ou, no mínimo, maior contextualização. Permanece, no entanto, o fato de que, como presidente da FIFA, Havelange transcendia em muito a condição de mero paredro local, facilmente domesticável. Foi assim que, diante de "explícita pressão do governo federal", Havelange renunciou ao cargo da CBD e, em seu lugar, elegeu-se o almirante Heleno de Barros Nunes, que assumiu o posto em janeiro de 1975.⁴⁷

Não se tratava de um almirante qualquer, se é que naquele contexto existissem almirantes quaisquer. Heleno Nunes, além de vascaíno militante, fora presidente da ARENA, o partido do regime, no antigo estado do Rio de Janeiro. E tampouco eram, aqueles, anos ordinários. Pois foi precisamente a partir de 1974 — ano da anticandidatura de Ulysses Guimarães à Presidência da República — que a ARENA passou a jogar na defensiva, na política nacional, diante do crescimento do MDB opositor. Daí em diante virão tempos difíceis, mesmo em um processo que tinha por objetivo último a *distensão* "lenta, gradual e segura". Virão as mortes do jornalista Vladimir Herzog (1975) e do operário Manuel Fiel Filho (1976) nas dependências do DOI-CODI paulista. Virá o *pacote de abril*, com a extensão do mandato presidencial e o recesso forçado do Congresso Nacional (1977). Virá a tentativa da *linha dura*, encabeçada pelo general Sílvio Frota, de condicionar a abertura de Geisel e quem sabe destituí-lo da Presidência (1977).

E é nesse contexto, com a ARENA e o regime militar na defensiva, que o almirante Heleno Nunes buscará instrumentalizar, abertamente, o Campeonato Brasileiro de Futebol para reforçar o apoio popular ao governo. O número de participantes, que se mantivera nos quarenta em 1974, vai explodir a partir de então: subiu para 42 em 1975, 54 em 1976, 62 em

1977, 74 em 1978 e inacreditáveis 94 em 1979. A sabedoria popular, que bem percebia o que estava acontecendo, descreveu o processo em um bordão célebre: *"onde a ARENA vai mal, mais um time no Nacional; onde a ARENA vai bem, mais um time também"*.

Não é o propósito desta obra esmiuçar os malabarismos regimentais que a CBD teve de inventar para acomodar tanta gente em seu torneio. Registre-se apenas que, com tamanha plêiade de participantes, os clubes tiveram de dividir-se em cada vez mais grupos, o que tornou cada vez mais raros os grandes clássicos entre os rivais de sempre. Ao contrário, sempre em prol do objetivo maior da integração nacional, privilegiavam-se deliberadamente fórmulas que forçassem clubes como o Flamengo, o Vasco da Gama ou o Corinthians a viajar como trupes circenses e apresentar-se em carne e osso a plateias que há muito ansiavam ver ao vivo o que estavam habituadas a ouvir no rádio (ou, ainda muito raramente, ver na televisão).

Resultado dessas fórmulas mirabolantes, o interesse do público continuou a baixar. Dos 17.590 de 1972, o público médio caiu para 15.460 em 1973, despencou para 11.601 em 1974, subiu para 15.985 em 1975, oscilou para 17.010 em 1976, caiu para 16.462 em 1977, tornou a despencar para 10.539 em 1978 e chegou à cifra abissal de 9.136 em 1979.

E, a despeito disso, permanece o fato de que foi justamente nessa época, em algum lugar impreciso em meados dos anos 70, que o Campeonato Brasileiro conquistou o seu espaço definitivo, não no calendário, mas no imaginário do torcedor. Se os torneios padeciam de fases classificatórias excessivamente longas e desinteressantes, datam dessa época as primeiras decisões épicas, gravadas em belíssimos tons de sépia na imaginação dos que as viveram ou delas vieram a saber pelas figurinhas do chiclete Ping Pong, ainda hoje recendendo a framboesa, quarenta anos depois.

É perguntar a qualquer brasileiro, na casa dos cinquenta, que tenha o futebol na sua memória afetiva. As suas primeiras lembranças serão a defesa de mão trocada do Manga no petardo de Nelinho (1975); a magistral linha de passe entre Falcão e Escurinho, na semifinal contra o Atlético (1976), que segundo consta matou um torcedor do coração, na *coreia* do Beira-Rio; a injustiça da decisão por pênaltis e o Chicão quebrando a perna do Ângelo, no Atlético x São Paulo de 1977 (disputado, aliás, em março de 1978); o Guarani de Neneca, Zenon, Renato, Capitão, Careca e Bozó levando o título para o interior (1978); a invasão corintiana de 1976, com o reforço amigo da torcida do Flamengo, que se comprazia em *secar* a Máquina Tricolor[48]; o grande Cruzeiro de Raul, Nelinho, Piazza, Palhinha e Joãozinho, vice-campeão em 1974 e 1975; o Palmeiras de Telê Santana atropelando o Flamengo no Maracanã (1979); o grande Santa Cruz de Givanildo, Fumanchu, Ramón e Nunes (1975), o último esquadrão pernambucano a gravar a sua marca no imaginário coletivo da torcida brasileira[49]; e, acima de tudo, o gol iluminado de don Elías Figueroa (1975), quando até as nuvens e o sol do Rio Grande conspiraram para eternizar um desses momentos que fizeram do futebol a paixão maior do brasileiro, depois da bunda.

Com todos os percalços, o melhor ainda estava por vir. Em 1979, por pressão da FIFA, os chamados esportes olímpicos vão-se desligando, um a um, da velha CBD, estabelecendo-se em federações próprias e especializadas.[50] Com isso, a CBD perdeu sua razão de ser e extinguiu-se a 24 de setembro de 1979. Em seu lugar, a 23 de novembro, as federações estaduais de futebol coligaram-se na Confederação Brasileira de Futebol, tal como a conhecemos hoje. Ato seguido, elegem o seu primeiro presidente: o sr. Giulite Coutinho, industrial carioca e ex-presidente do América. Coutinho presidirá a CBF entre 1980 e 1986, o que abarca quase todo o período de glória do Flamengo de Zico. Por uma simples questão matemática — nunca tanta gente se importara tanto com o campeonato —, mas também pela qualidade do futebol daquele time memorável, essas serão as melhores edições do torneio.

Na opinião de quase todos os que com ele trataram, Giulite Coutinho era um homem de bem, inatacável. Presidira o América no biênio 1970-1971, mas vivia mesmo era de sua fábrica de móveis, a Oca, e chegou a liderar a Associação Brasileira de Exportadores. Com isso, tornou-se próximo do czar da economia brasileira na primeira metade dos anos 70, o ministro Antônio Delfim Netto, e foi um dos primeiros industriais brasileiros a desbravar o mercado chinês. Em outras palavras, não dependia do futebol para viver. Acima de tudo, era uma "garantia de decência". A avaliação é do jornalista Juca Kfouri, em entrevista concedida ao autor. Juca vai além: "nunca tirou um centavo do futebol". E, mais importante, "sendo um homem do *sistema*" — próximo de Delfim Netto, "ideologicamente mais confortável com a ARENA do que com o MDB" —, "ele implodiu o '*onde a ARENA vai mal, mais um time no Nacional*'".

E, de fato, após tantas invenções de Heleno Nunes, a fórmula do campeonato finalmente se estabilizou na gestão de Coutinho. Quarenta clubes principiavam o campeonato, agora batizado *Taça de Ouro*. Dividiam-se em grupos onde um, dois ou três grandes times conviviam com agremiações mais ou menos exóticas. Era o avanço possível, naquele momento. Mas o que importa registrar é que esse número se estabilizou em quarenta.

Havia um senão importante, uma concessão necessária às pressões das federações estaduais. No meio do campeonato, incorporavam-se outros clubes (normalmente quatro) originários da *Taça de Prata*, algo assim como a segunda divisão, que corria paralela.[51] Estes times promovidos iam disputar a segunda fase contra um número variável (entre 28 e dezesseis) de clubes classificados a partir dos grupos originais da *Taça de Ouro*. A partir daí, em novos grupos ou em jogos eliminatórios, surgiam os finalistas.[52]

Foi com essa fórmula padrão que o Flamengo conquistou finalmente o Brasil, e com isso se produziram os maiores públicos e os momentos mais marcantes da história do Campeonato Brasileiro de Futebol. Zico recebendo de Júnior e, de sem-pulo, levando 154 mil torcedores (pagantes!) ao delírio, em 1980. Reinaldo empatando o jogo com uma perna só. Reinaldo sendo expulso depois de, aparentemente, fazer conjecturas pouco abonadoras sobre a moralidade da mãe do sr. José de Assis Aragão, juiz da partida.[53] João Danado Nunes fazendo o gol de todos os tempos do Campeonato Brasileiro e do Maracanã, enganando Silvestre e João Leite e inscrevendo o seu nome para sempre na galeria dos heróis rubro-negros. O campeão do mundo virando o placar para 3 x 2, no Maracanã, num jogo que começara perdendo por 2 a 0, diante de um dos melhores quadros da história do São Paulo. O mesmo Flamengo, semanas depois, a impor-se por 4 x 3 sobre o mesmo São Paulo, no Morumbi. Zico metendo três no grande Guarani de Careca e Jorge Mendonça, em pleno Brinco de Ouro, e Galvão Bueno a esgoelar-se que "quem tem Zico tem tudo!"[54] Zico batendo Leão aos 43 minutos do segundo tempo, empatando o jogo e mantendo o Flamengo vivo na briga pelo bicampeonato, em 1982. Nunes matando de novo o Leão velho de guerra, e Raul tirando em cima da risca a bola que daria o empate ao Grêmio.[55] O Flamengo metendo *oito* no Corinthians e no mesmo Leão, e o piedoso árbitro Roque José Gallas anulando três gols legítimos para deixar o escore menos feio para o Timão. O maior público da história do campeonato — 155.523 pagantes — presenciando a maior exibição do maior Flamengo de todos os tempos, com Zico abrindo o escore aos quarenta segundos de jogo ("acabou a vantagem do Santos!", berrava meu pai, que se emputecera de ouvir os santistas, a semana inteira, a jactar-se da vantagem obtida no primeiro jogo, no Morumbi). Adílio, *neguinho esperto*, encerrando com uma cabeçada a era de ouro que começara do mesmo jeito, com outra cabeçada, aquela de Antônio José Rondinelli Tobias, em 3 de dezembro de 1978.

Isso só pelo lado rubro-negro. Houve ainda o maior Atlético de todos os tempos (Reinaldo, Cerezo, Luisinho, Palhinha, Éder) a tropeçar uma e outra vez (1980 e 1982) no Flamengo; o grande Fluminense de Washington, Assis, Romerito, Branco e Ricardo Gomes decidindo o título com o Vasco diante de 128 mil pagantes; o São Paulo garfando o Botafogo no Morumbi, com o placar eletrônico empurrando a torcida local e Luciano do Valle entregando o jogo num lateral ("a bola é *nossa*"); o Grêmio guerreiro de Leão, De León, Paulo Isidoro, Tarcísio e Baltazar calando o Morumbi no mesmo ano e com isso fazendo justiça tardia (que portanto não é justiça); Serginho Chulapa, inconsolável, a pisar na cara de Leão em 1981, e o mesmo Serginho a brigar com todos os repórteres de campo em 1983, enquanto Raul e Leandro riam de dar gaitada, sentados dentro do arco rubro-negro.

Mas, como se nota pela própria dimensão dos dois últimos parágrafos, o brilho incomparável daquele Flamengo — aquele Flamengo que, na definição do enorme Reinaldo, jogava "dando meio toque na bola" — ofuscava tudo o mais. E a força de sua torcida, a maior do mundo, mais do que dobrou a média de público de 1979 para 1980: de 9.136 para 20.792. E manteve-a por aí, na casa dos 20 mil, nos outros dois anos de títulos rubro-negros: 19.808 em 1982 e 22.953 em 1983, até hoje a maior média de público da história da competição. (A última vez que a média superou os 20 mil foi justamente em 1987, se considerarmos apenas os jogos do campeonato à vera, a Copa União.)

Infelizmente, em meio à euforia rubro-negra, o Brasil mergulhava em uma das mais graves crises econômicas de sua história, a partir de 1982. Começa aqui o êxodo de craques brasileiros para o exterior, e por um breve intervalo o campeonato terá de sobreviver sem o atleta que mais marcou este meio século de competição: Arthur Antunes Coimbra, Zico para os íntimos (que somos 40 milhões). Quando regressa, atendendo os apelos de Moraes Moreira e de todos nós — "volta, Galinho, que aqui tem mais carinho e dengo" —, Sua Majestade encontrará um país que luta para reconstruir a democracia e a economia, e que futebolisticamente perdeu toda a autoconfiança. E verá a CBF de Giulite Coutinho ser entregue à pior administração de sua história: a dos senhores Octávio Pinto Guimarães e Nabi Abi Chedid. Já chegamos lá.

Antes de chegar lá, no entanto, dizíamos que, no Campeonato Brasileiro de Futebol, tudo eram asteriscos. Esta breve retrospectiva basta para assinalar alguns. Percebam: como se quis demonstrar, não há pergunta a que se responda sem um asterisco.

Quando começou a disputar-se o campeonato? 1971. Não, 1959. Não, 1967.

Quem foi o primeiro campeão? O Atlético. Não, o Bahia. Não, o Palmeiras.

Quantos títulos teve Pelé? Nenhum. Não, seis. Não, um.

E o Zico? Quatro, evidentemente. (Três, dirá a torcida arco-íris.)

Quem foi o jogador a conquistar mais vezes o campeonato? Pois crescemos ouvindo que foram Andrade e Zinho, com cinco títulos cada um. Só que isso forçosamente leva em consideração o campeonato de 1987 — e a turma do asterisco, durante anos, repetiu essa verdade sem estrilar. Com o canetaço da "unificação dos títulos", ninguém sabe a resposta. Pelé, com seis? Mas contamos, afinal, a Taça Brasil? Se formos honestos, admitiremos que Pelé ganhou apenas um Campeonato Brasileiro à vera.

Retomemos: qual era a fórmula de disputa do chamado Primeiro Campeonato Nacional de Clubes, em 1971? Qual delas? A do começo ou a de depois da virada de mesa? Com times classificados por pontos e por renda ou com todos classificados apenas pela pontuação?

Quantos clubes participaram em 1980? Quarenta. Não, 104: os quarenta da Taça de Ouro mais os 64 da Taça de Prata. Não, 44: os quarenta que principiaram o campeonato mais os quatro que subiam da Taça de Prata. Parece arbitrário? Pois os levantamentos históricos e matemáticos (e.g., de gols marcados e de média de público) tendem a favorecer o último critério. Idem para 1981, 1982, 1983, 1984 e 1986.

Que edição contou com mais participantes? Fácil: 2000, com 116 clubes. Foi a fórmula que inventaram para não rebaixar ninguém e com isso respeitar a liminar obtida pelo Gama (e, de quebra, trazer de volta o Fluminense, que teria de jogar a segunda divisão). Só que, pelo critério que acabamos de expor, que valeu de 1980 a 1986, não se devem computar todos os clubes que disputavam os módulos inferiores. Pois então foram 25. Alto lá! Mas computam-se, sim, aqueles que são promovidos no meio do campeonato. Pois então foram 29. De modo que, por esse critério, a edição que contou com mais participantes continua sendo a de 1979, com 94 (já computados aí os seis cariocas e os seis paulistas que só entravam na segunda fase, mais o Palmeiras e o Guarani, campeão e vice do ano anterior, que só entravam na terceira).

É favor registrar a média de público de cada ano. Pois isso também depende. Como se viu, entre 1980 a 1986 (com exceção de 1985), as cifras disponíveis dizem respeito apenas à Taça de Ouro e às fases finais, com a participação dos clubes que subiam no meio da competição. Em outras palavras, não levam em conta o público da Taça de Prata, do Torneio Paralelo ou de como se chamasse a segunda divisão. O mesmo se dá com a Taça João Havelange de 2000: os números que por aí andam registram apenas os jogos do Módulo Azul mais os da fase final. Para 1987, todos os levantamentos disponíveis dizem respeito apenas ao que a CBF chamava o Módulo Verde (ou seja, a Copa União).

Em que período do ano-calendário se disputa o campeonato? Depois dos estaduais, é claro. Só que não foi assim em 1967, 1974 e 1978, não foi assim entre 1980 e 1985 e não foi assim em 1991 e 1992. Então é antes dos estaduais? Pois não foi assim entre 1968 e 1973, não foi assim em 1975, 1976, 1977 e 1979, não foi assim entre 1986 e 1990 e nunca mais foi assim a partir de 1993. Então é *quando não se disputam os estaduais*. Só que não foi assim em 1979, quando pelo menos os campeonatos Carioca e Paulista corriam simultaneamente ao Brasileiro, nem em 1985, quando os campeonatos Paulista, Mineiro e Gaúcho (entre outros) corriam paralelos às fases finais do Brasileiro. Então é no período do ano que a CBF determinar. É? Só que o campeonato ultrapassou o ano-calendário em 1973, 1977, 1986, 1988 e 2000.

Mas há uma coisa que se pode dizer com toda a certeza: o campeão necessariamente participa da Libertadores do ano seguinte. Ah, é? Só que, em 1968, o Palmeiras entrou graças ao título da Taça Brasil, não o do Robertão (que, como se viu, era o campeonato à vera). E teve mais: em 1966, 1969 e 1970 o Brasil simplesmente declinou de mandar participantes, viessem de onde viessem.

E teve melhor: para 1970, a CBD mandou avisar que não indicaria nem o vencedor da Taça Brasil, nem o vencedor do Robertão. Mandaria, sim, o campeão e o vice de um terceiro torneio, chamado Torneio dos Campeões da CBD, do qual participariam o Botafogo (campeão da Taça Brasil de 1968), o Santos (campeão do Robertão de 1968), o Sport do Recife (campeão do torneio Norte-Nordeste de 1968) — que aqui confirma, uma vez mais, a sua vocação congênita para nota de rodapé — e o Grêmio Maringá (campeão do torneio Centro-Sul de 1968). No meio do certame, a CBD desistiu da Libertadores, e com isso o Botafogo abriu mão da disputa. O Grêmio Maringá atropelou o Sport e empatou duas vezes seguidas com o Santos (1 x 1 e 2 x 2). Alegando excesso de compromissos na temporada, o Santos recusou-se a disputar a terceira partida da final, que o time paranaense venceu por W.O. Por conta disso, o Grêmio Maringá ostentou por muito tempo, em seu estádio, a curiosa inscrição "Campeão Brasileiro de 1969". (É, como se vê, uma alegação tão digna de respeito quanto a do Sport.) Fato é que tampouco nessa temporada o campeão brasileiro ganhou o direito de disputar a Libertadores. Como, aliás, em 1987.

Ah, mas o que não pode haver, de jeito nenhum, são dois campeões por ano. Não? Pelos critérios da CBF, o Palmeiras computa dois títulos em 1967, e em 1968 tanto o Santos como o Botafogo se consideram campeões, com o aval da CBF. E, claro, em 1987, há o Flamengo, campeão aos olhos de todos, e há o Sport do Recife, campeão do tapetão.

E por aí vai.

Como se vê, tudo são asteriscos. Só que o nosso vale mais.

II
ZARALHO NO PAÍS DE OCTÁVIO E NABI

"Octávio, chama a polícia!"
Marcio Braga, 1986

Aquilo era o fim do mundo, tal como o conhecíamos e entendíamos. A 5 de julho de 1982, aos 41 graus, 23 minutos e 35 segundos de latitude norte e os dois graus, oito minutos e zero segundo de latitude leste, entre o caminho de Can Rabia e o caminho de Ricardo Villa, no distrito barcelonês de Sarrià, Paolo Rossi eliminava a Seleção dos nossos sonhos. Ao contrário daquele mundo que acabava às dezesseis horas do Rio de Janeiro, dezenove horas de Barcelona, o futebol até continuou a existir, mas nunca alcançou a plenitude do que poderia ter sido — uma plenitude que passamos a divisar quando o dr. Sócrates tirou de dois soviéticos e botou a pelota no ângulo de Rinat Dasaev, e que chegamos a acariciar junto com Paulo Roberto Falcão, as veias do pescoço quase estourando (as dele e as nossas), depois de o nosso camisa 15 estufar as redes do formidável Dino Zoff e igualar o placar: Brasil 2 x 2 Itália.

Quatro meses depois, o governo do general João Baptista Figueiredo ia bater à porta do Fundo Monetário Internacional (FMI), depois de passar meses escondendo o tamanho da quebradeira e assegurando que "o Brasil não é o México". Era o fim do *milagre brasileiro*. A economia, que em 1980 crescera espetaculares 9,1%, mas já se contraíra em 4,4% em 1981, vegetou em anêmicos 0,6% em 1982. Em 1983, despencará mais 3,4%. Já o desemprego subirá de 6,4% em 1982 para 6,7% em 1983 e 7,1% em 1984.[56] A partir desse mesmo ano, 1984, o ingresso de capitais estrangeiros entrará em queda livre, e crescerá exponencialmente a remessa de rendimentos e capitais para fora do país.[57]

Mas as estatísticas, já advertira Roberto Campos, são como o biquíni: o que elas mostram é interessante, mas o que escondem é essencial. Para além da frieza das cifras, a desesperança que tomou conta do Brasil talvez se ilustrasse melhor na explosão cotidiana, palpável, dos camelôs que tomaram as ruas do Rio e de todas as grandes cidades do país. Tampouco há dados confiáveis sobre a explosão da insegurança e da criminalidade, mas é óbvio que, a partir de então, o tema se tornou uma das preocupações mais prementes dos cariocas: esta já seria uma questão central nas eleições para o governo do estado em 1986.

Mas estamos ainda em 1982 e, mal ou bem, em meio às agruras econômicas e sociais, o Brasil fazia a sua lenta transição para a democracia. Em 1982 realizaram-se eleições diretas para governador, as primeiras em dezessete anos. Resultado disso, o Presidente Figueiredo, eleito pelo voto indireto, viu erodir-se mais e mais a sua capacidade de iniciativa, diante da superior legitimidade dos governadores eleitos pelo povo. Dentre os estados de mais peso, Rio de Janeiro, São Paulo, Minas Gerais e Paraná passam a ser governados pelas oposições, que coligadas avançarão a causa das Diretas Já em 1984. Perderão, mas deixam a porta aberta para o arranjo que, em janeiro de 1985, elegerá Presidente da República o governador mineiro Tancredo Neves: a pressão popular provocará fraturas no partido governante, e uma dissidência capitaneada por José Sarney, Marco Maciel, Antônio Carlos Magalhães, Jorge Bornhausen e Aureliano Chaves funda a Frente Liberal, que comporá com o PMDB a chapa afinal escolhida pelo colégio eleitoral.

Mas, como Paolo Rossi já se encarregara de demonstrar, o Brasil de então tinha qualquer coisa de amaldiçoado, e Tancredo — que, mesmo eleito pela via indireta, conquistara o carinho do povo — nem chegará a assumir. Caiu enfermo na véspera da posse, e em seu lugar assumiu o vice, o senador maranhense José Sarney, a 15 de março de 1985. Tancredo morrerá a 21 de abril, dia de Tiradentes, e o patriotismo mineiro fará da coincidência o pretexto definitivo para a sua canonização. Em meio à comoção nacional, Tancredo é enterrado em São João del Rei, ao som da tristíssima balada *Coração de Estudante*, de Milton Nascimento e Wagner Tiso. A partir de então, a esperança até podia continuar dentro do peito, mas caminhar pelo ar já não caminhava.

Excetuando a escolha do primeiro Presidente civil em vinte anos, os governadores eleitos pelo povo deixarão legados ambíguos. Em São Paulo, caso atípico, André Franco Montoro reunirá em torno de si os políticos que, dali a dez anos, ajudarão a tirar o país do atoleiro (em muitos casos consertando bobagens que eles mesmos fizeram como constituintes). No Rio, o incendiário Leonel Brizola conquistará corações e mentes com a causa da educação pública, materializada nos Centros Integrados e Educação Pública (CIEPs) do professor Darcy Ribeiro. Em contrapartida, começará a quebrar o estado já no princípio de sua gestão, ao tomar um empréstimo sem lastro ao Banerj (ainda não havia a Lei de Responsabilidade Fiscal, e os generais de turno, temerosos da reação popular, não ousaram decretar a intervenção federal que a Constituição impunha e o bom senso recomendava).[58] No mais, uma política permissiva de segurança pública, resumida no bordão "a droga não desce, a polícia não sobe", fará do Rio uma terra sem lei. A partir de então, campearão o narcotráfico, o jogo do bicho e as *falanges* organizadas de dentro dos presídios.

Naturalmente, o nosso passatempo nacional não escapou incólume àqueles anos de amargura. Já em 1980, Paulo Roberto Falcão fizera as malas e fora ganhar o seu pão em liras, jogando pela Roma. Em 1982 foi a vez de Edinho, vendido à Udinese da Itália. Em 1983, ao erguer a Taça das Bolinhas pela terceira vez, o nosso Zico mostrava um ar estranhamente contrariado, que só viemos a decifrar dali a alguns dias: ele já estava vendido à mesma Udinese. No mesmo ano partiram Toninho Cerezo (Roma), Batista (Lazio) e Pedrinho Vicençote (Catania), e em 1984 foi a vez de Sócrates (Fiorentina) e Júnior (Torino). O êxodo haveria de continuar em 1986, com Branco (Brescia) e Casagrande (Porto), e 1987, com Careca (Napoli), Dunga (Fiorentina), Tita (Bayer Leverkusen), Mozer (Benfica) e Mirandinha (Newcastle). Nesse último ano, só em Portugal havia 265 brasileiros a militar nos clubes das três divisões.[59]

Em 1984, como se viu, a CBF de Giulite Coutinho ainda conseguiu organizar um Campeonato Nacional nos moldes estabelecidos. Jogaram quarenta clubes, um outro — o Uberlândia do sr. Vicente Lage, que atendia pela curiosa alcunha de 109 — ascendeu no meio da competição, e Fluminense e Vasco decidiram diante de 128.381 pagantes. Com o empate em 0 a 0, o Fluminense sagrou-se campeão.

Mas, em 1985, já eram evidentes os sinais de que alguma coisa ali não andava.

A cara do futebol brasileiro, em 1985, era a cara de Jacozinho. Ou, por extenso, de Givaldo Santos Vasconcelos, ponta-direita do CSA das Alagoas. Jacozinho tornou-se celebridade nacional graças ao repórter alagoano Márcio Canuto, que da telinha do *Globo Esporte* passou a exigir a sua convocação imediata para a seleção de Evaristo de Macedo. Não era bem um juízo sobre as excelências de Jacozinho (que, pela extrema, aliava alguma inventividade com uma falta de graça até meio garrinchesca). Era mais uma sátira sobre a descrença com os rumos do futebol brasileiro em geral e da Seleção em particular.

De maneira que, em 1985, Jacozinho teve lá os seus quinze minutos de fama, e em meio a esse quarto de hora houve um lance gravado para sempre na história do Maracanã. A 12 de julho, Zico regressava ao seu palco principal e ao clube de seus amores. Jogara uma estupenda temporada pela pequenina Udinese, em 1983-1984, para depois ver seu desempenho ressentir-se da falta de reforços, das lesões frequentes e de um escândalo fiscal em que o envolveu o cartola Lamberto Mazza[60] (Zico foi absolvido de todas as acusações, e Mazza morreu, quase trinta anos depois, envolto em aura de santidade no Friuli[61]). Pois Zico quis voltar, e um *pool* de empresas — Coca-Cola, rede Manchete, Sul-América, Adidas e Mesbla — bancou a contratação. Na reestreia, o Flamengo jogou com uma seleção de Amigos do Zico. Jacozinho, que não fora convidado, veio assim mesmo, no peito e na raça, e sentou de penetra no banco. Aos 19 minutos do segundo tempo, entrou no lugar de Falcão. Aos 26, recebeu lançamento de ninguém menos que Diego Armando Maradona, deu um drible da vaca no goleiro Cantarele e anotou o único gol dos visitantes (o Flamengo venceu por 3 a 1, com um golaço de falta de Sua Majestade).

Tudo muito engraçado, tudo muito pitoresco. Mas, para além da explosão de Jacozinho e da volta de Zico, o futebol brasileiro ficou marcado, em 1985, pela insólita final entre Bangu e Coritiba, que decidiram o Campeonato Brasileiro dali a um mês e meio, a 31 de julho. Será talvez injusto com o Coritiba retratar aquela sua única conquista nacional por esse prisma do insólito e do pitoresco. Afinal de contas, o clube paranaense carregava já uma história respeitável na competição — fora semifinalista em 1979 e 1980 —, e o time de Ênio Andrade, se não ostentava nenhum craque (suas estrelas eram o goleiro Rafael e o ponta Lela), era um grupo combativo e disciplinado, como aliás todos os times de Ênio Andrade. Será injusto, mas é inevitável: não era tanto o fato de o Coritiba ter surpreendido os grandes e arrebatado o título; era mais o fato de a finalíssima ser disputada entre ele e o Bangu.

Justiça se lhe faça, o Bangu tinha um belo time. Tinha o ponta Marinho, que, jogando por qualquer dos doze grandes, decerto teria durado mais tempo na Seleção. Tinha Mário e Arturzinho no meio-campo, ambos campeões cariocas pelo Fluminense (o primeiro em 1980, o segundo em 1976). Tinha em Gilmar um goleiro seguro. Tinha o patrocínio do bicheiro Castor de Andrade, que, embora não votasse, pintava como cartola dos mais influentes no pleito que elegeria o sucessor de Giulite Coutinho na CBF.[62] E tinha, infelizmente, aquela propensão tão característica do truculento técnico Moisés a confundir raça com violência. (Graças a esse seu peculiar estilo de jogo, o mesmo Bangu muito em breve poria fim à festa pela volta de Zico: a 29 de agosto, em um jogo pelo Campeonato Carioca, o lateral Márcio Nunes arrebentou o joelho de Zico com uma entrada criminosa, e a carreira do Galinho nunca mais será a mesma.)

Mas a coisa não acabava aí, em Bangu e Coritiba. Nas semifinais, ficaram pelo caminho o Atlético Mineiro, muito bem, e o Brasil de Pelotas, cujo legado futebolístico passa menos pelos feitos de Jorge Batata, Bira e do nosso Nei Dias (campeão do mundo em 1981) do que pelas peripécias da fanática torcida *xavante*, talvez a maior e a melhor do interior gaúcho. (Sem o saber, era em tributo à *Xavante* que a brasílica juventude entoava pelos ginásios do país o grito botocudo de "Uh! Uh! Vamo *invadi!*", nos anos da adolescência deste autor.)

Talvez o êxodo dos grandes craques ajudasse a explicar essa profusão de candidatos improváveis ao título. Mas havia outras explicações possíveis. Em 1985, aproximavam-se as eleições para a sucessão de Giulite Coutinho na CBF. Talvez porque as conjunturas eleitorais abram as portas para a criatividade de políticos e cartolas, naquele ano Coutinho resolveu inovar. E armou um campeonato que começava muito bem e terminava muito mal. Montou-se um *ranking* com base no desempenho de todos os clubes nas quatorze edições precedentes do campeonato e daí se selecionaram os vinte melhores. Estes comporiam os grupos A e B, e numa primeira fase todos jogariam contra todos, "garantindo a realização de dez bons jogos por rodada, dos quais pelo menos três serão grandes clássicos do futebol brasileiro".[63] Era tudo o que o campeonato deveria ser — mas não nos animemos cedo demais.

Paralelamente, os próximos vinte clubes do *ranking* comporiam os grupos C e D, e aí entravam agremiações do quilate do Flamengo do Piauí, do Botafogo da Paraíba, do Nacional de Manaus, do CSA das Alagoas, do Brasil de Pelotas, do Bangu e do Sport do Recife. Na definição da revista *Placar*, "são resquícios do apadrinhamento político que dominou o Campeonato Brasileiro nos tempos do chamado 'milagre' e continua sendo exercitado pelos cartolas atuais da CBF".[64] Pois muito bem: o que se deu, na prática, foi uma fusão da Taça de Ouro e da Taça de Prata, da primeira e da segunda divisões, na medida em que os vinte grandes e os vinte pequenos disputavam o torneio *em igualdade de condições*. Ao término da primeira fase, classificava-se para as finais o mesmíssimo número de clubes de um e de outro universo (oito, em cada caso).[65]

Aquilo não parecia certo aos olhos de ninguém de juízo. Para a *Placar*, ao conceber aquele campeonato, a CBF agira "como aqueles dramaturgos que montam uma situação instigante e conflituosa no primeiro ato e se perdem totalmente antes que a trama chegue ao desfecho".[66] Quando chegamos às finais, com a proliferação de Bangus, Brasis e Sports, todo mundo já dera seu veredito. Ainda segundo a revista, aquilo eram "as finais que o Brasil merece", e "a responsabilidade é toda das Federações [estaduais], que decidiram pela genial fórmula de disputa da Taça, se bem que algum mérito deve ser conferido também aos grandes clubes, que não tiveram coragem para recusá-la".[67] Como tinha mais juízo que os cartolas, o torcedor deu seu veredito nas arquibancadas: a média de público despencou de 18.523 para 11.625.

Estava claro que alguma coisa tinha que mudar.

Mas, isto aqui sendo o Brasil, e não havendo supervisão adulta, o primeiro passo, evidentemente, foi mudar para pior. Mais ou menos pela mesma época em que o Presidente José Sarney trocava o cruzeiro pelo cruzado, e a inflação galopante pela miragem do *choque heterodoxo*, os 26 presidentes das federações estaduais alçaram à cúpula da CBF a dupla Octávio e Nabi — ou, por extenso, Octávio Pinto Guimarães e Nabi Abi Chedid.

O leitor há de perdoar se agora deixarmos de lado o futebol de Zico, Bira ou Jacozinho para debruçar-nos um pouco sobre os homens que, nos doze meses seguintes, organizarão (por falta de melhor palavra) a maior trapalhada da história do desporto nacional, desde Charles Miller e Oscar Cox. Sem isso, é impossível entender o que se deu em 1987, e a imagem justa do que representou a Copa União ficaria irremediavelmente prejudicada.

Quando contemplava o fim de seu mandato, Giulite Coutinho talvez fizesse, de sua gestão e dos campeonatos de quarenta clubes, um balanço globalmente positivo (para citar um autor ruim[68]). A sabedoria convencional registra que ele se desinteressou progressivamente do futebol depois de fracassar em sua tentativa de trazer a Copa de 1986 para o Brasil (a Colômbia, agraciada com o torneio em 1974, declinou de organizá-lo em 1982, e em maio de 1983 a FIFA decidiu passar o encargo ao México).[69] A falta de comando haveria de refletir-se negativamente na Seleção e no Campeonato Brasileiro. De todo modo, Coutinho decerto lamentava que não pudesse ter ido além em seu esforço de racionalizar o Campeonato Brasileiro, reduzindo-o a cerca de vinte clubes, entre grandes e médios. Era esse o seu desejo, mas contra ele se erguiam os interesses há muito estabelecidos de quem afinal o elegera e empregava: as federações estaduais de futebol.[70] Em 1985, ele jogou a toalha, e preferiu concentrar-se na escolha de um sucessor.

Para continuar sua obra, Coutinho optou pelo nome de João Maria Medrado Dias, industrial como o padrinho, presidente da Fibra Exportação Ltda. Era um grande benemérito do Vasco da Gama e fora derrotado pela chapa de Agathyrno Gomes nas eleições à direção do clube de 1976. Do lado oposto, contra a candidatura oficial, surgiu a chapa integrada pelo vice-presidente da Federação Paulista de Futebol, Nabi Abi Chedid, e pelo ex-presidente da Federação de Futebol do Rio de Janeiro, Octávio Pinto Guimarães. Em janeiro de 1986, como desde sempre, apenas as federações estaduais elegiam o presidente. Ao contrário, no entanto, dos pleitos anteriores, desta vez a disputa era imprevisível, eis que o governo federal — o governo da Nova República — se abstinha de intervir em favor de um ou outro candidato.[71]

Anotem bem o nome de Nabi Abi Chedid, que é o principal vilão de nossa história. Libanês de nascimento, chegou ao Brasil em 1938. Seu pai, o sr. Hafiz Abi Chedid, estabeleceu em Bragança Paulista uma dinastia política que perdura até os dias de hoje. Como tantos outros cartolas, bons ou maus, Nabi atuou simultaneamente na política e no futebol, de modo que as suas realizações em uma área reforçassem as suas aspirações na outra. No mesmo ano em que se elegeu vereador, em 1958, foi alçado à presidência do Bragantino. Ao longo dos anos 60, militou no PRP e no PSP do governador Ademar de Barros (aquele do "rouba mas faz"). Depois de 1964, transitará pela ARENA, PDS e PFL. Foi muito próximo do ex-governador Paulo Salim Maluf, e essa proximidade estará bem ilustrada na absoluta coincidência de mandatos de um e outro, no governo do estado e na Federação Paulista de Futebol (FPF): 1979-1982. Mesmo no PFL, Nabi nunca se afastou de todo do ex-governador.[72] Se vale a simplificação, ao longo dos anos 80, Nabi integrou uma espécie de *aparato malufista* no interior da Federação Paulista, junto com José Maria Marin, vice-governador de Maluf e presidente da FPF entre 1982 e 1988.[73]

Já Octávio Pinto Guimarães era, pura e simplesmente, um homem do esporte. Segundo o consenso estabelecido, foi um excelente presidente da Federação de Futebol da Guanabara e depois do Rio de Janeiro, entre os anos 60 e 80. Paredro do Botafogo, para além do futebol, adorava as corridas de carros e de cavalos. Na virada dos anos 70 para os 80, a sua imagem a fumar cigarros em piteiras era o que havia de elegante e sofisticado na capital cultural do país. Segundo Kléber Leite, o homem vivia para o futebol, e o seu maior prazer na vida era desbancar o futebol paulista. (Kléber Leite conta, divertido, de uma entrevista que fez com o cartola para o programa *Bola pra Frente*, da Rádio Globo, nos anos 80. Era dia de decisão, e os dois encontraram-se já no Maracanã, horas antes do pontapé inicial. Chovia torrencialmente, e Octávio convenceu Kléber Leite a jamais mencionar essa circunstância para não afugentar o público, que tinha porque tinha de ser maior que o da decisão paulista.)[74]

Tirando o fato de serem, ambos, cartolas de peso nos dois principais estados do país, Octávio e Nabi tinham muito pouco mais a uni-los. Um, o carioca elegante que amava esnobar São Paulo. O outro, o imigrante *parvenu* que integrava o aparato malufista. Mas, no afã de derrotar Medrado Dias, terminaram unindo-se em um matrimônio de conveniência que se revelou uma fonte inesgotável de aborrecimentos para os dois e para o futebol brasileiro como um todo. Em janeiro de 1986, no entanto, chegaram a iludir muita gente com sua plataforma para a CBF: prometiam confirmar Telê Santana como técnico da Seleção que iria ao México (a única questão que de fato interessava ao torcedor comum) e faziam o discurso da *modernidade possível*:

> [Extinção do] voto unitário; compromisso com uma administração participativa na CBF, dando voz aos clubes e, assim, criando o chamado conselho arbitral na entidade, instrumento que permitirá um poder de decisão que até hoje os clubes não possuem; realização, em 1987, de um Campeonato Brasileiro atendendo o mercado profissional e o mérito técnico dos clubes, com a criação de divisões em nosso futebol; seleção permanente e calendário trienal — além da manutenção da sede da CBF no Rio.[75]

Essas eram ideias simples, mas revolucionárias. Marcio Braga diz que entraram na plataforma porque ele as incluiu aí, como condição para emprestar seu apoio a Octávio e Nabi.[76] Seja como for, tratava-se, em essência, de romper com o esquema estabelecido lá atrás, na ditadura de Getúlio Vargas, e reforçado no regime militar. Esse esquema, basicamente, subordinava os interesses dos grandes clubes às federações estaduais e impedia a consolidação de um Campeonato Nacional autônomo, isto é, organizado sem levar em conta as conveniências miúdas dos caciques das federações.

Vale a pena gastar alguns parágrafos para traçar o histórico desse esquema, para que o leitor possa entender o que esteve em jogo a partir de então e o que se buscou superar com o Clube dos Treze e a Copa União. O leitor, talvez, já se tenha perguntado por que só o futebol brasileiro é regido por uma confederação (a CBF), ao passo que o da Inglaterra e o da Argentina se subordinam a associações (respectivamente, a *Football Association* e a *Asociación del Fútbol Argentino*), o da Itália a uma federação (a *Federazione Italiana*

Giuoco Calcio) e assim por diante. Pois tem a ver com o formato federativo de nosso país, divido em estados-membros relativamente autônomos, e com o fato de, ao longo de nossa história desportiva, nunca o futebol de um dos estados ter sido absolutamente hegemônico, a ponto de ofuscar o de todos os demais. Sempre houve, pelo menos, a rivalidade entre Rio e São Paulo, e isso bastou para que o futebol se descentralizasse a ponto de só virmos a ter um Campeonato Nacional em 1967.

Pois muito bem: a partir dos anos 30, a ditadura de Getúlio Vargas houve por bem ordenar aquele esquema descentralizado, e ela o fez segundo os valores fascistas que professava. Não se trata de atirar o adjetivo como um nome feio para conspurcar a memória do ditador. O termo "fascista" é usado aqui em seu sentido próprio, o de uma ideologia de contornos *corporativistas*, isto é, que pretendia organizar toda a sociedade (inclusive o esporte) em canais "orgânicos" próprios de cada classe social ou grupo de interesse — sempre sob a ação disciplinadora do estado onipresente e onipotente. Foi assim com Vargas, no Brasil, como foi com Mussolini, na Itália, com Franco, na Espanha, e com Salazar, em Portugal. Com esse objetivo, o Decreto-Lei n° 3.199, de 1941, instituiu o Conselho Nacional de Desportos (CND), com o mandato de "orientar, fiscalizar e incentivar a prática dos desportos em todo o país". Na prática, tinha atribuições quase legislativas e constituía, para todos os efeitos, a última instância do sistema de Justiça desportiva.

Abaixo do CND, órgão do estado, havia as confederações, órgãos privados sob a tutela do governo, que vinham a ser "as entidades máximas de direção dos desportos nacionais". Havia uma Confederação Brasileira de Basketball, uma de Pugilismo, uma de Vela e Motor, uma de Esgrima, uma de Xadrez e, para todas as demais modalidades (futebol inclusive), a Confederação Brasileira de Desportos. E chamavam-se "confederações" porque eram o resultado da soma de unidades menores chamadas "federações", que vinham a ser "os órgãos de direção dos desportos em cada uma das unidades territoriais do país" (ou seja, nos estados, territórios e no Distrito Federal). Com um detalhe importante: a lei proibia expressamente o surgimento de federações rivais a reger o mesmo esporte num mesmo estado. A razão era simples: assim era mais fácil o governo controlar cada uma dessas federações. (Ainda hoje, o mesmo princípio fascista impede que haja mais de um sindicato para a mesma categoria de trabalhadores numa mesma unidade territorial.)

Mas não sejamos de todo injustos. Sim, é certo que o sistema foi criado sob a égide de uma ideologia iliberal, por inspiração de Gustavo Capanema e Francisco Campos. Também é verdade que, nesse ideário dos anos 30 e 40, havia lá um componente eugenista bem acorde com o espírito do tempo, de modo que o processo todo visava, também, ao objetivo hoje condenável do "aperfeiçoamento da raça". Mas, a despeito dessas máculas de origem, o sistema autoritário e estatista que começava a gestar-se foi o que nos permitiu aprender com os vexames das Copas de 1930 e 1934 para, já a partir de 1938, finalmente mostrar ao mundo o potencial de nosso futebol (com a CBD sob a presidência de Luiz Aranha, irmão do chanceler Osvaldo Aranha, e com Alzira Vargas de madrinha da Seleção). Ao longo dos anos, as virtudes desse sistema acabarão suplantadas por seus defeitos — o principal deles, o poder escasso ou nulo dos clubes, a fonte de toda a paixão, na hora de decidir —, mas foi com esse esquema que o Brasil se sagrou tricampeão em 1958, 1962 e 1970.

O avassalamento dos clubes pelas federações agravou-se consideravelmente sob o regime militar de 1964-1984. No capítulo anterior, demonstramos como o regime instrumentalizou o Campeonato Nacional nascente para atingir certos objetivos políticos (a história do "onde a ARENA vai mal, mais um time no Nacional"). Esta foi só uma faceta do processo. Houve outra, ainda mais nefasta, que teve o propósito de fortalecer clientelas políticas que, dentro de cada estado, iam apropriando-se do futebol em benefício próprio.

Os cariocas foram poupados das piores distorções desse processo, durante o regime militar, porque a nossa federação foi, até 1978, uma federação metropolitana, municipal — e porque durante quase todo o período esteve sob o controle de Octávio Pinto Guimarães, que mal ou bem era um homem do esporte. Outros estados não tiveram a mesma sorte, nem a nossa duraria para sempre.

O mecanismo criado pelo regime militar para premiar os seus correligionários nas federações estaduais foi o chamado voto unitário. Foi instituído pela Lei n° 6.251, de 1975, no governo do general Ernesto Geisel. Esse diploma estabelecia, em seu artigo 18, que os estatutos das confederações e federações, "sob pena de nulidade", "obedecerão ao sistema de voto unitário na representação das filiadas em quaisquer reuniões". Trocando em miúdos, com base nesse mecanismo, o voto de um Flamengo teria sempre o mesmo peso que o voto de um Madureira, e o de um Corinthians, o mesmo de um Bragantino.

É mau? É péssimo, mas piora. Além dos clubes, as federações eram integradas também por ligas desportivas, que são "as entidades de direção dos desportos no âmbito municipal". E a experiência demonstrou que era facílimo criar ligas fantasmas por esses grotões do Brasil adentro. Ninguém fiscalizava, ninguém punia. Com isso, um dirigente malandro tinha nas mãos um instrumento formidável para multiplicar votos no âmbito de cada federação. Se os cariocas fomos poupados disso nos anos 60 e 70, seríamos vítimas do exemplo mais caricato do fenômeno a partir dos anos 80. Foi quando entrou em cena Eduardo Viana, vulgo "Caixa d'Água", cartola do Americano de Campos e, a partir de 1984, sucessor de Octávio Pinto Guimarães, já na Federação de Futebol do Estado do Rio de Janeiro (FERJ). Escrevendo em 1987, o saudoso João Saldanha dava cátedra a respeito do funcionamento do esquema:

> No Rio e em São Paulo, todos os pequenos juntos não chegam a um décimo por centro [da torcida]. Eu disse *todos os [pequenos] juntos*. A vigarice dos "donos do futebol" foi quem

obteve do governo, trouxa e incompetente, que fizesse o tal voto unitário. Aqui no Rio, como exemplo, a turma do Caixa d'Água, todas as semanas, registra uma liga ou clube. A Liga de Cantagalo tem o mesmo poder que o Flamengo para decidir. E em Cantagalo todos são Flamengo, Fluminense e Botafogo.[77] [Grifos do autor]

O leitor há de perdoar este desvio de rota, mas graças a ele estamos em condições de entender o que havia de revolucionário na plataforma de Octávio e Nabi, que era a de Marcio Braga.[78] Pois muito bem: a principal promessa era a de abandonar o famigerado mecanismo do voto unitário nas federações, muito embora isso, no fundo, fosse matéria de lei. Mas, só de não atrapalhar as reformas legislativas por que se batia o deputado Marcio Braga, o futuro presidente da CBF já faria muito.

Mas devagar com o andor: ninguém falava ainda em deixar os clubes votarem para presidente da CBF: isso somente se alcançaria na longa gestão de Ricardo Teixeira, quando os clubes da primeira divisão do Campeonato Nacional passaram a integrar a assembleia-geral da entidade, na categoria de "filiados especiais e transitórios". Mas insinuava-se, sim, que eles teriam voz e talvez voto nas decisões que os afetassem diretamente, como a organização do Campeonato Brasileiro. Era esse o propósito do *conselho arbitral*, expressão que tornará a aparecer uma e outra vez neste nosso relato. No melhor dos mundos, vigeria até mesmo um mecanismo de voto qualificado — o oposto do voto unitário —, pelo qual a escolha de um grande clube, como o Flamengo ou o São Paulo, valeria mais do que a de um pequeno, como o Madureira ou o Sport do Recife. Os prejudicados sempre haveriam de contestar que essas eram ideias antidemocráticas, mas os grandes retrucariam que a democracia estava justamente em os clubes que arregimentam milhões de torcedores não se verem arrastados por conluios de agremiações de bairro.[79]

E, claro, em meio ao jargão burocrático, há uma proposta que salta aos olhos, cristalina, na plataforma de Octávio e Nabi: o velho anseio, cultivado desde a época de Giulite Coutinho, por um Campeonato Nacional apresentável, com não mais do que vinte clubes na primeira divisão, com promoção e rebaixamento, só com jogos que não dessem prejuízo.

Há um terceiro personagem a ser apresentado, antes de relatarmos os antecedentes imediatos da Copa União. Trata-se do professor Manoel José Gomes Tubino, nomeado presidente do Conselho Nacional de Desportos (CND) por Tancredo Neves e depois confirmado no cargo por José Sarney.

O leitor estará desculpado se a sua primeira reação for de asco à simples menção do CND, à luz de tudo o que se expôs até aqui. Que ele não se precipite: Manoel Tubino, com os erros ocasionais que cometeu, é um dos heróis de nossa história. Expliquemos.

É evidente que, em 1985, com a redemocratização em curso, todo aquele sistema herdado do Estado Novo parecia irremediavelmente datado, e isso era especialmente verdadeiro no que dizia respeito ao CND. Mas as vozes que se batiam pelas reformas necessárias precisavam de um aliado na cúspide do sistema — isto é, no próprio CND — enquanto o Congresso Nacional e a Assembleia Nacional Constituinte não se debruçassem sobre essas questões. Em outras palavras, não havia alternativa senão contar com a estrutura existente para coibir os excessos da CBF e das federações estaduais, enquanto se tratava de construir pacientemente o futuro.

Entre as tais vozes progressistas, havia três que se destacavam por sobre todas as demais. A principal era, decerto, a de Marcio Braga, presidente do Flamengo entre 1977 e 1980 e deputado federal, pelo PMDB, desde 1983. Braga tinha sido juiz auditor do Superior Tribunal de Justiça Desportiva (STJD) por treze anos (1963-1976), portanto conhecia o sistema por dentro. Como presidente do Flamengo, amadurecera o ideário que se refletia, agora, na plataforma de Octávio e Nabi. Para além das boas ideias, Marcio Braga também tinha excelentes conexões. É conhecida a sua proximidade com o ex-Presidente Juscelino Kubitschek, surgida do fato de Marcio ter-se casado, em primeiras núpcias, com uma sobrinha de dona Sara Kubitschek. Pois, antes de se tornar cartola rubro-negro, Marcio Braga militou no PSD de Juscelino e, por essas e outras, conhecia Tancredo Neves desde menino ("doutor Tancredo era da família", disse, em entrevista a este autor). Mais adiante, passou a privar da amizade e da confiança do dr. Ulysses Guimarães e do político pernambucano Marco Maciel, que seriam, ambos, figuras de proa no processo de redemocratização.

Por todas essas conexões, tão logo Tancredo Neves foi eleito Presidente da República, dava-se como certo que Marcio Braga seria o nosso primeiro secretário nacional de Esportes, um cargo de hierarquia ministerial que seria criado sob medida para ele. Essa era a impressão de todos entre a eleição de Tancredo, em janeiro de 1985, e a escolha de seu gabinete de ministros, em fevereiro. Por que isso não se confirmou continua sendo um mistério: durante a entrevista, Braga disse apenas que "o dr. Tancredo [Neves] terminou não me escolhendo", e o cargo não foi criado.

Ainda assim, nas costuras políticas que levaram à conformação do segundo e terceiro escalões do governo, Marcio Braga conseguiu emplacar duas nomeações importantes para a nossa história, na órbita do Ministério da Educação, que também se ocupava dos desportos. Trata-se de dois aliados próximos de Marcio Braga que enxergavam o esporte de maneira muito semelhante à sua.

O primeiro foi Bruno Luiz Ribeiro da Silveira, um pernambucano genial que Braga conhecia desde a infância, no Ginásio Nova Friburgo, e que fora seu vice-presidente de futebol no Flamengo (no cargo, Silveira daria os primeiros grandes passos rumo à completa profissionalização do jogador de futebol, como a extinção dos "bichos", a participação na renda dos jogos e o direito ao 13º salário). E, já que não haveria um secretário de Esportes com *status* de ministro, ao menos estava vago o cargo de secretário de Educação Física e Desportos do Ministério da Educação. Pois foi para essa posição que Tancredo nomeou (e Sarney depois confirmou) o ex-vice-presidente do Flamengo.

O segundo foi o já referido professor Manoel José Gomes Tubino, militar de carreira, catedrático de educação física, vascaíno apaixonado e principal porta-voz de uma visão humanista e libertária do esporte, mais acorde com o Brasil da Nova República. Marcio Braga conhecera Tubino por intermédio do capitão Claudio Coutinho, técnico do Flamengo entre 1976 e 1980. Coutinho apresentou-o como o mais brilhante de um grupo de oficiais que gravitava em torno do almirante Heleno Nunes, na Seleção Brasileira, naquela segunda metade dos anos 70. Braga e Tubino aproximaram-se por ocasião de uma audiência pública sobre gestão esportiva, no Senado Federal, em 1978, e nunca mais se separaram.[80]

Pois foi este militar, desportista e humanista que José Sarney nomeou presidente do CND, em março de 1985. No período que nos concerne, Manoel Tubino buscará cumprir a contento, com muito mais méritos que deméritos, a missão modernizadora que se propunha, enterrando o que fosse possível enterrar do legado autoritário que minava o pleno desenvolvimento do esporte brasileiro. De crucial importância para nosso relato, ele tratou de fazê-lo independentemente das promessas de Octávio e Nabi, usando para isso dos poderes quase legislativos de que se viu investido. Concretamente, Tubino trabalhará, nos anos subsequentes, pela implementação de três ideias mestras: a instituição de um conselho arbitral de clubes na CBF, a implantação do voto qualitativo na CBF e nas federações e, como símbolo máximo da mudança, espécie de meta-síntese, a criação de um Campeonato Nacional apresentável.

Ciosas de suas atribuições, as federações estaduais — o outro grande vilão de nossa história — resistirão judicialmente, e a briga atravessará todo o período de que nos ocupamos.

No país do jeitinho, Octávio e Nabi saíram-se com uma impagável no dia da eleição do presidente da CBF para o período 1986-1989. A disputa com Medrado Dias era apertada, e os levantamentos indicavam a possibilidade concreta de um empate. E em caso de empate, rezavam os estatutos, elegia-se o mais velho dentre os candidatos a presidente. Medrado era mais velho que Nabi, mas Octávio tinha mais idade que Medrado. De maneira que, de comum acordo, os nossos dois personagens inverteram a sua posição na chapa, e Octávio, que era candidato a vice, passa a postular a presidência, e Nabi, o presidenciável original, passa a ser o segundo da lista. Octávio e Nabi elegem-se por treze votos a doze[81] e imediatamente cumprem a promessa de confirmar Telê Santana à frente da Seleção. As outras promessas ficam para as calendas.

O Brasil, como se sabe, fracassou na Copa do Mundo do México, sem nem chegar perto do brilho de 1982. Houve alguns momentos de bom futebol (os golaços de Josimar contra a Irlanda do Norte e Polônia; o toque de calcanhar de Zico para Careca, contra a mesma Irlanda do Norte), mas a torcida arco-íris prefere lembrar, para sempre, do pênalti perdido pelo Galinho contra a França — sem nem considerar que foi ele quem fabricou o pênalti, com um lançamento magistral para Branco, e que ao final dos noventa minutos ainda deixou Careca na cara do gol para decidir.

Águas passadas. Alguns poucos, no Brasil, tinham olhos de ver para além das quatro linhas. E puderam perceber o clima de esculhambação e animosidade que aos poucos se impôs entre jogadores, dirigentes e comissão técnica, minando a confiança do grupo. Iam longe os dias de compromisso unânime com a filosofia de trabalho de 1982. Nos dois meses que a Seleção passou no México, a imprensa talvez tenha sobrevalorizado episódios como o de Casagrande, Édson e Alemão aparecendo em público com garrafas de cerveja, num momento de folga.[82] Mas esteve certa ao noticiar o progressivo ensimesmamento de Telê Santana, cada vez mais autoritário e avesso ao diálogo, cometendo erros em série e rompendo pontes com Falcão, Oscar, Leão e Casagrande e com o amigo de toda a vida, o preparador físico Gilberto Tim.[83]

Mas este era apenas um lado da história. O time de 1986, evidentemente, perdeu por seus próprios erros, que, no entanto, se potencializaram pela inexistência de um mínimo de comando e organização na CBF de Octávio e Nabi. Acima do título, o objetivo principal da dupla parecia ser o de agradar os presidentes das federações alinhadas que, afinal, os elegeram seis meses antes. Por isso a CBF bancou, no México, mordomias nababescas para os cartolas amigos, numa fatura que bem pode ter ascendido a 700 mil dólares (de 1986).[84] Tudo com o nosso dinheiro (que afinal de contas a CBF ainda se financiava com verbas da Loteria Esportiva).

Data daí, aliás, o rompimento de Marcio Braga com Octávio e Nabi: a dupla convidara-o para chefiar a delegação, para um mês depois surpreendê-lo com a notícia de que a chefia seria compartilhada com o presidente da Federação Paulista de Futebol (FPF), José Maria Marin, sob o argumento de que "é preciso unir o Rio e São Paulo". Marcio Braga escusou-se de participar e advertiu Octávio, seu amigo de longa data, de que "estava metendo-se com gente muito complicada". Pouco tempo depois, da tribuna da Câmara, o deputado Marcio Braga recomendou: "Octávio, chama a polícia!"[85]

Ao término da Copa, já estava claro que, portas adentro, na CBF, reinava o caos. Portas afora, Octávio e Nabi começavam a pagar as faturas pendentes de sua eleição.

A tensão entre as promessas ousadas e os interesses arraigados explodirá na cara de todo o Brasil depois da Copa do Mundo, no Campeonato Brasileiro de 1986 (chamado então de Copa Brasil). A 11 de agosto de 1986 — um dia depois de Bebeto e Júlio César darem ao Flamengo o seu 22° título carioca, com a vitória de 2 a 0 sobre o Vasco da Gama —, a CBF divulgou as primeiras definições sobre o campeonato daquele ano. A principal delas é que esta seria, em princípio, a última Copa Brasil nos velhos moldes, com quarenta, cinquenta ou noventa clubes a disputar o título. Já para 1987, o campeonato teria apenas 24 clubes, dentre os melhores colocados na edição de 1986.

Nas próximas duas semanas, a CBF vai aos poucos divulgando detalhes de como pretende chegar a esse desfecho. Como de hábito, a Copa Brasil terá cerca de quarenta clubes — desta vez, 44 — a disputá-la desde o início, na chamada Taça de Ouro. Seriam divididos em quatro grupos de onze, e os seis melhores de cada grupo (perfazendo um total de 24) estariam classificados para a segunda fase. A estes somam-se outros quatro participantes originários, classificados por "índice técnico" (ou seja, as quatro equipes, dentre as demais, que somassem maior número de pontos, independentemente do grupo que integrassem), mais os campeões de cada um dos quatro grupos em que se dividia o Torneio Paralelo (a segunda divisão), disputado por 36 equipes.

Temos, portanto, 32 clubes, entre os da Taça de Ouro e os do Torneio Paralelo, classificados para a segunda fase. Estes tornam a dividir-se em quatro grupos de oito, e apenas os dois primeiros de cada grupo classificam-se para a fase seguinte, as quartas de final, a disputar-se no velho esquema eliminatório, com jogos lá e cá. Seguem-se as semifinais e as finais, tudo em ida e volta, com o tempero adicional de uma inédita disputa de terceiro lugar, na véspera da decisão.

Complicado? O futebol era assim, antes da Copa União. O que convém guardar é que, dos 48 participantes (os 44 originais mais as quatro equipes promovidas do Torneio Paralelo), apenas 24 disputariam a primeira divisão em 1987. Ficariam de fora todos os dezesseis clubes eliminados ao término da primeira fase, e também seriam rebaixados os dois piores de cada um dos quatro grupos da segunda fase. Em resumo, dentre os 48 participantes, caíam 24.[86]

Que um monstrengo assim não podia dar certo devia ser óbvio para todos — ainda mais sob a batuta de uma dupla, Octávio e Nabi, que, depois da eliminação no México, passou a discordar em tudo, cada um dos dois agindo para minar o poder do outro. Somem-se à desorganização original as previsíveis pressões dos grandes clubes que, com o andar da competição, se vissem ameaçados de rebaixamento, e está pronta a receita para o desastre. Olhando para trás, evidentemente teria sido melhor operar um corte drástico já em 1986, tomando por base o *ranking* histórico da própria CBF, e aguentar a gritaria dos prejudicados. Não se fazem *omoletas* sem quebrar ovos, ensinava a tradução lusitana de um velho manual de economia.[87] Mas, diante das pressões da clientela de Octávio e Nabi (as federações estaduais), a CBF optou por uma fórmula que visava a nivelar o campo de jogo para o trauma que viria, inevitável, em 1987.

Quando, já por volta da zero hora de 26 de fevereiro de 1987, Careca empatou em 3 a 3 a finalíssima entre São Paulo e Guarani, o Brasil inteiro suspirou. Aquele campeonato não queria acabar nunca. Àquela altura, eram já transcorridos dois meses desde a data originalmente prevista para o final do torneio, 21 de dezembro de 1986. Entre o pontapé inicial, em um já longínquo Coritiba x São Paulo, a 30 de agosto, e o gol agônico de Careca, o campeonato de Octávio e Nabi ganhou ares de comédia pastelão, com liminares, ameaças de todo o gênero, notificações judiciais rasgadas nos cornos perplexos de oficiais de justiça e, evidentemente, viradas de mesa.

Para narrar este cômico enredo, a maior parte dos comentaristas prefere recorrer a uma cronologia mais ou menos exaustiva, deixando ao pobre leitor o ofício ingrato de encontrar o fio da meada. Este autor também se socorrerá desse recurso, em um anexo à presente obra, mas prefere por ora arregaçar as mangas e ir desfiando com o leitor três ou quatro enredos subjacentes que, somados, vão resultar no atoleiro que se estabeleceu em 1987, e que só a Copa União pôde resolver.

Como, espera-se, terá ficado claro nos parágrafos precedentes, o regulamento previa que 24 dos 48 participantes seriam rebaixados à segunda divisão, ao término da Copa Brasil. Em condições normais de temperatura e pressão, os 24 que se salvassem seriam, naturalmente, os 24 melhores, que necessariamente incluiriam os doze grandes (aqueles que, lá em 1966, se juntaram para criar o Campeonato Brasileiro). Mas nenhum torneio com 48 participantes disputa-se em condições normais de temperatura e pressão.

O primeiro grande clube a perceber isso foi o Vasco da Gama. Quando o time estreou, perdendo para o Náutico por 0 a 1, no Mundão do Arruda, ninguém atribuiu ao fato maior importância. O time, embora jovem, era muito bom, com Acácio, Paulo Roberto, Donato, Mazinho, Geovani, Mauricinho, Romário e o veterano Roberto Dinamite. Mas estava psicologicamente destruído pela desgastante decisão carioca de agosto, contra o arquirrival de todos os tempos, o Flamengo onde despontavam Zé Carlos, Jorginho, Aldair, Aílton, Alcindo e Bebeto. Entre o terceiro turno e a finalíssima, foram quatro clássicos em duas semanas, com duas vitórias do Flamengo e dois empates, tudo isso em numa atmosfera em que, no Rio de Janeiro, não havia espaço para outro assunto.

De maneira que, à derrota no Arruda, foram seguindo-se os reveses: 0 a 1 contra o Bahia e 0 a 1 contra o Guarani, em São Januário; 0 a 0 com o Santos, no Pacaembu, e 0 a 0 com o Cruzeiro, no Maracanã; e 0 a 1 contra o Rio Branco de Mazolinha, em Cariacica, no Espírito Santo. A esta altura, o Vasco é o último colocado do grupo C e caminha a passos largos para o rebaixamento. O treinador Cláudio Garcia é demitido e em seu lugar assume, pela primeira de muitas vezes, um então obscuro cavalheiro de nome Joel Natalino Santana, ex-zagueiro do clube e até ali técnico dos juniores.

Nessas circunstâncias, o jogo seguinte, contra a Tuna Luso-Brasileira, em Belém do Pará, assume ares de grande decisão. Ou o Vasco começava a ganhar ou dava adeus à primeira divisão. E foi nesse contexto carregado que começaram a circular ameaças, rumores e ideias inovadoras que não se ouviam desde 1970. Já no dia 4 de setembro, quando o Vasco acumulava apenas duas derrotas em duas partidas, o dr. Eurico Miranda, vice-presidente do clube, veio a público afirmar que, quando da divulgação do regulamento, ele próprio tentou convencer os demais grandes clubes do Rio de Janeiro a desistir da disputa e "realizar outra competição paralela" (aparentemente, foi George Helal, do Flamengo, quem furou o boicote).[88] A 15 de setembro, Octávio Pinto Guimarães houve por bem negar publicamente que estivesse em consideração uma imensa virada de mesa para beneficiar o Vasco. A 22 de setembro, um dia após a derrota contra o Rio Branco capixaba, o mesmo Eurico Miranda afirma que lutará na Justiça contra o eventual rebaixamento, eis que o regulamento, no seu douto juízo, era "ilegal": aparentemente, por norma do CND, não poderia haver rebaixamento sem que a fase classificatória se disputasse em turno e returno. Novamente, a 25 de setembro, Eurico insiste em uma boa ideia (embora usada, então, em desespero de causa): queria que os dezesseis principais clubes brasileiros (não disse quais) disputassem uma "superliga" independente, um "Campeonato Nacional independente da CBF".[89]

Muito bem: este — as misérias do Vasco da Gama — é o primeiro dos enredos subjacentes de que se falava há pouco. Tome nota, amigo leitor, e guarde para referência futura. Há um segundo enredo que nos interessa. Desde que, a 29 de agosto de 1985, o lateral-direito banguense Márcio Nunes arrebentou o joelho de Zico, havia um consenso de que nunca se vira tanta violência nos campos de futebol brasileiros. A esta altura, setembro de 1986, o Galinho já se tinha submetido a duas cirurgias, mas a violência ainda campeava. Já na rodada inaugural, o paraguaio Romerito, do Fluminense, sofreu fratura de perônio em um choque violento com Robson, do mesmíssimo Bangu do mesmíssimo técnico Moisés.

Um mês depois, a 28 de setembro, foi a vez de o lateral-esquerdo Adalberto, do Flamengo, quebrar a perna numa entrada violentíssima do ponta-direita Porto, do Botafogo da Paraíba, no campinho niteroiense de Caio Martins (àquela altura, em um campeonato onde pululavam Sports e Botafogos da Paraíba, já ninguém queria fazer déficit jogando no Maracanã para cinco mil testemunhas). Imediatamente, a diretoria rubro-negra vem a público apontar o grande vilão da história, para além dos zagueiros truculentos e dos treineiros irresponsáveis: todo mundo sabia desde sempre que, em um campeonato assim heterogêneo, eram frequentes os casos de *doping* de atletas. Os episódios de violência, as fraturas e contusões eram o resultado inevitável quando se punham para jogar atletas a babar espuma e os olhos fora de órbita, como efeitos das *bolinhas* que tomavam.⁹⁰ Dias depois, Romerito aparece nas manchetes endossando as denúncias rubro-negras, e os grandes clubes passam a exigir da CBF exames *anti-doping* em todos os jogos (até então, o controle era feito de forma aleatória).

A essa altura, ninguém deu muita atenção — terceiro enredo — à pelada que, um dia depois da fratura de Adalberto, Joinville e Sergipe disputaram no estádio Ernesto Schlemm Sobrinho, em Joinville. E era natural que ninguém desse: com todo o respeito às duas simpáticas agremiações, em nenhum Campeonato Brasileiro que se preze Sergipe e Joinville deveriam coincidir na primeira divisão. De modo que ninguém reparou quando, encerrado o jogo com o empate em 1 a 1, o delegado da CBF chamou o armador sergipano Carlos Alberto para o exame *anti-doping*. Aparentemente, não houve sorteio: quem de direito simplesmente decidiu que o agraciado com o copinho era o camisa 8 do Sergipe.

Uma semana depois, a 6 de outubro, a Universidade Federal de Santa Catarina anunciou o resultado do exame: encontrara na urina de Carlos Alberto vestígios da substância oximetazolina, um receptor adrenérgico presente no descongestionante nasal Afrin. Dois dias depois, a contraprova confirma o resultado.

Ocorre que, a esta altura, o Atlético Goianiense já conquistara a última vaga reservada ao grupo C, ao empatar com o Vasco da Gama em 0 a 0. Ao Vasco só restava garantir uma das quatro vagas reservadas aos demais clubes, por "índice técnico". O time, que antes de empatar com o Atlético batera a Tuna Luso-Brasileira por 3 a 0, precisava vencer os últimos dois jogos da primeira fase (Operário de Várzea Grande, no Mato Grosso, e Piauí, em São Januário) e torcer por uma combinação de resultados nos outros grupos. No mesmo páreo estavam Sobradinho (DF), Comercial de Campo Grande (MS), Santa Cruz, Botafogo (o do Rio mesmo) e Joinville. Nestas circunstâncias, passa a ser crucial, para o destino do Vasco, que o Joinville *não ganhe* o ponto que deixou de conquistar no empate com o Sergipe, quando a Justiça desportiva se debruçar sobre o caso do *doping*. Se o pontinho lhe fosse creditado, o clube catarinense passaria a ser, automaticamente, um dos quatro classificados pelo "índice técnico".

Tinha razão o Vasco? Na zona que era o futebol brasileiro de então, não dava para ter certeza de nada.⁹¹ Segundo o então presidente do Superior Tribunal de Justiça Desportiva (STJD), o dr. Carlos Henrique Saraiva, o Código Brasileiro Disciplinar de Futebol previa a perda dos pontos por parte do time que escalou o jogador dopado, "mas é omisso quanto à adjudicação dos pontos ao adversário, o que fica a critério dos tribunais". E é com isso que o Vasco joga: com os humores dos tribunais desportivos. Aparentemente, no entanto, o regulamento do campeonato previa, sim, a adjudicação dos pontos ao adversário. No mesmo sentido ia a portaria do CND de n° 531/85.[92]

Havia um complicador adicional: se, historicamente, os tribunais desportivos tendiam a pender para os grandes clubes, o diretor de futebol da CBF, o sr. Pedro Lopes, era catarinense de Joinville, e em São Januário ninguém hesitou na hora de assinalar essa infeliz coincidência.[93] Fosse como fosse, às vésperas da rodada final, a 9 de outubro de 1986, o que parecia mais provável, à luz da legislação, era que a Justiça desportiva atribuísse, sim, o pontinho valioso ao Joinville. Com isso, e graças a cálculos complexos que não nos cabe reproduzir aqui, o Vasco da Gama só tinha uma possibilidade de evitar o rebaixamento: que o Alecrim de Natal batesse o Comercial de Campo Grande naquela mesma noite, no Castelão.[94] O jogo terminou em 0 a 0, e o Vasco parecia rebaixado.

Caiu, então, o Vasco? Seria descrer do engenho e arte dos nossos cartolas, que se viam imprensados contra a parede: de um lado, havia as ameaças de Eurico Miranda de melar o campeonato com liminares judiciais; de outro, as prováveis simpatias de Pedro Lopes e, quiçá, do ministro da Educação, o também catarinense Jorge Bornhausen, pelo Joinville. Diante disso, a cartolagem optou pelo recurso clássico da *fuite en avant,* da fuga para adiante: prejudique-se um terceiro time e salvem-se os dois. Magicamente, no dia seguinte ao 0 a 0 do Castelão, a CBF decidiu eliminar da competição a Portuguesa de Desportos, de São Paulo. O motivo? Já na primeira rodada, a Lusinha ajuizara, na Justiça comum, uma ação questionando o desconto de 5% da renda de cada jogo, em benefício da federação local. E ingressar na Justiça comum, antes de esgotadas as vias da Justiça Desportiva, é o mais abominável dos pecados capitais, aos olhos da FIFA e da CBF.

Armou-se, então, o zaralho. A eliminação da Portuguesa abria uma vaga adicional que, por uma operação aritmética muito mais simples, cabia automaticamente ao Vasco da Gama. Difícil sustentar que as duas coisas não estivessem relacionadas: a lembrança tardia do pecadilho dos luso-paulistas e o virtual rebaixamento dos luso-cariocas. A cartolagem paulista, tendo à frente Carlos Miguel Aidar, do São Paulo, ameaça boicotar o campeonato. A Portuguesa obtém, na Justiça comum, uma liminar que suspende todos os jogos do grupo K (que seria o dela, na segunda fase, e passara a ser o do Vasco). Também o Santa Cruz ingressa em juízo alegando que a vaga era sua, não do Vasco, porque queria o pontinho que perdera para a Portuguesa.

Nos dias que se seguiram, a CBF derrubou a liminar da Portuguesa, mas esta obteve uma segunda, agora no CND, determinando a sua inclusão na segunda fase. A sua vaga está garantida: o CND é o órgão supremo de judicatura no sistema vigente. Há, portanto, 31 clubes para 32 vagas.

Ao Vasco da Gama resta eliminar o Joinville nos tribunais, na ação que se arrastava desde a contraprova do *doping*. A 16 de outubro, com uma interpretação criativa das leis e regulamentos, o Tribunal Especial da CBF decidiu punir não o Sergipe, nem o meia Carlos Alberto, mas apenas e tão-somente o médico do clube (aliás estagiário de medicina), Genival Barros da Silva, eliminado do esporte por todos os séculos dos séculos. Não havendo nada a censurar ao Sergipe, não há pontos nenhuns a atribuir ao Joinville. Está fora, então, o clube catarinense, que imediatamente recorre ao STJD e ao CND.

No CND, por convicção ou por injunções de Bornhausen, o professor Manoel Tubino decidiu em favor do Joinville. Determinou, a 17 de outubro, que a CBF o inscrevesse na segunda fase, ainda que numa vaga adicional criada com esse propósito específico. Diante da dificuldade de montar quatro grupos com 33 times, a CBF consuma a virada de mesa a 20 de outubro: classificam-se, então, 36 clubes para a segunda fase, em lugar dos 32 originais. Além do Joinville, há espaço para Santa Cruz, Náutico e Sobradinho (DF), e preservam-se as vagas do Vasco da Gama e da Portuguesa. Diante de tantas idas e vindas, é difícil dizer com clareza quais dos seis entraram pela janela.

Para os nossos propósitos, importa salientar o seguinte: (1) pelas novas regras, em lugar de dois clubes de cada grupo, agora classificam-se quatro para a terceira fase, transformada em oitavas de final; (2) em lugar de seis, agora os sete primeiros de cada grupo classificam-se para a primeira divisão de 1987, que terá, portanto, 28 clubes, em lugar de 24; e (3) permanece a regra de que oito clubes, os dois últimos de cada grupo, seriam rebaixados ao término da segunda fase.

Acabou aí? Não, não acabou. Naqueles anos, um clube destacava-se mais do que todos os outros, quando o assunto era criar balbúrdia nos tribunais: o Coritiba. Pois, a 31 de outubro, com a segunda fase já em curso, o Coritiba também obtém a sua liminarzinha para ser incluído na segunda fase. A sua pretensão tinha uma graça toda especial: o clube, campeão em 1985, tinha sido o *último* colocado no cômputo geral, ao término da primeira fase. Seu argumento? "O Coritiba passou a ter o direito de lutar pela reintegração a partir do momento em que a CBF deixou de cumprir o regulamento e transformou a Copa Brasil em uma verdadeira salada."[95]

Ao longo de novembro, dezembro e janeiro, seguem-se liminares e contraliminares, contra e a favor do Coritiba, e o clube não chega a disputar nenhuma partida adicional. Nesse meio tempo, o bom e velho dr. José Carlos Vilella, do Fluminense, propõe que todos os outros clubes se recusem a jogar contra o Coritiba, "baseado no princípio de que ninguém pode obrigar um time a enfrentar outro se não houver comum acordo".[96] A sugestão foi bem acolhida pelos demais membros da Associação Brasileira de Clubes de Futebol (um precursor do Clube dos Treze), sem que ninguém do *métier*, aparentemente, atentasse para as possibilidades surreais que se estavam gestando. Quem primeiro atentou foi o já referido jornalista Cláudio Mello e Souza:

> Admitamos duas hipóteses. Primeiro, que o Coritiba seja incluído no Campeonato Brasileiro, por força de lei; segundo, que os clubes mantenham a firme disposição de não jogarem com o Coritiba. Muito bem. Nas datas marcadas e nos campos escolhidos, os jogadores do Coritiba vestem os uniformes, alinham-se no gramado e, enquanto esperam os adversários que não virão, distraem-se batendo bola. Configurada a ausência do adversário, o juiz encerra a partida que não houve, dando a vitória ao Coritiba.
>
> Admitamos mais uma hipótese: a de que esta cena se repita até a última partida. Nesse caso, o Coritiba seria simplesmente proclamado campeão do Brasil. Diante de tão escandalosa e inusitada realidade, o Campeonato Brasileiro chegaria ao fim, isto é, estaria encerrado para sempre, para honra e glória do esporte brasileiro.[97]

Em dezembro de 1986, era pura galhofa, diante do inusitado da hipótese. Mal sabia Mello e Souza que, dali a pouco mais de um ano, a hipótese lúdica viraria realidade em autos de processos, graças à incapacidade dos tribunais e da CBF de curvar-se à realidade dos fatos e ao mais elementar bom senso.

Aos olhos da opinião pública, saiu-se mal o professor Manoel Tubino ao impor a permanência do Joinville na segunda fase do campeonato. Não que a razão lhe desassistisse de todo: como se viu, parecia haver fundamentação jurídica suficiente para que o ponto perdido pelo Sergipe fosse, de fato, adjudicado ao Joinville, e a decisão de punir apenas o médico sergipano tinha todo o jeitão de um arranjo para beneficiar o Vasco da Gama. Mas, em um ambiente em que todo o mundo gritava e ninguém parecia ter razão, a decisão do CND tampouco parecia inocente: ficava a impressão de que aí se tratava de acomodar os interesses da clientela política do ministro da Educação, a quem se reportava o CND.

Mas Manoel Tubino teria ocasião de redimir-se. No dia 7 de outubro de 1986 — um dia depois de vir a público o *doping* do jogador sergipano —, o CND promulgou três resoluções que visavam a começar a necessária moralização do futebol. A resolução n° 16/86 voltava-se às federações estaduais. Determinava que elas deveriam necessariamente estabelecer "conselhos arbitrais integrados pelas filiadas [i.e., os clubes] que disputam cada uma das divisões de profissionais" (art. 1°), e que aos tais conselhos competia "elaborar os regulamentos técnicos dos campeonatos e torneios, fazendo deles constar a forma de disputa, número de turnos e de participantes, em cada turno ou fase, bem como a forma de distribuição de renda das partidas" (art. 2°).

A segunda resolução, a de n° 17/86, é de todas a mais importante, para efeitos do nosso relato. Trata especificamente do Campeonato Brasileiro, e deixa claro que, com a finalidade de organizar esse campeonato, a CBF, "*a partir de janeiro de 1987*, deverá criar conselhos arbitrais a serem integrados, anualmente, pelas associações [i.e., os clubes] disputantes de cada divisão de profissionais que for instituída", aplicando-se, no que couber, os parâmetros da resolução nº 16/86 (art. 10). No mais, estabelece que, a partir de janeiro de 1988, "a primeira divisão do campeonato de futebol profissional não poderá ser integrada por mais de 20 (vinte) associações; a segunda divisão, se houver, por no máximo 20 (vinte) associações, e a terceira divisão, se houver, no máximo por 24 (vinte e quatro) associações" (art. 8º, c); e que "o acesso e o descenso entre a primeira e a segunda divisão [...], e [entre] a segunda e a terceira será sempre de 2 (duas) associações por temporada" (art. 8º, d).

Por fim, a resolução nº 18/86 tratava em grande minúcia da organização dos campeonatos estaduais, estabelecendo fórmulas de acesso e descenso e, mais importante, limites para o número de participantes em cada divisão, segundo as peculiaridades de cada estado (para o Rio, por exemplo, seriam apenas quatorze equipes na primeira divisão, em 1987; para Minas e Rio Grande do Sul, dezesseis; para São Paulo, vinte).

Naturalmente que tamanha revolução não se faria sem choro e ranger de dentes, e imediatamente os interesses contrariados, da CBF e das federações estaduais, vão mobilizar-se para contestar as medidas em juízo. De maneira que, em 1987, quando se discutia a organização da próxima edição do Campeonato Brasileiro, nenhuma dessas medidas saneadoras estava plenamente vigente, por força de liminares obtidas em juízos camaradas. Mas o caminho estava traçado, e desde a publicação das resoluções, a 20 de outubro de 1986, já não era mais possível para a CBF, legitimamente, pretender impor fórmulas, regulamentos e participantes do Campeonato Nacional sem uma consulta formal aos clubes, reunidos *em conselho arbitral*.

Sem ter bem presentes estes antecedentes, não é possível entender o que se passou em 1987, nem emitir juízos sérios sobre quem foi, afinal, o campeão brasileiro daquele ano.

Voltando, no entanto, a 1986, o fato é que, entre liminares e contraliminares, o Coritiba de fato não jogou, e o campeonato seguiu o seu curso. Interrompeu-se para as férias dos jogadores, entre 14 de dezembro de 1986 e 24 de janeiro de 1987, muito embora, num primeiro momento, ninguém se tenha lembrado de perguntar às estrelas do espetáculo como é que ficava aquele direito sacrossanto de todo trabalhador. E, quando a bola finalmente voltou a rolar, o Brasil pôde somar algumas imagens adicionais àquelas memórias afetivas de que falávamos no primeiro capítulo.

Imagens do bravo Ameriquinha, o último bom esquadrão do clube tijucano (já então deslocado no Andaraí, e sem saber que um dia terminaria exilado em Mesquita). O América que tinha ainda, no comando de ataque, o velho Luisinho Lemos, o Luisinho Tombo de 1974, o terceiro maior artilheiro da história do Maracanã (atrás de Zico e Roberto Dinamite), e em cujo onze figuravam, ainda, o goleiro Régis (emprestado pelo Vasco), o futuro tricolor Polaco e o futuro rubro-negro Renato (né Laércio). O América que, nas quartas de final, vai eliminar o Corinthians em pleno Pacaembu, para depois morrer na praia, como era a sua sina ancestral, diante do São Paulo, na semifinal.

Imagens de um belo time do Atlético Mineiro, com Luisinho na zaga, Nelinho na lateral, Elzo e Zenon no meio, Renato Pé Murcho, Nunes ou Éverton a revezar-se no ataque, um jovem Sérgio Araújo a despontar numa extrema e Edivaldo em outra. Um Atlético que quebrou a escrita e nas oitavas eliminou o seu algoz Flamengo, que contava com Sócrates, mas não com Zico. Depois bateu o arquirrival Cruzeiro, para finalmente naufragar diante do Guarani, nas semifinais.

Imagens da última boa campanha do Fluminense tricampeão carioca, ainda com Paulo Victor, Aldo, Jandir, Assis, Romerito, Washington e Paulinho. Do Fluminense que, sob o comando do delegado Antônio Lopes, foi cair nas quartas de final em um jogo onde, uma vez mais, aconteceu de um tudo no Morumbi, inclusive agressões de maqueiros a Romerito e de seguranças armados a Eduardo Cachaça e Alexandre Torres.[98]

Imagens de um grande esquadrão bugrino — Ricardo Rocha, Marco Antônio Boiadeiro, Evair e João Paulo — sucumbindo diante do mesmo Careca que, oito anos antes, fizera do Guarani o primeiro campeão do interior.

E imagens do São Paulo, do grande São Paulo de Gilmar Rinaldi, Oscar, Darío Pereyra, Bernardo, Pita, Silas, Müller e Careca esgotando as últimas reservas de força para empatar uma prorrogação perdida e depois levar a taça nos pênaltis, na *segunda* maior decisão de todos os tempos (depois da de 1980, claro).

Para além da glória tricolor, o campeonato deixava o seguinte saldo. Em 1987, nada mais correndo errado, a primeira divisão seria disputada por 28 clubes: América (RJ), Atlético Goianiense, Atlético Mineiro, Atlético Paranaense, Bahia, Bangu, Ceará, Corinthians, Criciúma, Cruzeiro, CSA, Flamengo, Fluminense, Goiás, Guarani, Grêmio, Internacional de Limeira, Internacional de Porto Alegre, Joinville, Náutico, Palmeiras, Portuguesa, Rio Branco (ES), Santa Cruz, Santos, São Paulo, Treze (PB) e Vasco da Gama.

Feitas todas as contas, e sem levar em consideração o desfecho dos processos judiciais ainda em curso, estavam rebaixados os seguintes clubes: Alecrim (RN), Botafogo (PB), Botafogo (RJ), Central (PE), Comercial (MS), Coritiba (PR), Fortaleza (CE), Nacional (AM), Operário (MT), Operário (MS), Paysandu (PA), Piauí (PI), Ponte Preta (SP), Remo (PA), Sampaio Corrêa (MA), Sergipe (SE), Sobradinho (DF), Sport (PE), Tuna Luso-Brasileira (PA) e Vitória (BA).[99]

Alguém reparou, ali, no nome do Sport do Recife?

III
A REBELIÃO DE CLUBES E TORCIDAS

"Vamos ver quem tem mais força?"
Nabi Abi Chedid, 17/08/1987

Não foi o melhor dos tempos, nem o pior. Como toda época vivida, 1987 foi um ano de prodígios e agruras. Ao julgar o conjunto da obra, os historiadores pátrios provavelmente dedicarão maior espaço ao que o ano trouxe de ruim. Mas ao menos para este autor, que andava então pelos onze anos, havia um acontecimento positivo que não era menor: redescobria-se o prazer do futebol, depois da frustração da Copa do México. O prazer de ser Flamengo, o prazer de poder ainda ver ao vivo Arthur Antunes Coimbra e de constatar que havia, afinal, uma ordem estabelecida, e que nela o Flamengo e Zico eram o centro do universo.

O mundo lá fora não era assim tão simples. Para começo de conversa, não havia um centro, um polo: havia ainda duas superpotências, os Estados Unidos e a União Soviética, com a Cortina de Ferro e o Muro de Berlim a separar suas respectivas áreas de influência. Mas a Guerra Fria entrava em seus estertores, isso se intuía. Muita gente iludia-se com as potencialidades encerradas nas palavrinhas *glasnost* e *perestroika*, acreditando, como Mikhail Gorbachev, que o tal do *socialismo real* era reformável. *Tovarich* Gorbachev era imensamente popular nos círculos letrados, que como de hábito não enxergavam bem aonde daria aquilo tudo: na queda do Muro e na derrocada do comunismo.

Os mesmos círculos torciam o nariz para o Presidente Ronald Reagan, dos EUA. *The Gipper* andava, então, às voltas com um rumoroso caso de venda de armas para o Irã, para financiar a insurgência anticomunista na América Central, e havia quem falasse em renúncia e *impeachment*. Mas a sociedade americana tinha um dinamismo irresistível, fruto das reformas liberalizantes que o próprio Reagan começara a implementar havia seis anos. A economia crescia de forma vertiginosa, as inovações tecnológicas sucediam-se — ao longo do ano, o país consumiu 25 milhões de computadores pessoais — e uma nova classe de multimilionários emergia. Do outro lado da moeda, as desigualdades sociais explodiram e nunca mais se puderam estancar. Ainda assim, era um país com uma autoconfiança renovada o que, pela voz de Reagan, desafiava os russos em Berlim: — *Mr. Gorbachev, tear down this wall!*[100]

Se a intelectualidade não percebia bem que a queda do Muro estava próxima, o seu tirocínio não era melhor em matéria de cultura pop. Ao menos a lembrança deste autor é que, pelos cadernos de cultura e entretenimento daqui, dedicou-se tinta demais ao embranquecimento de Michael Jackson, que reaparecia com o álbum *Bad*. Em compensação, parece ter-se atentado pouco e mal aos dois discos que, lançados em 1987, teriam influência imensurável na música pelos próximos dez anos: o monumental *The Joshua Tree*, do U2, e o divertidíssimo *Appetite for Destruction*, do Guns n' Roses (que, segundo consta, continua a ser o álbum de estreia mais vendido de todos os tempos).

Era natural: a MTV só chegaria por estas latitudes no princípio da década seguinte, e o que ouvíamos por aqui era, no mais das vezes, um eco distante da música que se fazia nos *States* ou na Inglaterra. Não que por lá também não campeasse um gosto às vezes bizarro. Entre as músicas mais tocadas lá fora, figuravam pérolas como *Walk like an Egyptian* (The Bangles), *The Lady in Red* (Chris de Burgh), *Died in your Arms* (Cutting Crew), *La Isla Bonita* (Madonna) e *Livin' on a Prayer* (Bon Jovi) — este, o maior sucesso do ano.

Se, nos EUA, havia euforia, cá no Brasil o buraco era muito mais embaixo. O país adentrou 1987 com um gosto ruim na boca, o da ressaca do Plano Cruzado. Foi bom enquanto durou: com os preços congelados artificialmente e com o desincentivo oficial à poupança, o país inteiro foi às compras até desabastecer-se por completo e arruinar o nosso balanço de pagamentos. O governo do Presidente José Sarney aguentou as pontas até novembro de 1986, ou seja, até o PMDB eleger 22 de 23 governadores e a maioria dos deputados e senadores que haveriam de reunir-se em Assembleia Nacional Constituinte. Seis dias depois das eleições, liberou preços, reindexou a economia e meteu-nos goela abaixo um impostaço. Foi uma correção de rumos tão tardia e tão brutal que se popularizou, então, a expressão *estelionato eleitoral*. Em 1987, a deterioração das contas externas levará o país à moratória e a classe política a cruzadas inconsequentes contra credores e o FMI.

Com o fracasso do cruzado, governadores e parlamentares foram afastando-se de um Presidente já incapaz de arregimentar o apoio popular. Já não havia mais pelas ruas os *fiscais do Sarney* que, no ano anterior, andavam pelos supermercados com fervor patriótico, ameaçando delatar qualquer aumento de preços à Superintendência Nacional de Abastecimento (SUNAB). Agora, o país passa a viver sob um condomínio de poder: na cúpula, estava Sarney isolado no Palácio do Planalto; logo abaixo, o dr. Ulysses Guimarães a acumular presidências de tudo, salvo a da República — a da Câmara dos Deputados, a da Assembleia Nacional Constituinte, a do PMDB —; fora de Brasília, os 22 governadores peemedebistas a pressionar e condicionar a gestão do país. Não havia consenso nem sobre o mandato do Presidente: a Constituição vigente dizia que era de seis anos, Sarney queria cinco, e boa parte das lideranças, Leonel Brizola à frente, não aceitava mais do que quatro: queriam eleições diretas em 1988.

Eram questões para a Assembleia Constituinte resolver, e ao longo de 1987 ela se debruçou sobre esta e outras questões existenciais para o país. Sobre o mandato presidencial, só se pronunciou em plenário a 22 de março de 1988, em favor dos cinco anos. O gentio nas galerias atirou moedas nos parlamentares. No mais, a Constituinte produziu uma carta que, na avaliação do próprio Presidente José Sarney, tornaria o país "ingovernável"[101] e, na das mentes sensatas, a economia inviável.[102] O país passou os próximos dez anos tentando consertar bobagens erigidas em mandamento constitucional: o conceito de "empresa brasileira de capital nacional"; os monopólios estatais sobre o petróleo, gás e telecomunicações; a proibição de juros reais acima dos 12% ao ano; o orçamento engessado com uma infinidade de despesas obrigatórias. Conviveu, de resto, com outras tantas estultices que ali entraram para não mais sair (caso do artigo que legisla sobre o Colégio Pedro II). E agradeceu, talvez, que o que restava de bom senso se tenha encarregado de podar o que já raiava a loucura ou a gaiatice: da estabilidade absoluta no emprego à fórmula, apresentada em subcomissão, segundo a qual "homens e mulheres são iguais, exceto na gravidez, no parto e no aleitamento".[103]

Em matéria de cultura, o Brasil ficou incomensuravelmente mais pobre com a morte de Carlos Drummond de Andrade. Nosso poeta maior foi-se embora na noite de 17 de agosto, e desde então a sua ausência é um estar em nós. Fora isso, se tal ressalva é concebível, 1987, para nós outros, teve lá a sua graça. Na música, o rock nacional amadurecia e consolidava-se depois da explosão de 1984, 1985. Ainda havia muita coisa divertida e descartável, a começar pelo segundo álbum do Ultraje a Rigor, *Sexo*, que trazia a impagável *Eu Gosto é de Mulher* (incompreensivelmente adotada pela torcida do Fluminense, embora com outra letra). Outras obras envelheceram mal, como *Terra de Gigantes* e *Infinita Highway*, da banda gaúcha Engenheiros do Hawaii. Em compensação, Lobão, com *Vida Louca Vida* e, sobretudo, Legião Urbana, com o álbum *Que País é Este?*, faziam música para gente grande, ou ao menos assim soava para quem, havia pouco, ainda escutava o Balão Mágico. Além da música título, que já encerrava muito do desencanto corrente com o Brasil, o disco da Legião trazia ainda o épico *Faroeste Caboclo*, que traduzia em linguagem quase de cordel as agruras da violência que já campeava no Rio, em São Paulo e, aparentemente, em Brasília. Foi, de resto, o ano do *verão da lata* e das novelas *O Outro* e *Mandala*, que estrelaram, respectivamente, uma Malu Mader novinha e uma Vera Fischer inteiraça, a merecerem, ambas, as melhores homenagens dos que andávamos aí pela casa dos onze, doze anos.

Também em matéria de futebol a nossa autoconfiança andava pelo subsolo. Não eram apenas a derrota no México e a palhaçada em que se transformara o Campeonato Nacional sob a regência iluminada de Octávio e Nabi, no ano anterior. Para piorar as coisas, havia o contraste com a Argentina, campeã do mundo e com Maradona no auge de sua forma técnica e física. Dos últimos três mundiais, a Argentina vencera dois, e ainda chegaria à final no seguinte. O mau humor nacional era tanto que, muito tipicamente, tendíamos a sobrevalorizar manifestações meramente cosméticas de uma suposta maior seriedade dos *hermanos* no trato com o futebol (a começar pela ideia de adotar o calendário do Hemisfério Norte).[104] De todo modo, esse espírito foi bem retratado por Renato Maurício Prado, em princípios de 1987, sob pretexto da vitória argentina em um caça-níqueis de veteranos organizado por Luciano do Valle, ao qual os brasileiros, inexplicavelmente, atribuíram enorme importância: "Chefia, tá feia a coisa, hein? Desde as Malvinas que os argentinos não perdem uma!"[105]

Para além do bom momento dos argentinos, havia ainda a TV Bandeirantes a esfregar nos nossos cornos, todo domingo, com narração de Silvio Luiz, o melhor campeonato do mundo, a liga italiana. Havia Maradona e Giordano no Napoli; Platini, Laudrup, Cabrini e Scirea na Juventus; Baresi, Maldini, Tassotti e Donadoni no Milan; Zenga, Bergomi, Passarella e Serena na Internazionale; Júnior e Lentini no Torino; Bruno Conti e Boniek na Roma; e até o Verona ostentava um craque do quilate de Preben Elkjær. Para o segundo semestre, haveriam de somar-se ao espetáculo o nosso Careca (Napoli) e os holandeses Ruud Gullit e Marco van Basten (Milan).

Mas o que nos incomodava não era tanto a plêiade de craques a jogar lá fora: em 1987, havia a percepção de que, com os talentos que tínhamos aqui, ainda dava para fazer frente a qualquer adversário. Tanto é assim que, ao longo do ano, assistimos a um debate hoje inacreditável sobre se a Seleção podia prescindir dos estrangeiros, isto é, dos craques brasileiros que ganhavam seu pão em liras, escudos ou pesetas.[106] Não: o que nos humilhava e ofendia eram a organização, a previsibilidade, o saber no começo da temporada quando ela se encerraria e quais eram as regras do jogo: só dezesseis clubes, todos jogando contra todos, em turno, returno e pontos corridos, e apenas nos fins de semana.

Comparando com a Copa Brasil de 1986, e com a licença de Nelson Rodrigues, assistir à *Lega Calcio* — o Campeonato Italiano de Futebol — era de sentar no meio-fio e chorar.

A ideia foi de Castor de Andrade. Entre as grandes agremiações, havia a percepção clara de que os interesses das pequenas prevaleciam na hora de decidir regulamentos, datas, a divisão das receitas, tudo. Aquilo não fazia o menor sentido, e não apenas sob o prisma do mérito técnico: os dirigentes do ramo intuíam que havia uma mina de dinheiro a ser explorada se o negócio fosse tocado com visão e seriedade. Pois as grandes tomaram-se de coragem, romperam com a entidade gestora e organizaram a sua própria liga independente. O samba nunca mais foi o mesmo.

Sim, não estamos falando de futebol. Quando narram os antecedentes da Copa União, os nossos cronistas esportivos esquecem de mencionar o precedente óbvio da Liga Independente das Escolas de Samba do Rio de Janeiro, a LIESA. Foi em 1984, sob o beneplácito do governo Brizola, e sob a liderança de um punhado de bicheiros notórios: Castor de Andrade (Mocidade Independente de Padre Miguel), Anísio Abraão David (Beija-Flor de Nilópolis), Luizinho Drummond (Imperatriz Leopoldinense) e Carlinhos Maracanã (Portela). Pois, em 1984, essas grandes escolas resolveram romper com a velha Associação de Escolas de Samba, integrada por 44 agremiações "coirmãs", e foram cuidar da vida e do carnaval na nova LIESA. Negociaram por conta própria patrocínios e direitos de transmissão televisiva, debruçaram-se pela primeira vez sobre regulamentos, arregimentaram jurados e, sob a ameaça de ir desfilar em Niterói, arrancaram do governo do estado o que pleiteavam desde os anos 70: a construção do sambódromo.[107]

A associação parecerá, talvez, forçada ao leitor de outras comarcas, mas é preciso lembrar que, em 1987, o cartola banguense Castor Gonçalves de Andrade e Silva era um condestável tanto do samba como do futebol cariocas (para mencionarmos apenas duas de suas atividades profissionais). E, como se viu no capítulo anterior, desde o princípio tumultuado da Copa Brasil de 1986 que estava no ar a ideia de uma liga independente de clubes de futebol. Esgrimiu-a o dr. Eurico Miranda quando o seu Vasco da Gama andou ameaçado de rebaixamento, e esgrimiu-a Marcio Braga, novamente presidente do Flamengo, diante do fracasso anunciado do Campeonato Carioca de 1987, inchado com quatorze clubes. Desta vez, foi o Vasco quem se opôs: Eurico Miranda já demonstrava uma inclinação toda particular a apoiar o presidente da Federação do Rio, o sr. Eduardo Viana, vulgo Caixa d'Água, sempre que a chapa esquentasse. Mas, antes de o projeto naufragar, o presidente nominal do Bangu, o sr. Rui Esteves, não só gostou da ideia como mandou dizer que ela vinha do Castor.[108]

A ideia da liga independente era, portanto, do espírito do tempo. Ainda mais às vésperas da instalação da Assembleia Nacional Constituinte, que em breve se encarregaria de desmontar o *entulho autoritário* acumulado desde os atos institucionais de 1964 e da Constituição de 1967. Entre os constituintes estava lá o deputado Marcio Braga, e em sua cabeça a sujeição dos clubes à CBF e às federações era parte desse entulho a desmontar, pois lançava raízes lá no Estado Novo. E sua proposta era de uma simplicidade quase anglo-saxã: "É livre a prática do desporto em todo o território nacional", e com isso a própria Constituição abriria as portas para os clubes se organizarem como bem entendessem. A ideia não prosperou, segundo Braga, porque "o *lobby* dos que queriam que tudo continuasse como antes era muito mais forte que o nosso".[109]

Como já se viu, Marcio Braga era, então, o mais clarividente de nossos cartolas e defendia essas causas com boa dose de ativismo. Naturalmente, nem todos os demais dirigentes estavam na mesma sintonia. Mas essas ideias decerto estavam no ar quando, a

20 de fevereiro de 1987, com o campeonato de Octávio e Nabi ainda em curso, os cartolas dos principais clubes brasileiros se reuniram em Belo Horizonte e assinaram uma *Carta da Toca da Raposa*. No documento, pediam uma audiência ao Presidente José Sarney para defender a "reformulação total" do futebol brasileiro e denunciavam as vozes obscurantistas que, do interior das federações estaduais, se insurgiam contra as resoluções do CND de nº 16/86, 17/86 e 18/86.[110] A ameaça não era vã: dali a quatro dias, o juiz titular da 6ª Vara Federal de São Paulo, o dr. Sebastião de Oliveira Lima, concedeu liminar a dezessete federações estaduais, suspendendo a vigência daquelas medidas salutares.[111]

Para além de questões afetas à organização dos campeonatos, o relacionamento entre os grandes clubes e a CBF ressentiu-se muito do planejamento precário que Octávio e Nabi dispensaram à Seleção Brasileira. Não era simples questão de orgulho nacional: aos clubes interessava que seus jogadores não fossem convocados para jogos caça-níqueis, como os da excursão que Octávio e Nabi planejaram para maio e junho, justamente quando se acirrava a disputa dos campeonatos estaduais.

Pois, a 5 de maio, o técnico Carlos Alberto Silva convocou vinte jogadores para as partidas contra a Inglaterra, Irlanda, Escócia, Finlândia e Israel. Dos vinte, três eram do Flamengo (Zé Carlos, Jorginho e Bebeto), quatro do São Paulo (Nelsinho, Silas, Müller e Careca) e dois do Guarani (Ricardo Rocha e João Paulo). O Flamengo, que jogava um clássico crucial contra o Vasco da Gama três dias depois do embarque, simplesmente impediu seus jogadores de apresentar-se. São Paulo e Guarani não foram tão longe, mas ajuizaram, junto com o Flamengo, uma ação pedindo a liberação de seus atletas. Pela CBF, Nabi batia o pé, alegando que os jogos eram oficiais, porque preparatórios para a Copa América de julho, e portanto as convocações eram obrigatórias.

A 13 de maio, o CND deu razão aos três clubes, desconvocando os seus jogadores por liminar.[112] O São Paulo ainda tentou contemporizar: permitiu a apresentação de Nelsinho e Silas, mas oficiou ao diretor-geral da Polícia Federal, o delegado Romeu Tuma, para que retivesse o passaporte de Müller no momento do embarque. Tuma acedeu.[113] Mas não acabou aí: quatro dias depois, a 18 de maio, a CBF logrou derrubar a decisão do CND. Ato seguido, Müller embarcou e juntou-se ao grupo dos convocados, em Londres, "sem que o São Paulo soubesse".[114] Era mais do que esculhambação: o relacionamento da CBF com os clubes já ultrapassava as raias do desrespeito e do achincalhe.

Foi nesse ambiente de desrespeito, desconfianças mútuas e incertezas que a CBF e os clubes iniciaram tratativas para a organização do Campeonato Brasileiro de 1987. A 17 de março, a CBF divulgou a lista dos 28 clubes que participariam da primeira divisão, que é exatamente a que consta do capítulo anterior (e entre eles, não é ocioso lembrar, *não estava o Sport*).[115]

Imediatamente, os clubes excluídos passaram a contestar a decisão em juízo: queriam disputar a primeira divisão *na marra*. Os primeiros foram o Coritiba e o Botafogo. A 4 de junho, o STJD decide em favor do Botafogo, sob o argumento de que, caso o Joinville não se tivesse beneficiado da decisão do CND de 17 de outubro de 1986, o clube carioca "teria sido o sétimo colocado [de seu grupo] e estaria classificado". A decisão, aparentemente, não esclarece se o Botafogo é um dos 28 participantes, tomando com isso o lugar de outro, ou se a CBF teria de abrir-lhe uma vaga extra na primeira divisão. Em todo o caso, começa a ganhar corpo a ideia de aumentar o número de participantes para 32, incorporando também o Coritiba, a Ponte Preta e o Vitória.[116]

Logo depois, foi a vez de o Coritiba obter a sua liminarzinha, desta vez na Justiça comum (como era de seu estilo): a 9 de julho, a 1ª Vara Federal do Paraná "assegurou a vaga do clube na primeira divisão [de 1987]".[117] Como o STJD, o juízo federal curitibano, aparentemente, tampouco se dignou dar maiores orientações à CBF sobre como operar o milagre. De maneira que, às vésperas das decisões estaduais, e a três meses das datas aventadas para o início do Campeonato Brasileiro, a bem da verdade só havia dois clubes com vagas garantidas no certame nacional. Nenhum dos dois por mérito técnico. Os dois no tapetão. O leitor que não viveu aquela época deveria ter bem presente este fato insólito antes de tomar-se de temor reverencial por decisões "transitadas em julgado" em favor do Sport do Recife.

Já para fins de junho, começa a ficar claro para os homens do esporte que, a permanecer tudo como estava, o tal campeonato de 28 clubes não se disputaria nem por um casal de carapés a cantar numa gaiola. Foi esse o recado de Nabi Abi Chedid aos dirigentes das federações estaduais reunidos em Curitiba, no dia 22.[118] Como seria o campeonato, ninguém sabia dizer, e não estava descartado que se voltasse à fórmula ruinosa dos quarenta clubes. Oito meses depois da virada de mesa de 1986, a única coisa aparentemente clara era que a gestão temerária de Octávio e Nabi abrira uma boceta de pandora que perigava deitar a perder todo o esforço moralizador de Manoel Tubino. Para ilustrar as tensões geradas nesse ambiente de incertezas, sirvam os sopapos trocados no mesmo convescote de cartolas, no dia 23, entre os presidentes das federações de Goiás, Luís Miguel Estêvão de Oliveira, e de Pernambuco, Carlos Frederico Gomes de Oliveira.[119] Esta não será a última vez que o sr. Fred de Oliveira, aliás cartola do Sport, aparecerá em nosso relato a trocar porradas com adversários.

O Brasil adentrou o mês de julho sob enorme tensão, e não apenas no futebol. A 26 de junho, a comitiva do Presidente José Sarney foi alvo de um atentado no Centro do Rio de Janeiro. Após deixar o Paço Imperial, onde condecorara a cantora lírica Bidu Sayão, Sarney viu o seu ônibus cercado de manifestantes raivosos, que ostentavam faixas de apoio a Leonel Brizola, gritavam palavras de ordem contra o governo e exigiam a imediata convocação de eleições diretas. Um dos manifestantes investiu com uma picareta contra a janela diante da qual se sentava o Presidente.[120] No inquérito que se seguiu, um assessor de longa data de Brizola, o sr. Danilo Groff, foi preso e enquadrado na Lei de Segurança Nacional.[121]

A 30 de junho, houve quebra-quebra no Centro do Rio, em protesto contra aumento de passagens de ônibus. A 12 de julho, o PT e a CUT realizaram comício na Praça da Sé, em São Paulo. Segundo o relato do jornal *O Globo*, dirigentes petistas justificaram os atos de vandalismo no Rio e "aconselharam a população [de São Paulo] a seguir o exemplo dos fluminenses".[122] *O Globo* associou os três episódios a propósitos de desestabilização do governo, com vistas a forçar a convocação de eleições.[123]

Como desgraça pouca era bobagem, em meio a tudo isso, a Seleção Brasileira ainda passou um vexame histórico na Copa América disputada na Argentina. A 3 de julho, foi eliminada ainda na primeira fase da competição, ao ser goleada pelo Chile pelo escandaloso placar de 4 a 0. (O Flamengo não contribuiu com o vexame: por represália à rebeldia de Marcio Braga, que em maio não permitira o embarque de seus jogadores, nenhum atleta rubro-negro foi convocado para a Seleção de julho.)

Pois foi nesse ambiente carregado por papelões futebolísticos e extra-futebolísticos que, a 7 de julho de 1987, o sr. Octávio Pinto Guimarães apareceu em público, de cara lavada, para afirmar que "a CBF não tem como fazer o Campeonato Nacional".[124] O cartola explicou-se: "a Copa Brasil deste ano só poderá ser realizada se a [CBF] conseguir um patrocinador ou os clubes se responsabilizarem pelas despesas de transporte e hospedagem das delegações". Octávio ilustrou com números o tamanho do buraco: todos os anos, o campeonato era custeado com a arrecadação de um teste específico da Loteria Esportiva; em 1986, essa receita chegara a 25 milhões de cruzados, mas o custo do campeonato ascendera a 35 milhões; em 1987, dificilmente se arrecadariam mais de 18 milhões, ao passo que o certame, graças à inflação, não sairia por menos de 70 milhões, talvez 80. O cartola, bem ao seu estilo de Pôncio Pilatos, confessou candidamente que "já comuniquei isso às federações e estou na expectativa de que me apresentem soluções".[125]

Trocando em miúdos, já que das federações não sairia mesmo nada de bom, ou os clubes assumiam a responsabilidade de organizar, por sua própria conta, o Campeonato Brasileiro, ou não havia campeonato. Simples assim.

Se a candura de Octávio Pinto Guimarães não bastara para insuflar os dirigentes dos grandes clubes, o Presidente José Sarney encarregou-se de fazê-lo logo a seguir. Inadvertidamente, sem querer. Quando todos temiam a ressurreição dos campeonatos de quarenta ou noventa clubes, Sarney recebeu no Palácio do Planalto o presidente do Botafogo de Ribeirão Preto, o sr. Edson Damasceno, ali trazido pelo deputado paulista João Cunha, do PMDB. Aparentemente, falaram do Campeonato Brasileiro e do desejo do Botafogo interiorano de participar. Sarney, como se viu, tinha *d'autres chats à fouetter* (ou, em língua cabocla, tinha mais o que fazer). Talvez por isso buscou desvencilhar-se com um recurso típico de políticos profissionais: um bilhetinho simpaticíssimo ao presidente da CBF, que, dando a impressão de apoiar o interlocutor, a bem da verdade não comprometia nada:

> [Brasília,] 8/7/87
>
> Meu caro Octávio,
>
> Peço-lhe o obséquio de examinar a possibilidade de atender o nosso popular Botafogo de Ribeirão Preto.
>
> Um abraço,
>
> José Sarney
>
> Presidente da República Federativa do Brasil[126]

Justiça se lhe faça, José Sarney não era íntimo da bola. Iam longe os tempos em que ele acorria à banca do seu Citro, em São Luís, para inteirar-se de notícias da guerra e do Flamengo.[127] Já havia décadas que o que lhe falava ao coração eram mesmo a poesia e a literatura. Mas o Presidente, com o seu bilhetinho, sem o pressentir, terminou de inflamar todas as tensões acumuladas desde a virada de mesa do ano anterior. Trinta anos depois, não há elemento algum que autorize a conclusão de que o Chefe de Estado, com seu gesto diplomático, pretendesse influir a sério na montagem do Campeonato Brasileiro. Mas, em política, frequentemente as percepções valem mais que as intenções, e o gesto de Sarney foi interpretado por todos como a luz verde para a organização de um torneio à moda antiga, com uma infinidade de clubes. A imprensa dá até detalhes do monstrengo em gestação: seriam 44 equipes, como em 1986. Haveria uma primeira fase, com clubes menores divididos em grupos regionais, e os grandes do Rio, São Paulo, Minas e Rio Grande do Sul ingressariam apenas em uma segunda fase, "com as equipes do Norte e Nordeste que se classificarem."[128]

Uma vez mais, houve reclamações de todos os lados. Marcio Braga foi queixar-se ao bispo, e a eminência disponível era o ministro-chefe do Gabinete Civil, o sr. Ronaldo Costa Couto, que jurou por todos os santos que o bilhete de Sarney não era mais do que um gesto de simpatia descompromissada.[129] De Pernambuco, o sr. Fred de Oliveira, "um dos grandes responsáveis pela vitória da chapa de Octávio Pinto Guimarães" em 1986, afirmou que achava o "precedente perigoso".[130] Do Maranhão, terra natal do primeiro mandatário, o Moto Clube mandou avisar que também queria a sua vaguinha.[131] De Ribeirão Preto, o deputado João Cunha disse as últimas contra Marcio Braga, lembrou que seu clube representava a região mais rica do país e inaugurou o hábito feio de qualquer agremiação periférica achar-se no direito de medir-se em campo com o Flamengo para demonstrar sua grandeza e sua macheza: propôs "um jogo entre os dois times para decidir quem disputa a competição".[132]

A tudo isso, Octávio Pinto Guimarães, atordoado, reagiu refinando a mensagem que dera a 7 de julho: "Que o Campeonato Brasileiro deste ano seja disputado apenas pelos clubes que se considerem autossuficientes para participar da competição sem ajuda financeira da [CBF]".[133] E quantos clubes haveria, nessa situação, no Brasil de Sarney? Marcio Braga tinha a resposta na ponta da língua: "O campeonato […] deste ano só será viável se for disputado por dezesseis clubes." Quais dezesseis? "É só perguntar em qualquer botequim de esquina que todo o mundo sabe quais são."[134]

Talvez fosse exagero de Marcio Braga. Dezesseis era um número bonito, redondo, com ele dava para montar fácil um campeonato simples e elegante, todos jogando contra todos, ninguém sobrando em rodada nenhuma. Mas, para chegar aos dezesseis, foi preciso começar com treze, que é o inverso disso: um número primo, indivisível, e ainda por cima com fama de dar azar. Mas era o óbvio, ou quase: os doze grandes originais, aqueles de 1966, e mais um. Um nordestino, de preferência, que, no Brasil da Nova República, ficava feio discriminar. Qual nordestino? A resposta, aí sim, era evidente: o único que, havia anos, era garantia de boas rendas e bons públicos em todo Campeonato Nacional, o Esporte Clube Bahia (que, de resto, vinha de boas campanhas em 1985 e 1986).

Pode ser que os treze já se tivessem apercebido, antes disso, da sua potencial comunhão de interesses e destinos. Já desde, pelo menos, 1986 que 26 clubes se reuniam numa Associação Brasileira de Clubes de Futebol (ABCF).[135] A certo ponto, terá ficado evidente para alguns que nem todos os 26 eram animais da mesma espécie, que nem todos eram *grandes* clubes de futebol. Nesse universo havia clubes como a Ponte Preta, o Operário de Campo Grande e o Sport do Recife. De todo modo, foi apenas a 11 de julho de 1987 que se começou a gestar aquilo que viria a ser batizado, pela imprensa, de *Grupo* ou *Clube dos Treze*. Naquela tarde de sábado, enquanto Argentina e Colômbia disputavam o terceiro lugar da Copa América, os representantes dos treze clubes que conhecemos bem reuniram-se na sede do São Paulo, no Morumbi. E o que decidiram era absolutamente revolucionário.

"Copa Brasil vai ser organizada só pelos clubes", sentenciou *O Globo*, no dia seguinte, em primeira página. Na matéria de fundo, o jornal dá detalhes das deliberações:

> A reunião, convocada pelo presidente do São Paulo, Carlos Miguel Aidar, marca a oficialização do *rompimento dos clubes com a atual estrutura do futebol brasileiro* e cria um fato consumado para a CBF, que só terá como saída aceitar a mudança radical, sob pena de ter que organizar um Campeonato Brasileiro apenas com clubes de menor expressão. O presidente do Flamengo, Marcio Braga, eleito vice-presidente da nova União dos Grandes Clubes do Futebol Brasileiro, explica as razões da reformulação:

— A estrutura do edifício do futebol brasileiro estava definitivamente abalada. O que fizemos foi derrubá-la de vez, fazendo uma revolução definitiva e *criando um verdadeiro Campeonato Brasileiro*, com duas divisões de dezesseis clubes, acesso e descenso, tudo como nos países mais desenvolvidos. [Grifos do autor.][136]

De novo os dezesseis? Vamos com calma. Para 1987, o que haveria era um campeonato inaugural com *treze* clubes — aqueles treze —, organizado "às suas expensas", com o dinheiro que eles próprios lograssem arrecadar em patrocínios. E os outros? A CBF, querendo, que organizasse *um outro* campeonato com dezenove clubes, a ser custeado com as verbas da Loteria Esportiva: os treze grandes anunciaram que abririam mão da quota que lhes cabia, de modo a financiar essa competição paralela. Os três primeiros deste segundo torneio haveriam de somar-se aos treze grandes em 1988; os restantes conformariam uma segunda divisão com dezesseis clubes. O campeonato dos grandes, para 1987, já tinha até nome: *Copa União*.[137]

Na segunda-feira, 13 de julho, dirigentes de dez dos treze clubes (faltaram Internacional, Grêmio e Bahia) reuniram-se com Octávio Pinto Guimarães na sede da CBF, na rua da Alfândega. E deram-lhe maiores precisões sobre o projeto: o campeonato dos treze seria disputado em turno e returno, com uma final com os campeões das duas fases, ou um triangular, se um terceiro time pontuasse mais ao longo da competição. Como no Carioca dos bons tempos. A julgar pelos relatos de imprensa, não se tratava bem de uma proposta: era um "ultimato" dos grandes à CBF, e ou bem ela se conformava, ou corria o risco de que nenhum dos grandes se dignasse participar de qualquer campeonato que ela viesse a organizar.[138]

Talvez fosse audácia excessiva, mas há um dado a ser levado em consideração: além de não ter dinheiro, Octávio Pinto Guimarães já se dera conta de que não tinha nenhuma fórmula aceitável para organizar a Copa Brasil de 1987. O campeonato, afinal de contas, já se anunciava caótico, em meio à proliferação de medidas judiciais em favor deste ou daquele clube, e sob pressões crescentes das federações estaduais por uma nova virada de mesa. Nesse contexto, é de se descartar que Octávio acolhesse com secreto alívio a disposição de Braga e Aidar de comprar essa briga e assumir eles próprios os custos políticos da ruptura? A bem da verdade, resolviam-lhe um problema. Àquela altura, a acreditar nos relatos de imprensa, Octávio "mostrou-se sensível à proposta" dos treze, e por várias razões. A principal delas (caracteristicamente), "porque o [livraria] da responsabilidade de definir o Campeonato Brasileiro, já que agora ele tem um forte argumento para escapar dos pedidos de inclusão de clubes na competição". A quem não gostar, ele poderá sempre responder: — Isso é problema do Flamengo, do São Paulo, do Vasco…[139]

Mas havia outra explicação: Octávio fora presidente de um grande clube brasileiro — o Botafogo — e talvez, no fundo, até simpatizasse com o Clube dos Treze. Era o que assegurava João Saldanha: "Acho que sei como Otávio pensa. Igualzinho ao Grupo dos Treze. E, se fosse presidente do Botafogo, estaria na primeira linha de batalha."[140]

Se era assim, no entanto, o presidente esqueceu-se de combinar com o vice. Um dia depois de receber o "ultimato" dos treze, Octávio, que padecia de grave enfermidade, embarcou para conhecer a Disneyworld enquanto era tempo. E deixou a lojinha nas mãos de Nabi, que não primava pelo mesmo bom senso.[141]

E Nabi, sendo Nabi, reagiu como podia e sabia: a desfiar ameaças que pontuava com um gestual mussoliniano, o queixo emproado em sinal de desafio. A 14 de julho, veio a público afirmar que a Copa União era "ilegal", "um sonho impossível", e que a CBF *proibia* a sua realização. Mais: admitia que a CBF podia até não ter recursos, mas "ainda assim vai promover o Campeonato Brasileiro, porque tem autoridade e capacidade para isso". E oferece, em contrapartida, uma fórmula genial de um campeonato com *sessenta* clubes: 48 clubes pequenos e médios dividem-se em oito grupos e disputam uma fase classificatória, em jogos de ida e volta, dez rodadas a disputar-se no intervalo exíguo de um mês e meio, entre primeiro de agosto e 12 de setembro; ato seguido, aos campeões de cada grupo juntam-se os doze grandes de sempre, e esses vinte, por expedientes que o sr. Chedid preferiu não explicitar, de algum modo decidirão o campeão nacional entre 16 de setembro e 15 de novembro.[142] Voltávamos a 1979.

No Rio, em São Paulo, Belo Horizonte e Porto Alegre, os dirigentes dos grandes clubes aceitaram o desafio e pagaram para ver, exibindo uma unidade de propósitos que nunca mais se registrará. Marcio Braga, sempre o protagonista, afirmou que, "mesmo com o risco de proibição pela CBF, o campeonato será realizado". Paulo Odone, do Grêmio, fez pouco caso do "impedimento legal": o que se propunha, afinal, era mesmo "uma rebeldia contra anos e anos de exploração política do futebol". Gilberto Medeiros, seu homólogo do Inter, vai além: "Com todos os riscos, queremos enfrentar essa legislação fascistóide do tempo da ditadura Vargas". E até Eurico Miranda, que muito em breve será o primeiro a romper os consensos que ali se gestavam, faz pouco caso das ameaças de Nabi: "Não tem importância. Não jogaremos. Se não querem fazer uma Copa Brasil da maneira que propusemos, então não participamos."[143]

Desnecessário dizer que essa conversa aborreceu, e muito, os clubes que ficavam de fora. Do Recife, o presidente do Santa Cruz, José Neves Filho, passa a comandar a reação dos clubes pequenos e médios que permaneciam filiados à antiga ACBF: além do Santa, estão aí seus conterrâneos Náutico e Sport, o Coritiba e o Atlético Paranaense, a Ponte Preta, o Guarani e a Portuguesa, o América do Rio, Goiás e Vila Nova, Vitória, Clube do Remo, Ceará e Operário de Campo Grande[144] (dali a pouco, virão juntar-se a eles o Bangu, a Internacional de Limeira e o Atlético Goianiense).[145] Nas semanas seguintes, diversos desses clubes correrão atrás de liminares judiciais capazes de, como diriam os argentinos, *embarrar la cancha* (ou, em bom português, de criar o maior zaralho, como em 1986).

Para Octávio e Nabi, problema maior era o que pensavam os presidentes das federações estaduais. E estes, beneficiários últimos de todo o sistema, senhores absolutos de metade do calendário e detentores do monopólio de eleger o presidente da CBF, eram os maiores ameaçados pela rebeldia dos grandes clubes. Quem sabe o próximo passo não era eles se desfiliarem das federações estaduais, criar uma liga independente e deixar à míngua os campeonatos do Caixa d'Água (RJ), José Maria Marin (SP), Rubens Hoffmeister (RS) e Elmer Guilherme Ferreira (MG)? E se os demais seguissem o exemplo? O primeiro a vir a público condenando a "indisciplina" foi Fred de Oliveira, de Pernambuco.[146] Ato seguido, dez desses caciques — tendo à frente o sr. Eduardo Viana — pedem a convocação imediata da assembleia geral da CBF. O objetivo: "votar nada menos que o *impeachment* do presidente e do vice-presidente da CBF, aos quais acusam de malversação de recursos da entidade *e de estarem favorecendo os clubes em detrimento das federações*".[147]

Não era uma ameaça vã, sobretudo porque parecia contar com o aval de ninguém menos que o sr. João Havelange, presidente da FIFA, lá em Zurique. A imprensa levou uns dois meses para somar dois e dois, mas afinal esclareceu que um dos autores da iniciativa, o sr. Onaireves Moura, presidente da Federação Paranaense, buscava com isso promover a candidatura de alguém muito próximo a Havelange para a presidência da CBF: o seu genro Ricardo Teixeira, até então um obscuro empresário do ramo de seguros.[148]

De maneira que Nabi tem de levar muito a sério a rebelião dos treze, ou verá abreviado o seu (vice-) reinado na rua da Alfândega. Passa, então, a ameaçar os grandes clubes com todo o rigor da lei. E o rigor da lei significava todo o arsenal de medidas punitivas que a FIFA do sr. João Havelange reservava aos clubes que não se comportassem: suspensão de competições, desfiliação, a nulidade de todos os contratos vigentes com jogadores, que passam a ser presa fácil de qualquer outro clube que os queira contratar.

Mas só ameaçar não parecia resolver — não diante da resolução e da unidade de propósitos que demonstrava o Clube dos Treze. Nabi, então, passa a perseguir uma dupla estratégia, buscando um equilíbrio quase impossível. Por um lado, fará de tudo para que o campeonato não se realize *fora da tutela da CBF*, caso contrário os interesses estabelecidos, com João Havelange e Eduardo Viana à frente, haviam de comer-lhe o fígado. Por outro, tentará *apropriar-se* da ideia do Clube dos Treze, instrumentalizando-a para resolver o impasse insolúvel criado com as decisões judiciais em favor do Botafogo e do Coritiba.

Foi então que surgiu a ideia genial dos módulos.

A ideia genial de dividir os clubes em "módulos" surgiu do próprio Nabi Abi Chedid, e veio a público a 24 de julho. Naquela data, Nabi começou a divulgar o arranjo em gestação na rua da Alfândega, em resposta à rebelião do Clube dos Treze. Já que os treze faziam tanta questão de disputar um torneio à parte, muito bem: o seu campeonato constituiria um "módulo" de um torneio mais amplo, e desse módulo participariam também o Santa Cruz, o Coritiba e o Goiás.[149]

Este, aliás, não é um detalhe pequeno: há trinta anos que se imputa ao Clube dos Treze a suprema injustiça de alijar da competição o Guarani e o América, segundo e terceiro colocados na Copa Brasil de 1986. Pois muito bem: em meados de julho, o Clube dos Treze foi instado pela CBF a ampliar a tal Copa União só um bocadinho, incorporando outros três clubes. Ficava menos elitista, e com isso se abria espaço para agremiações menores que, por retrospecto histórico, tivessem demonstrado méritos suficientes para participar. Consultado a respeito, o presidente do São Paulo e do Clube dos Treze, Carlos Miguel Aidar, acabou acedendo e elencou espontaneamente os próprios Guarani e América, para além do Santa Cruz, como clubes habilitados a integrar o torneio de elite. Eram, afinal, os três clubes mais bem colocados, dentre os demais, no *ranking* da CBF. Foi apenas como alternativa que Aidar mencionou o Coritiba, o Goiás "e mais uma [equipe], dentro de um novo critério que a CBF está estabelecendo".[150] Foi Nabi quem, dali a dois dias, quis impor Coritiba, Goiás e Santa Cruz, e deixou claro que o seu critério era muito mais político do que desportivo: "a preocupação da CBF foi primeiro com os estados que seriam representados, e [só] depois com o *ranking*".[151] Em outras palavras, a CBF achava que já havia cariocas e paulistas demais na Copa União. Como a questão importa pouco aos treze, ninguém ali se erigiu em advogado do Guarani ou do América.

Mas voltemos aos módulos de Nabi. Quando ficou claro que os treze e mais três comporiam um tal Módulo Verde, todo mundo percebeu que aquilo ali era a primeira divisão com outro nome. A certeza reforçou-se quando se conheceram os participantes de um tal Módulo Amarelo: América (RJ), Atlético Goianiense, Atlético Paranaense, Bangu, Ceará, Criciúma, CSA, Guarani, Internacional de Limeira, Joinville, Náutico, Portuguesa, Rio Branco (ES), Sport do Recife, Treze de Campina Grande e Vitória. Aquilo era a segunda divisão com pseudônimo! A uma simples vista d'olhos, a evidência é ofuscante. De um lado, estão os detentores de pelo menos 95% da torcida brasileira e donos de dezenove de vinte títulos nacionais disputados até então, contado o Robertão (ou 24 de 25, se contarmos também a Taça Brasil). De outro, clubes de apelo meramente local, com apenas o Guarani a ostentar um título brasileiro (o de 1978).

E há, ainda, um detalhe fundamental: como se mostrará a seguir, quando se deu o pontapé inicial da Copa União, não estava claro para ninguém que os vencedores daqueles dois *módulos* um dia teriam de decidir entre si o título de campeão brasileiro — salvo, talvez, para Nabi Abi Chedid. Já chegaremos lá.

E, no entanto, a despeito das evidências, há trinta anos que a criação de Nabi está aí a desafiar a máxima que William Shakespeare pôs na boca de sua Julieta: "*What's in a name? That which we call a rose / By any other name would smell as sweet.*" (Ou, em bom português: "O que há num nome? Isso a que chamamos rosa / teria a mesma doce fragrância com qualquer outro nome.") O que vale para a rosa valerá, também, para a segunda divisão? Era de supor-se que sim. Mas, um belo dia, confrontada com a escolha entre Nabi e Shakespeare, a Justiça Federal brasileira ficará com Nabi.

Fato é que, desde que Botafogo e Coritiba obtiveram, no tapetão, o direito de participar do campeonato de 1987, Octávio e Nabi têm diante de si um problema insolúvel. Recapitulemos. Nos termos da resolução do CND de n° 17/86, o campeonato de 1988 não poderia ter mais de vinte clubes. Para chegar lá, o arranjo alcançado era que, em 1987, o campeonato teria 28 clubes, os mais bem classificados na edição de 1986. A 17 de março, a CBF divulgara oficialmente quais eram os 28, e entre eles não estavam o Botafogo e o Coritiba. Como acomodá-los, respeitando o limite de 28? Pior: julho adentro, Vitória, Ponte Preta, Sport do Recife, Fortaleza, Sergipe e Nacional de Manaus obtiveram ou estavam em vias de obter dádiva semelhante do STJD, com variações em torno do mesmo argumento: se a CBF descumpriu o próprio regulamento em 1986, não há justiça em punir esses clubes por terem fracassado em campo.[152] Com a janela arrombada, há o risco concreto de abrir-se o campeonato para todo o mundo, como em 1979.

Pois, no país das jabuticabas, a solução de Nabi tem um sabor decididamente mirtáceo: dividam-se os clubes em "módulos" e, pelo amor de Deus, ninguém os chame de "divisões" — não vá um Sport qualquer reclamar em juízo que foi excluído do campeonato principal, de que se julgava com direito de participar (com "direitos adquiridos", bostejará um dia o seu presidente, o sr. Homero Lacerda[153]). Para isso, a proposta do Clube dos Treze tem um valor instrumental: basta à CBF *apropriar-se* da Copa União em gestação e dar-lhe outro nome, integrando-a a um torneio mais amplo. É malandragem pura: os doze grandes, mais o Bahia, já tinham feito o trabalho antipático de excluir quem se havia de excluir. Façam-se apenas uns pequenos ajustes, com a inclusão de mais um nordestino, um clube do Sul, outro do Centro-Oeste, chame-se isso de "Módulo Verde da Copa Brasil" e estabeleça-se a ficção de que ele tem o mesmíssimo valor de qualquer outro "módulo", seja ele amarelo, azul ou branco.

Só que isso não bastou para calar os descontentes. O Guarani, enxergando a essência das coisas para além das cores, exigiu a sua incorporação ao Módulo Verde, "considerado a elite da Copa Brasil", e ameaçou brigar até mesmo na Justiça comum. Ponte Preta e Atlético Paranaense fazem a mesma ameaça.[154] A Ponte e o América cumprem-na às meias: ajuízam ações no STJD.[155] O Bangu vai às últimas consequências: vai à Justiça comum, que manda a CBF organizar um campeonato com 28 clubes.[156] Diante da choradeira generalizada, Nabi vem a público brincar com letras e cores, tornando clara a sua estratégia de mal emendar sonetos:

> Não há fundamentos na pretensão do América e da Ponte Preta, como de outros clubes que estão na mesma situação. A CBF não criou duas ou mais divisões, mas tão-somente dividiu 64 clubes em dois grupos, A e B, cada um com 32 clubes. Os 32 clubes do Grupo A foram subdivididos em dois módulos de 16 clubes cada um, Verde e Amarelo, e o Grupo B, que será formado até o dia 5 de agosto, também terá o mesmo esquema. Portanto, os clubes do Grupo A pertencem à primeira divisão e ninguém tem do que reclamar. O problema da subdivisão dos módulos é técnico, de competência exclusiva da CBF, e nenhum clube tem o direito de exigir sua inclusão neste ou naquele módulo.[157]

Para domesticar os recalcitrantes, há ainda outra estratégia: a pressão econômica. Desde que os treze se juntaram, a 11 de julho, está claro que a sua proposta é a de organizar um campeonato autossustentável, capaz de financiar-se por si próprio no mercado. Ora, até ali, a organização do Campeonato Brasileiro — os gastos com passagens e hospedagem, o pagamento devido aos profissionais do apito e da bandeira — era bancada com dinheiro público. Já desde 7 de julho, Octávio Pinto Guimarães vinha insistindo em que o torneio fosse disputado apenas pelos clubes capazes de bancar os seus próprios gastos. Em resposta a esse apelo, como se verá no próximo capítulo, o Clube dos Treze entrou em campo e negociou contratos que viabilizaram a sua competição. Com isso, já às vésperas do início da Copa União, os treze estarão em condições de confirmar que abrem mão das verbas da Loteria Esportiva, que a CBF despenderá unicamente para financiar aquilo que ela se recusa a chamar de segunda, terceira e quarta divisões.[158] Para participar da primeira, era preciso confiar no próprio taco. Com a exceção do América, todos os demais médios e pequenos haverão de resignar-se à dura realidade.

Dito assim, poderá parecer que os treze e a CBF foram parceiros em um conluio amistoso que tinha por objetivo apenas disciplinar todos os demais. Nada mais longe da verdade. O que se viu, entre julho e setembro de 1987, foi um relacionamento tenso também entre a CBF e o Clube dos Treze, que em diversas ocasiões beirou a ruptura definitiva. Se, por um lado, à CBF interessava encontrar uma fórmula capaz de garantir a realização de *algum* Campeonato Brasileiro — e para isso, como se viu, a proposta do Clube dos Treze será instrumental —, por outro, Octávio e Nabi não podiam nem contemplar a criação de uma liga independente.

Em princípios de julho, nada disso parecia emocionar muito os treze, que já de cara deixaram claro que o seu propósito era organizar um Campeonato Nacional "sem interferência da CBF".[159] A 12 de julho, Carlos Miguel Aidar foi didático quanto aos propósitos do grupo: em 1987, farão o seu campeonato de qualquer jeito, apenas com os treze, e a CBF, querendo, que trate de organizar um "campeonato paralelo" com o resto. E "deixou claro que, caso a CBF não concorde com as mudanças elaboradas pelo Clube dos Treze, nenhum dos clubes [membros] disputará o Campeonato Brasileiro, *fazendo uma competição à parte*".[160] No dia seguinte, os doze grandes (aparentemente sem o Bahia) foram notificar de seus planos o sr. Octávio Pinto Guimarães, e Aidar tornou a falar grosso: "É isso que nós queremos; é isso que vamos fazer."[161] Todo o mundo, até Eurico Miranda, parecia disposto a mandar às favas a tal da *legalidade* que, desde 1968, nos obrigava a disputar o Campeonato Nacional sob o jugo de uma CBF todo-poderosa: "O que nós queremos é sair da legitimidade para a legalidade. Se for possível, tudo bem. Se não for, *dane-se a legalidade*, porque vamos disputar a Copa União com os treze clubes e fim de papo." (Grifos do autor.)[162]

Trinta anos depois, só podemos especular a que resultados teríamos chegado se os treze tivessem, naquela altura, optado por uma ruptura definitiva e irreversível. Ao contrário do que às vezes se afirma, já antes de 1987 existiam exemplos de ligas independentes, ou seja, capazes de gerir campeonatos sem intervenção direta das federações nacionais filiadas à FIFA.

Sim, é verdade que a Premier League inglesa foi fundada apenas em 1992, e em um processo que guarda algumas semelhanças com o que se deu, entre nós, em 1987: os grandes clubes libertando-se do esquema anterior para fundar um novo, mais organizado e sobretudo mais rentável. Mas rompiam, não com a associação filiada à FIFA (a Football Association), mas com outra liga preexistente (a Football League), que funcionava de maneira semiautônoma desde 1888. Também na Espanha, já desde 1984 que a organização do campeonato era responsabilidade de uma Liga de Futebol Profissional, e não da Real Federação Espanhola, mas a verdadeira revolução só se dará em 1990, com a promulgação da Lei do Esporte. Num como noutro caso, para que o processo se completasse com êxito, foi preciso alguma dose de pressão do poder público.

No Brasil, o Clube dos Treze, aparentemente, limitou-se a uma audiência com o todo-poderoso presidente da Assembleia Nacional Constituinte, o dr. Ulysses Guimarães[163], e um par de encontros com o ministro da Educação, o senador licenciado Jorge Bornhausen, que a tudo aquilo assistia clamando por uma "conciliação entre as partes".[164] E foi só, ou quase: havia sempre o CND de Manoel Tubino, que, como se viu, estava alinhado com as visões progressistas por que se batiam Braga, Odone, Aidar e Medeiros. Mas o CND estava subordinado ao ministro da Educação, que não dava mostras nenhumas de que fosse bancar os clubes. Fora isso, até meados de 1988, o rubro-negro Marcio Braga tentaria de toda maneira incluir no novo texto constitucional uma cláusula que consagrasse o direito dos clubes à livre organização da prática desportiva. Mas isso estava longe, e o texto afinal alcançado, como se viu, esteve longe da ousadia da proposta original, graças à superior capacidade de influência dos interesses estabelecidos. Em resumo: ao contrário do que se deu na Inglaterra ou na Espanha, não houve esse mínimo de pressão governamental capaz de limitar a autossuficiência de quem, em última instância, só prestava contas à FIFA: a federação nacional. Voltaremos a este ponto, na conclusão desta obra.

Descartada, então, esta via — a única capaz de levar a CBF à capitulação —, restará aos treze negociar com o inimigo. E para negociar escolherão o mais polêmico dentre os seus membros: o vice-presidente do Vasco da Gama, o dr. Eurico Ângelo de Oliveira Miranda.

O dr. Eurico Miranda recebeu este autor com enorme cortesia, em seu senhorial gabinete em São Januário, a 19 de maio de 2016. Foi uma sensação curiosíssima: de repente, eis-me ali conversando, cara a cara, e cordialmente, com o *supervilão* de minha juventude. Já envelhecido e um tanto fragilizado, aparentando mais idade que os seus 71 anos, mas ainda assim cheio de certezas quando o assunto envolve os interesses do seu Vasco da Gama. E fumando, ou ao menos brincando de descascar o charuto que tira da gaveta já no início da entrevista. O homem que, segundo a sabedoria convencional, traiu o Clube dos Treze ao assinar um papelucho concordando com o famigerado *cruzamento* entre os módulos Verde e Amarelo, entre a primeira e a segunda divisões.

Eurico começou a entrevista com o *script* conhecido:

> A CBF não concordava [com a realização da Copa União], e era necessário a CBF concordar. A opinião pública, a mídia faziam pressão, mas isso não resolve nada. Procurávamos uma solução conciliatória, e aí surgiram os módulos Verde e Amarelo. [...] Você, para realizar a Copa União, tinha que ter a permissão da CBF, e a CBF não dava. Então houve necessidade de negociação com a CBF. Ela não ia dar [ao Clube dos Treze] um Campeonato Brasileiro e deixar todo o resto de fora.

O plural, ali, não é exatamente majestático. Nas negociações que se estabeleceram, Eurico Miranda atuou em parceria com outro personagem conhecido: o dr. Eduardo Viana, vulgo Caixa d'Água, presidente da Federação de Futebol do Estado do Rio de Janeiro (FERJ). Era necessário apaziguar, por um lado, os clubes pequenos e médios excluídos da Copa União e, por outro, as federações estaduais, já então em pé de guerra contra Octávio e Nabi. De uns ocupava-se Eurico; de outros, o Caixa d'Água. E juntos os dois venderiam o pacote final à CBF sitiada pelo clamor popular e pelos pedidos de *impeachment*.

Eurico Miranda começou a reunir-se com Nabi Abi Chedid já em meados de julho. Terá sido por insistência deste que o dirigente vascaíno afirmou que os treze aceitavam, de bom grado, aumentar o número de participantes da Copa União para dezesseis clubes, mas "não mais que isso".[165] Mas, a partir de então, os treze e a CBF passaram pelo menos um mês às turras. Em princípios de agosto, os cartolas dos grandes clubes, reunidos na Gávea, chegam a anunciar o "rompimento definitivo" com a CBF. Aparentemente, a gota d'água foi justamente a maldita ideia do *cruzamento*. Na véspera, dia 6 de agosto, Octávio Pinto Guimarães, já de volta da Disneyworld, anuncia que divulgará o regulamento da Copa Brasil na semana seguinte, mas já antecipa a novidade: o torneio contará com 64 clubes, divididos em quatro módulos, e o campeão sairá de um quadrangular final em que se cruzarão os campeões de cada um dos módulos. Parece ruim? Pois essa, aparentemente, era a versão aperfeiçoada de uma ideia genial surgida de um encontro de presidentes de federações, no mesmo dia. Reunidos no Salão Dourado do Torre Palace Hotel de Brasília, esses luminares defendiam um campeonato com oitenta clubes divididos em quatro módulos, com o campeão saindo de um quadrangular final.[166]

Pois é diante desse arroubo de criatividade que os nossos treze anunciam o "rompimento definitivo" com a CBF e voltam atrás, até mesmo, da fórmula conciliatória de um torneio com dezesseis clubes: farão a Copa União apenas entre os treze, e para isso abrem mão até do direito de disputar a Taça Libertadores da América de 1988.[167] E tinha mais. No dia 13, Nabi anuncia a tabela e a data da rodada inaugural do *seu* Campeonato Brasileiro: 30 de agosto, com dezesseis clubes no Módulo Verde.[168] No dia seguinte, o Clube dos Treze contra-ataca, anunciando uma tabela e uma data diferentes para o início da Copa União: 13 de setembro, com treze clubes.[169] Dali a três dias, os dois lados anunciam, praticamente à mesma hora, que o campeonato agora começa a 5 de setembro, mas divulgam rodadas inaugurais completamente diferentes. Consultado sobre qual das duas prevaleceria, Nabi reagiu com sua arrogância habitual: "Vamos ver. Vamos aguardar. Vamos ver quem tem mais força?"[170]

O que parece ter levado as duas partes à mesa de negociações não foi exatamente a posição de força de Nabi — foi a sua debilidade. A 16 de agosto, dirigentes de 22 federações estaduais voltam a falar grosso e exigir o *impeachment* de Octávio e Nabi. Para além da ameaça já recorrente de convocar a assembleia geral da CBF, dirigem um apelo ao ministro da Educação "para que não aprove o projeto de modificação da legislação esportiva". Trocando em miúdos, querem que Bornhausen, ao fim e ao cabo superior hierárquico de Manoel Tubino, use essa hierarquia para revogar as já referidas resoluções do CND de nº 16/86, 17/86 e 18/86. Quem explica é Marcio Braga: "São os mesmos que estiveram em Brasília, há alguns dias, para pedir ao ministro da Educação [...] a renúncia do presidente do CND, porque ele assinou uma deliberação que dá mais poder aos clubes."[171]

Estava dado, pois, o incentivo à cooperação. De um lado, Nabi fará de tudo para agarrar-se ao cargo. De outro, os grandes clubes temem um retrocesso intolerável, caso Octávio e Nabi sejam trocados por coisa ainda pior, com o abandono definitivo das propostas de conselhos arbitrais e votos qualitativos. É nesse contexto que os treze escalarão Eurico Miranda para conversar.

Eurico não foi sozinho, como já se adiantou. A partir de 19 de agosto, um segundo personagem sobe ao palco para mediar um acordo entre a CBF e as federações amotinadas: Eduardo Viana, o notório presidente da FERJ. E Viana deixa claras, já de início, as suas condições para oficiar de pacificador: "o rompimento de Octávio [Pinto Guimarães] com três pessoas: Manoel Tubino, presidente do CND; Marcio Braga, presidente do Flamengo; e Carlos Miguel Aidar, presidente do São Paulo."[172]

A escalação do Caixa d'Água era problema das federações e da CBF, que escolheram dar ouvidos à sugestão de Michel Asseff e José Carlos Vilella. Os clubes, por seu turno, terão ocasião de lamentar a escolha de Eurico Miranda para representá-los. Nas semanas precedentes, para quem tinha olhos de ver, era evidente que Eurico vinha aos poucos revertendo a postura de princípio de quem preferia que "se danasse a legalidade" a ver os clubes capitularem. Já em fins de julho, enquanto Marcio Braga e Carlos Miguel Aidar rejeitavam as fórmulas mirabolantes construídas na rua da Alfândega[173], o cartola vascaíno dava mostras de que se sentia perfeitamente à vontade com módulos e cruzamentos: "Se a CBF entender que o campeonato deve ter cem clubes, tudo bem. O importante para nós é que o Clube dos Treze fique numa chave, que pode ter no máximo dezesseis equipes. O que nós queremos é o que o Nabi também quer: um campeonato dividido em módulos de dezesseis clubes."[174]

Seja como for, descartada a ruptura, restam poucas dúvidas de que a ideia dos módulos, naquelas circunstâncias, era a base possível para negociações. Isso não autoriza, no entanto, a conclusão de que o *cruzamento* entre os módulos para determinar o campeão brasileiro se impusesse como o resultado evidente das tratativas, *nem que os outros doze parceiros do Vasco aceitassem sequer discutir essa possibilidade*. Isso ficará cabalmente demonstrado, nas semanas seguintes, pelo que Eurico Miranda deixou vir a público das conversas que manteve com a CBF e com os clubes médios e pequenos: que, nesse contexto, o dirigente vascaíno *jamais* apareça nos jornais a endossar um cruzamento *para definir o campeão brasileiro* é prova bastante dos limites de seu mandato negociador. Qualquer decisão que incluísse essa fórmula foi tomada *ultra vires* (ou seja, para além dos poderes do mandato) — e passe o latinório, para ensinança de quem, no futuro, há de ver na rubrica de Eurico a prova definitiva de que o Clube dos Treze aceitou o regulamento outorgado por Nabi.

Antes mesmo dessas negociações, não há exatamente escassez de provas de que essa ideia era inaceitável para o Clube dos Treze. Bastará, aqui, referir a ameaça de "rompimento definitivo" com a CBF, justamente quando esta se saiu com a ideia do cruzamento. E registre-se, ainda, a afirmação categórica de Carlos Miguel Aidar, a 27 de julho. Quando Nabi disse já ter a fórmula para o campeonato de módulos, faltando apenas definir "quem será o campeão brasileiro e que clubes representarão o Brasil na Libertadores", Aidar não deixou margem a dúvidas: "o campeão brasileiro de 1987 sairá da chave verde [sic] e disputará a Taça Libertadores". Com o Módulo Amarelo, admitia, apenas, negociar a vaga restante no torneio sul-americano.[175] (Como se verá, o Clube dos Treze acabaria aceitando negociar ou abrir mão das duas vagas na Libertadores[176], mas não se encontra registro de qualquer pronunciamento de seus dirigentes em favor de uma disputa, com o Módulo Amarelo, pelo título de campeão brasileiro — salvo o ominoso endosso de Eurico Miranda a um campeonato de cem clubes.)

E, no entanto, o cruzamento para definir o campeão lá constava do regulamento que a CBF divulgou, na surdina, a 11 de setembro de 1987, *com o campeonato já iniciado*. Como se chegou a esse desfecho inaceitável para todos os grandes clubes, salvo o Vasco da Gama? Por anos a fio, sustentou-se que foi apenas nessa altura que Eurico Miranda resolveu romper os consensos sedimentados no Clube dos Treze (Marcio Braga e Carlos Miguel Aidar serão menos diplomáticos em sua formulação: ambos falam em "traição" do dirigente vascaíno).[177] Na entrevista que concedeu a este autor, Eurico deu a entender que não — que já desde o princípio ele próprio acertara com a CBF a realização do cruzamento, nos moldes que constam do regulamento *outorgado*. Recapitulemos: "A CBF não concordava [com a realização da Copa União], e era necessário a CBF concordar. A opinião pública, a mídia faziam pressão, mas isso não resolve nada. Procurávamos uma solução conciliatória, e aí surgiram os Módulos Verde e Amarelo".

Neste ponto, este autor resolveu interromper o dirigente vascaíno e consultá-lo sobre os contornos do acordo esboçado, no dia 8 de setembro, entre Eurico e o Caixa d'Água, de um lado, e os clubes do Módulo Amarelo, de outro — acordo que, como se verá, previa um cruzamento *apenas para definir os representantes brasileiros na Taça Libertadores da América de 1988*. Eurico Miranda foi didático:

> Não interessa o acordo [com os clubes do Módulo Amarelo]! *O acordo [com os clubes] foi posterior!* Você, para realizar a Copa União, tinha que ter a permissão da CBF, e a CBF não dava. Então houve necessidade de negociação *com a CBF*. Ela não ia *dar* [ao Clube dos Treze] um Campeonato Brasileiro e deixar todo o resto de fora. [...] Não tinha como fazer uma copa pirata. Aí começou uma conversação. O Eduardo [Viana] teve participação grande por causa da necessidade de convencer os outros [presidentes de federações estaduais]. As federações poderiam se rebelar. Tinha que ter assembleia geral das federações. Elas não dariam aval para isso [a Copa União independente]. O

> *arranjo que foi feito foi realmente [esse do] Módulo Verde e Amarelo, que era o Campeonato Brasileiro. Aprovado isso, a Copa União pôde seguir. Mas tinha uma condição: o cruzamento. Para fazer [a Copa União] com o aval da CBF, só dessa maneira! [...] Eu que fiz o acordo na CBF!*[178]

Se algo dessa gravidade de fato constava dos primeiros entendimentos entre Eurico Miranda e a CBF, isto nunca veio a público. A atividade negociadora de Eurico Miranda e Eduardo Viana só se tornou de conhecimento público a 3 de setembro. Naquela data, no início da tarde, o Caixa d'Água reuniu-se com seus homólogos das federações paulista, mineira, gaúcha e baiana no Copacabana Palace, para deles obter o apoio a uma fórmula que permitisse a realização da Copa União sob os auspícios da CBF. Ato seguido, encaminhou o arranjo ao Clube dos Treze, cujos dirigentes se reuniram na Gávea a partir das dezessete horas. Finalmente, levaria à CBF o acordo alcançado após esses dois encontros, e à entidade gestora restaria apenas referendar o resultado das tratativas, ou quase: "a partir daí, só restariam detalhes para serem acertados, porque as cinco principais federações do país e os treze principais clubes estarão em acordo, dando base para que a CBF homologue a reformulação do Campeonato Brasileiro."[179]

E que proposta, afinal, o Caixa d'Água desenhou para obter esse milagre? *O Globo* esclarece:

> Segundo Eduardo Viana, no próximo ano, seria realizado um quadrangular entre os dois vencedores do Módulo Verde e os outros dois vencedores do Módulo Amarelo. O campeão e o vice desse quadrangular representariam o Brasil na Taça Libertadores [de 1988]. Mas seria reconhecido como campeão brasileiro o campeão do Módulo Verde.[180]

Se essa, de fato, foi a proposta levada aos demais presidentes de federações estaduais, é algo a que só eles poderiam responder. *O Globo* acrescenta que "a proposta é apoiada, principalmente, por Antônio Pithon, presidente da Federação Baiana de Futebol, e conta ainda com a simpatia das federações de Alagoas, do Rio Grande do Norte, do Espírito Santo e do Ceará".[181] A referência de Eurico Miranda, na entrevista a este autor, à possibilidade de as demais federações se revoltarem bem pode indicar que a ideia não terá sido assim tão bem recebida em outras paragens, em Curitiba, Florianópolis, Manaus ou Recife. Mas foi essa a proposta que se submeteu ao Clube dos Treze na mesma tarde, e que o grupo aprovou como solução de compromisso: faz-se o bendito cruzamento para definir quem disputa a Libertadores, mas o campeão brasileiro sai daqui, da Copa União, do Módulo Verde, ou como o queiram chamar.

Tudo isso parecia confirmado no dia seguinte, quando os jornais anunciavam o entendimento entre clubes e CBF. Às 22h10 do dia 3 de setembro — *O Globo* dá até os minutos —, Octávio Pinto Guimarães conversou por telefone com Carlos Miguel Aidar, que confirmou "um acordo que favorece principalmente o Clube dos Treze".[182] E os contornos desse acordo podiam ser até um tanto insólitos, mas não mais insólitos do que um campeonato de 44, 60, 64 ou cem clubes:

> As federações do Rio de Janeiro, São Paulo, Minas Gerais, Rio Grande do Sul e Bahia apresentaram — e a CBF aprovou — uma nova e praticamente definitiva proposta para a realização do Campeonato Brasileiro, que atenderia às reivindicações do Clube dos Treze e da Confederação. Segundo a fórmula, o futebol brasileiro passará a ter quatro módulos — Verde, Amarelo, Azul e Branco — e, ao final da competição, *quatro campeões distintos*. [Grifo do autor.]
>
> O detalhe político da proposta surge quando fala nos representantes do Brasil na Libertadores da América. Não seriam o campeão e o vice, como até agora, e sim os finalistas de um quadrangular especial entre os primeiros colocados dos módulos Verde e Amarelo, que seria disputado no início do ano que vem. As equipes de cada módulo [...] disputariam um troféu específico: Verde — Troféu João Havelange; Amarelo — Troféu Roberto Gomes Pedrosa; Azul — Troféu Heleno Nunes; Branco — Troféu Rubem Moreira. [...]
>
> Assim, o Módulo Verde, na prática a primeira divisão do futebol brasileiro, seria formado por: Vasco, Flamengo, Fluminense, Botafogo, Palmeiras, São Paulo, Corinthians, Santos, Atlético Mineiro, Cruzeiro, Internacional, Grêmio, Bahia, Goiás, Santa Cruz e Coritiba. O Módulo Amarelo, uma espécie de segunda divisão, contaria de imediato com o América, Bangu, Portuguesa de Desportos, Guarani, Inter de Limeira, Náutico, Sport, Joinville, Criciúma, Atlético Paranaense, Vitória da Bahia e Vila Nova.[183]

O ambiente era de júbilo, quase de celebração. Os reparos que havia diziam respeito a questões aparentemente menores, naquela conjuntura: Marcio Braga exigia ainda, que a Copa União "fosse administrada pelo Clube dos Treze" (parecia referir-se a temas como a escalação de árbitros e o julgamento de atletas por infrações cometidas); Benito Masci, do Cruzeiro, parecia concordar; Aidar, do São Paulo, queixava-se de que um documento que dali emanara era "muito genérico".[184] E até Nabi, que na véspera se recusava a abrir mão do cruzamento para definir o campeão[185], parecia conformar-se com a fórmula de compromisso, a *liguilla pré-Libertadores*, nos moldes da que já se praticava na Argentina, com interrupções, desde 1974 (e que, como se viu, já se cogitara adotar, entre nós, em 1969).[186]

Se Eurico Miranda já acertara outra coisa com o Caixa d'Água e a CBF, ou se tinha em mente qualquer coisa diversa disto, ao menos não o deixou transparecer. No dia seguinte, era um Eurico seguro de si e com ar de satisfação o que respondia às perguntas do repórter do *Globo Esporte*:

GE: — A disputa entre os dois primeiros colocados do grupo verde e do grupo amarelo, no ano que vem, não pode caracterizar um supercampeonato?

EM: — É para decidir quais são os representantes na Libertadores da América.

GE: — E não pode se encarar também como [...] uma decisão para se saber quem é o campeão brasileiro na verdade?

EM: — Não, porque está claro que vai ter o campeão brasileiro do Módulo Verde, o campeão brasileiro do Módulo Amarelo, o campeão brasileiro do Módulo Azul e o campeão brasileiro do Módulo Branco.

GE: — Foi uma vitória do Grupo dos Treze?

EM: — Foi uma vitória do futebol.[187]

Alcançado o entendimento, era hora de ajustar os detalhes finais e assinar os contratos laboriosamente construídos pelo Clube dos Treze nas semanas precedentes (objeto do próximo capítulo). A 4 de setembro, é o Clube dos Treze, não a CBF, quem anuncia a rodada de abertura, marcada para 13 de setembro, com Flamengo x São Paulo como atração principal, no Maracanã.[188] Mais importante que isso, naquela noite, os treze assinaram, com a Rede Globo, um inédito contrato de televisionamento — inédito pelos valores envolvidos (3,4 milhões de dólares só para 1987) e pelo relacionamento institucional que se estabelecia, tendente a perdurar pelos anos seguintes.[189]

Nada disso, é claro, podia agradar a quem ficava de fora da festa principal, a Copa União. Era natural que assim fosse, mas retomemos aqui um dos argumentos centrais desta obra. A racionalização do campeonato, seu enxugamento e moralização, eram anseios antigos e, a esta altura, já inadiáveis. Entre outubro de 1986 e junho de 1987, como se viu, a CBF malogrou em sua tentativa de fazer, dentro de campo, os cortes dolorosos que se teriam de operar, já para 1987, com o objetivo de alcançar um campeonato de vinte clubes em 1988. Restava, então, a alternativa de fazer esses cortes por arranjos políticos, que levassem minimamente em conta os méritos desportivos acumulados pelos clubes ao longo da história.

Que num processo assim se cometessem injustiças era inevitável: voltamos aos ovos e às omoletas do tradutor português. De todas, a pior decerto foi a exclusão do Guarani e do América, que, no entanto, foi pecado a debitar-se na conta da CBF, não do Clube dos Treze. Outros, notadamente o Botafogo e o Coritiba, terão sido beneficiados por seu mau comportamento, por sua litigância de boa ou de má-fé contra os resultados obtidos em campo. Mas todos os demais terão muito pouco de que queixar-se — sobretudo aqueles que, como o Vitória, a Ponte Preta, o Bangu e o *Sport do Recife*, também contribuíram para melar o campeonato de 28 clubes com suas ações judiciais inconsequentes.

Fato é que, justificável ou não, a 4 de setembro, o mau humor dos excluídos já era palpável: América e Bangu ameaçam desistir da disputa do Módulo Amarelo, por considerá-lo, não sem razão, a *segunda divisão* que não ousava dizer seu nome (e por inveja das receitas de transmissão que os grandes tinham garantido junto à Rede Globo).[190] No Recife, Luciano Bivar, vice-presidente do Sport, começa a dar provas de que o seu clube está predestinado a ser de todos o mais morrinha do futebol brasileiro. Não exige, como o América, integrar o Módulo Verde, mas faz questão do cruzamento *para determinar o campeão brasileiro*: "A CBF tem que se impor. Tem que organizar o quadrangular para que se conheça o campeão brasileiro. Caso isso não aconteça, a CBF vai parecer mais uma associação de boxe, que tem três ou quatro campeões, dependendo da versão."[191]

A tirada de Bivar tinha lá a sua graça. Ao longo de 1987, três pugilistas ostentaram o título de campeão mundial de boxe de pesos pesados: Mike Tyson (pela WBC e pela WBA), Michael Spinks (pela IBF) e Tony Tucker (também pela IBF). No boxe como no futebol, ninguém tinha dúvidas sobre quem era o campeão à vera: Mike Tyson, no caso do boxe, e *quem quer que vencesse o Módulo Verde*, no caso do futebol. Mas essa verdade, dita assim, decerto havia de enfurecer ainda mais o já emputecido dirigente pernambucano.

Era preciso, então, um derradeiro esforço para pacificar os pequeninos e fazer prevalecer o acordo alcançado entre os grandes e a CBF, na noite de 3 de setembro. Eurico Miranda e Eduardo Viana são, então, escalados para conversar com os clubes do Módulo Amarelo, tarefa que levam a cabo a 8 de setembro. Não consta que tenha havido ata dessas tratativas, de maneira que o historiador não tem remédio senão confiar na palavra dos participantes e no noticiário da época. E a imprensa do dia seguinte, 9 de setembro, registra que, ao término de uma longa jornada, Octávio Pinto Guimarães festejou "um acordo completo"[192] (ou quase: o América não concordava com nada e ajuizou nova ação cautelar na Justiça comum).[193]

Em que consistia esse acordo? A principal queixa dos excluídos era a inexistência de qualquer mecanismo que lhes permitisse ascender à primeira divisão — perdão: ao Módulo Verde — ao final da temporada. De maneira que o Clube dos Treze cedeu, uma vez mais: não fincará pé em dezesseis participantes para todo o sempre, e aceita vinte para 1988. Estes vinte serão os doze primeiros do Módulo Verde, os seis primeiros do Módulo Amarelo e os dois vencedores de um *play-off* que reunirá o 13° e o 14° colocados do Módulo Verde mais o sétimo e o oitavo do Módulo Amarelo. O 15° e o 16° do Módulo Verde estariam automaticamente rebaixados. E cede mais: além de ratificar o compromisso de abrir mão, em benefício de todos os demais, das quotas da Loteria Esportiva que lhe cabiam, ainda promete repassar 10% das quotas de televisionamento aos clubes do Módulo Amarelo, que de resto estão livres para negociar seus próprios contratos de transmissão. A única exigência de que não abrem mão os treze é que o cruzamento se limite a indicar os representantes na Libertadores, e nada além disso.[194]

Essa, ao menos, é a versão que chegou à imprensa. Mais importante: esses termos representavam o limite extremo das concessões que o Clube dos Treze estava disposto a fazer.[195] No dia seguinte, no entanto, os dirigentes do Vitória e, aparentemente, do Sport começaram a esboroar o acordo alcançado. Em sua fúria já característica, o inefável Fred de Oliveira, do Sport e da Federação Pernambucana, chegou a quebrar com um soco um belo relógio que enfeitava o gabinete de Octávio Pinto Guimarães, presente da Associação de Futebol inglesa. O presidente do Vitória, Eduardo Morais, acusou Eurico Miranda de "mentiroso": segundo ele, na véspera, o dirigente vascaíno concordara com todas as exigências dos pequeninos, inclusive o cruzamento para definir o campeão, e "agora não assume". No entanto, Castor de Andrade, do Bangu, esclareceu que "de fato *os clubes do Módulo Amarelo romperam o acordo*". A tudo isso, Eurico Miranda dava de ombros:

> Agora o problema é do Eduardo Viana, do José Maria Marin, do Antônio Pithon, enfim, dos dirigentes das federações que assumiram com o Clube dos Treze o compromisso de promover a Copa União caso a CBF não solucionasse os impasses. Eu saio do processo de negociação porque os clubes do Módulo Amarelo querem cada vez mais, e nós, do Clube dos Treze, já fizemos concessões até demais, cedemos até demais. Agora eles querem a metade da quota de televisão; querem o cruzamento direto ainda este ano; não querem o troféu João Havelange para a Copa União, e sim um troféu para o campeão que sair do cruzamento. Enfim, querem coisas absurdas. Não moveram uma palha para nada. O Clube dos Treze conseguiu tudo e concordou em dar alguma coisa a eles, mesmo sem ter essa obrigação. Eles concordaram com tudo o que foi colocado e agora dão para trás.[196]

Em outras palavras, com essa gente já não havia mais negociação possível, e o Clube dos Treze decide ir em frente com o campeonato tal como o havia idealizado e viabilizado. Se a CBF honrasse o acordo que os pequenos agora denunciavam, muito bem. Se não, isso já não dizia mais respeito aos grandes, que negociaram de boa-fé. No dia seguinte, 10 de setembro, os dirigentes dos treze, mais Antônio Pithon, da Federação Baiana, acorreram a um concorrido coquetel de lançamento da Copa União, que doravante é assim e só assim que hão de chamar o torneio, marca registrada, não da CBF, mas do Clube dos Treze. Foi no Hotel Transamérica, em São Paulo, e entre outros fatos alvissareiros ali se anunciou um segundo contrato de patrocínio, com a Varig.[197] O jogo de abertura, Palmeiras x Cruzeiro, foi antecipado para o dia seguinte, sexta-feira, 11 de setembro, com transmissão televisiva para todo o país.[198]

A tudo isso, como reagia a CBF? Aparentemente, com resignação. Na rua da Alfândega, Nabi Abi Chedid "resolveu confirmar" a antecipação da partida inaugural, já decidida pelos clubes à sua revelia. Mas guardava na manga um trunfo considerável: como cabia, afinal, à CBF oficializar qualquer torneio que se disputasse nestes trópicos, Nabi deixou claro que o regulamento definitivo da competição seria adotado por ele. É o que se depreende da notícia aparentemente intranscendente de que o vice-presidente da CBF "resolveu adiar a *divulgação* do regulamento da competição". Mas que ninguém se preocupasse com isso: "a causa do adiamento [...] está nos ajustes que estão sendo feitos entre a [CBF] e os clubes para viabilizar a transmissão ao vivo dos jogos de domingo para o Brasil inteiro, pela TV Globo."[199]

Como previsto e anunciado, Palmeiras e Cruzeiro inauguraram a Copa União na noite fria de 11 de setembro de 1987 (o Palmeiras venceu por 2 a 0, gols de Mauro e Tato). Jogavam, a bem da verdade, sem o regulamento prometido e anunciado por Nabi, mas isso não parecia ter a menor importância: desde a ruptura das negociações com os pequenos, os dezesseis participantes da Copa União pautavam-se pelo regulamento adotado por eles próprios, pelo Clube dos Treze, a 6 de setembro, com os ajustes supervenientes. Sabiam que os dezesseis clubes estavam divididos em dois grupos e que disputariam dois turnos, o campeão de cada grupo, em cada turno, classificando-se para as semifinais. Até meados de dezembro de 1987, um dos quatro semifinalistas seria o campeão da Copa União. Quando da divulgação do regulamento *do Clube dos Treze*, o próprio Eurico Miranda fizera pouco da pretensão da CBF de impor as suas regras à competição: "A Copa União, em termos de *regulamento* e tabela, *é problema nosso* [do Clube dos Treze]. O Campeonato Brasileiro do Módulo Amarelo e dos outros módulos é uma questão da CBF."[200]

Coincidência ou não, no mesmo dia da abertura da Copa União, em Brasília, o Tribunal Federal de Recursos derrubou a liminar que as federações estaduais obtiveram lá atrás, a 24 de fevereiro, suspendendo as resoluções do CND de n° 16/86, 17/86 e 18/86. Este não é um fato menor: vigente esta decisão, a adoção do regulamento do Campeonato Brasileiro de Futebol só poderá dar-se mediante aprovação em conselho arbitral, integrado pelos clubes participantes, por voto qualificado.[201] Pelo critério legal — a classificação obtida no campeonato do ano anterior —, os membros do Clube dos Treze terão 226 dos 402 votos de qualquer conselho arbitral que congregue os participantes dos Módulos Verde e Amarelo. E, detalhe crucial, a esta altura *não há regulamento em vigor*, ou ao menos a CBF não se dignou divulgar nada parecido.

Como quem não queria nada, Octávio Pinto Guimarães começou a suprir essa lacuna meia hora depois de iniciada a competição. *Com o campeonato já em curso*, e com o Palmeiras já vencendo o Cruzeiro por 2 a 0, a CBF tornou públicas as regras que nortearíam a competição.[202] "Tornou públicas" é um tecnicismo enganoso: como os atos da CBF não saíam em Diário Oficial nenhum, levou alguns dias para que todo mundo se apercebesse da enormidade que se escondia naqueles setenta artigos mal redigidos. Sirva de exemplo o fato de que no domingo, 13 de setembro, um cronista bem informado como João Saldanha ainda desconhecia a existência de um regulamento.[203]

Quem fez acender as luzes amarelas foi Octávio Pinto Guimarães, que no dia 14 reaparece para falar de regulamento. E o que ele diz encerra, nas entrelinhas, uma revelação que fará daquele o campeonato mais polêmico de todos os tempos. Segundo parecia, o tal cruzamento, que, todo o mundo jurava, serviria apenas para indicar quem participaria da Libertadores, não era assim tão inócuo. É o que se depreende da advertência que Octávio faz aos oito clubes do Módulo Amarelo que, no fim de semana, se recusaram a ir a campo cumprir a tabela, em protesto por integrarem a segunda divisão. Pois o presidente da CBF invoca o regulamento (com artigo definido na frente) para ameaçar os reincidentes com o desligamento da competição, naquele ano e no ano seguinte. Como Octávio era um espírito fino, capaz de discernir a ironia que há nessas coisas, observou que "foram eles [os clubes do Módulo Amarelo] que fizeram essa exigência, *pois temiam que os clubes da Copa União [não] jogassem o quadrangular final*". "Agora, o feitiço virou contra o feiticeiro", deliciou-se.[204]

Repare o leitor: quadrangular *final*, e com penalidades terríveis para quem não participar. Aquilo não podia encerrar nada de bom. Não se sabe ao certo quando toda a verdade veio à tona, mas já no dia seguinte, 15 de setembro, Marcio Braga tinha em mãos o documento infame, e de fato a traição estava lá, patente: a CBF não só "não cumpriu nenhum dos acordos que combinou com o Clube dos Treze", mas acima de tudo ignorara o acerto de que haveria quatro campeões, estabelecendo que o maldito quadrangular entre campeão e vice do Módulo Verde, campeão e vice do Módulo Amarelo, serviria para designar o *campeão brasileiro*. Era o que prescrevia o § 2º do artigo 6º: "O campeão e o vice-campeão das taças João Havelange e Roberto Gomes Pedrosa disputarão, em quadrangular, o título de campeão e vice-campeão brasileiro de 1987, ficando de posse da Copa Brasil-1987 e classificados para representar a CBF na Taça Libertadores da América-1988."

No futuro, muita gente falaria em "aprovação *tácita*" do regulamento pelos clubes que, afinal de contas, continuaram a disputar o torneio. Pois Marcio Braga demonstrou a inverdade dessa interpretação já desde o princípio, quando pôs a boca no mundo e falou até em "romper relações" com a CBF.[205] Mais: a *Placar* da semana seguinte registra que, a despeito do regulamento, "o Grupo dos 13 assegura que o campeão sairá apenas do Módulo Verde". "Sinal, enfim, de uma boa briga", conclui a revista[206], jogando por terra a versão de um certo magistrado de que a "irresignação" de Flamengo e Internacional quanto às regras impostas foi "totalmente intempestiva, quando da realização da última fase [i.e., do quadrangular final]".[207]

E chegamos, então, à famosa assinatura de Eurico Miranda, que segundo o Sport e seus simpatizantes seria a prova definitiva de que o Clube dos Treze teria aceitado o funesto cruzamento. Quando exatamente se deu, ninguém nunca explicou. O regulamento tornado público a 11 de setembro tem outro detalhe insólito. Está no artigo 70, o último dispositivo, que esclarece: "o presente regulamento foi aprovado pela Diretoria da CBF em reunião realizada no dia 28 de agosto de 1987".

28 de agosto! *Seis dias antes* das negociações mantidas por Eurico Miranda e Eduardo Viana com o Clube dos Treze, as federações dos cinco principais estados e a CBF. *Onze dias antes* das tratativas com os pequenos e as demais federações. Mas um mês e meio depois da primeira reunião registrada entre Eurico e Nabi.[208] O simples recurso à cronologia demonstra que alguma coisa aí não fecha — e o Judiciário *jamais* se dignou debruçar-se sobre essa questão.

Logicamente, não há mais do que três explicações possíveis para essa data marota. A primeira é que Nabi Abi Chedid tenha negociado de má-fé, ao longo das duas primeiras semanas de setembro. Nessa hipótese, seu objetivo teria sido, desde sempre, *induzir o Clube dos Treze a erro* para evitar uma ruptura catastrófica para seus desígnios. Depois, com os clubes anestesiados, ele lhes imporia um regulamento já de antemão fechado, que atendesse às conveniências do cartola e ignorasse todos os acertos com os treze.

A segunda, mais benéfica para o dirigente paulista, seria a de que ele negociou de boa-fé até 8 de setembro, mas, diante da rebelião intempestiva dos clubes pequenos, no apagar das luzes, não encontrou alternativa senão resgatar uma versão antiga de regulamento, anterior às tratativas frustradas. Nessa hipótese, haveria que analisar-se em que medida esse regulamento obrigava os grandes clubes, que tinham concordado com outra coisa e, àquela altura, *jogavam pelo seu próprio regulamento*, divulgado a 6 de setembro.

Essas duas são as hipóteses mais prováveis, à luz do fato de que a imprensa noticiou, a 29 de agosto, que Nabi já tinha em mão *algum* regulamento aprovado na véspera pela diretoria da CBF, mas cujos termos ninguém mais conhecia.[209] Mas há uma terceira hipótese, muito mais grave, que aqui se registra como simples especulação: a de que Octávio Pinto Guimarães e Nabi Abi Chedid se tomaram de pânico ao constatar dois fatos da maior gravidade, ocorridos a 11 de setembro: não só os grandes jogavam segundo o seu próprio regulamento, mas as resoluções do CND de nº 16/86, 17/86 e 18/86 estavam novamente vigentes, ou em vias de recuperar a eficácia. Com isso, a CBF *nunca mais* teria oportunidade de impor as suas regras ao Clube dos Treze, nem para a Copa União de 1987, nem para futuros campeonatos. E aí resgataram uma versão já superada do regulamento, que padecia de todos os problemas que aqui já se apontaram, ou *antedataram um documento redigido às pressas* entre 9 e 11 de setembro. Neste último caso, sairíamos da desonestidade pura e simples para cair na falsidade ideológica, tipificada no artigo 299 do Código Penal.

A esta altura, infelizmente, nem Octávio Pinto Guimarães nem Nabi Abi Chedid estão entre nós para esclarecer qual das três hipóteses explica seu comportamento na noite de

11 de setembro, divulgando na surdina (passe o oxímoro) um regulamento para um torneio que se iniciara havia trinta minutos. E, reiteremos, a Justiça Federal, quando confrontada com a grave questão da validade desse regulamento, *jamais* analisou satisfatoriamente os problemas que aqui se apontam.

Fato é que, em algum instante até hoje impreciso, Eurico Miranda assinou essa monstruosidade. Sua assinatura de maneira alguma poderia obrigar o Clube dos Treze, porque ou bem o regulamento era intrinsecamente válido, diante da liminar que suspendera as resoluções do CND até 11 de setembro, ou bem era inválido sem a posterior ratificação pelo conselho arbitral de clubes, na forma prescrita pela resolução do CND de n° 16/86. Mas façamos, aqui, um último exercício de reconstrução, por amor à verdade histórica. Na entrevista que concedeu a este autor, Eurico Miranda disse que o arranjo que fez com a CBF foi *anterior* a quaisquer negociações com os clubes pequenos, e que esse arranjo de fato previa o cruzamento *para determinar o campeão brasileiro*. A acreditar nessa versão, Eurico Miranda, se não o assinou na ocasião, ao menos sabia desde agosto que existia um regulamento nesses moldes.

Mas há uma segunda possibilidade, que está relacionada com as hipóteses que se aventaram acima, de a CBF ter *voltado atrás* no arranjo que fizera com o Clube dos Treze, seja porque se intimidou com a revolta dos pequenos, seja porque se tomou de pânico com a repristinação das resoluções do CND. Neste caso, Eurico Miranda podia até saber da existência de um regulamento secreto que julgava superado, mas teria confiado, até o último momento, em que ele fosse substituído por uma nova versão que incorporasse os acertos de 8 de setembro. Deu-se, no entanto, que a CBF fez o que fez e chamou Eurico, *entre 12 e 15 de setembro,* para apor a sua assinatura ao regulamento tornado público em 11 de setembro. E é esta hipótese a que se depreende do relato de Carlos Miguel Aidar:

> A CBF, um belo dia, chama-nos para assinar um regulamento. Porque *o campeonato estava rodando, a bola estava correndo, os pontos estavam sendo tomados, e não tinha um regulamento*. Então "vamos assinar e tal". Fim de tarde, Rio de Janeiro, sete horas da noite, todo o mundo querendo voltar para casa… O Marcio Braga tinha um compromisso fora, não me lembro o quê que era, e tal… "Eurico, você vai e representa a gente". [E o Eurico] *nos trai* — típico do Eurico —, nos trai e assina um documento onde ele faz o… aceita o cruzamento do Módulo Verde com o Módulo Amarelo. Ou seja: o campeão brasileiro seria quem vencesse uma partida final entre o Módulo Verde e o Amarelo. Nós ficamos absolutamente possessos, porque para nós o Campeonato Brasileiro era o Módulo Verde.[210]

Esta é a versão, por assim dizer, canônica do que ocorreu: a *traição* de Eurico Miranda. Ao longo dos anos, Eurico Miranda sempre sustentou uma versão diversa — a de que assinou o que assinou, não porque os treze concordassem com a ideia do cruzamento, mas porque lhe deram carta branca para decidir:

> Eu nunca fui para lugar nenhum com ordem expressa de ninguém! Eu era vice-presidente do Clube dos Treze... tratei aqui das coisas como eram... Essa história de ele querer atribuir que eu fui com ordem — que ordem? Desde quando eu recebi ordem de alguém para fazer alguma coisa em matéria de esporte? Nunca aconteceu nada disso comigo! Se eu fui para uma reunião representando o Clube dos Treze, foi *com poderes para decidir o que era o melhor e qual era a situação, e eu decidi que o melhor era aquilo*! Porque havia o risco de o campeonato não seguir, de o campeonato parar. Em benefício de o campeonato seguir... Tudo bem, no final vai ter o cruzamento.[211]

É a palavra de Eurico contra a de Aidar, e Marcio Braga, e tantos outros. Nas entrevistas realizadas para a elaboração desta obra, dois outros personagens reforçam a tese de que Eurico Miranda decidiu *ultra vires*, ultrapassando os limites do mandato que lhe foi atribuído. Em primeiro lugar, Juca Kfouri, que, como diretor da revista *Placar*, estava desde cedo envolvido na organização da Copa União (a Editora Abril, como se verá, foi um dos patrocinadores do torneio, e a *Placar* era o principal porta-voz dos anseios de mudança do Clube dos Treze). Juca Kfouri foi econômico no relato, mas não nos advérbios: "Foi aí que o Eurico *cafajestemente* aceitou o cruzamento dos módulos, e foi imediatamente desautorizado pelos outros doze."[212]

As opiniões e versões de Kfouri são conhecidas, pelo papel importantíssimo que ele vem desempenhando ao longo dos anos, como jornalista, na denúncia dos desmandos da CBF. Menos conhecidas são as de João Henrique Areias, então vice-presidente de *marketing* do Flamengo e, junto com Celso Grellet, encarregado de viabilizar comercialmente a Copa União. E Areias relata o que ocorreu com algo mais de perspectiva — mas coincide com Kfouri, Braga e Aidar em que Eurico desrespeitou os termos do mandato:

> Em 1987, [Eurico Miranda] foi fundamental para o Clube dos Treze e a Copa União acontecerem. Ele conhecia tudo de leis e regulamentos. Conhecia os meandros. E oferecia soluções — coisas como: se a CBF não colocar juiz [para apitar os jogos], nós colocamos. Mas houve aquele momento em que se decidiu o cruzamento. Os clubes reuniram-se para tomar a decisão e tinham de mandar um representante à CBF. *E decidiram que não aceitavam o cruzamento!* Mas o Eurico foi lá, como representante dos clubes, e aceitou. Veja: eu não acredito que ele tenha obtido alguma vantagem nisso. Acredito que, porque ele entendia os meandros, ele deve ter achado que a nossa posição era frágil. Algo do gênero "eu conheço bem este cartório". Mas o fato é que tinha que ter ido todo o mundo à CBF. Mas não: mandam lá o Eurico Miranda, polêmico, dado a reações emocionais. Foi coisa de amadores! No mínimo, o Marcio Braga e o Aidar tinham que ter ido junto.[213]

O regulamento imposto pela CBF, com o malsinado cruzamento, desarmou uma bomba que Octávio e Nabi tinham nas mãos: a rebelião dos pequenos. Como já registrado, no domingo, 13 de setembro, nada menos que oito clubes do Módulo Amarelo recusaram-se a jogar, em protesto contra o papel subalterno a que se viram relegados, em um torneio que, de segunda divisão, só não tinha o nome.[214] Na terça-feira, 15, o STJD não acolheu mandado de garantia impetrado por América e Portuguesa, em "ação endossada por Atlético Goianiense, Sport, Vitória e Náutico", com vistas à interrupção do campeonato.[215] No dia seguinte, Castor de Andrade manda avisar que aceita o regulamento da CBF e que o Bangu disputará disciplinadamente o torneio.[216] O Bangu não era um dos oito times que se recusaram a jogar no domingo, mas a posição de Castor tinha um efeito-demonstração imenso. Naquela mesma noite, dois daqueles clubes, Sport e Vitória, entraram em campo e jogaram. No domingo, foi a vez do Atlético Goianiense. Aos pouquinhos, a rebelião ia sendo domada, e a instituição do cruzamento terá contribuído enormemente para isso.

Mas a contrariedade persistia entre os grandes. Como se viu, já a 15 de setembro Marcio Braga ameaçava, uma vez mais, "romper relações" com a CBF, pela questão do cruzamento e pela pretensão da CBF de ter a palavra final sobre os contratos comerciais firmados pelo Clube dos Treze. Atendendo à convocação do presidente rubro-negro, os treze reuniram-se a 22 de setembro, na Toca da Raposa, em Belo Horizonte, para "analisar o rompimento definitivo" com a CBF.[217] Seu propósito era claro: "Se a CBF não aceitar a tabela e *o regulamento da Copa União* da maneira como foram aprovados pelo Clube dos Treze [...], será divulgada uma nota oficial rompendo com a entidade." Entre os cartolas, o mais radical era, surpreendentemente, Eurico Miranda: "Não vamos romper com a CBF porque esse rompimento já existe. Vamos apenas oficializá-lo. É preciso que o governo ou alguma outra entidade do Poder Público tome uma providência. Que esses homens [Octávio e Nabi] sejam presos, banidos do país ou seja lá o que for. Eles só não podem é continuar enterrando o futebol."[218]

Por iniciativa de Octávio, não de Nabi, a CBF, uma vez mais, buscou uma acomodação com os grandes. *O Globo* do dia seguinte registra que "CBF e o Clube dos Treze selam a paz". *O Estado de São Paulo* carregou mais nas tintas: "Acordo. O Grupo dos 13 vence a CBF."[219] Em nome da paz, o Clube dos Treze pôs o seu departamento de *marketing* à disposição da CBF para ajudar a captar recursos para os "módulos" inferiores. Em contrapartida, "ficou resolvido que a Copa União terá prosseguimento normal, *nos moldes elaborados pelo Clube dos Treze*".[220]

Foi a capitulação da CBF? Parecia. Infelizmente, ao que parece, os clubes de um lado, e Octávio Pinto Guimarães de outro, apelaram para aquilo que, em negociação, se chama de *ambiguidade construtiva* (e que frequentemente de construtiva não tem nada). O que queria dizer, afinal, que a Copa União teria "prosseguimento normal, *nos moldes elaborados pelo Clube dos Treze*"? Nas semanas que antecederam a reunião, clubes e CBF brigavam por tudo e qualquer coisa, desde o horário dos jogos a ser televisionados até a escalação de juízes, passando pelas receitas de transmissão e os descontos nas rendas. Mas brigavam, também, pelo maldito cruzamento, como resta claro da leitura da imprensa da época. Nesse contexto, não há dúvidas de que, para o Clube dos Treze, o acordo envolvia a plena autonomia da Copa União, tratada como campeonato independente. E, no que lhes dizia respeito, isso afastava a hipótese do cruzamento para definir o campeão. Para resolver a questão de uma vez por todas, o acordo alcançado previa que a CBF *convocaria o conselho arbitral de clubes*, para debruçar-se sobre o regulamento imposto, "assim que a Justiça permitir".[221]

Ou assim parecia. A CBF, como se verá, teria uma interpretação diversa dos entendimentos alcançados naquela tarde — como tendeu sempre, ao longo de nossa história, a interpretar de maneira peculiaríssima todo arranjo que a afetasse. E isso acarretará enormes dores de cabeça a *todos* os clubes envolvidos no processo, mas em especial ao maior deles: o Clube de Regatas do Flamengo.

Há um último elemento que merece registro, antes de encerrarmos este capítulo, porque há trinta anos ele está aí a desmentir a versão construída em juízo pelo Sport e pelos magistrados que lhe deram ganho de causa. Como se verá, essa gente havia de sustentar que a pretensão de submeter o regulamento imposto pela CBF ao conselho arbitral de clubes surgiu de forma intempestiva, já ao final do campeonato, com o claro objetivo de prejudicar o Sport e o Guarani. E, nesse processo, um dos grandes vilões teria sido o nosso Manoel Tubino que, no entanto, brigava mesmo era para pôr um mínimo de ordem naquele bazar.

Pois muito bem: mesmo uma leitura superficial da imprensa bastaria para comprovar que os clubes, grandes ou pequenos, pediram expressamente a convocação do conselho arbitral a 15 de setembro[222], 22 de setembro[223], 28 de setembro[224], 19 de outubro[225], 17 de novembro[226], 5 de dezembro[227], 6 de dezembro[228], 7 de dezembro[229] e 9 de dezembro[230]. E tanto era, esta, uma pretensão explícita dos grandes clubes que eles fizeram constar este ponto do acordo alcançado, com a CBF, a 22 de setembro: a CBF, recorde-se, convocaria o conselho arbitral "assim que a Justiça permitir".

Mas tem mais: a versão fantasiosa construída pelo Sport não teria resistido — se o Flamengo se tivesse dignado assinalar este fato em juízo — à constatação de que, *já a 18 de setembro de 1987*, o CND de Tubino se debruçou sobre a necessidade de a CBF convocar o conselho arbitral, à luz da decisão do Tribunal Federal de Recursos (TFR) de 11 de setembro. Naquela tarde, Tubino apresentou moção para que a CBF fosse instruída a fazer exatamente isso: convocar o arbitral. A proposta acabou rejeitada, *mas não porque a CBF não tivesse obrigação de fazê-lo*. Pelo contrário: o voto vencedor, de autoria de Álvaro Melo Filho, baseava-se no fato de que "a CBF não havia manifestado qualquer intenção de descumprir a decisão do TFR". Mas não pararam aí os membros do egrégio Conselho: autorizaram seu presidente, Manoel Tubino, a "tomar qualquer decisão" a respeito, "dependendo da evolução dos fatos", *ad referendum* do CND.[231]

Pois muito bem. Foi com base nessa autorização que, a 16 de dezembro de 1987, Tubino determinará à CBF que convoque o conselho arbitral no prazo de trinta dias. Isso depois de inúmeras manobras protelatórias de federações estaduais e clubes pequenos, interessados em postergar ao máximo a aplicação da nova normativa. E quase um mês depois de Octávio Pinto Guimarães prometer convocá-lo espontaneamente, a 19 de novembro de 1987.[232] (Quase uma semana antes da decisão de Tubino, a revista *Placar* apurou que Octávio procrastinava deliberadamente: não se arriscaria a convocar o arbitral antes da assembleia geral da CBF de 31 de janeiro de 1988, que aprovaria — ou não — as contas apresentadas por Octávio e Nabi.)[233]

Em suma, diante de fatos assim evidentes, só os desinformados e os desonestos poderiam falar em "aprovação tácita" do regulamento da CBF, por parte do Clube dos Treze.

Só que gente assim nunca escasseou no Brasil.

IV
NASCE O MARKETING ESPORTIVO

"Rubro-negro, não beba Coca-Cola!"
Homero Lacerda, 1987

Em agosto de 1987, João Henrique Areias era um jovem gerente de eventos e promoções da IBM do Brasil. Ao leitor com menos de quarenta anos, isso dirá muito pouco. Para quem viveu aquela época, era muita coisa. No Brasil de 1987, o sujeito que entendesse de informática era algo assim como um feiticeiro. O que entendesse do mercado de informática era quase um sumo-sacerdote.

Recordemos: em 1987 e 1988, reuniu-se em Brasília uma Assembleia Nacional Constituinte, e a carta que ela produziu comprovou todas as prevenções de nossa classe dirigente contra o capital estrangeiro. Mais: demonstrou que as veleidades autárquicas do regime militar lançavam raízes profundas no sentimento nacional. Tudo isso já era particularmente agudo com relação ao mercado de informática. Desde 1979, tudo o que dissesse respeito a computadores era regulado por uma sinistra Secretaria Especial de Informática, subordinada ao Conselho de Segurança Nacional. A política brasileira para o setor podia resumir-se em três postulados incongruentes: (1) o mercado de microcomputadores estava fechado para tudo o que fosse produzido fora de nossas fronteiras (era a chamada "reserva de mercado"); (2) proibia-se a instalação, no Brasil, de novas indústrias do ramo que estivessem sob controle de capitais estrangeiros; e (3) estabelecia-se toda sorte de embaraços à atividade estrangeira nos ramos da eletrônica digital e dos semicondutores.

Essa política retrógrada atrasou em pelo menos dez anos o desenvolvimento do país, mantendo-nos à margem da revolução tecnológica que se produzia lá fora, enquanto aqui perseguíamos miragens 100% nacionais e 100% ineficientes, como os computadorezinhos da COBRA. E não era culpa exclusiva da direita ou da esquerda, na medida em que esses conceitos se aplicavam ao debate público brasileiro: foi forjada nas fantasias de Brasil grande dos militares, mas merecia os aplausos dos setores mais xenófobos das esquerdas — gente "cuja desinformação na matéria", no dizer de Roberto Campos, "era proporcional ao seu fervor ideológico". Para além da ideologia, a Política Nacional de Informática enriqueceu uns quantos eleitos, pelo que um de nossos raros liberais se permitiu descrevê-la como "uma conspiração de oito coronéis com oito comunistas para favorecer oito cartórios paulistas".

De maneira que, na época de nosso relato, a abertura política que experimentávamos ainda estava longe de refletir-se na economia em geral e no mercado de computadores em particular. Ao contrário, o problema parecia era agravar-se. Em 1985, José Sarney entrega o assunto a um recém-criado Ministério da Ciência e Tecnologia, onde passa a reinar o seu conterrâneo e ex-adversário político Renato Archer. O que se deu a seguir, ninguém o relata melhor que Roberto Campos:

> Longe de abrandar o protecionismo obscurantista dos militares da SEI, ele foi agravado e assumiu tons policialescos. Grupos mistos da SEI e da Secretaria da Receita Federal passaram a invadir consultórios médicos e corretoras para confiscar equipamentos importados. Os computadores eram depois cedidos a agências oficiais, que prontamente descartavam as maquinetas nacionais pré-históricas. Parecia termos voltado aos tempos da revolução cultural da China [...].[234]

O leitor há de perdoar este desvio de rota, mas alguma contextualização era necessária para introduzirmos as superiores habilidades de um sujeito como João Henrique Areias. Pois era em meio a esse ambiente de surrealismo burocrático que o nosso Areias ganhava seu pão a vender computadores de uma odiosa firma estrangeira. Devia ser bruxo.

Mas o melhor é que ele era um bruxo rubro-negro. Desde o começo do ano, Areias exercia a vice-presidência (não remunerada) de *marketing* do Flamengo, aonde fora levado pelas mãos sempre hábeis de Bruno da Silveira. Em princípios de julho, foi ele, Areias, o responsável pela engenharia financeira que permitiu a renovação do contrato de Zico. E não era uma renovação de rotina: aquele era o maior contrato da história do futebol nacional, até ali: 3,8 milhões de cruzados por mês[235], por um ano, três quartos do valor a ser pagos pela seguradora médica Blue Cross.

Informado do projeto deste livro, João Henrique Areias foi amabilíssimo e concedeu duas entrevistas a este autor, além de ter respondido a diversas consultas por e-mail. E, segundo seu relato[236], Areias manteve-se à parte dos palpitantes desenvolvimentos que relatamos no capítulo anterior até uma tarde de sexta-feira, em fins de agosto (para sermos precisos, terá sido no dia 21 de agosto de 1987). Era uma época, recorde-se, de dirigentes ainda mais amadores que os de hoje, e deu-se que Areias topou casualmente com Marcio Braga no centro do Rio. Perguntou-lhe a quantas andava isso da Copa União, da liga independente dos grandes clubes. E o relato que ouviu era desolador.

Andava mal. Os clubes, que começaram o processo batendo o pé e falando grosso, não conseguiam arrecadar 1 milhão de dólares para começar a custear a brincadeira. Já havia gente querendo pular fora (Areias cita, nominalmente, o Fluminense e o Internacional). A essa altura, recordemos, Nabi Abi Chedid já tinha desautorizado as declarações de Octávio Pinto Guimarães, segundo as quais a CBF não tinha como organizar o Campeonato Nacional. O Clube dos Treze e a CBF, cada um de um lado, divulgavam datas e tabelas completamente divergentes para o início da competição, mas a confissão de Areias demonstra o muito que havia de blefe na estratégia dos treze. Pior: ninguém se iludia, tampouco, com a CBF, que de onde menos se esperava é que não havia mesmo de sair porra nenhuma. A perspectiva de não haver um Campeonato Brasileiro era concreta, palpável. Diante disso, alguns clubes falavam em organizar modestas ligas regionais para preencher o que sobrava do calendário. E sobravam quatro meses!

O que surpreendeu o nosso Areias foi a modéstia franciscana dos recursos necessários. Acostumado a manejar quantias muito mais vultosas ("eu gastava o dobro disso numa feira de informática da IBM"), disse isso a Marcio Braga. E saiu dali com a missão de montar, no sábado e no domingo, um plano de *marketing* capaz de salvar a ideia da Copa União. Os treze aguardavam a proposta na segunda-feira, em reunião na Gávea.

O nosso Areias saiu dali pensando na Xuxa, e nisso não era propriamente original. Em julho de 1987, todo o mundo pensava na Xuxa. As crianças, que consumiam tudo aquilo em que a apresentadora de TV pespegasse o seu xis, e os adultos, em especial os homens heterossexuais, subitamente tomados de interesse pelos gostos televisivos dos filhos. Mas o nosso Areias era visionário e enxergava além da boniteza daquela gauchinha de 24 aninhos, criada em Bento Ribeiro, ex-namorada do Pelé. Em junho, o seu programa matinal na Globo, o *Xou da Xuxa*, completou o seu primeiro aniversário, e esses 365 dias foram o que bastou para a Rainha dos Baixinhos vender 2 milhões e 600 mil cópias de seu primeiro disco, desbancar Roberto Carlos e tornar-se o maior sucesso fonográfico da América Latina.[237] Confrontado essas cifras, Areias enxergava o óbvio: o sucesso de Xuxa devia muito ao seu carisma inegável, isso não se discutia, mas era também, acima de tudo, uma ilustração definitiva da capacidade da televisão de vender bons produtos.

O leitor talvez se aborreça com esta fastidiosa enumeração de obviedades, mas nada disso era incontroverso em 1987 — ao menos não para os cartolas do nosso futebol. Na cabeça de muitos deles, a TV era um inimigo ou, quando muito, um mal necessário a ser administrado com muita parcimônia. Àquela altura, os clubes de futebol ainda viviam, basicamente, das receitas de bilheteria, e a transmissão televisiva era acusada de afastar o público dos estádios. Como ninguém rasgava dinheiro, permitiam a transmissão de um ou outro jogo excepcional, uma ou outra final de campeonato, mas de maneira quase clandestina, sem anúncios prévios que fizessem o torcedor pensar duas vezes antes de sair de casa para o Maracanã ou o Morumbi. E tudo por valores ridículos, pelos padrões de hoje. Na mesma semana em que Areias topou o desafio, o diretor de *marketing* do São Paulo, Celso

Grellet, acertara com a Globo o televisionamento da final do Campeonato Paulista, entre São Paulo e Corinthians, pela bagatela de 70 mil dólares.

Na segunda-feira, na Gávea, Areias fez aos cartolas do Clube dos Treze uma apresentação centrada na figura da Xuxa e em uma ideia simples, mas revolucionária: "Se vocês precisam mesmo de 1 milhão de dólares, é bom entenderem que só com a televisão isso será possível. *Vocês precisam da televisão* porque os seus clubes, em vez de aparecerem para 100 mil pessoas no estádio, vão aparecer para 30, 40 milhões. E as empresas patrocinadoras vão pegar carona nessa exposição toda. É uma questão de *amplificação de mensagem*."[238]

É óbvio que houve gente que não gostou do que ouviu. O presidente do Internacional, Gilberto Medeiros, saiu-se com a advertência gauchesca de que "eu quebro, mas não envergo", talvez sem dar-se conta de que, naquele cenário, quem quebrava não era ele, mas o Internacional. Mas Areias tem uma aptidão toda particular para nos fazer questionar, com bons números e melhores argumentos, as nossas certezas mais arraigadas sobre o *negócio* do futebol — a utilidade da televisão, a atratividade dos estaduais, a importância dos jogos eliminatórios e de uma finalíssima, até mesmo o respeito ao calendário que nos impõe a natureza dos trópicos.[239] E mostrou que o futebol italiano, pelo qual babávamos todas as manhãs de domingo, tinha na televisão a sua principal fonte de ingressos (as bilheterias eram apenas a *sétima* maior fonte de recursos). E que, para manter o modelo vigente, precisávamos de públicos médios de 35 mil pagantes por jogo. Coisa corriqueira para alguns grandes clubes, talvez, até 1983, quando se atingiu a maior média de público da história da competição (22.953 pagantes por jogo).[240] Mas, nos últimos dois anos, o esvaziamento de nossos estádios era tão visível como dramático: de 1984 em diante, apenas o Flamengo, em 1984, e o Bahia, em 1985 e 1986, superaram aquela marca dos 35 mil.[241] Em suma: quase ninguém mais era capaz de atrair o público necessário apenas para fechar as contas.

Areias não viu o fim da discussão. Saiu dali e rumou para São Paulo, onde tinha negócios de que tratar. No dia seguinte, achou que ia ser demitido da IBM. Os jornais estampavam, com seu nome e sobrenome, o seu "plano para salvar o futebol brasileiro". Parece que ele tinha sido convincente. Segundo seu relato, Marcio Braga intercedeu junto à IBM e conseguiu-lhe uma licença não remunerada de seu trabalho na multinacional. Havia mais dinheiro a ganhar com o *marketing* esportivo, e os clubes precisavam dele — dele e de Celso Grellet, que, além de dirigente não remunerado do São Paulo, também era diretor de eventos da agência Fischer, Justus, Young & Rubican.

A 27 de agosto, Areias e Grellet, juntos, vão bater à porta de Ivan Borges, diretor da TV Globo, e o que lhe propõem chega a soar lunático. Querem fechar contrato entre o Clube dos Treze e a Globo para a transmissão exclusiva da Copa União, a um valor de 70 mil dólares por jogo. Isso pode parecer uma miséria, à luz dos valores que se praticam hoje, e mesmo à época houve quem achasse a quantia irrisória.[242] Mas não sejamos irrealistas: aqueles 70 mil dólares eram o mesmo valor pago pela *final* do Campeonato Paulista. Com a tabela que acabou sendo adotada, com 42 jogos a ser transmitidos, isso dava 2,94 milhões de dólares. Era mais do que a Globo pagara pelo direito de transmitir a Copa do Mundo de 1986. Aquilo era insano, e Borges deixa clara a sua opinião a respeito, com uma frase meio enigmática: "João, eu não posso falar para as pessoas que estão me esperando que vocês estão pedindo tudo isso."

De maneira que havia gente esperando... Areias e Grellet exigem saber quem, e descobrem que se trata de ninguém menos que José Bonifácio de Oliveira Sobrinho, o Boni, todo-poderoso diretor de programação da Globo; do já referido Armando Nogueira, lenda viva da crônica esportiva e agora diretor de jornalismo da emissora; e de Ricardo Salamandré, diretor comercial. Pois pedem, e obtêm de Ivan Borges, a chance de convencer pessoalmente a tríade. Sentam-se com eles no Jardim Botânico, na segunda-feira, 31 de agosto, e explicam que o que têm a vender é mais do que o valor monetário *presente* dos clubes envolvidos: "Queremos recuperar um *bem* do público brasileiro, a sua maior paixão, e fazer parte disso *não tem preço*". E é à Globo — que tinha lá os seus problemas de imagem, junto à população — que oferecem a oportunidade única de associar-se ao projeto.

Boni, Nogueira e Salamandré ouviram e saíram da sala para deliberar. Lá deixaram Areias e Grellet a ruminar um fracasso quase certo. Quando voltaram, tinham uma contraproposta: faziam até por mais, 3,4 milhões de dólares, mas com dois senões. O primeiro era que só davam 2,1 milhões de dólares em dinheiro vivo, a dividir-se entre os clubes. O outro 1,3 milhão de dólares a Globo cederia em *espaços publicitários* de sua grade de programação, que caberia aos próprios clubes vender no mercado. Segundo Areias explicou, a proposta tinha um quê de marota, porque pressupunha que os clubes não saberiam nem por onde começar: mal tinham departamentos de *marketing*, como haviam de arranjar-se para contratar produtoras, montar os comerciais etc.? Nos cálculos da Globo, era provável que tudo saísse pelos 2,1 milhões de dólares que a emissora estava disposta a desembolsar de cara.

Havia uma segunda condição: a Globo exigia participar da *programação do calendário*, segundo os critérios comerciais que norteiam qualquer atividade privada. Aqui a coisa ficava ainda mais complicada, porque, até então, tudo o que envolvesse a determinação de datas e horários de jogos era de competência da CBF, que não pretendia facilitar minimamente a vida dos clubes. Comprar essa briga e sair por cima não seria das menores vitórias do Clube dos Treze.

Arrecadado, com sobras, o primeiro milhão, Areias e Grellet foram atrás de patrocínios propriamente ditos, isto é, de empresas dispostas, não a *vender* publicidade, mas a *comprá-la*. No princípio, cogitaram de convencer um único grande patrocinador, que teria o monopólio dos espaços publicitários. Chegaram a pensar no Açúcar União, por mera questão de homonímia — a competição, afinal de contas, chamava-se Copa União —, mas a empresa ainda estava ressabiada com o investimento desastroso na Copersucar, a escuderia de Fórmula 1 que os irmãos Fittipaldi fundaram em 1974. Foram, então, bater à porta da Coca-Cola.

A Coca-Cola do Brasil era presidida por um argentino, o sr. Jorge Dante Giganti. Embora estrangeiro, Giganti percebeu de cara a importância de associar a imagem da companhia a um produto genuinamente nacional, como o futebol. Não que isso fosse novidade para a Coca. Nos anos precedentes, a companhia tivera uma sacada de gênio ao adaptar ao gosto de cada freguesia o comercial clássico de 1980, em que o defensor Joe Greene, dos Pittsburgh Steelers, abre um sorriso depois de ganhar uma coca do garotinho que o interpela na entrada do vestiário ("*I just want you to know I think you're the best ever*").[243] Dois anos depois, a empresa lançou campanhas virtualmente idênticas com Zico, no Brasil[244], e Maradona, na Argentina[245]. Pois, em meados de 1987, a conveniência de insistir nessa associação com a essência nacional era coisa que saltava aos olhos de qualquer executivo sensato: naqueles meses, a rival Pepsi-Cola desenvolvia, no mercado brasileiro, uma campanha construída em torno dos artistas estrangeiros Tina Turner e Rod Stewart (que, ainda por cima, já ofendera suficientemente os brios nacionais ao surrupiar a parte mais pegajosa da canção *Taj Mahal*, do nosso Jorge Ben, e a usara descaradamente em sua *Da ya think I'm sexy?*).

Saltava aos olhos, mas foram Areias e Grellet que convenceram Giganti. Ali não foi necessária tanta persuasão. A Coca-Cola comprou todos os blocos publicitários que o Clube dos Treze vendia por 1,3 milhões de dólares e ainda botava outros 3 milhões de dólares em dinheiro novo, em contrapartida da publicidade estática nos estádios, do patrocínio nas camisas dos clubes e — detalhe que ainda daria dor de cabeça — do direito de inscrever a sua marca no círculo central do meio-campo.

O contrato com a Globo assinou-se a 4 de setembro de 1987 — no mesmo dia em que, em Brasília, o Presidente José Sarney anunciava ao mundo que o Brasil dominava a tecnologia de enriquecimento de urânio, mas que não usaria esse conhecimento para fabricar a bomba atômica. Pois o contrato, voltemos a ele, despertara tanto interesse na Globo que foi assinado pelo dr. Roberto Marinho em pessoa, além, evidentemente, dos representantes dos dezesseis clubes participantes (já se tinham somado à competição o

Coritiba, o Santa Cruz e o Goiás). O principal avalista da ideia era Armando Nogueira, que Areias, em entrevista a este autor, viria a descrever como "um grande benemérito do Clube dos Treze". E Nogueira, como de hábito, foi preciso ao constatar que aquela era "a primeira vez que a televisão e o futebol se casam para valer". Mais adiante, os clubes acordaram a fórmula para dividir os 3,4 milhões de dólares: o montante seria dividido em 14,5 partes; desse total, cada um dos treze receberia uma parte, e Coritiba, Santa Cruz e Goiás, meia parte cada.[246]

O contrato previa a transmissão de três partidas por cada rodada de fim de semana: uma às sextas-feiras, às 21h30 (Areias, que vivera nos EUA em princípios dos anos 80, fora buscar inspiração nos *Monday Night Games* do futebol americano), outra aos sábados, às dezesseis horas, e outra aos domingos, *todos os domingos*, às dezessete horas. Para não afastar o público dos estádios, o jogo a ser transmitido no dia santo era aquele que resultasse de um sorteio ao vivo, poucos minutos antes do início da transmissão. O sorteio acabou sendo uma das marcas daquele campeonato.[247]

As datas aqui não são irrelevantes. Quatro de setembro foi um dia depois das reuniões conduzidas por Eduardo Viana com clubes, CBF e as cinco principais federações, que *pareciam* ter alcançado um entendimento definitivo sobre o Campeonato Brasileiro. E, no entanto, um dia depois, o nosso inefável Nabi Abi Chedid reaparece em público para advertir que ainda tinha poderes para estragar a festa. Segundo *O Globo*, "Nabi deixou claro que é contra o televisionamento das partidas da Copa União, caso [venha] a prejudicar os jogos dos módulos Amarelo, Azul e Branco". "A CBF só confirmará a tabela [divulgada pelo Clube dos Treze]", advertiu, "se não houver prejuízo para os clubes integrantes de todos os módulos".[248] (Ninguém a esta altura sabia, mas Nabi talvez já tivesse na manga aquele regulamento secreto de que tratamos no capítulo anterior, e que estabelecia, entre outras barbaridades, que "não será permitida a transmissão, direta ou por *video-tape*, das partidas do campeonato [...] salvo prévia e expressa autorização da CBF, ressalvados os contratos previamente ajustados e homologados pela CBF.")

A ameaça velada não impediu que tudo corresse como planejado na primeira rodada. Dali a uma semana, o campeonato começou como previsto, com Palmeiras e Cruzeiro enfrentando-se no Pacaembu, numa sexta-feira à noite, com transmissão para todo o país. No sábado, às dezesseis horas, o país viu o Botafogo vencer o Goiás por 1 a 0, no Maracanã (Berg fez o único gol da partida). No domingo, seis partidas realizaram-se, como previsto, às dezessete horas, e o Brasil inteiro viu o Galo massacrar o Santos por 5 a 1.[249] Ninguém tomara nota do palpite azedo de Eduardo Viana, que propusera que os jogos a ser televisionados, aos domingos, começassem às dezoito horas, depois de encerradas as partidas dos módulos Amarelo, Azul e Branco.[250]

A bem da verdade, *ninguém*, não. Na rua da Alfândega, Nabi gostou da ideia, tanto que, na sexta-feira seguinte, baixou a determinação de que *todas* as partidas de domingo, pelo Módulo Verde, começassem às dezoito horas.[251] Na crônica esportiva, houve até quem conjecturasse que, mais do que defender os clubes pequenos, Nabi queria mesmo era "criar todos os embaraços na harmoniosa relação entre os horários das partidas de domingo e a programação da Rede Globo" — e quem sabe, com isso, inviabilizar a Copa União.[252]

De maneira que, no domingo, 20 de setembro, os árbitros escalados estavam instruídos pela CBF a não iniciar os jogos no horário pré-estabelecido, o das dezessete horas. Na Bahia, Arnaldo César Coelho ignorou a determinação, contando, para tanto, com o apoio do presidente da federação local, o sr. Antônio Pithon (de todos, o único realmente alinhado com o Clube dos Treze, naquele momento).[253] Acabou punido com o afastamento do quadro de árbitros[254], o que levou algum tempo e muito esforço para reverter. No Rio, Dulcídio Wanderley Boschilia deixou claro que acataria a determinação da CBF. Por manobra de Eurico Miranda, Boschilia foi *desconvidado*, e no seu lugar o carioca Aloísio Felisberto da Silva deu início a Flamengo x Vasco às dezessete horas, como previsto.[255] Com a exceção dessas duas partidas, todas as demais — Santa Cruz x Coritiba, Grêmio x Cruzeiro e Palmeiras x Santos — começaram apenas às dezoito horas, para prejuízo do público e dos patrocinadores.

Foi nesse contexto que se deu a enésima ameaça de ruptura definitiva entre o Clube dos Treze e a CBF — ameaça debelada, como se viu no capítulo precedente, graças ao esforço de acomodação de Octávio Pinto Guimarães, a 22 de setembro. Aí se decidiu, recorde-se, que a Copa União teria prosseguimento normal, "nos moldes elaborados pelo Clube dos Treze". Como se viu, isso talvez significasse coisas diferentes para os clubes, de um lado, e para a CBF, de outro. Para os primeiros, como se argumentou, isso decerto envolvia, entre outras coisas, abandonar a ideia cretina do cruzamento para definir o campeão brasileiro. A CBF, mais adiante, permitiu-se discordar. Fosse como fosse, o fato é que, a partir dali, ao menos quanto às transmissões televisivas chegou-se a um arranjo mutuamente satisfatório, e a CBF, se não ajudou, ao menos não tornou a atrapalhar: deu-se por satisfeita com a promessa de que Areias e Grellet haviam de ajudá-la a buscar recursos para os demais módulos.[256]

Esta não foi a última batalha que o Clube dos Treze e a Globo tiveram de travar. Como bem demonstraram os debates na Assembleia Nacional Constituinte, o país vivia, ainda, em um estágio pré-capitalista, e conceitos elementares como o de *direito de arena* estavam longe de ser compreendidos e aceitos por todos os atores envolvidos no drama maior do nosso futebol. O assunto só seria regulamentado de maneira satisfatória dali a seis anos, com a Lei nº 8.672, de 1993 (a chamada *Lei Zico*, porque submetida ao Congresso por

Sua Majestade, quando ocupou o cargo de secretário de Desportos da Presidência da República, em 1991). Pois foi só então que se assentou o entendimento, que noutras paragens mais civilizadas era de sentido comum, de que "às entidades de prática desportiva [i.e., aos clubes] pertence o direito de autorizar a fixação, transmissão ou retransmissão da imagem de espetáculo desportivo de que participem" (artigo 24).[257]

Mesmo diante da inexistência do dispositivo legal, já soava absurdo que a CBF se arrogasse o direito de impedir a transmissão de jogos do campeonato, quando os dois clubes envolvidos estavam de pleno acordo. Mas que um *terceiro* clube viesse questionar a liberdade contratual alheia era mais que absurdo: era ridículo, em qualquer circunstância. E, por ser ridículo, nem é preciso muito esforço para adivinhar *qual* clube se aventurou a fazê-lo.

Acertou quem disse o Sport do Recife. Dali a algumas semanas, com a Copa União esquentando e o Módulo Amarelo engrenando, o Sport foi a juízo questionar o direito da Globo de transmitir os jogos dos grandes clubes para Pernambuco. Usava o argumento curiosíssimo, para quem depois sustentaria que verdes e amarelos eram iguais entre si, de que aquilo era "concorrência desleal", na medida em que a exibição de futebol de verdade afastaria o público da Ilha do Retiro. Como a ação foi ajuizada no foro do Recife, não foi difícil encontrar um juiz caseiro que desse uma liminar camarada, proibindo a transmissão dos jogos (esta não será a última vez que juízes caseiros intervirão em nossa história). A Globo prontamente recorreu, e a questão chegou, com rapidez insólita, até o Supremo Tribunal Federal (STF). A 3 de outubro, o ministro Djaci Falcão derrubou a liminar do Sport, e os pernambucanos puderam acompanhar ao vivo e a cores o tetracampeonato do Flamengo.[258]

O contrato com a Coca-Cola também teve lá os seus aspectos pitorescos. Em primeiro lugar, quatro clubes escusaram-se de estampar a marca de refrigerante em suas camisas, embora recebessem a mesma quantia que os outros doze: Flamengo, Corinthians, Internacional e Palmeiras mantiveram os contratos de patrocínio vigentes com, respectivamente, Lubrax, Kalunga, APLUB e Agip. O acordo (aparentemente) não escrito era que, com o vencimento desses contratos, todos os clubes migrariam para a Coca-Cola. Quando da assinatura do contrato, ninguém podia prevê-lo, mas, para tristeza da Coca e de Giganti, a final da Copa União haveria de disputar-se justamente entre dois daqueles quatro clubes: o Flamengo e o Internacional.

Não é que a Coca-Cola tenha sido defraudada. A exposição que obteve, ao inscrever a sua logomarca nas camisas dos outros doze clubes e em tudo o mais que dissesse respeito à Copa União, foi julgada suficientemente vantajosa — não fosse assim, a companhia não teria mantido tratativas com o Clube dos Treze até, pelo menos, setembro de 1988.[259] Mas essa relação também teve lá os seus sobressaltos. Para começo de conversa, segundo a versão de Juca Kfouri, o contrato de patrocínio deveria, sim, ter englobado quinze dos dezesseis clubes (a única exceção seria o Flamengo). Na undécima hora, Vicente Matheus, do Corinthians, voltou atrás sob a alegação de que "o que é bom para o São Paulo não pode ser bom para o Corinthians".[260] João Henrique Areias explica que ainda havia ressentimentos profundos entre os dois clubes pela divisão das receitas de transmissão da final do Campeonato Paulista.[261] Para além disso, o próprio Matheus justificou seu comportamento, na ocasião, com um agravo absolutamente irrelevante, à luz de tudo o que estava em jogo: "Aqui se diz que todo o mundo é amigo, mas o São Paulo não quis ceder o meia Renatinho para nós."[262] Diante disso, é lícito supor que foi a exceção aberta ao Corinthians que permitiu ao Palmeiras e ao Internacional manter os seus contratos com os patrocinadores anteriores.

O outro percalço foi ainda mais pitoresco. Deu-se na cerimônia de assinatura do contrato definitivo entre a Coca-Cola e o Clube dos Treze, no Mofarrej Sheraton Hotel, em São Paulo, a 9 de outubro. Segundo relata Kfouri, Jorge Giganti tinha voo marcado para Atlanta dentro de poucas horas, e lá, na sede global da Coca-Cola, exporia o seu *case* triunfal: *como comprei o futebol brasileiro*. No apagar das luzes, eis que o presidente do Grêmio, o corretíssimo Paulo Odone, pede a palavra para compartilhar uma dificuldade imprevista: não tinha lido a letra miúda do contrato e agora se dava conta de que por ele o Grêmio se comprometia a estampar, em sua camisa, a marca da Coca-Cola em fundo *vermelho* — justamente a cor do rival de toda a vida, o Internacional. Quando o conselho do Grêmio percebesse, seria caso, no mínimo, para destituição do presidente. Explica que não pode assinar, e Giganti, apavorado com a perspectiva de perder o voo, assume um compromisso que, a rigor, não tinha autoridade para firmar: na camisa do Grêmio, e apenas na do Grêmio, a publicidade seria exibida em fundo *preto*. Em 99 anos de existência da Coca-Cola, nunca se vira tamanho desrespeito às normas estabelecidas de identidade visual da marca. Mas eram os custos imprevistos de fazer negócios no Brasil. (Giganti depois explicaria ao *board* que aquilo provavelmente tinha sido um erro na hora de imprimir os negativos, que era coisa à toa e facilmente corrigível. Nunca se corrigiu e, com a porteira aberta, depois o Coritiba, o Santos e o Botafogo exigiram idêntico tratamento.)[263]

Houve um terceiro sobressalto. Como se antecipou acima, o contrato firmado previa que a Coca-Cola teria direito a expor a sua logomarca *no círculo central do meio-campo*, nas partidas da Copa União. Aquilo não era exatamente inédito: aparentemente, a companhia vinha fazendo o mesmo nos jogos do Campeonato Mexicano desde 1986. Mas o México é uma nação perfeitamente periférica no universo do futebol, e ninguém fora dali prestava atenção àquele exotismo asteca. No Brasil, era precedente grave, e a FIFA, quando viu, não gostou — e encrencou com brasileiros e mexicanos.[264]

A 11 de outubro, a logomarca da Coca-Cola de fato apareceu no meio do campo do Gigante da Beira-Rio, e ainda por cima num Grenal, para maior divulgação. A mesma coisa deu-se no Morumbi, onde o São Paulo foi derrotado pelo Botafogo. O campo sagrado do Maracanã foi poupado de tamanha profanação, mas dali a uma semana a marca também estava estampada no Mineirão, no jogo mais importante da rodada, em que o Galo se classificou para as finais ao bater o Fluminense por 3 a 1.

A 14 de outubro, a FIFA resolveu tomar satisfações com a CBF, e o fez por meio de um telex assinado por um tal Joseph Blatter, um nome que ainda não tinha o condão de provocar-nos violentas reações estomacais. No telex, Blatter chamava a atenção para a carta circular nº 383, dirigida pela FIFA a todas as associações nacionais em 26 de março, pela qual estabelecia que "toda publicidade está proibida no recinto do campo de jogo, [tal como] definido nas regras do jogo: as balizas, as redes, as bandeiras de córner e, com maior razão, o campo de jogo [sic]". A CBF imediatamente notificou as federações para que "tomem as providências cabíveis".[265]

Por alguns dias, o Clube dos Treze brincou com a ideia de pintar a logomarca *dentro do gol*, isto é, naquele espaço retangular entre o trecho da linha de fundo delimitado pelas duas traves e os pontos onde a rede do gol toca a grama.[266] Era pura malandragem, quase uma aplicação jocosa da lei, já que as sacrossantas *Laws of the Game* definem o "campo de jogo" apenas como o espaço "retangular delimitado por linhas" (lei nº 1). No final das contas, prevaleceu a prudência, fortalecida pela crença de que, por trás das ameaças, estava ninguém menos que João Havelange, interessado em desacreditar ainda mais Octávio e Nabi para favorecer as aspirações de seu genro Ricardo Teixeira.[267]

A Coca-Cola chegou a ameaçar com a redução dos desembolsos, que afinal a exibição da logomarca no gramado estava expressamente prevista no contrato assinado com o Clube dos Treze.[268] Também na multinacional prevaleceu o desejo de contemporizar. A 11 de novembro, a companhia anunciou que pagaria todo o valor do patrocínio acordado. Em contrapartida, os doze clubes que exibiam a marca na camisa estenderiam a prática até o final dos estaduais de 1988.[269] A Copa União, afinal, já era um sucesso, e à Coca-Cola convinha preservar, no imaginário do torcedor, a associação entre a sua marca e o futebol renascente.

A Coca-Cola teria, ainda, um quarto contratempo, este quase anedótico. Exatamente como se deu no caso das transmissões televisivas, também aqui quem ficou de fora não gostou de ver os grandes clubes enriquecerem. Concretamente, um clube do Módulo Amarelo desandou a questionar o direito de uma companhia privada assinar contratos publicitários com os parceiros também privados que ela houvesse por bem escolher. Na cabeça dos dirigentes desse clube, patrocinar uns clubes em detrimento de outros era comportamento semelhante ao de "receptador de produto roubado".²⁷⁰ Pelo que há de tortuoso no raciocínio, nem é preciso muito esforço para adivinhar onde se gestavam incongruências tamanhas: Praça da Bandeira, s/nº, Recife, Pernambuco, sede do Sport Club do Recife.

Trinta anos depois, este episódio integra a mitologia que se foi tecendo, na Ilha do Retiro, sobre uma resistência heroica do Sport aos desmandos egoístas do Clube dos Treze (instituição que o próprio Sport viria a integrar, quando lhe conveio e quando os demais condescenderam em aceitá-lo, a partir de 9 de junho de 1997). A 19 de novembro de 1987, o pitoresco presidente do Sport, o sr. Homero Lacerda, apareceu na *Folha de São Paulo* para dali anunciar que "a comunidade rubro-negra [sic] está revoltada com a Coca-Cola, que ao lado da TV Globo vem patrocinando os desmandos perpetrados pelo Clube dos Treze". Mas a mesma reportagem esclarece que o seu ressentimento tinha, no fundo, uma causa muito mais paroquial: o que doía no Sport não era que o Flamengo ou o Corinthians recebessem US$ 296 mil da multinacional; era que o *Santa Cruz* recebesse US$ 148 mil. "Estão patrocinando nosso adversário e fomos colocados de lado", reclamava, choroso, o indômito Lacerda.²⁷¹

O que se seguiu foi uma dessas cruzadas inconsequentes bem ao gosto pernambucano. O furioso Homero mandou botar à beira do campo uma placa de publicidade onde se lia: "Rubro-negro, *não* beba Coca-Cola". O clube ainda se ofereceu para assinar contrato de patrocínio com a rival Pepsi-Cola, mas aparentemente não logrou sensibilizar a companhia para as excelências de sua marca.²⁷² Na fantástica versão de Lacerda, a Coca-Cola acabou despachando para o Recife um executivo "dos Estados Unidos" para acertar a compensação devida pelos malfeitos cometidos ("uma compensação muito grande"). Muito contrito e penalizado, o tal executivo teria acordado o fornecimento de quantidades infinitas de refrigerante ao Sport, "durante quatro anos, *sem pagar*". Na matemática de Lacerda, "eu sei que o patrocínio do Sport foi muito maior do que o do Flamengo".²⁷³

Em 1994, o Sport passaria a estampar a marca da Coca-Cola em sua camisa. Aparentemente, no entanto, nada disso — nem o patrocínio, nem a *compensação* — logrou apear a Coca-Cola do papel de grande vilão que ocupa na narrativa canônica que se construiu na Ilha do Retiro. Vinte anos depois, em entrevista ao *Diário de Pernambuco*, o mesmo Homero Lacerda acusaria a Coca-Cola de ser a grande responsável pelo fato de os clubes da Copa União se recusarem a disputar o cruzamento com os do Módulo Amarelo, tudo por mesquinhas considerações financeiras:

> Tentaram burlar o regulamento por causa de interesses financeiros. Havia um contrato milionário com a Coca-Cola, a empresa que patrocinou a Copa União pensando que era o Campeonato Brasileiro. Os que ficaram no Módulo Amarelo não receberam o dinheiro *e não poderiam jogar o quadrangular decisivo porque estariam rompendo o contrato*. Era

> *obrigado que o nome da Coca-Cola estivesse em todas as camisas das equipes da Copa União.*[274] [Grifos do autor.]

Ao contrário do que bosteja Lacerda, e como já se demonstrou aqui, quatro dos dezesseis participantes da Copa União não ostentavam em suas camisas a logomarca da Coca-Cola. E foram justamente dois desses quatro, o Flamengo e o Internacional, que fizeram a finalíssima do torneio — e que teriam disputado o tal quadrangular final, caso tivessem condescendido a tanto.

Talvez a Coca-Cola quisesse punir era o Flamengo.

Globo e Coca-Cola foram mais que patrocinadores: pela força das duas marcas, foram quase fiadores do sucesso da Copa União. Mas houve outros parceiros importantes. Entre eles, um se destaca, não exatamente pelos valores empenhados no projeto, mas pelo capital simbólico que lhe emprestou. Trata-se da editora Abril, que publicava a revista *Placar*, naquela época o mais influente veículo de comunicação do Brasil, quando o assunto em pauta era futebol.

Como já se terá demonstrado nestas páginas, o editor da *Placar*, Juca Kfouri, foi um dos principais porta-vozes do movimento pela refundação do futebol brasileiro, que finalmente haveria de estruturar-se no Clube dos Treze. Mas a militância de Kfouri era anterior: datava de pelo menos 1985, quando a *Placar* se notabilizou por denunciar os desmandos, falcatruas e imoralidades nas federações estaduais[275] e passou a defender o estabelecimento de um Campeonato Brasileiro em moldes racionais, exatamente como se deu com a Copa União. Por tudo isso, o apoio da Abril e da *Placar* transcendia, e muito, os recursos numerários que investiu.

Não que estes tenham sido de todo irrelevantes. Não foram. Em parceria com o Clube dos Treze, a Abril lançou o álbum de figurinhas da Copa União. Talvez, hoje, esteja além da capacidade de compreensão dos mais jovens a importância simbólica de um álbum de figurinhas de futebol nos anos 80. Não havia, claro, sites de clubes na Internet, pela simples razão de que a Internet era ainda um projeto rudimentar, de que tinham conhecimento apenas um punhado de militares e pesquisadores americanos. De maneira que o álbum de figurinhas era o único recurso de que dispunham os torcedores em geral, e as crianças em particular, para conhecer o rosto de cada um dos atletas de cada um dos clubes participantes. E o álbum da Copa União foi um sucesso estrondoso, e ainda hoje é objeto de desejo de colecionadores nos Mercados Livres da vida. Em uma semana, vendeu 180 mil exemplares. Até o fim do ano, vendeu 480 mil, mais de 20 milhões de pacotinhos de figurinhas. Para além disso, foi o primeiro a pagar aos jogadores a quantia que lhes era devida a título de direito de imagem.[276]

Outra contribuição da Abril e da *Placar* foi o troféu a ser oferecido ao clube campeão: a Copa União propriamente dita. Foi obra do artista plástico Carlos Fajardo, que buscou uma ruptura deliberada com os troféus que se usavam na época, cada vez mais elaborados e pesados, o que tornava dificílimo o gesto belliniano de erguê-los em triunfo às mãos ambas. Não assim a Copa União: seu desenho vagamente helênico, com pilastras banhadas em prata a erguer uma esfera de mármore negro, tinha o propósito específico de facilitar o gesto clássico do capitão vencedor.

Independentemente do que se fizesse com os outros troféus em disputa — o troféu João Havelange, a Taça das Bolinhas —, a ideia era que a Copa União, como o campeonato que ela premiava, viesse para ficar: sua posse definitiva seria da equipe que primeiro a conquistasse por três vezes consecutivas ou cinco alternadas.[277] Infelizmente, no ano seguinte os clubes deram para trás, permitiram novamente o inchaço e a esculhambação do campeonato, e a Abril e a *Placar* não quiseram coonestar uma continuidade que só existia no nome de fantasia surrupiado pela CBF, que organizou ela própria a segunda Copa União. Juca Kfouri mandou recolher o troféu e escondeu-o por dois anos. Em 6 de fevereiro de 1990, entregou-o ao jogador que, por sua dignidade, encarnou como ninguém as esperanças depositadas naquela revolução inacabada: Arthur Antunes Coimbra.[278] Décadas depois, Zico ainda faz graça com toda a polêmica em torno da Taça das Bolinhas: para Sua Majestade, o assunto tem pouca importância, porque "a *Taça da Bolona* está lá em casa".[279]

De um ponto de vista logístico, a principal dificuldade de organizar um Campeonato Brasileiro sempre foi o transporte das delegações em um país-continente. Já o dissera João Havelange lá atrás, ao explicar por que um Campeonato Nacional só foi surgir em 1967. Nos próximos vinte anos, eram essas dificuldades, somadas aos imperativos políticos dos governos de turno, que forçaram o estado nacional a financiar, por meio da Loteria Esportiva, uma empreitada privada como era, ou deveria ser, o Campeonato Brasileiro.

Quando, em julho de 1987, Octávio Pinto Guimarães sobe à ribalta para anunciar que a CBF não tem condições de organizar o campeonato, são sobretudo os gastos de transporte aéreo que ele tem em mente. Um mês e meio depois, quando a CBF e o Clube dos Treze anunciavam datas e tabelas distintas para o campeonato, não é um detalhe menor que Nabi Abi Chedid se tenha referido a "PTAs e passagens providenciadas" para mostrar que falava sério.[280]

Em um campeonato que se pretendia autossuficiente, era evidente que essa farra com o dinheiro público tinha que acabar. De maneira que equacionar a questão do transporte das delegações foi dos primeiros desafios de Areias e Grellet. Tanto era assim que um acordo com a Varig foi anunciado no mesmo dia em que se firmou o contrato com a Globo.

Pelo arranjo, em troca da publicidade, a companhia aérea rio-grandense emitiu a um preço promocional (com desconto de 50%) as passagens de todas as delegações, 22 pessoas por delegação, ao longo de todo o campeonato. Já na cerimônia de lançamento da Copa União, no Hotel Transamérica, em São Paulo, o diretor comercial da Varig, o sr. Carlos Heckmann, fez entrega ao Clube dos Treze de *vouchers* para 4.666 passagens.[281]

Por fim, o último contrato digno de nota, nesta recapitulação que se pretendia breve, foi aquele firmado com a Dover, fabricante de plásticos e adesivos do Rio de Janeiro, para a produção de *memorabilia* dos clubes participantes. O que importa, aqui, não são os valores envolvidos, mas o processo de *aprendizado* que o contrato ensejou. Por incrível que possa soar, hoje, àquela altura quase nenhum dos clubes tinha registrado suas marcas e símbolos no Instituto Nacional da Propriedade Industrial (INPI). Pois a Dover contratou um advogado especializado, o dr. Pedro Behring, para efetuar os registros apropriados e brigar com as empresas (Areias cita a indústria de calçados Fighter) que usavam aqueles símbolos sem pagar um tostão aos clubes.[282]

Amadorismo demais? Pois Areias conta uma última história que ilustra bem como tudo aquilo era novidade em 1987. A certa altura, a Dover pediu autorização para produzir material promocional com os mascotes dos clubes. João Henrique Areias pede aos clubes que lhe submetam os modelos a ser usados, para registro no INPI. E o que recebeu foi absolutamente desalentador: o Botafogo submeteu um desenho do Pato Donald, o Palmeiras, um do Zé Carioca, o Bahia, um do Super Homem, e assim por diante. Ou seja: em cada um dos casos, estava configurada a violação de direitos autorais de terceiros, da Disney, da DC Comics ou de quem fosse. (Areias afirma que o Flamengo submeteu o Popeye, mas aí já há de ser liberdade poética: dois anos antes, o publicitário Rogério Steinberg — cujo pioneirismo o próprio Areias nunca deixou de reconhecer — já promovera a substituição do marujo pelo urubu.)

Uma vez mais, Areias fez o trabalho pedagógico de explicar à cartolagem cabocla como essas coisas se faziam no mundo civilizado. A Dover contratou o Ziraldo para produzir mascotes alternativos, e daí saíram o Manequinho a balançar as vergonhas diminutas, no caso do Botafogo; um papagaio genérico no caso do Palmeiras; um super-herói de uniforme azul e capa vermelha, com um *pega-rapaz* de um parecido suspeitíssimo com o de Mr. Kent, mas com a bandeira da Bahia no peito, etc. etc. Em alguns casos, os clubes ainda hoje usam estes mascotes da lavra do Ziraldo.[283]

Valeu a pena todo aquele investimento? O fato de estarmos aqui, ainda hoje, a discutir a Copa União de 1987, com referências obrigatórias à Globo, à Coca-Cola, à Varig, à *Placar* e à Dover, talvez já seja resposta bastante. Afinal de contas, ninguém, salvo os obsessivos, há de lembrar-se de que o SBT firmou com a CBF um contrato para transmitir o Módulo Amarelo, cuja audiência há de ter sido muitíssimo inferior à do Chaves, então como hoje o que de melhor se exibia no canal do Sílvio Santos. E ninguém jamais dedicou atenção semelhante aos aspectos organizacionais do campeonato de 1986, 1988 ou 2003 (o primeiro dos pontos corridos).

A Coca-Cola, em especial, logrou apor a sua logomarca de forma indelével na memória afetiva daquela geração. E isso transcendeu em muito a Copa União: quando vem à mente a recordação do gol espírita de Cocada, e do bicampeonato do grande Vasco da Gama de 1988; quando se recorda o negão Nílson decidindo o Grenal do Século; ou o habilidoso Bobô a fazer do Bahia o primeiro clube nordestino campeão do Brasil; quando evoca a imagem de Maurício pondo fim a 21 anos de jejum botafoguense; ou de Mário Tilico a dar o primeiro passo na caminhada que faria do São Paulo de Telê Santana o campeão do mundo — quando vai remoer as suas memórias mais caras, o torcedor que era criança em 1987 mais cedo ou mais tarde acaba visualizando, também, as curvas e voltinhas que soletram Coca-Cola.

No mais, os resultados comerciais da Copa União talvez tenham ficado aquém do que se esperava no início, quando se sonhava com médias de público de 35 mil pessoas. Isso há de creditar-se ao muito de improvisação com que os clubes se lançaram àquele desafio completamente novo de gerir um campeonato — e as más campanhas do Vasco da Gama e, sobretudo, do Corinthians tampouco ajudaram nesse sentido. Ainda assim, com todos os tropeços, a média de público daquele ano, de 20.877 torcedores pagantes, foi a terceira maior da história (perde apenas para os campeonatos de 1983 e 1969), e *nunca mais foi alcançada*: dez anos depois, andou pela casa das 10 mil pessoas, e o máximo a que se pôde chegar, de 1988 em diante, foram os 17.807 de 2009, o ano do hexacampeonato do Flamengo.[284]

Mas o público pagante, como Areias advertia desde o princípio, era apenas parte da história. Em meio a tudo o mais que houve de revolucionário em 1987, este dado não é menor: com a Copa União, os clubes convenceram-se da importância das receitas de transmissão para manter-se em atividade. E Celso Grellet, no balanço que fez do fim do campeonato, citou um número que ilustra bem o salto qualitativo que se deu naquele ano: somadas receitas de bilheteria e de transmissão, a renda auferida pelos clubes era equivalente à que teriam alcançado com um público médio de 41 mil pessoas, caso não dispusessem de outras fontes de renda.[285] Pode parecer pouco, como de fato eram modestíssimos os valores envolvidos, pelos padrões de hoje. Mas o essencial foi que começou ali, com Areias e Grellet a pedir franciscanos 70 mil dólares por jogo, o processo que desaguaria nos valores multimilionários que se praticam hoje.

V
O MAIOR CAMPEONATO DE TODOS

"Deixou chegar, fodeu."
Sabedoria popular

"Foi o grande campeonato que eu cobri na minha vida. Tinha ali um frescor novo: o frescor da democracia." A confissão é de Juca Kfouri[286], que tem lá o seu quinhão de campeonatos cobertos. Em duração e no número de jogos, foi o segundo menor Campeonato Brasileiro de todos os tempos: 93 dias (contra 91 da Taça de Prata de 1970) e 126 partidas (contra 117 do Robertão de 1967). Em emoção, foi dos maiores, porque ali só havia a elite do futebol brasileiro, quase todos os jogos eram clássicos e todos eram decisivos. Em significado histórico, foi o maior, por todas as razões já elencadas.

Foi também, como já se assinalou, a terceira maior média de público, 20.877 por partida. Com isso, ficou atrás apenas das edições de 1983 (22.953) e 1969 (22.067). É bastante para os padrões de hoje, mas admitamos que foi pouco para tamanha expectativa (às vésperas da rodada inaugural, Carlos Miguel Aidar estimava uma média de 45 mil torcedores).[287] Encerrado o certame, as razões alegadas iam do televisionamento às más campanhas do Corinthians e do Vasco da Gama. O campeão, o Flamengo, arrastou detrás de seu Manto 47.610 torcedores por jogo. É menos que a sua média de 1980 (66.507, a maior da história da competição), 1982 (62.436) e 1983 (59.332), mas é maior que a do penta, em 1992 (42.922), e a do hexa, em 2009 (41.553). E é maior do que a média registrada por qualquer clube desde então: depois do próprio Flamengo, em 1992, quem chega mais perto é o Atlético, em 1999, com 42.322.[288]

Como se viu, custou uma enormidade até a bola rolar. Por dois meses, o Clube dos Treze brigou com a CBF, as federações e os clubes pequenos, e ainda teve de viabilizar a competição sob os aspectos econômico e técnico. Do primeiro tratou-se no capítulo precedente. Quanto ao segundo, os clubes encarregaram o matemático Oswald de Souza de elaborar a fórmula e a tabela do campeonato. Era um nome conhecido dos brasileiros: todo domingo, ouvíamos no Fantástico a sua estimativa de quantas pessoas se tornaram milionárias com a Loteria Esportiva, diante dos resultados da rodada.

E o homem da Loteca montou um campeonato em que os dezesseis times se dividiam em dois grupos de oito. No primeiro turno, os do grupo A jogavam contra os do grupo B, e o melhor de cada grupo classificava-se para as semifinais. No segundo turno, os times jogavam contra os adversários de seu próprio grupo, e novamente os campeões de cada grupo estavam classificados — com um senão: se o mesmo time ganhasse os dois turnos, em qualquer dos grupos, classificava-se o segundo colocado do mesmo grupo no segundo turno (não do cômputo geral). No mais, a fórmula visava a garantir o "equilíbrio técnico e financeiro" da competição. A cada rodada, haveria dois jogos no Rio, dois em São Paulo, um em Belo Horizonte e um em Porto Alegre.[289]

Depois de tanto esforço e tanta discussão, na última hora, no dia 11 de setembro, João Saldanha confessava a sua incredulidade, o seu cansaço e o seu alívio diante da perspectiva de a bola rolar: "Talvez tenha jogo e talvez não tenha. Que se danem por algum tempo. Só sei e garanto que o Vasco não vai jogar contra o Sobradinho, nem o Palmeiras jogará contra o Arapiraca como no tempo do general da época."[290] Em *O Globo*, Henrique Lago expressava o mesmo alívio, mas em um tom muito mais otimista: "Chegou a hora de discutir apenas futebol."[291] Na *Placar*, Juca Kfouri recordava que ainda havia muito o que acertar — a CBF encrencava com o televisionamento, e ainda havia o maldito regulamento —, mas mesmo assim festejava: "A bola, enfim, rolou de norte a sul. E como rolou bem! Nenhum 0 a 0, nenhum empate, vinte gols em oito jogos, média de 2,5 gols por partida."[292]

Igual alívio deviam sentir os 22 jogadores de Palmeiras e Cruzeiro, que não entravam em campo, oficialmente, havia dezenove (Palmeiras) e quarenta dias (Cruzeiro). O Palmeiras completava o 11° ano de um jejum que duraria dezessete. No ano anterior, o torcedor palestrino amargara, talvez, a pior decepção de sua história, ao perder o Campeonato Paulista para a modesta Inter de Limeira. Diante da aflição da torcida, que até então era a segunda de São Paulo e a terceira do Brasil (empatada com a do Vasco)[293], a diretoria gastava para manter e aprimorar o time. Sua estrela era o camisa 10, Edu Manga, que depois havia de desaparecer nesse deserto futebolístico que é o México. Mas perdera o centroavante Mirandinha, vendido ao Newcastle depois de participar do caça-níqueis que Nabi armara para a Seleção em maio. Com dinheiro em caixa, o presidente Nelson Duque tentou trazer Luís Carlos Winck (Internacional), Washington e Romerito (Fluminense). Teve de contentar-se com o ponta-direita Tato, da Inter de Limeira, carrasco da final de 1986, e com o que já havia no Parque Antárctica — casos do ex-tricolor Delei, do volante Gérson Caçapa e de uma senhora promessa debaixo do arco: Armelino Donizetti Quagliatto, Zetti.

Do outro lado, o Cruzeiro vinha de um título mineiro, que em Minas a aritmética do cara-ou-coroa não permitia jejuns como o do Palmeiras. Mas daí a dizer que estivesse acostumado a erguer troféus ia uma distância muito grande. Iam longe os tempos de Tostão e os tempos de Nelinho, e dos últimos dez campeonatos o Cruzeiro ganhara apenas dois. Fora hexa-vice do Galo, entre 1978 e 1983, e o seu único outro título dessa amarga travessia, o de 1984, ainda estava no tapetão, por uma forçação de barra euriquiana dos dirigentes atleticanos.[294]

Segundo a *Placar*, era um time "com menos estrelas que as cinco de sua camisa".[295] No gol postava-se Wallinston Moreira Gomes, envergando a mítica camisa amarela que fora de Raul Guilherme Plassmann. Talvez tenha tido, em 1987, o melhor ano de sua carreira. Depois disso, a imagem que guardamos dele é a do goleiro que sofreu o gol antológico do saudoso cracaço Dener, num Portuguesa x Santos de 1993. Mais adiante, havia um meio-campo de respeito, com os volantes Douglas e Ademir e o meia Hamilton de Souza, o *outro* Careca, camisa 10 da grande seleção olímpica de 1988. Contratação de peso houve apenas uma, que correspondeu acima das expectativas: o já veterano (para os padrões da época) centroavante Cláudio Adão, 32 anos, que um dia fora apontado como o sucessor de Pelé no Santos e que, juntamente com Raul Plassmann e Paulo César Carpegiani, ajudou a transformar em realidade a grande promessa que era o Flamengo de 1978.

Nenhum dos dois começava como favorito, e o futebol que mostraram naquela noite não autorizou ninguém a sonhar. Mas aquele era um campeonato parelho, o mais parelho de todos, e cada rodada oferecia a oportunidade de superar o tropeço da semana anterior. O Palmeiras demorou mais a engrenar, mas mesmo assim, ao longo do primeiro turno, obteve vitórias contra o São Paulo (2 x 1) e o Vasco da Gama (1 x 0). No segundo turno, depois da derrota para o Flamengo na quarta rodada (0 x 2), desandou a ganhar do Grêmio (2 x 1) e do Botafogo (1 x 0) e chegou à última rodada com chances de classificação para as fases finais. Jogaria contra o Atlético, no Mineirão, mas de olho no Flamengo, no Maracanã.

Já o Cruzeiro não foi propriamente mal no primeiro turno. Em uma época onde a vitória valia apenas dois pontos, o Cruzeiro venceu uma única vez, contra o Bahia, na terceira rodada (2 x 1). Mas também não perdeu mais, tirando o jogo de estreia. Foram, ao todo, seis empates, inclusive com o arquirrival Atlético (0 x 0). Para o segundo turno, o time tinha dois recursos quase infalíveis. O primeiro era místico: já para a estreia contra o Internacional, ressuscitaram-se as célebres camisas brancas que, em 1966, botaram na roda o Santos de Pelé. Claro que, vinte anos antes, dentro delas havia craques como Tostão, Dirceu Lopes e Wilson Piazza. Em 1987 havia Cláudio Adão. No primeiro turno marcara apenas dois golzinhos contra Bahia e Corinthians. No segundo, ambos — Cláudio Adão e a camisa branca — começaram arrebentando: 3 x 0 (dois de Adão) no Internacional, que até ali só levara dois gols. De azul, o time atropelou o Vasco (3 x 0, um de Cláudio Adão). De branco, empatou com o Fluminense (1 x 1, gol de Adão) e massacrou o Coritiba no sul (de novo 3 x 0, com mais um de Adão). Provavelmente de azul, segurou o vice-líder São Paulo no Mineirão, 0 x 0, na antepenúltima rodada, diante de 87 mil torcedores. Na penúltima, talvez porque jogasse novamente de azul, padeceu para ganhar do modesto Goiás com um escasso golzinho de

Heriberto aos 40 do segundo tempo. Na reta final, o time, que chegou a ser a sensação do segundo turno, parecia estar desacelerando, enquanto o São Paulo estava em ascensão. Mas não havia de ser nada. Decidiria a vaga contra o Santos, no Pacaembu. De branco. Como em 1966.

Se favoritos havia, um deles figurava em dez entre dez listas de apostas. Era o São Paulo, campeão vigente, que havia duas semanas confirmara seu poderio ao sagrar-se campeão paulista diante do Corinthians (na primeira partida das finais, num desses gols inesquecíveis, o ponteiro esquerdo Edivaldo entraria para a nossa memória afetiva *e auditiva*, graças ao eco na narração de Luciano do Valle). Entre um título e outro, houvera o vexame do Projeto Tóquio, interrompido já na primeira fase da Libertadores. O time não engrenou, a torcida não compareceu e o São Paulo foi o último de seu grupo, atrás dos chilenos Cobreloa e Colo Colo e do nosso Guarani de Campinas.

A parte da torcida não chegava a surpreender: Gilmar Rinaldi, em entrevista a este autor, recordou que "a torcida do São Paulo a gente sabe que é uma torcida de final". Não o disse com mágoa ("quem controla o público é o artista") e até pareceu dar-lhe razão. Afinal de contas, um torcedor exigente percebe quando as coisas estão malparadas. Não sendo rubro-negro, atleticano ou corintiano, ele dificilmente terá a pretensão de ser o décimo segundo jogador, quando os onze não resolvem. E, sempre segundo o goleiro, "o Projeto Tóquio foi muito mal feito, [foi] mais propaganda que realidade". Pior: o fracasso "dividiu muito o time".[296]

Em meio às agruras da Libertadores, o time sofreu duas baixas. A primeira, irreparável: a 12 de maio, o centroavante Careca assinou contrato com o Napoli de Maradona. Jogaria no Morumbi até fins de junho para, depois disso, disputar com Marco van Basten, na Serie A, o posto de melhor atacante do mundo. E nem se diga que era só uma peça, embora importante, de um conjunto muito mais amplo: até ali, Careca e Müller faziam uma dessas duplas em que o resultado final era superior ao valor individual de cada uma das partes (como Washington e Assis, no Fluminense, ou Bebeto e Romário, dali a alguns anos, pela Seleção). Entre 1985 e 1987, o São Paulo dava-se ao luxo de ter não um, mas dois atacantes disputando a artilharia de cada campeonato.

Na mesma semana em que se desfez de Careca, o São Paulo demitiu o técnico Pepe, que aparentemente era muito querido pelos jogadores (que só se referiam a ele como "seu Pepe"). Em seu lugar, trouxe da Ponte Preta o gordo Cilinho. Não era um desconhecido do elenco e da torcida: fora Cilinho quem, em 1984, começara a montar o esquadrão que iria frutificar em 1986. Em sua primeira passagem pelo Morumbi, Cilinho desfez-se de medalhões consagrados com o bicampeonato de 1980-1981 — Waldir Peres, Éverton, Getúlio,

Zé Sérgio, Renato Pé Murcho — para promover a ascensão de uma leva excepcional de jovens talentos, entre os quais se destacavam o próprio Müller, o meia armador Silas e o ponta-esquerda Sidney. Àquele time, campeão de 1986, haveriam de somar-se, agora, o atacante Lê, da Inter de Limeira, e duas jovens promessas que, dali a alguns anos, haviam de dividir entre si quase todo o afeto da torcida paulista: os armadores Raí (comprado ao Botafogo de Ribeirão Preto) e Neto (tomado de empréstimo ao Guarani). (O último quase não jogou, às voltas com problemas de peso e de disciplina.)

Só que, desta vez, não houve boa química entre o elenco e o treinador. O primeiro a ressentir-se da falta de diálogo foi o grande capitão Oscar, titular da Seleção nas Copas de 1978 e 1982, mas cujo futebol já murchava a olhos vistos: convocado em 1986, acabara na reserva de Júlio César; de volta da Copa, terminou o Brasileiro no banco. Fato é que, se Gilmar Rinaldi hoje admite que o time estava rachado, Cilinho chegou ao mesmo diagnóstico depois de uma sequência de nove jogos sem vitória (seis deles sob seu comando), no primeiro semestre. Correta ou incorretamente, concluiu que Oscar exercia sobre seus companheiros uma "liderança negativa" e afastou-o da equipe. Oscar saiu batendo a porta: rescindiu seu contrato e acusou Cilinho de ser um "destruidor de ídolos", que já escanteara Falcão em sua primeira passagem pelo Morumbi e agora queria dispensar tratamento semelhante a Gilmar Rinaldi, Darío Pereyra e Wagner Basílio.[297]

Dos três, Gilmar foi o único que sobreviveu à segunda gestão de Cilinho. Wagner acabou vendido ao Sport ainda em 1987, e o uruguaio Darío Pereyra, dali a um ano, teria uma passagem *sin pena ni gloria* pelo Flamengo. Mas o camisa 1 também sofreu. Na estreia da Copa União, fez uma partida perfeita, fechando o arco contra o Flamengo (recebeu nota dez da *Placar*, uma honraria raríssima). De nada adiantou: já na terceira rodada, ele cedia o lugar ao chileno Roberto Rojas, recém-contratado ao Colo Colo, que encantara os cartolas são-paulinos durante a Libertadores. Gilmar só voltaria ao time na reta final, para as partidas contra o Fluminense, Cruzeiro, Vasco da Gama e Internacional.

Como Gilmar, o time começara muito bem, ao bater o Flamengo. Com 18 minutos de jogo, Müller já fizera dois gols. De nada adiantou o espírito de luta de Renato Gaúcho. Com Gilmar debaixo das traves, e com o time muito mais bem postado, o São Paulo deu até olé, dentro do Maracanã. Para *Placar*, o time são-paulino "mostrou que é mesmo o melhor do Brasil".[298]

Ocorre que, a despeito da técnica superior, aquele time já vinha numa curva descendente desde a Libertadores, e nunca mais exibiu a mesma forma. Müller ainda faria três gols contra o Santa Cruz na terceira rodada. Apesar disso, no que restou do primeiro turno, o São Paulo amargou derrotas para o Palmeiras (1 x 2), Atlético (0 x 1), Botafogo (0 x 2) e Grêmio (0 x 1).

O negócio era começar do zero no segundo turno e, na primeira partida, o São Paulo parecia finalmente ter engrenado: passou com facilidade pelo Santos, no Morumbi (3 x 1). Depois disso, bateu o Goiás (2 x 0), num jogo em que Raí marcou seu primeiro gol com a camisa tricolor. Em seguida, o time tropeçou no Coritiba (2 x 3), impôs-se, em casa, diante do Fluminense (2 x 0) e segurou um empate sem gols contra o Cruzeiro, no Mineirão (0 x 0). Não era de todo um mau resultado, tendo em vista que o Cruzeiro, a esta altura, se acostumara a golear e pintava como um dos favoritos ao título. Mas exatamente por isso o São Paulo deveria ter aproveitado a oportunidade de reduzir a diferença de pontos. Na rodada seguinte, enquanto o Cruzeiro sofria para bater o Goiás, o São Paulo produzia uma virada heroica sobre o Vasco da Gama, no Maracanã (2 x 1), com dois gols de Müller, o último aos 40 do segundo tempo. Com Müller isolado na artilharia, o São Paulo chegava à última rodada precisando bater, em casa, o Internacional e torcendo para que o Santos arrancasse pelo menos um pontinho do Cruzeiro, no Pacaembu.

Se o que contava era o retrospecto recente, o Vasco da Gama seria, talvez, o segundo nas listas de apostas. Era menos badalado que o São Paulo, isso é inegável, mas havia um mês se sagrara campeão carioca, numa época em que o Campeonato do Rio era quase tão importante quanto o Nacional. Mas o time perdera Dunga e Tita, vendidos, respectivamente, ao Pisa e ao Bayer Leverkusen, e com isso estava desfeito o grande meio-campo montado no princípio do ano.

Por ali, ainda havia Geovani, com a camisa 8, em grande fase técnica. Para a *Placar*, o armador vivia "a melhor fase de sua carreira"[299] (a melhor fase até ali: a revista, evidentemente, não tinha condições de adivinhar a enormidade que Geovani jogaria em 1988). Não haverá exagero em afirmar que o meia foi o melhor jogador da reta final do Campeonato Carioca, verdadeiro ponto de equilíbrio da equipe, com seus lançamentos primorosos e sua capacidade de organizar o jogo. Mas era psicologicamente instável, e nem a *Placar* nem os adversários podiam suspeitar quantas prevenções o jogador despertou contra si, em São Januário, ao afirmar à imprensa, no finzinho do estadual, que jogaria "até no Flamengo", caso a diretoria não lhe oferecesse um novo contrato à altura de seu futebol. Em setembro de 1987, havia quem acreditasse que, por essa declaração e por outras malcriações, já não havia mais espaço para Geovani em São Januário. Quando, no comecinho da Copa União, o Vasco foi contratar o armador Osvaldo Vital (campeão do mundo pelo Grêmio, em 1983), houve quem dissesse que ele vinha para substituir o temperamental camisa 8.[300]

Feitas essas ressalvas, o time ainda inspirava muito respeito. Basta dizer que ali estavam, não apenas o artilheiro, mas também o vice-artilheiro do Campeonato Carioca (respectivamente, Romário, com dezesseis gols, e Roberto Dinamite, com quinze). Havia ainda Mauricinho que, no entanto, foi irregularíssimo ao longo do certame (o dirigente vascaíno

Sérgio Frias disse a este autor, sem elaborar, que o ponta padeceu de problemas físicos e emocionais). E havia uma defesa de primeiro nível, com Acácio no gol, Paulo Roberto e Mazinho nas laterais, Fernando e Donato no miolo da zaga.

O time começou muito bem, goleando o Bahia na Fonte Nova, por 3 a 0 (os três de Romário). Mas foi murchando à medida que o primeiro turno progredia, e os substitutos de Dunga e Tita — Henrique e Luís Carlos — não correspondiam às expectativas. Pior: já na segunda rodada, o imprevisível Geovani foi expulso depois de agredir brutalmente o zagueiro Edinho, do Flamengo. Edinho teve afundamento do osso malar, ficou seis rodadas de molho e não se contentou com as eventuais punições disciplinares impostas pela Justiça desportiva: a 24 de setembro, compareceu à 18ª Delegacia de Polícia, na Praça da Bandeira, para pedir a abertura de inquérito contra o armador vascaíno, por lesões corporais. A 8 de outubro, o próprio Geovani passou pelo vexame de ir à delegacia prestar depoimento. A 14 de outubro, o Tribunal Especial da CBF suspendeu-o por trinta dias. Geovani desfalcou o time contra o Santa Cruz (0 x 0), Fluminense (0 x 2) e Cruzeiro (0 x 3).

A 31 de outubro, Eurico Miranda foi à Justiça comum e obteve liminar que deu condições de jogo a Geovani contra o Internacional (vitória do Vasco por 1 a 0). Com isso, o dirigente vascaíno rompia, uma vez mais, os consensos alcançados a duras penas no Clube dos Treze: desde o princípio do campeonato, havia um acordo de cavalheiros contra a propositura de ações na Justiça comum.[301] A medida cautelar foi derrubada, Geovani não pôde jogar contra o fraquíssimo Santos, e o time não saiu do empate em 0 x 0. Eurico Miranda não se deu por vencido e conseguiu uma segunda liminar, na Justiça do Trabalho, e Geovani jogou contra o Coritiba (3 x 2), São Paulo (1 x 2) e Goiás (2 x 2).

Entre as muitas agruras enfrentadas por aquele Vasco da Gama, há quatro que merecem registro à parte. Em primeiro lugar, foi o time que mais fez gols contra. Foram nada menos que quatro, dois de Paulo Roberto (nos jogos contra o Atlético, derrota por 1 a 2, e Corinthians, vitória por 4 a 1), um de Moroni (na derrota de 3 a 0 para o Cruzeiro) e um de Donato (na vitória de 3 a 2 sobre o Coritiba).

Em segundo lugar, a grande referência do time, o atacante Roberto Dinamite, jogou um campeonato muito abaixo das expectativas. Tratando-se, como se trata, de um dos maiores artilheiros de todos os tempos, é preciso relativizar: Dinamite fez seis gols ao longo do certame, um a mais do que Zico (que, no entanto, jogou menos partidas) e o mesmo número que Bebeto. Mas desandou a perder pênaltis e irritar a torcida: desperdiçou cobranças contra o Fluminense (0 x 2) e São Paulo (1 x 2). Antes disso, pela primeira vez em sua carreira, foi substituído por deficiência técnica, na derrota contra o Cruzeiro. Pela ousadia, o técnico Lazaroni levou uma descompostura pública de Eurico Miranda, que não podia saber, àquela altura, que o ídolo de então seria seu inimigo político vinte anos depois.[302]

Em terceiro lugar, o ambiente entre os jogadores, que já não era lá grandes coisas durante o Carioca, azedou de vez com a má campanha. A 2 de novembro de 1987, a *Placar* traçou um panorama da atmosfera em São Januário: trairagem, ciúmes, indisciplina e a proliferação de panelinhas — de um lado, os ex-gremistas Luís Carlos, Osvaldo e Paulo Roberto; de outro, Acácio e Fernando; num terceiro, Mauricinho, Geovani e Romário.[303]

Por fim, ali onde reinava a indisciplina, Romário era imperador. A mesma reportagem da *Placar* dá conta dos frequentes atrasos do camisa 11 aos treinamentos — tão frequentes que o armador Luís Carlos, que ia ser substituído em um coletivo, conseguiu dissuadir o técnico Lazaroni com uma interrogação singela: "Por que eu, se nunca chego atrasado?" (a acreditar na versão, Lazaroni manteve Luís Carlos e tirou Romário). Na mesma linha, *O Globo* registra que, nos treinos, Romário era "sempre o último a chegar e o primeiro a deixar o campo".[304] E, aparentemente, quando treinava, fazia-o com displicência e visível descaso.[305] Resultado de tanto desinteresse, o atacante também primou pela irregularidade: começou o torneio fazendo três gols, logo de cara, contra o Bahia para depois passar cinco jogos em branco; voltou a marcar três contra o Corinthians e novamente ficou cinco jogos sem ir às redes; quando, na antepenúltima rodada, fez mais um golzinho contra o Coritiba, a torcida vascaína explodiu no corinho irônico: "glória, glória, aleluia, Romário fez um gol!"[306]

A esta altura, o time já estava eliminado da competição: dera adeus a qualquer pretensão ao título na rodada anterior, no empate em 0 a 0 com o Santos. Graças à eliminação e ao fraco futebol apresentado, o último gol de Romário na temporada foi presenciado por apenas 2.058 testemunhas pagantes. No Maracanã. Foi o segundo menor público da competição[307], digno do Módulo Amarelo.

O Grêmio vinha de mais um campeonato gaúcho, o terceiro em sequência. Nos próximos três anos, ganharia outros três. Era, inegavelmente, o grande time do sul do país, e isso desde que Ênio Andrade começara a montar, em 1981, o esquadrão que seria campeão do mundo em 1983. A esta altura, já restavam poucos dos mundialistas no Olímpico. Havia Mazarópi no gol, Casemiro em uma das laterais e China na cabeça de área. E só. Renato Portaluppi, agora Renato Gaúcho, era do Flamengo desde janeiro; Paulo Roberto e Osvaldo jogavam no Vasco; Tita voltara ao Flamengo, andou pelo Inter, foi campeão com o Vasco e agora jogava na Alemanha.

Em compensação, lá estava Paulo Bonamigo com a 10, o jogador que, para a torcida, personalizava as virtudes gremistas. Era raçudo e habilidoso e, segundo conta, pautava-se por uma frase que vira estampada na parede do vestiário do Olímpico, ao lá desembarcar em 1977: "Ganhar ou perder é do jogo, mas suar a camisa tricolor é obrigação".[308] Havia um grande zagueiro chileno de nome Astengo, que dali a dois anos cobriria seu nome de infâmia ao capitanear, junto com o são-paulino Roberto Rojas, o *escândalo da fogueteira* no Maracanã. Havia o centroavante Lima, um dos heróis do estadual, e no meio-campo estavam Cristóvão Borges e Cuca, ponta-de-lança habilidoso que um dia eliminaria o Flamengo em pleno Maracanã, no Brasileiro de 1988. E havia Valdo, para muitos o melhor jogador do Brasil, o craque em torno do qual, na opinião de boa parte da crítica, deveria estruturar-se a Seleção Brasileira do futuro.[309] O técnico era um ainda desconhecido Luiz Felipe Scolari, antigo beque de roça do Caxias do Sul que ganhava, no Grêmio, a primeira oportunidade de testar, diante do grande público, conceitos como o seguinte: "A defesa não deve exibir grandes virtudes técnicas. Isso, no meu time, aparece do meio para a frente."[310]

A final do Campeonato Gaúcho foi um desses jogos épicos, um dos maiores Grenais de todos os tempos. Já aos dois do primeiro tempo um jogador saíra de maca, o zagueiro colorado Pinga, com os ligamentos de um joelho estourados. Aos 18 minutos, o Grêmio já vencia por 3 a 0, com dois de Lima e um de Jorge Veras. Dois desses gols tinham surgido da pura clarividência de Valdo. Aos 18 do segundo, o Inter reduzira para 3 a 2 e jogava no abafa, mas, no final, Bonamigo, Cristóvão e Valdo tornaram a controlar o jogo com a superior habilidade gremista.

Mas o time vinha de um forte abalo emocional: passada a conquista do tri, o Grêmio foi ganhar uns tostões com uma excursão caça-níqueis na Europa, e em uma das escalas, em Berna, quatro de seus jogadores foram presos e denunciados por estupro com violência presumida. Segundo a versão que circulou na época, os jogadores mantiveram relações consensuais com menor incapaz e depois foram acusados pelo namorado da moça.[311] João Saldanha, que tinha bons amigos e boas fontes no Olímpico, contava uma versão diferente: os rapazes foram vítimas da chantagem de um gigolô, golpe conhecido em que já tinham caído atletas do Flamengo, Vasco da Gama, Botafogo e da própria Seleção Brasileira.[312]

Apesar do contratempo amargo, o time não fez feio no primeiro turno. Longe disso: teve apenas o azar de cair no grupo do Atlético, que estava sobrando na fase classificatória. Nessa fase, o Grêmio perdeu apenas um jogo, contra o Santos, no Pacaembu (0 x 1). Das outras oito partidas, ganhou cinco: bateu o Coritiba no Couto Pereira, na rodada inaugural, por 1 a 0; ganhou, no Olímpico, do Vasco (1 x 0), do Goiás (4 x 0) e do São Paulo (1 x 0); e ainda bateu o Internacional no Beira-Rio por 1 a 0. Encerrado o turno, o Grêmio esbanjava confiança e uma única coisa era capaz de tirar Scolari e seus jogadores do sério: o time pontuou mais que o rival Internacional, mas quem se classificou para as finais foi o inimigo, porque os demais times de seu grupo pontuaram ainda menos.[313]

A autoconfiança gremista não resistiu a três tropeços nas três primeiras rodadas do segundo turno. O time começou empatando, no Olímpico, com o poderoso Atlético em 0 a 0, para depois arrancar um empate em 1 a 1 do Flamengo, no Maracanã. Tomados isoladamente, eram resultados normais a serem até mesmo festejados. Mas foram fatais para as pretensões do time, se somados à catastrófica derrota por 2 a 0 para o Botafogo, no Olímpico, na rodada seguinte. O ambiente entre os jogadores azedou e o centroavante Lima, com escassos dois gols no certame, acabou tornando-se o bode expiatório.

Em um primeiro momento, os detratores de Lima preferiam não chamá-lo pelo nome. A certa altura, o capitão Casemiro veio a público dizer que "tem uma batata podre dentro deste saco". Dali a pouco, foi Alfinete quem reclamou que "não adianta nada dez puxarem para um lado, se um puxa para o outro". Finalmente, do alto de sua autoridade, Bonamigo deu nome aos bois e contornos táticos à questão: "[Lima] recua, sai da área e ficamos sem opção de lançamento". Foi o bastante para Scolari botar no banco o seu centroavante e escalar Cuca no comando do ataque.

Mas, ao menos pelo que se depreende da imprensa, nem todas as restrições a Lima eram técnicas. O jornalista Paulo Sant'Anna, da *Zero Hora*, observou que aquele era um grupo onde campeava a inveja, e que o mesmo plantel já forçara a saída de Renato Portaluppi por não tolerar o seu salário elevado e o seu estilo de vida de ostentação. Em meio a tudo isso, houve lances cômicos, como Lima a queixar-se publicamente de que um colega "casado" andava comendo a sua empregada doméstica.[314]

A partir da derrota para o Botafogo, o time nunca mais se recuperou. Chegou a bater o Bahia (2 x 0) na rodada seguinte, e o fraquíssimo Corinthians (1 x 0) na rodada final, mas amargou derrotas para Palmeiras (1 x 2) e Santa Cruz (1 x 2) e teve de assistir às finais pela televisão. Pior: tinha de secar o rival de toda a vida, que pontuara menos no primeiro turno, menos no segundo e pontuaria menos em toda a competição — embora tenha disputado quatro jogos a mais que o Grêmio.[315]

O Internacional começou a Copa União sem o mesmo cartaz do Grêmio, porque tinha um time inegavelmente mais limitado. A bem da verdade, estrela mesmo tinha uma só: Cláudio André Mergen Taffarel, que ao longo do ano confirmaria a sua condição de maior goleiro do Brasil e, no ano seguinte, se tornaria ídolo nacional ao defender três pênaltis contra a Alemanha Ocidental de Klinsmann, nas Olimpíadas de Seul (um no tempo normal, dois na disputa de tiros livres).

O resto do time era esforçado, que não se concebia nada menos que entrega total de uma equipe dirigida por Ênio Andrade. Esse espírito de luta transparecia até nos treinamentos puxados e ilustrava-se à perfeição na máxima de Ênio: "recreativo é treino de vagabundo."[316] Na lateral direita estava Luís Carlos Winck, que aos seus inegáveis dotes técnicos aliava um notável espírito de liderança ("prego o inconformismo: ninguém pode nos derrotar na marra").[317] Havia o habilidoso Luís Fernando Flores a ditar o ritmo no meio-

-campo. É o mesmo Luís Fernando que, dali a dois anos, se daria ao luxo de marcar um gol de bicicleta em uma semifinal de Libertadores contra o Olimpia, no Defensores del Chaco, e que brilharia no belo time do Cruzeiro que arrebatou a Supercopa dos Campeões da Libertadores em 1992, com Renato Gaúcho à frente e Paulo Roberto na lateral. Também no meio-campo, havia o chute forte, os lançamentos e a ponderação de Gilberto Costa, um dos *meninos da Vila* de 1978, recentemente comprado à Internacional de Limeira. Gilberto Costa também era líder do grupo, mas com um estilo diferente do de Luís Carlos Winck: "eu falo para as cabeças [...]; Luís Carlos apela para o coração".[318] E havia um centroavante trombador, desses que fazem sucesso no Rio Grande, mas com nome de craque: Amarildo.

Mas, acima de tudo, o time contava com a experiência e a estrela de Ênio Andrade, que até ali era o técnico mais vencedor da história do Campeonato Brasileiro (vencera três vezes: em 1979, com o próprio Internacional, em 1981, com o Grêmio, e em 1985, com o Coritiba). Era um técnico matreiro, que gostava de jogar com o regulamento debaixo do braço, ganhava quando precisava e perdia quando podia. E o seu Inter começou arrasador, atropelando o Santa Cruz por 4 a 0 (três de Amarildo). Empatou em 0 a 0 com Atlético e Botafogo para depois ganhar com folga do Flamengo e do Palmeiras, com o mesmo placar: 2 x 0. Até ali, não tinha sofrido nenhum gol e tinha gordura para queimar.

O time começou a desandar justamente no Grenal da penúltima rodada. Não apenas sofreu seu primeiro gol do certame, numa falha bisonha de Taffarel, como perdeu o maestro Luís Fernando, que, contundido, só voltaria ao time nas semifinais. Na última rodada do turno, perdeu de novo do Corinthians, que não ganhava de ninguém, e só se classificou porque o Atlético despachou o Fluminense, no Mineirão. Daí em diante, o time perdeu mais três em sequência, perfazendo cinco derrotas seguidas: Cruzeiro (0 x 3), Fluminense (0 x 1) e Vasco (0 x 1). No que restou do segundo turno, houve apenas uma vitória, contra o fraquíssimo Santos: 2 a 0, os dois gols de Amarildo, que só então voltava a marcar. O time empatou com os convidados Goiás e Coritiba, nos dois casos por 0 a 0, e entrava na última rodada como coadjuvante, diante de um São Paulo que precisava vencer. Para piorar, depois do jogo contra o Coritiba, perdera Gilberto Costa, que teria de operar o joelho e não jogaria mais naquela temporada.

Mas restava a estrela de Ênio Andrade.

O Fluminense mantinha a base da equipe que conquistara o tricampeonato carioca de 1983-1984-1985 e o Brasileiro de 1984. Daquele esquadrão, faltavam Branco (vendido ao Brescia) e Delei (vendido ao Palmeiras). Mas o resto permanecia o mesmo, ou quase: Paulo Victor (ou Ricardo Cruz), Aldo, Duílio (ou Vica), Ricardo Gomes (substituído com frequência por Alexandre Torres, filho de Carlos Alberto Torres) e Eduardo Cachaça; Jandir (ou Edson Souza), Leomir e Assis; Romerito, Washington e Tato (ou Paulinho). Nenhuma grande estrela, mas um conjunto muito acima da média e com ambições de título.

No banco estava José Luiz Carbone, ex-volante do Inter do comecinho dos anos 70 e treinador do primeiro título do tricampeonato tricolor, em 1983. Ao longo da campanha, sua maior contribuição foram os cardápios sem graça que inventava às vésperas de cada partida para motivar a própria torcida e irritar os adversários (coisas como "coxa de galo no boteco do Andrade", para o Fla-Flu, ou "bacalhau à italiana temperado pelo mestre Lazaroni", para o clássico com o Vasco).[319]

Pela consistência que esse time adquirira de 1983 em diante, era tido como um dos favoritos no início da competição. Era essa a opinião, por exemplo, de Luiz Felipe Scolari[320], e era esse o ânimo de Carbone, que afirmava que o tricolor entrava na Copa União para ganhar.[321] E a ameaça chegou a ser verossímil, ao menos no primeiro turno. Até a antepenúltima rodada, o tricolor foi dos times mais consistentes da competição, com vitórias sobre Corinthians (1 x 0), Palmeiras (2 x 0) e Flamengo (1 x 0) e empates com Botafogo (1 x 1) e Grêmio (0 x 0). Só que, na sexta rodada, o time empatou com o Santa Cruz no Arruda (1 x 1).

A diretoria não gostou e fez cobranças públicas aos atletas. O resultado foi catastrófico: na penúltima rodada, no Maracanã, um time ainda invicto entrou em campo nervoso, errou 53 passes e jamais conseguiu furar a retranca do Bahia, com Washington isolado entre os beques Claudir e Édson Mariano. Para completar a tragédia, aos 41 do segundo tempo, o lateral baiano Zanata bateu uma falta na metade da risca lateral da grande área; a bola cruzou, marota, toda a defesa tricolor para encontrar o centroavante Ronaldo Marques no bico da pequena área; ele subiu sozinho, encobriu Paulo Victor e assinalou Bahia 1 a 0. Na saída do estádio, a torcida increpou meio time, mas muito especialmente Assis e Romerito, que desde maio vinha sendo acusado de "mercenário".[322]

De maneira que, para classificar-se, no primeiro turno, o Fluminense não tinha outro remédio senão bater o temível Atlético, no Mineirão. Carbone saiu-se com uma das suas: disse que ia traçar um "galo com pontas" (o treinador tricolor brincava com a conhecida aversão do treinador atleticano, Telê Santana, aos ponteiros de ofício, e com o fato contraditório de o seu Atlético, agora, jogar com um extrema aberto pela direita). Carbone queimou a língua e, segundo o atleticano Sérgio Araújo, foi o Fluminense quem saiu carbonizado.[323] Assis chegou até a abrir a contagem para os tricolores, aos 24 do primeiro tempo, mas já na saída de bola o Galo arrumou um escanteio do qual redundou o empate, com Batista. Aos 31, Renato Pé Murcho desempatou, depois que Paulo Victor deu um rebote talvez evitável; aos 36 do segundo tempo, Sérgio Araújo disparou em velocidade, como era seu estilo, e foi derrubado na área por um Paulo Victor desesperado; Chiquinho cobrou e ampliou. Foi uma das maiores apresentações daquele Atlético de Telê Santana, e o Fluminense nunca mais jogou o mesmo futebol do início da Copa União.

Para a frustração tricolor, contribuiu e muito uma dose de azar digna do Botafogo. Ao longo da temporada, foram incontáveis os casos de contusões sérias: Tato (fratura alinhada numa perna), Paulo Victor (sutura no rim direito), Aldo, Assis, Jandir, Leomir, Paulo Henrique Andrioli. Também se compute à má sorte o fato de Romerito ter ficado cinco meses sem marcar um golzinho sequer.[324] Fora isso, houve casos de indisciplina, ilustrados à perfeição no episódio em que, na pré-temporada em Nova Frigurgo, três jogadores passaram a noite no xilindró depois de consumir 19 caipirinhas e armar o maior rebu na boate Mirage. (Para *O Globo*, a confusão deu-se por fazerem graça com mulher alheia e grávida.[325] Para a *Placar*, foi por causa de putas mesmo.[326])

E houve, por fim, barbeiragens graves dos dirigentes. A pior delas talvez tenha sido a decisão de fixar os bichos devidos aos jogadores em 25% da renda líquida das partidas. Isso funcionaria muito bem em um clube de grande e fiel torcida, mas no Fluminense a aritmética foi catastrófica. Quem o denunciou foi Carbone: "Como a torcida não compareceu, as gratificações simplesmente não existiram. A rigor, houve apenas uma: 18 mil cruzados pela vitória no Flamengo." Segundo o técnico, esse fator, mais do que qualquer outro, arruinou a motivação do elenco[327] (falando pelos jogadores, Vica discordou[328]).

Por todos esses fatores, o Fluminense foi bastante irregular no segundo turno. Computou vitórias contra um par de grandes clubes — Vasco da Gama (2 x 0) e Internacional (1 x 0) — e contra o Goiás (1 x 0); perdeu do São Paulo (0 x 2); empatou com o Cruzeiro em um jogo difícil (1 x 1), repetiu o resultado com o Santos (1 x 1) e chegou à última rodada com chances remotas de classificação: precisava ganhar e dependia de São Paulo e Cruzeiro perderem pontos. Nem foi preciso esperar os adversários: o Fluminense perdeu para o Coritiba, no Couto Pereira, por 1 a 2 e deu adeus à competição.

Em 1988, com um time já bastante modificado — saíram Paulo Victor, Ricardo Gomes, Assis e Paulinho —, o Fluminense ainda faria uma boa campanha no Brasileiro, chegando à semifinal, depois de eliminar o favorito Vasco da Gama. Mas, pelo terceiro ano consecutivo, terminava a temporada sem ganhar nada. Poucos ali suspeitavam, mas o clube já tinha ingressado na fase mais negra de sua história.[329]

Botafogo e Santos viviam agonias semelhantes: nos dois casos, a miséria presente era agravada pelo contraste com o brilho passado. O Santos ao menos tinha a lembrança próxima do bom time que fora campeão paulista de 1984 e vice-campeão do Brasil de 1983. O Botafogo nem isso: caminhava para completar dezenove anos sem títulos.

Mas o Botafogo ao menos demonstrava vontade de reagir, na tentativa e erro, desde que o bicheiro Emil Pinheiro se tornara o homem forte do clube, em 1986. Para o Carioca de

1987, Emil já tinha trazido, com recursos próprios, o zagueiro Wilson Gottardo (do Náutico), o atacante Mazolinha (do Rio Branco capixaba) e o volante Vítor (do Vasco, mas campeão do mundo com o Flamengo, em 1981). Por lá já andavam o craque Josimar, o cabeça de área Luisinho Quintanilha e o ponta-direita Maurício. O leitor atento já terá percebido que começava a formar-se aí um elenco especial, com nomes que haverão de ecoar para todo o sempre na história do clube de General Severiano (ou de Marechal Hermes, onde o Botafogo estava exilado desde 1978).

Para o começo da Copa União, vieram ainda o armador Carlos Alberto Santos (outro nome que fará história, juntamente com os que aqui se elencaram), o zagueiro Vágner (do Palmeiras) e o grande goleiro uruguaio Fernando Álvez (titular da Celeste nas Copas de 1986 e 1990). O ídolo da torcida não era nenhum desses, mas o armador amazonense Ninimberg dos Santos Guerra, ou Berg, um jogador habilidoso que, infelizmente, partiu para melhor com apenas 33 anos de idade. No meio do campeonato, veio juntar-se ao plantel o outrora grande ponteiro esquerdo Éder Aleixo. Vinha — ironia das ironias — do Sport do Recife, mas recusava-se a jogar pelo clube pernambucano por uma razão muito simples: conforme explicou *O Globo*, "Éder está em litígio com o Sport, pois não aceita disputar os jogos do Módulo Amarelo, alegando que são da *segunda divisão*".[330] Éder não jogava havia dois meses, estava dois quilos acima do peso e já chegou avisando: não abria mão de beber sua cerveja e de frequentar a *night* carioca.[331]

Nome por nome, o Botafogo era superior ao Santos, e os resultados dos dois times refletiram essa realidade. Do time campeão paulista de 1984 só restavam na Vila Belmiro o goleirão uruguaio Rodolfo Rodríguez e o quarto zagueiro Toninho Carlos. (Aliás, "Vila Belmiro" vai aí por força do hábito: construído em cima de um areal, o péssimo gramado do estádio Urbano Caldeira vivia em reformas e o Santos mandava os seus jogos no Pacaembu, a 80 quilômetros de casa.)[332] No mais, o time dependia quase que exclusivamente da habilidade de Mendonça, que um dia se tornara ídolo botafoguense por dois cortes que deu no cracaço rubro-negro Júnior, no Campeonato Brasileiro de 1981. Fora ele, havia um menino de nome César Sampaio despontando no meio-campo. Fora trazido por Lima, o grande curinga dos anos dourados do Santos, e já chegara a impressionar positivamente ninguém menos que Clodoaldo, que jogara com a mesma camisa 5.[333] Mas ninguém ali podia imaginar que aquele garoto, que não era nenhum gênio da bola, acabaria imortalizado por marcar o gol inaugural de uma Copa do Mundo, dali a onze anos.

Os dois clubes mostraram a que vinham já na primeira rodada. O Botafogo ao bater o esforçado Goiás por um esquálido 1 a 0, com a discrição que marcaria toda a sua participação no certame. O time aspirava, quando muito, a um papel secundário, mas decoroso. Já o Santos começou fazendo-se golear pelo Atlético por impiedosos 5 a 1. O Botafogo foi um adversário difícil para todos os que o enfrentaram: atrapalhou e muito os planos de São Paulo e Grêmio ao derrotá-los fora de casa, nos dois casos por 2 a 0. De resto ninguém, fora o Bahia, na última rodada, conseguiu fazer-lhe mais de um gol. Já o Santos teve apenas duas vitórias em toda a competição, contra o Grêmio e o Coritiba.

Em resumo, o Botafogo foi apenas um coadjuvante na competição, e o Santos nem isso. Para o folclore, o Botafogo deu ao menos uma pequena contribuição: após a derrota para o Flamengo (0 x 1), o zagueiro Vágner teve de cortar o vistoso bigode que ostentava havia mais de dez anos, resultado de uma aposta inconsequente que fizera com o barbudo centroavante rubro-negro Kita.[334] O Santos deixou apenas a imagem solitária de Rodolfo Rodríguez a operar milagres debaixo do arco. Foi tantas vezes eleito o melhor em campo que havia quem o considerasse o melhor goleiro do mundo, e ele próprio não sabia mais "o que fazer com tanto rádio".[335] (Na época, o Motoradio era o prêmio habitualmente oferecido ao melhor jogador em campo. No Rio, o pior ganhava uma noite na fictícia *Pensão da Cremilda*.)

No mais, Botafogo e Santos eram dois clubes que lambiam as próprias feridas à espera de dias melhores. Sem um bicheiro que o sustentasse, o Santos rolava dívidas e contava com a generosidade esporádica de Pelé. E não eram dívidas irrisórias: em fins de outubro, elas ascendiam a 34 milhões de cruzados (R$ 2,45 milhões em valores de hoje), verdadeira fortuna para a época, com juros que variavam entre 15 e 28% mensais. Nesse contexto, o único objetivo do presidente do clube, Manoel dos Santos Sá, era "não deixar o Santos morrer".[336]

Em contraste, o Botafogo, como se viu, contava com a largueza de seu mecenas-contraventor. E a campanha decorosa da Copa União despertava em dirigentes, jogadores, comissão técnica e torcedores um otimismo cauteloso, a sensação de que o fim do jejum talvez estivesse logo ali.[337] Foi apostando nessa perspectiva que, no começo da temporada seguinte, Emil Pinheiro contratou, numa tacada só, os banguenses Mauro Galvão, Paulinho Criciúma e Marinho, além do centroavante Cláudio Adão, dono de seu próprio passe. Ia demorar mais um ano, mas o time do desafogo estava quase pronto.

Se pode haver heroísmo em vice-campeonato, o Corinthians vinha de produzir um dos raros exemplos disso. O time fizera um primeiro turno catastrófico no Campeonato Paulista: dezenove jogos, nove derrotas, seis empates e apenas quatro vitórias (nenhuma delas em clássicos). Passou quase todo o mês de abril sem vencer, uma sequência de sete jogos que começou com um empate com a Ferroviária (0 x 0) e terminou com outro, com o América de São José do Rio Preto (0 x 0). Entre um e outro, cinco derrotas seguidas e nenhum gol marcado. Encerrado o turno, o time só tinha mais pontos que o Novorizontino e era sério candidato ao rebaixamento.

Para o segundo turno, os cartolas trouxeram o técnico Chico Formiga para o lugar de Basílio, o velho herói de 1977, e o ambiente mudou. Não é que o time não perdesse — ele praticamente só ganhava. Contada a rodada derradeira do primeiro turno, uma vitória por 3 a 0 em cima da Ponte Preta, o Corinthians ficou impressionantes dezenove partidas sem perder. Dessas, saiu vencedor em quinze. Foi derrotado apenas na última rodada, quando já estava classificado para as semifinais, pelo São Bento de Sorocaba. Nas semifinais, passou com folga por um fraquíssimo Santos: 5 a 1 na primeira partida, com quatro gols de Edmar, e 0 a 0 na segunda. Nas finais, não deu vida mole a um São Paulo muitíssimo superior: perdeu a primeira por escassos 2 a 1 e não saiu do 0 a 0 na finalíssima. Surpreendentemente, o time que só perdia terminou o torneio como o que mais vitórias conquistara.[338]

Talvez tenha sido esforço demais para uma equipe tão limitada. Analisando o Corinthians de 1987, o único setor que realmente impressiona é o gol. Ali havia não um, mas dois goleiros de Seleção a disputar a vaga: o titular de 1982, Waldir Peres, e o de 1986, Carlos Roberto Gallo. Da zaga que terminara o Campeonato Paulista, merecem registro apenas Edson Boaro, na lateral direita, e Dida (campeão brasileiro com o Coritiba, em 1985), na esquerda. Mais à frente, havia a raça do histórico Biro-Biro, talvez na melhor fase de sua carreira, e pouco mais (Éverton, que veio do time de medalhões que o Galo armara para 1986, não chegava a ser assim um Rivellino). Na frente, o destaque era o ponta-direita Jorginho Putinatti, menos pelo futebol que jogou no Corinthians e mais pelo fato de que fora ídolo da torcida do arqui-inimigo Palmeiras. Essa particularidade sua, que bem podia ter dado ensejo a gozações com o rival, ainda haveria de provocar-lhe dor de cabeça. No mais, compunham o ataque o centroavante Edmar Bernardes, artilheiro do Campeonato Paulista, e o ponta-esquerda João Paulo (o legítimo, o original, por oposição ao do Guarani), outro dos *meninos da Vila* de 1978. No restante do elenco, surgiam ainda nomes que, nos anos vindouros, haveriam de tornar-se atrações fixas do alvinegro do Parque São Jorge: Marcelo Kiremitdjian na zaga, Márcio Bittencourt e Wilson Mano na cabeça de área e Ronaldo Giovanelli, que então amargava o posto de terceiro goleiro (terá sua chance apenas em fevereiro do ano seguinte; na estreia, defendeu um pênalti num *derby* contra o São Paulo; efetivado no Campeonato Paulista, foi o dono do arco corintiano por dez anos.)[339]

Era, como se vê, um time que estava a anos-luz do São Paulo, do Vasco, do Grêmio ou do Flamengo. Mas, nome por nome, exceção feita a Cláudio Adão, não era assim tão pior que o Cruzeiro. Com esforço e um bom ambiente, podia dar liga. Só que bom ambiente era tudo o que não havia no Corinthians de 1987: a 8 de março, o velho cartola Vicente Matheus voltava à presidência do clube, após derrotar, nas eleições, o então titular do cargo Roberto Pasqua e o opositor Orlando Monteiro Alves (pai de Adílson Monteiro Alves, o da *Democracia Corintiana*). Matheus, ao assumir, acenou com uma "devassa" nas contas de Pasqua.³⁴⁰ Sobre o grupo da *democracia*, disse que eram "muito inteligentes, mas só pensaram em levar vantagem, em enganar o torcedor".³⁴¹ Como costuma acontecer nesses casos, as conturbações políticas acabam envenenando o ambiente dos jogadores. A certa altura, demitiu-se o vice-presidente de futebol, Zezinho Mansur, que tinha bom relacionamento com a equipe. Édson Boaro queixou-se publicamente e foi multado em 40% de seu salário. Houve rumores de insatisfação no elenco pelo atraso no pagamento de bichos devidos no Campeonato Paulista, e a isso se somaram inúmeras indicações de falta de diálogo entre dirigentes e jogadores (segundo o mesmo Boaro, Vicente Matheus "só apareceu quando a situação já estava preta na Copa União").³⁴²

Em circunstâncias assim, a torcida corintiana frequentemente acaba agravando a turbulência, em lugar de apoiar o elenco. O relacionamento entre torcedores e jogadores começou a deteriorar-se já no trágico mês de abril, no Campeonato Paulista, quando Jorginho foi acusado de forçar um cartão vermelho contra o Juventus para não enfrentar o Palmeiras do seu coração, na rodada seguinte (o Corinthians perdeu os dois jogos por 2 a 0).³⁴³ Até o final do ano, as coisas só haveriam de piorar.

Nesse ambiente conturbado, o Corinthians começou o campeonato perdendo para o Fluminense no Pacaembu (0 x 1) e emendou novas derrotas para o Goiás, em casa (0 x 1), e para o Coritiba, fora de casa (1 x 2). Depois de empatar com Santos (0 x 0), com o São Paulo (0 x 0) e com o Cruzeiro (1 x 1), foi goleado pelo Vasco no Maracanã (1 x 4) e só conheceu o gostinho da vitória na última partida do turno, contra o Internacional (1 x 0). A coisa não melhorou no segundo turno: até a quarta rodada, ganhou apenas do Santa Cruz, em casa (2 x 1). Na quinta rodada, pegaria o Atlético, líder da competição e àquela altura favorito ao título, no Pacaembu. Foi quando o caldo entornou.

Na quinta-feira, 12 de novembro de 1987, 20.809 torcedores pagaram ingresso para ver o Corinthians perder de novo. De pouco, que aquele não foi um campeonato de goleadas, mas ainda assim com a mesma impotência de sempre. De nada adiantaram os avisos, veiculados antes do jogo, de que "ou ganha ou apanha".³⁴⁴ Aos 20 do primeiro tempo, Renato Pé Murcho subiu sozinho para completar um cruzamento de Marquinhos Carioca e abriu a contagem para o Galo. Waldir Peres contemplava tudo filosoficamente. Dali a pouco, o zagueiro corintiano Marcelo, em completo impedimento, desperdiçou a chance do empate bem em cima da risca do gol: o atleticano Chiquinho recuperou-se, antecipou-se ao corintiano e jogou a bola para córner. Aos 23 do segundo tempo, o mesmo Marcelo entregou uma bola à toa no pé de Renato, na entrada da área; o centroavante atleticano abriu para Marquinhos Carioca, que cruzou à meia altura para dentro da pequena área; parecia que era de Waldir Peres, mas o mesmo Renato antecipou-se, esticou a perna e botou-a para dentro: Galo 2 x 0.

A partir daí a torcida corintiana, enlouquecida, passou a ameaçar acintosamente os seus jogadores. Das arquibancadas, os mais afoitos forçavam as grades, enquanto outros gritavam o nome de Biro-Biro (o único ali a demonstrar vontade de luta). Aqui e ali, começavam a pipocar brigas entre os torcedores corintianos. Enquanto isso, Marquinhos entra na área corintiana e chuta fraco; Waldir Peres dá um rebote de arqueiro de várzea e Chiquinho, do Atlético, tenta fazer um gol de calcanhar; Édson chuta para longe. Poucos minutos depois, Luizinho puxa o contra-ataque atleticano. Quando Sérgio Araújo entrava na área corintiana pela direita, um torcedor aparece em campo, de surpresa, e dá um soco em Jorginho pelas costas. Dois ou três jogadores perseguiram-no sem muita vontade. Aparentemente, perceberam a tempo que, se o alcançassem e lhe dessem uns cascudos, podiam não sair vivos dali. O delinquente pulou a grade e foi aplaudido pela torcida. Aos 41, o mesmo Jorginho habilita Edmar, que põe a bola debaixo das pernas de Paulo Roberto e desconta: Galo 2 a 1. A torcida do Corinthians vaiou o próprio gol. Terminado o jogo, os atletas corintianos só conseguiram deixar o estádio de camburão, em um caminhão da PM. (Jorginho, que tinha um amor-próprio acima da média, recusou-se a integrar o cortejo e foi para casa de táxi, no peito e na raça. Terminada a temporada, foi jogar no Fluminense.)[345]

Aquele Corinthians ainda teria ocasião de quase atrapalhar os planos do Flamengo, mas pouco mais do que isso. De 1987, a imagem que a torcida prefere guardar é a do time que conseguiu uma classificação improbabilíssima no estadual. Já os adversários preferem a do time que deixou o campo de camburão. E não se esquecerão nunca de que, no primeiro campeonato a disputar-se só com os grandes clubes, depois de dezesseis anos de fórmulas mirabolantes, o Corinthians foi o lanterna. E que, se tivesse valido o acordo alcançado entre o Clube dos Treze e os times pequenos em 8 de setembro, o Corinthians teria sido inapelavelmente rebaixado para a segunda divisão, sem repescagem. Mas esse gostinho os adversários só teriam dali a vinte anos exatos.

Bahia e Coritiba podiam ser coadjuvantes, mas eram os coadjuvantes *óbvios*: era evidente que, em um campeonato com os dezesseis times mais cotados, os dois tinham de estar. Um fora o campeão, contra todas as previsões, havia apenas dois anos. Depois do título nacional, ficou devendo no Campeonato Paranaense de 1985 (foi o terceiro colocado), recuperou-se no seguinte (bateu o extinto Pinheiros nas finais) e, como se viu, fez feio na Copa Brasil de 1986. Não fosse pelo rebu que ele próprio criou junto com o Botafogo, talvez não estivéssemos a contar esta história. Mas, como já se argumentou aqui, para fazer *tabula rasa* e começar do zero um campeonato respeitável, alguma injustiça havia de cometer-se. Premiar o clube que inviabilizara o torneio de 28 clubes não era a pior das injustiças concebíveis, quando esse clube tinha bastantes méritos históricos para estar ali.

A outra evidência era o Bahia. Em 1985, o tricolor baiano foi o melhor da fase classificatória, um ponto à frente do Atlético.[346] Na segunda fase, deu o azar de cair no mesmo grupo do Flamengo e do azarão Brasil de Pelotas e terminou eliminado. Ainda assim, ao término da competição, tinha atraído uma média de 41.497 torcedores para seus jogos na Fonte Nova. Em 1986, a história foi parecida: o Bahia venceu o seu grupo e obteve a maior pontuação entre os grandes, juntamente com o São Paulo e o Atlético. Eliminou o Palmeiras nas oitavas e só foi cair nas quartas de final, após dois jogos difíceis com o Guarani (2 x 2 na Fonte Nova e 0 x 1 no Brinco de Ouro). Terminou a competição em quinto lugar e, desta vez, a sua média de público parecia a do Flamengo, em ano de título: 46.291. E, como se não bastasse, no meio do caminho o time apresentou ao Brasil um armador de nome Bobô, que fez um gol digno de Zico — do Zico pré-Márcio Nunes, do Zico das arrancadas fulminantes — contra o Operário de Várzea Grande.

No que respeita ao Coritiba, é bem verdade que a esta altura, no Alto da Glória, restavam poucos integrantes do surpreendente time de 1985. Ainda estava por lá o grande goleiro Rafael Cammarota, que se tornou ídolo e campeão no Paraná depois de ser escorraçado do Corinthians por bater de frente com os líderes da *Democracia Corintiana*.[347] Em 1987, *São Rafael* ainda sonhava com a Seleção Brasileira. Fora ele, não restava ninguém da defesa titular de 1985. Dos demais, apenas Marildo e Lela ainda envergavam a camisa alviverde. No mais, do meio para a frente atuava um meia-atacante de nome Luís Antônio Fernandes e apelido Tostão. Aos trinta anos, já tinha alguma rodagem — foi mais um dos *meninos da Vila* de 1978, mas deixou o Santos antes de aquele campeonato acabar —, mas ainda marcaria época com a camisa do Coritiba. Em 1989, ao lado de Chicão e de Carlos Alberto Dias, e sob o comando de Edu Coimbra, aquele Tostão levaria o Coxa Branca a um título estadual brilhante, para depois, no Brasileiro, ver o clube ser sumamente sacaneado por Ricardo Teixeira, por correr atrás de liminares *na Justiça desportiva*.[348] (Dias e Chicão terminariam no Botafogo, onde o último ganhou notoriedade ao ser homenageado pela torcida do Flamengo, na reta final do Carioca de 1991, com o corinho de "filho da puta, cabeçudo e orelhão").

Mas estamos em 1987, e aqui Tostão fará dupla é com Mílton de Souza, comprado ao Apucarana. No final das contas, Milton seria uma das revelações daquele campeonato: terminaria convocado para a Seleção em dezembro e integraria o time que ganhou a medalha de prata nas Olimpíadas de Seul, no ano seguinte. No meio do caminho, Milton haveria de fazer o gol mais bonito da Copa União, contra o Corinthians, encobrindo Waldir Peres depois de bater com nojo na bola. Ao lado de Milton, no meio-campo, um velho conhecido nosso: Adílio de Oliveira Gonçalves, tricampeão brasileiro pelo Flamengo, mas escanteado pelo técnico Antônio Lopes durante o Campeonato Carioca ("vai ver ele não esqueceu as vezes que eu ajudei o Flamengo a passar por cima do Vasco", disse conformado, recordando o passado vascaíno do delegado Lopes).[349]

Adílio faria um campeonato discreto e deixaria o Coritiba sem chegar a marcar época. Milton faria as malas em 1988, depois das Olimpíadas, para o Como, da Itália. Rafael ainda jogaria uma temporada mais, para depois apagar-se em clubes de menor expressão (a exceção terá sido o Atlético Paranaense, onde já jogara antes e onde tornaria a jogar em 1990-1991). Das referências de 1987, o único a permanecer por mais tempo foi Tostão. De maneira que, abertos e fechados os parênteses sobre o belo time alviverde de 1989, a conclusão que se impõe é uma só: para falar no Coritiba de 1987, o ponto de referência tem de estar necessariamente no passado, em 1985.

Para o Bahia, em contraste, é preciso olhar para o futuro: mais precisamente para o ano de 1988, quando o tricolor da Boa Terra se tornaria o primeiro (e até hoje único) quadro nordestino a sagrar-se campeão brasileiro.[350] E que diferença faz um ano, neste caso! O time base da Copa União tinha apenas cinco jogadores regulares dos campeões nacionais de 1988: Pereira, Claudir, Bobô, Zé Carlos e Sandro. Vez por outra jogava João Marcelo na zaga e o banco de reservas já lá tinha o goleiro Ronaldo, o armador Osmar, o ponta Marquinhos e o centroavante Charles. (Recordemos: é o mesmo Charles que será cortado da Seleção às vésperas da Copa América de 1989, o que levou a equipe a ser hostilizada pela torcida baiana.) Mas estavam notoriamente ausentes nomes como o lateral-direito Tarantini (o genérico), o esquerdo Paulo Robson e os volantes Gil Sergipano e Paulo Rodrigues. Sem estes dois últimos, mais Charles, seria impossível conceber o Bahia campeão brasileiro de 1988.

O Bahia de 1987 ainda tentou uma cartada extrema para dar consistência ao ataque: foi contratar o veterano Mário Sérgio Pontes de Paiva, então com 37 anos. Para quem não o viu jogar, foi dos mais habilidosos ponteiros que já abrilhantaram o nosso futebol — o que não é pouca coisa, na terra de Garrincha, Julinho Botelho, Júlio César *Uri Geller* e Renato Portaluppi. Em 1983, o Grêmio fora buscá-lo lá na Ponte Preta para disputar exatos 90 minutos de futebol: os 90 minutos mais importantes da história do clube, contra o Hamburgo, pelo Mundial Interclubes. Mário Sérgio arrebentou com os alemães, jogou uma partida de antologia e encantou a todos pela elegância com que dominava e lançava sem nem olhar para a bola. Mas, em 1987, já tinha aturado bastante, talvez demasiado, no futebol, inclusive um rumoroso caso de *doping* em 1984. O resultado é que não teve paciência com as agruras da concentração e as cobranças da torcida e um belo dia pendurou as chuteiras no meio de um jogo contra o Goiás, na Fonte Nova. Esta foi a sua única partida pelo Bahia e pela Copa União.[351]

No final das contas, Bahia e Coritiba não fizeram mais nem menos do que se esperava deles. O Bahia levou bons públicos, inclusive o maior da fase classificatória: 87.876 pagantes (é bem verdade que boa parte deles rubro-negros) para ver Bahia x Flamengo na antepenúltima rodada.[352] Já o Coritiba, como se viu, fez das suas ao tirar dois pontos valiosíssimos do São Paulo, no segundo turno (venceu o jogo por 3 x 2, no Couto Pereira). E foi só. O Bahia terminou a Copa União em 11° lugar, o Coritiba em 12°.

Goiás e Santa Cruz entraram, como se viu, por um critério geográfico. Quando o Clube dos Treze e a CBF se sentaram para negociar, Nabi Abi Chedid cismou que já havia cariocas e paulistas demais na competição e que era preciso democratizá-la. Foi assim que rodaram Guarani e América, e assim que os nossos dois coadjuvantes se viram, de repente, entre os grandes do Brasil. Como qualquer decisão fundamentalmente política, esta era evidentemente contestável. Poder-se-ia alegar que o Ceará, por exemplo, representava estado de peso equivalente a Pernambuco, e ainda por cima terminara a Copa Brasil de 1986 em melhor situação. Ou que, àquela altura, o Vila Nova contava com mais títulos e mais torcida do que o Goiás, se era mesmo o caso de convidar alguém do Brasil central.

Se era contestável, a decisão também era defensável. Para começo de conversa, os dois clubes tinham acabado de sagrar-se campeões estaduais, aliás bicampeões, nos dois casos. Ainda sob um prisma técnico, os dois tinham argumentos ponderáveis em seus respectivos retrospectos no Campeonato Brasileiro. O Santa Cruz era o clube nordestino a fazer melhor figura no Nacional: em 1975, com Givanildo, Nunes, Fumanchu e Ramón, chegou às semifinais depois de eliminar o Flamengo de Zico e Doval. Já o Goiás, em 1983, chegou às quartas de final, eliminando o Corinthians no meio do caminho e fazendo todo o país prestar atenção em um garoto chamado Luvanor (que nunca mais jogaria a mesma bola).[353]

O Goiás já não contava mais com Luvanor: ainda em 1983, o armador envergou a amarelinha no mundial de juniores vencido pelo Brasil, juntamente com futuras estrelas como Bebeto, Geovani e Dunga, e logo depois foi vendido ao Catania, da Itália. Na Serrinha, havia um time modesto, com apenas um nome já relativamente consagrado: Édson Gomes, zagueiro campeão do Brasil pelo Guarani (1978) e Coritiba (1985). No mais, havia alguns nomes que seriam fixos na escalação do time nos anos seguintes: o goleiro Eduardo Heuser (eternizado pelo frangaço que levou na final da Copa do Brasil de 1993, defendendo o Grêmio contra o Cruzeiro), Jorge Batata, Niltinho e, principalmente, Uidemar Pessoa de Oliveira. Ao lado de Milton, do Coritiba, e Leonardo, do Flamengo, Uidemar seria a grande revelação daquele campeonato. Jogaria no Goiás até 1989, quando se transferiu para o Flamengo e ali se tornou ídolo da torcida (era um dos esteios do time pentacampeão do Brasil de 1992).

No Santa Cruz, começava a oficiar de treinador um ex-zagueiro vascaíno de nome Abel Braga. No futuro, ganharia títulos importantes (campeão do mundo com o Internacional, campeão brasileiro com o Fluminense), mas terá a carreira eternamente marcada por ter comandado o Flamengo em um dos maiores vexames de sua história: a derrota para o modestíssimo Santo André, na final da Copa do Brasil de 2004. Fora Abel — não se negue que estas duas palavrinhas vão bem juntas —, havia no Arruda um outro ex-zagueiro vascaíno de nome Ivã Machado, que fora escorraçado de São Januário pelo delegado Antônio Lopes, aparentemente porque se convertera à religião batista e, com isso, "já não batia como antes".[354] De resto, também andavam por lá o goleiro Birigüi (talvez o melhor arqueiro da história do clube), o volante Zé do Carmo (que se tornaria ídolo da torcida vascaína, a partir do ano seguinte), o sindicalista Dadinho, no comando de ataque[355] e, na ponta esquerda, Gilson Gênio, um antigo ídolo da torcida do Fluminense.

No final das contas, nem Goiás nem Santa Cruz fizeram grandes coisas na Copa União. O Santa, ao menos, acabou tendo a sua imagem eternizada, mas pelo que fez como coadjuvante: quis o engenho do matemático Oswald de Souza que o tricolor pernambucano enfrentasse o Flamengo, no Maracanã, na última rodada; e quis o destino que, naquela tarde, Zico resolvesse jogar tudo o que seus detratores diziam que ele não podia mais jogar. Já o Goiás nem isso. Mas a honraria que lhe concedeu o Clube dos Treze não veio sem boas consequências: talvez a escolha fosse apenas um atestado de maturidade do clube goiano, ou talvez os recursos que passou a auferir, como parceiro dos Treze, o tenham distanciado definitivamente de seus rivais locais — o fato é que, dali em diante, já ninguém questionaria que o Goiás Esporte Clube era o maior time de seu estado.

A 7 de agosto de 1987, Telê Santana firmava contrato com o Clube Atlético Mineiro. Seria a sua terceira passagem pela direção técnica do clube, após o período vitorioso de 1970 a 1972 (quando conquistou o Campeonato Nacional, em 1971) e o outro, estéril de títulos, de 1973 a 1975. Desta vez, havia perfeita comunhão de objetivos entre clube e treinador: os dois tinham muito a provar. O Galo vinha de mais uma decepção, na reta final do Campeonato Brasileiro de 1986, ao ser eliminado pelo Guarani nas semifinais. Nas últimas dez edições do torneio, chegara seis vezes às semifinais e fora duas vezes vice-campeão. Título que é bom, nada. Já Telê Santana não era campeão de nada, tirando umas ligas do deserto, desde o título gaúcho de 1977, com o Grêmio. Pior: desde pelo menos a eliminação do Brasil pela França, na Copa do Mundo de 1986, que o treinador carregava a fama de perdedor e pé-frio. De maneira que um e outro não podiam conceber resultado distinto do título da Copa União.

A princípio, essa podia parecer uma tarefa impossível. Nos últimos dez anos, o Galo podia até fracassar nacionalmente, mas não deixava de escalar craques consagrados, nem de cantar em seu terreiro. Em 1987, no entanto, perdera o Campeonato Mineiro para o Cruzeiro, circunstância raríssima naqueles anos 80. E mais: o time de medalhões que disputara a Copa Brasil de 1986 começara a desfazer-se já nas férias de dezembro. João Danado Nunes, aquele mesmo que enterrara o Galo em 1980, saiu de férias para nunca mais voltar: foi jogar no Vitória da Bahia, para depois reaparecer em casa, na Gávea. Também o histórico lateral-direito Nelinho dissera adeus ao Atlético e, no seu caso, ao futebol: eleito deputado estadual em 1986, assumiu o seu mandato parlamentar no princípio de 1987. Nos primeiros meses do ano, também foram embora Edivaldo (para o São Paulo), Éverton (para o Corinthians) e Elzo (para o Benfica). Dos jogadores consagrados, restavam o cracaço Luizinho, sempre soberano na zaga, e os armadores Zenon e Carlos Renato Frederico, vulgo Renato Pé Murcho, ambos campeões brasileiros de 1978, pelo Guarani. Mas Zenon vivia às voltas com contusões, e Renato havia meses que não jogava em sua posição original, deslocado para cobrir buracos na ponta direita ou no comando de ataque.[356]

Por todos esses fatores, a missão de Telê, além de ganhar, era moldar ao seu gosto uma geração de garotos chamados a ocupar, talvez prematuramente, posições de imensa responsabilidade num clube de massa. E Telê, junto com o rubro-negro Carlinhos, era dos melhores nisso. Além de Luizinho, Zenon e Renato, ainda defendia o clube o histórico goleiro João Leite (que amargava, então, a reserva de Pereira). No mais, já havia algum tempo que o ponteiro Sérgio Araújo era mais do que uma promessa. A defesa de 1987 era praticamente a mesma de 1986, com Batista e Luizinho no miolo e Paulo Roberto Prestes na lateral esquerda (para suprir a ausência de Nelinho, o Galo fora buscar o lateral-direito Chiquinho, campeão paulista pelo Santos, em 1984, e então desterrado no Juventus da Moóca). Do meio para a frente é que a coisa apertava: sem Elzo e sem Éverton, e com Zenon mais tempo no estaleiro do que na concentração, foi preciso convocar os meninos, e aí vieram o volante Éder Lopes e os armadores Marquinhos e Vander Luiz. Na frente, Renato continuava a oficiar de centroavante, e para além de Sérgio Araújo, aberto pela direita, Telê terá de aceitar um outro ponteiro pela esquerda: Marco Antônio Rodrigues, que em Beagá chamavam de Marquinhos Carioca. Este Marquinhos fora herói do título vascaíno de 1982 e, como a roda gira, um dos destaques nas finais do Carioca de 1986, que o Flamengo conquistou em cima do Vasco da Gama.

Trinta anos depois, há quem diga que era um time discreto. Isso seria não levar em devida conta a superior técnica de João Leite, Luizinho e Renato (para não falar de Zenon, um dos melhores lançadores e cobradores de falta de sua geração). Mas era, sim, "um time certinho, com muitos jogadores que estavam começando". A descrição é de Marco Antônio da Silva[357], o Marquinhos Mineiro, prata da casa, criado no bairro de Alípio de Melo, vizinho de umas primas muito queridas deste autor (todas atleticanas). E a receita para fazer deste elenco um time era a óbvia: treinar à exaustão, principalmente fundamentos, essa prática há muito fenecida no Brasil. Com a palavra, novamente, Marquinhos: "O Telê botava o lateral para treinar quarenta cruzamentos de uma vez. O que acontecia no jogo, ele fazia a gente treinar. Tinha treinador que inventava demais. Ele fazia o simples, mas era o que acontecia no jogo. E não gostava que a gente errasse passe!"

Para tocar adiante o seu projeto, Telê teve de fazer as pazes com Luizinho, que não lhe perdoava o fato de não ter sido convocado para a Copa do Mundo de 1986[358] (este não seria o último contratempo de Telê com os excluídos daquela Seleção). E, porque contava com Sérgio Araújo no auge da forma, o técnico teve de superar a sua antiga aversão a jogar com ponteiros abertos: em 1982 e 1986, a sua Seleção jogou sem pontas, e o técnico foi muito criticado por isso; em 1986, houve quem dissesse que essa sua resistência pesou na hora de cortar Renato Portaluppi por indisciplina (já chegaremos a ele). No mais, Renato Pé Murcho mostrou, enfim, estar plenamente à vontade na posição de centroavante. Além da inteligência própria de quem arrebentava como meia-armador, o craque chegava aos trinta anos em plena forma física. Foi, desde o princípio, um dos destaques da Copa União.

Já na primeira rodada, o Galo mostrou que o time daria liga. Enfiou 5 a 1 no Santos, numa apresentação irretocável dos dois ponteiros. Tirando o primeiro gol (Batista de cabeça, após um escanteio) e o quarto (Paulo Roberto, após um lateral alçado na área), os outros três surgiram pelas pontas: o segundo (Marquinhos) deu-se num rebote de Rodolfo Rodríguez, após pênalti cobrado por Chiquinho, mas a falta que originou a jogada foi sofrida por Sérgio Araújo, que recebera belo lançamento do próprio Marquinhos; o terceiro (Marquinhos Carioca, de cabeça) veio após Sérgio Araújo cruzar quase da linha de fundo; e o quinto resultou de um pênalti que Chiquinho sofreu após entrar driblando pela extrema (ele próprio cobrou).

Ainda hoje, trinta anos depois, Marquinhos parece gratamente surpreso ao constatar que o time não perdia de ninguém: "Desde o começo, a gente não perdia. Jogava fora, jogava com Grêmio, Fluminense — e a gente não perdia. E naquela época era mais difícil ganhar no campo do adversário! Era difícil ganhar fora ou empatar. Mas a gente não perdia!" E, de fato, após a estreia arrasadora, veio um empate sem gols com o Internacional, no Mineirão, e uma vitória contra o Goiás, no Serra Dourada, por 1 a 0. (Infelizmente, parece não haver registro visual, ao menos nas plataformas de livre acesso, de uma jogada maradoniana de Luizinho nesta partida. O próprio zagueiro relatou o lance: "Dominei a bola na defesa, avancei pela esquerda, passando por vários adversários, entrei na área, driblei o goleiro e toquei para a rede. Corri para comemorar, ao perceber que a bola tinha endereço certo. Mas, para a minha surpresa, a bola ganhou efeito e foi para fora.")[359]

Na quarta rodada, o restante do Brasil parece ter despertado para a evidência de que aquele time aspirava a coisas grandes.[360] No domingo, 27 de setembro, o Galo bateu o Vasco da Gama de virada, no Maracanã. Aos três minutos, Roberto Dinamite abriu de pênalti. Aos 23, Vander Luiz empatou com um petardo de fora da área, após uma jogada iniciada com Sérgio Araújo pela ponta direita. Finalmente, aos 27 do segundo tempo, Sérgio Araújo entrou driblando, uma vez mais, na área do Vasco e cruzou a bola nas pernas atabalhoadas de Paulo Roberto, que marcou contra.

Seguiu-se uma vitória sem dificuldades sobre o Coritiba, no Mineirão, por 2 a 0. Na sexta rodada, o Galo foi a São Paulo e aguentou pacientemente as investidas dos donos da casa. João Leite foi, talvez, o melhor em campo. No segundo tempo, o time passou a gostar do jogo e, já no comecinho, aos sete minutos, Chiquinho e Sérgio Araújo deram mais uma prova de que o lado direito do time se entendia à perfeição: Chiquinho lançou para Sérgio Araújo, dentro da área, emendar de sem-pulo e marcar o único gol da partida. Mais uma vitória do time mineiro. Em três rodadas, o Galo passara por dois dos favoritos.

Para a penúltima rodada, a tabela guardou o *derby* das Minas Gerais. O Cruzeiro precisava ganhar para manter-se vivo, mas não pôde devassar a defesa do Galo, onde Luizinho continuava brilhante. Com o rival eliminado da disputa do primeiro turno e o Atlético como o único time invicto do torneio, a torcida deixou o Mineirão aos gritos de "é campeão".[361] E de fato estava perto, ao menos o título do turno. Na rodada derradeira, o time fez mais uma grande apresentação contra o Fluminense (3 x 1), já registrada há alguns parágrafos, e terminava o turno como a melhor equipe no cômputo geral, com o melhor ataque (14 gols marcados) e a terceira melhor defesa (com três gols sofridos, perdia apenas para o Grêmio, com um, e o Inter, com dois).

Como se recordará, o outro clube classificado era o Internacional de Ênio Andrade. Era curioso e talvez pudesse ser pedagógico: ali estavam duas concepções diametralmente opostas do futebol. De um lado, o futebol de correria e de resultados que vicejava nos pampas; de outro, o jogo fluido e técnico que marcava o melhor estilo nacional. Em um país um pouco mais lógico, os dois teriam feito a final, para ensinança do público e escarmento de metade da crítica (sim, porque ou Telê ganhava e, com isso, calava a boca de seus detratores, ou Ênio ganhava e calava a boca dos amantes do futebol-arte). Seria, claro, ignorar a existência de forças outras, àquela altura ainda adormecidas, mas muito maiores que esses dois arquétipos do jogo. Mas fato é que, classificados, os dois clubes seguiram caminhos completamente diversos. O Internacional visivelmente tirou o pé do acelerador e passou a perder de todo mundo: voltaria a jogar bola, inteiro, quando as vitórias voltassem a ter um valor adjetivo. O Galo, não. Continuou ganhando e continuou invicto.

O Atlético começou o segundo turno segurando o empate sem gols contra um Grêmio mordido, no Olímpico Monumental. Em seguida, repetiu o resultado contra o Botafogo, no Maracanã. De volta às Alterosas, um resultado maiúsculo: derrotou o Flamengo por 1 a 0 no Mineirão, gol de Renato Pé Murcho, depois de Leandro confundir a defesa toda com o grito de "sai, Zé Carlos" — dirigia-se ao zagueiro Zé Carlos II, mas o goleiro homônimo achou que era com ele.[362] Uma vez mais, foi uma excelente partida de João Leite, Luizinho, Renato e, principalmente, Sérgio Araújo, que entrava como queria pela ponta. O Atlético mantinha uma escrita impressionante de sete anos sem perder do Flamengo em Minas (a última derrota dera-se durante um amistoso festivo pelo Dia do Trabalhador, em 1980, com gol de Tita). Mas, para quem tinha olhos de ver, havia ali qualquer coisa de ominoso: Telê saiu de campo afirmando que "o Flamengo foi o time que mais exigiu do Atlético no Mineirão".[363]

Nas rodadas seguintes, o Galo ainda bateu o Santa Cruz, em casa, e o Corinthians, fora, no jogo em que os corintianos deixaram o Pacaembu de camburão. Na penúltima rodada, o Galo, sempre com Renato, conquistou um empate em 1 a 1 com o Bahia, na Fonte Nova (Bobô marcou para os baianos, após bela triangulação com Zanata e Sandro). Na última rodada, no Mineirão, pegaria o Palmeiras, que precisava vencer para ainda sonhar com a classificação. E ninguém ganhava daquele Atlético.

"Aqui os índios treinam, mas são os caciques que jogam." O desabafo foi do manauara Gilmar Popoca, que oficiava de titular do meio-campo rubro-negro sempre que Zico não jogava, o que era quase sempre.[364] Às vésperas de completar 24 anos, Gilmar era índio, não cacique. Talvez o comentário não levasse em conta exclusivamente a idade dos companheiros — nas oitavas de final da Copa Brasil de 1986, contra o Atlético, Gilmar recebera um ostensivo chega pra lá do companheiro Mozer, então na flor de seus 27 anos[365] —, mas com ele Popoca resumiu o que muito crítico pensava do Flamengo: era um time velho, a confiar excessivamente na tríade Andrade, Sócrates e (em um mundo ideal) Zico no meio-campo. Talvez o mais insistente e insuportável cronista a bater nessa tecla fosse o botafoguense Cláudio Mello e Souza. Em artigo da mesma época, o nosso havaiano de Ipanema assim tripudiava do time, torcida e do maior ídolo rubro-negros:

> Em matéria de sebastianismo, o Flamengo teria muito a ensinar aos portugueses. Você, leitor, que torce pelo Flamengo, acha você justo que o clube e o time estejam agora a exigir do Zico aquilo que a lenda não foi capaz de recuperar em D. Sebastião? Há mais e há pior. O Flamengo, ao contrário de Portugal, não tem apenas um, mas vários "Sebastiões". Não só espera a ressurreição de Zico, mas também a volta de Júnior, a recuperação de Sócrates e de Leandro e, muito provavelmente, o retorno de Leônidas, de Zizinho, de Biguá e de Vevé, por força de algum prodígio da moderna medicina ou do velho curandeirismo.
>
> Fantasias à parte, fiquemos com a hipótese mais provável, a de que Zico, nesses próximos dois meses, acabe com todas as mazelas que o atormentaram. Por mais brioso e disciplinado que seja, Zico voltará ao time do Flamengo mais como símbolo do que como jogador. Ninguém nega que ele sabe tudo de bola. Depois de certo tempo e de muitas contusões, porém, o saber, simplesmente, deixa de poder. Concebe-se a Capela Sistina, mas o que resulta é algum botequim interditado pela SUNAB ou pela FEEMA.[366]

Com efeito, Zico não jogava pelo clube desde um Fla-Flu no já longínquo 13 de junho de 1986, e era razoável que os incréus supusessem que ele nunca mais pisaria um gramado. Naquela tarde, o Galinho sentiu um problema, que se tornará crônico, na panturrilha direita. Era o resultado do esforço excessivo que fazia com essa perna para não sobrecarregar o joelho operado, o esquerdo. No começo de setembro, ele sofreu uma entorse nesse mesmo joelho e por várias semanas debateu-se com a ideia de submeter-se a uma segunda cirurgia, nos Estados Unidos. Era um conceito ainda experimental — extrair ligamentos do joelho bom para implantá-los no que estava comprometido —, e não havia garantia nenhuma de que funcionasse. No melhor dos casos, o craque ficaria entre nove e dez meses parado. Só voltaria a jogar se demonstrasse uma força de vontade absolutamente sobre-humana nas salas de musculação. Para poupar-lhe tanto sacrifício possivelmente inútil, a família mobilizava-se para convencê-lo a desistir.[367] Só que aquele não era um ser humano normal. Além da imensa vontade de ter a última palavra sobre os tempos de sua carreira, Arthur Antunes Coimbra pensava em suas responsabilidades de *role model*, de exemplo e modelo a ser seguido por toda uma geração de crianças: "Pode ser uma provação de Deus, que talvez me tenha escolhido para que sirva de exemplo por meio do meu esforço em me recuperar, em mostrar aos jovens minha dedicação. Mas o Velhinho me deu muita coisa boa na vida, e eu encarnaria esse papel com orgulho e fé."[368]

Pois Zico submeteu-se à cirurgia no dia 19 de setembro de 1986, no St. Francis Hospital de Columbus, na Geórgia. Dali em diante, passará meses na sala de musculação. Ficará longe dos gramados por exatos nove meses ("uma gravidez", como ele mesmo definiu) e voltará a campo apenas no dia 21 de junho de 1987 contra o mesmo Fluminense, no Caio Martins, em Niterói. Era um campinho modesto demais para tanta expectativa, mas foi o maior acontecimento dos, até ali, 414 anos da velha e querida Vila Real da Praia Grande. Na antiga capital fluminense, só se falava, só se pensava, só se respirava Zico. O jogo acabou empatado em 1 a 1, mas valeu como um campeonato. Além da volta de Zico, houve ainda a demonstração de coragem e de amor-próprio de quem carregava, injustamente, a pecha de responsável pela eliminação do Brasil na Copa de 1986, pelo pênalti perdido contra a França. Já aos 15 do primeiro tempo, o tricolor Alexandre Torres derrubou o rubro-negro Kita dentro da área e o sr. Júlio César Cosenza apontou para a marca de cal. Quem devia bater era Andrade, mas o estádio veio abaixo com o mesmo apelo que ecoava desde meados dos anos 70: "Zico! Zico! Zico!" Sua Majestade, que só cobrara a penalidade contra a França porque Sócrates e Branco pediram, uma vez mais acedeu à vontade geral da nação, sem jamais duvidar de si. E cobrou à perfeição: bola de um lado, Paulo Victor de outro, gol do Flamengo. Gol de Zico.[369]

Mas a recuperação não era plena, e tudo podia desandar ao menor contratempo. Zico jogou mais três jogos pelo Carioca e, no quarto, justamente a final contra o Vasco, contundiu-se seriamente no tornozelo direito, após uma entrada desleal de Geovani. Estava novamente no estaleiro, e de muletas, por mais um mês. De sua tribuna, o abutre botafoguense deliciava-se ao semear dúvidas: "O que me pergunto, com certo amargor, é se essa nova contusão de Zico foi apenas isso — uma deslealdade, um mero acaso — ou foi mais que isso — uma fragilidade muscular que se torna incompatível com o futebol de competição."[370] Com o amor-próprio mais ferido que o tornozelo, o craque retrucou: "Só quem me deseja mal pode pensar que devo parar."[371]

Perdido o estadual, enquanto o time jogava caça-níqueis no México e nos Estados Unidos, Zico passou a treinar com os juniores. Não foi tempo perdido: além de entrosar-se com o técnico da garotada, um tal Carlinhos, dali ele pôde atentar para os valores que iam surgindo, como um menino que despontava na lateral esquerda. Chamava-se Leonardo Nascimento de Araújo e ainda cursava o segundo grau no Instituto Abel de Niterói, onde atendia por Ratinho.

Zico não era o cacique visado por Gilmar Popoca. Afinal de contas, àquela altura o Galinho nem treinava e nem jogava. Além dele, havia na Gávea os medalhões Leandro, Mozer, Andrade, Adílio e o dr. Sócrates. Dos quatro, o mais desmotivado era Sócrates, que também se submetera, em 1986, a uma cirurgia complicadíssima, no seu caso na coluna vertebral. O doutor jogou pouco pelo Flamengo, e foi pena. Numa sexta-feira, 13 de março de 1987, o gênio que foi craque sem nunca ter sido atleta largou o treinamento, adentrou o vestiário e, na presença apenas do goleiro Zé Carlos e do zagueiro Leandro, ajoelhou-se no chão com os braços em cruz, exatamente como Pelé em 1974. Foi uma despedida absolutamente *low profile*, como convinha ao mais original dos jogadores brasileiros, a quintessência do *cool* com a camisa da Seleção. Saiu dali e foi buscar um crachá de estagiário de medicina no hospital universitário do Fundão. Era o fim da linha.[372] (Houve um *post scriptum*: dali a pouco mais de um ano, com saudades da bola, Sócrates ainda teve uma passagem igualmente apagada pelo Santos.)

Dos outros quatro, Mozer fez sua última apresentação com o Manto Sagrado a 26 de junho, no campinho da Associação Rural de Petrolina, Pernambuco: com o Carioca interrompido por causa da Copa América, o Flamengo retomava a triste rotina de andarilho pelo Brasil profundo, para poder fechar as contas. Pouco tempo depois, Mozer foi vendido ao Benfica, onde marcou época.

Dos três restantes, só Andrade exibia o mesmo vigor de sempre: foi o melhor jogador rubro-negro na reta final do Carioca, o cérebro que organizava todas as jogadas a partir da intermediária defensiva. Adílio há muito que vinha sendo preterido pelo delegado Antônio Lopes, que assumira o cargo de técnico em abril, depois da demissão de Lazaroni. Como se viu, desprestigiado no clube de seus amores, foi tentar a sorte em Curitiba a partir de setembro. Já Leandro padecia de problemas crônicos nos dois joelhos: artrose no direito e tendinite no esquerdo, tudo fruto da teimosia de continuar a jogar bola, e estupendamente, apesar de padecer desde menino de *genu varum*, o chamado *mal de caubói*. Naquela altura, na avaliação um tanto autocongratulatória do dr. Giuseppe Taranto, "cada partida que Leandro disputa é uma obra de arte do departamento médico".³⁷³

A esses cinco, havia que somar o nome de Adalberto, que passara seis meses afastado devido à fratura sofrida no jogo contra o Botafogo da Paraíba, em 1986, e jogou pouco mais de um mês pelo Carioca, em abril, sem que se tivesse recuperado plenamente. Constatada a má consolidação óssea, às vésperas de um jogo contra o Campo Grande, foi afastado novamente do time e não jogaria mais em 1987.

Sem poder contar, plenamente, com o futebol de tantos craques consagrados, o Flamengo terá de recorrer a jovens promessas. Por sorte essa era uma época em que craque o Flamengo fazia em casa, e uma geração absolutamente brilhante começava a firmar-se com a camisa rubro-negra. De todos, o melhor era o atacante Bebeto (que, a bem da verdade, dera os primeiros passos no Vitória da Bahia, mas fora trazido para a Gávea ainda juvenil). Bebeto fora decisivo na reta final do Campeonato Carioca de 1986, mas desde então não conseguia mostrar-se à altura das expectativas da torcida. Pior: menino mimado, reagiu mal ao ser substituído durante um jogo entre as seleções de Brasil e Argentina, no torneio pré-olímpico de abril. Disse poucas e boas ao técnico Carlos Alberto Silva, que, segundo consta, reagiu dando um tapa na cabeça do atacante rubro-negro, já no vestiário. Bebeto teria saído dali aos prantos e carregará para sempre a alcunha de chorão.³⁷⁴

Além de Bebeto, também o goleiro Zé Carlos e o lateral-direito Jorginho foram titulares daquela Seleção. Não tornarão a vestir a amarelinha até o ano seguinte, por conta das desavenças entre Marcio Braga e a CBF que se registraram no terceiro capítulo. Mas já eram algo mais que promessas. José Carlos da Costa Araújo, o Zé Grandão, saía muito bem do gol e tinha uma agilidade incomum para um sujeito de 1,92 m. Era cria da Gávea, mas andara um par de anos emprestado ao Americano de Campos. De volta a casa, acabou efetivado no time em abril de 1986, depois que Cantarele sofreu entorse no joelho num jogo contra o Bangu. Dali em diante, será o titular do arco rubro-negro por cinco anos (cedeu o posto a Gilmar Rinaldi, em 1991, durante uma partida válida pela Libertadores, quando o Flamengo deu um passeio sobre o Corinthians em pleno Pacaembu).

Junto com Zé Carlos e Bebeto, Jorginho tinha sido outro dos jovens destaques do Campeonato Carioca de 1986. Chamava a atenção pelo vigor físico e pela boa condução da bola, o que já fazia dele, àquela altura, um dos melhores apoiadores do futebol brasileiro. Evangélico, era uma das lideranças do movimento nascente dos Atletas de Cristo. Como ele haverá muitos, naquela geração — Silas, Müller, Taffarel, César Sampaio, Bismarck —, mas nem todos terão o retrospecto de Jorginho, de quem não é possível recordar uma única atitude que destoasse do código moral que todos eles se propunham seguir.

Também na defesa despontava um baiano de nome Aldair, que não chegava nunca a firmar-se. O seu azar era que, com as seguidas lesões de Adalberto, os técnicos insistiam em escalá-lo na lateral esquerda, sem dar-se conta de que tinham ali, em estado bruto, um dos maiores zagueiros do mundo daquela geração. Mais à frente, um rapaz magrinho ostentava um bigodinho um tanto ridículo, numa época em que os bigodes já estavam em retirada (havia Júnior, Rodolfo Rodríguez, Vagner do Botafogo e poucos mais). Era Crizam César de Oliveira Filho, Crizanzinho, Zinho. Tinha toque e controle perfeitos, mais controle do que toque, tanto que tendia a prender a bola demais. Um dia, seus críticos o batizarão de "enceradeira", mas com isso ele ajudava aquele Flamengo, e o de 1992, a cozinhar qualquer adversário até a hora do bote fatal. Ao seu lado, um rapaz nascido e criado em Acari, e formado no Olaria, fazia as vezes de pulmões do time. Chamava-se Aílton dos Santos Ferreira e, embora não fosse exatamente um craque, a verdade é que jogava em qualquer posição sem comprometer: marcava, passava, conduzia e chutava de forma mais do que aceitável. E demonstrava a cada jogo um espírito de luta superior.

Olhando assim, no papel, é um elenco impressionante. Mas isso não era óbvio para quem analisasse o plantel no início de 1987. De maneira que, para dar ao time uma dose extra de juventude e vigor, Marcio Braga foi buscar no Sul uma superestrela. Era Renato Portaluppi, campeão do mundo em 1983, pelo Grêmio. Era rápido, forte e excelente driblador, de um drible diferente daquele, mais sinuoso e mais matreiro, a que estavam acostumados os cariocas. Em Renato, sobressaía-se o vigor físico, a capacidade de aguentar os trancos e, com os pés fincados no chão, conduzir a bola até o arco adversário, à força de trombadas e arrancadas. Tinha também a virtude ou o defeito, a depender dos critérios do julgador, de gostar demais de mulher, e por isso nunca abriu mão de frequentar assiduamente a noite porto-alegrense, carioca ou romana. (Por esses seus pendores, Renato jamais correspondeu às imensas expectativas que cartolas e torcedores da Roma depositaram nele. Quando ficou claro que o futebol, para ele, era detalhe secundário em sua temporada romana, Renato acabou ganhando a alcunha de *il pube de oro*, uma adaptação infame do primeiro cognome de Diego Armando Maradona.)[375] Às vésperas da Copa União, e após um Carioca decepcionante, Renato ainda devia uma apresentação sequer que justificasse a fortuna que o Flamengo despendera em sua contratação, em janeiro: 13,95 milhões de cruzados, o equivalente a 6,8 milhões de reais em valores de 2016, uma cifra astronômica para a época.

Para além de Renato, os cartolas rubro-negros fizeram uma segunda contratação de peso, já em julho, na reta final do Carioca, mas visando à Copa União: Edino Nazareth Filho, Edinho, 32 anos, ídolo histórico do Fluminense e titular da zaga da Seleção Brasileira em duas Copas do Mundo (1978 e 1986). Vindo da Udinese, era dono de seu passe e alugou-o ao Flamengo depois que o rival não lhe deu a atenção devida. Com Leandro ao seu lado, Edinho fará uma zaga capaz de intimidar os adversários só com o peso dos nomes escalados. Mas era munição a mais para quem dizia que aquele era um time velho.

O segredo, evidentemente, estava em encontrar a mescla adequada entre experiência e juventude, aliada a um esquema capaz de extrair o melhor de craques indiscutíveis como Zico, Bebeto e sobretudo Renato, no auge de sua forma técnica e física. Foi algo que o delegado Antônio Lopes nunca conseguiu. Justiça se lhe faça, contou pouco com o superior refinamento de Zico no meio-campo. Mas, com ele no banco, nem Renato nem Bebeto chegaram perto de seu potencial.

O Flamengo, como se viu, estreou com uma derrota em casa, contra o São Paulo. Era um time bastante desfigurado, muito diferente daquele que cantamos em prosa e verso ao relembrar aquele campeonato: Zé Carlos, Jorginho, Guto, Zé Carlos II e Aldair; Andrade, Flávio (depois Zinho) e Zico; Renato, Nunes (o velho Nunes) e Bebeto. Na véspera, Lopes afastara Leandro e Edinho do time, que foi engolido pelo São Paulo em campo. De positivo mesmo, só a vontade de luta de Renato, que fez Gilmar Rinaldi deixar o campo como o melhor da partida. Acabou ali a breve gestão de Antônio Lopes. Confrontada com a fúria da torcida e com as suspeitas de que o time sabotava o treinador, a diretoria fez a escolha que todas as diretorias fazem nesses casos: manteve o time e dispensou o treinador.

Para o lugar de Antônio Lopes, a diretoria acabou escolhendo um velho conhecido da torcida: Luís Carlos Nunes da Silva, Carlinhos, o Violino que, entre 1958 e 1969, afinava o meio-campo rubro-negro. Já tinha treinado o time por cinco partidas em 1983, e em 1987 mesmo assumira como técnico interino por mais sete jogos, entre a demissão de Lazaroni e a contratação de Lopes. Vinha das divisões inferiores, onde vira despontar muitos dos meninos que já envergavam o Manto pelo time principal. E trouxe consigo mais um: Leonardo, já que a lateral esquerda estava carente, e não era o caso de continuar a sacrificar Aldair naquela posição. (Zico, em entrevista a este autor, atribui-se um quinhão de responsabilidade pela promoção de Leonardo, que ele conhecia dos tempos em que se recuperava treinando com os juniores.)[376]

Carlinhos não nutria ilusões quanto à capacidade de acertar o time imediatamente. Disse isso à diretoria: "Neste turno, dificilmente conseguiremos alguma coisa, porque preciso arrumar o time. Mas, no returno, podem cobrar-me a campanha."[377] O que ele tinha em mente era o básico, puro feijão com arroz:

> Os laterais devem marcar e apoiar sempre, além de cobrir os zagueiros de cada setor. Leandro e Edinho cumprem função semelhante. Quando um ataca, o outro deve ficar. Mas deve haver preocupação em cobrir os laterais quando um deles avança. Andrade, na cabeça de área, deve distribuir o jogo, cobrir a zaga e se preocupar em ocupar os espaços deixados pelos laterais quando avançam. Zico e Aílton também devem cumprir quatro

funções: defender, atacar, distribuir o jogo e proteger os laterais. Já Bebeto ajuda na cobertura do meio de campo, tenta a jogada de ponta e cai pelo meio do ataque se for necessário. Renato, no comando do ataque, tem liberdade para cair por qualquer setor e estar presente na área. Zinho, na ponta esquerda, deve buscar a linha de fundo e fechar em diagonal em direção ao gol. Sua missão também inclui ajudar o meio de campo. O importante é ter sempre um mínimo de três atacantes. E, na hora em que a bola estiver com o adversário, deveremos ter sempre três jogadores próximos para dar o combate ao adversário. Nada de misterioso. Apenas um time compacto que tanto sabe defender como atacar. Um time que joga com o coração acima de tudo.[378]

Dito assim, parece fácil, mas o time de fato levou um turno inteiro — talvez até um pouco mais — para seguir a receita à risca. Na segunda rodada, pegou o Vasco e saiu-se bem. Foi um jogo marcado por duas decisões polêmicas da arbitragem, uma para cada lado. Aos 31 do primeiro tempo, Renato mostrou que estava, enfim, em condições de render o que se esperava dele. Leonardo recuperou uma bola quase na área rubro-negra, depois de Romário escorregar e dar um passe bisonho para Vivinho; lançou Renato, que partiu do meio-campo pela ponta esquerda, com dois vascaínos na marcação; iludiu-os com um drible seco, foi à linha de fundo e pôs a bola na cabeça de Bebeto, que só escorou. Estava devassado o arco de Acácio, após 945 minutos de invencibilidade. Aos quatro do segundo tempo, Vivinho cruzou na área, Roberto alcançou e botou a bola na trave; a pelota percorreu toda a risca do gol, mas Zé Carlos impediu que ela entrasse. O juiz discordou e deu gol vascaíno. Finalmente, aos 44, Donato deu bobeira, Zinho roubou a bola e avançou pela esquerda rumo à área vascaína. Foi derrubado talvez em cima da risca, mas em hipótese nenhuma fora da área. Os vascaínos discordaram e fizeram o maior auê, mas o juiz não voltou atrás. Zico cobrou com a categoria habitual e marcou.

Há dois detalhes a merecer registro especial neste jogo. O primeiro é que ali, já na sua estreia, Carlinhos escalou o time que conquistará a Copa União: Zé Carlos, Jorginho, Leandro, Edinho (depois Aldair) e Leonardo; Andrade, Aílton e Zico; Renato, Bebeto (depois Nunes) e Zinho. O segundo é que, depois do gol no apagar das luzes, Zico interrompeu a corrida rumo à geral e parou para ouvir Acácio, que queria abraçá-lo. Não se sabe bem o que o goleiro vascaíno lhe disse, mas Zico confessou que foi algo que "não [esqueceria] nunca". Foi uma das muitas homenagens que o Galinho recebeu, ao longo daquele campeonato, de torcedores e atletas que, ao contrário de parte da crônica, sabiam valorizar todo o esforço que os dez rubro-negro fizera e fazia para continuar jogando.[379] Fosse hoje e talvez Acácio amargasse um período de ostracismo corretivo, no Vasco como em qualquer outro clube, por revelar-se humano e cavalheiro com o adversário.

Aquele foi o único momento de brilho verdadeiro do Flamengo no primeiro turno. Como Carlinhos advertira, era preciso tempo para acertar o time — ainda mais porque as contusões o impediam de escalar a mesma equipe em jogos sucessivos. Contra o Vasco, Edinho foi brutalmente agredido por Geovani e só voltaria a jogar na partida inaugural do segundo turno, contra o Botafogo. Das seis partidas seguintes, Leandro só jogou contra o Fluminense, pela quinta rodada. Zico contundiu-se uma vez mais contra o Internacional, na quarta rodada, e ficaria de fora por sete jogos. Bebeto desfalcou o time por cinco partidas e, quando jogou, foi escalado na ponta-de-lança para suprir a ausência de Zico. Sem ele no comando de ataque, Carlinhos hesitava entre Nunes e Kita. O resultado foi que, além do clássico com o Vasco, o time só ganhou mais um jogo no primeiro turno, contra o Coritiba, no Maracanã (3 x 1). Nos demais, perdeu do Fluminense (0 x 1) e do Internacional (0 x 2), no Beira-Rio, e empatou com Santos (0 x 0), Goiás (0 x 0) e Cruzeiro (0 x 0).

Não era nada brilhante, não para um time como o Flamengo, acostumado às taças. Mas "o bom daquele campeonato é que você sabia que podia perder um jogo e ter recuperação, porque eram todos jogos muito equilibrados, só grandes times". A formulação é de Zico, na entrevista já referida. Ainda sem Zico, o time estreou no segundo turno batendo o Botafogo por 1 a 0. Seguiram-se um empate com o Grêmio em 1 a 1, no Maracanã, e a derrota para o Galo por 1 a 0, no Mineirão.

Aquele foi o divisor de águas. Renato jogou muito mal, foi fominha ao extremo: na descrição de O Globo foi "o mais egoísta dos jogadores", "nunca deu um passe sem antes dar um drible".[380] Kita saiu de campo queixando-se publicamente do companheiro, que, em entrevista, afirmou não desejar mais jogar pelo Flamengo. De volta à Gávea, durante a semana, Carlinhos reuniu o elenco e começou uma enquete: — o que você tem achado do Renato? Responderam um, dois, até que Zico interrompeu: "Eu mandei parar: Carlinhos, não vai fazer enquete aqui do Renato. O Renato tem as suas características e a gente tem que saber usar isso, usá-lo da melhor maneira possível. Acabei com a reunião. Vambora pra dentro do campo, trabalhar".[381]

Se, desde a estreia contra o São Paulo, Renato já vinha sendo o destaque do time, a partir dali ele deslanchou. Ele próprio jamais se esqueceu do gesto de Zico e do que o Galinho lhe disse, olho no olho: "Olha, Renato, se você sentir confiança, mesmo tendo oito na sua frente, tenta passar pelos oito".[382] Não que, antes disso, ele se constrangesse em tentar, tanto que Kita e outros reclamavam. Mas, depois dali, com Zico a comandar o time, o camisa 7 terá a confiança necessária para jogar o seu jogo, sabendo que ali atrás há toda uma equipe a trabalhar para que ele tivesse toda a liberdade do mundo, "para atacar por onde bem entendesse", como bem enxergou Antonio Maria Filho.[383]

No dia 7 de novembro de 1987, um sábado, o Flamengo voltou a campo com os onze titulares. Era a primeira vez que isso ocorria desde o clássico com o Vasco. Era um jogo decisivo para as pretensões do próprio Flamengo e do adversário, o Palmeiras, ambos rigorosamente empatados com uma vitória, um empate e uma derrota. A expectativa que havia gerou tensão, sobretudo entre os torcedores do Palmeiras, já àquela altura completamente desesperados com o jejum de títulos: no intervalo do jogo, protagonizaram um triste espetáculo de selvageria, atirando lajotas, pedras e pedaços da arquibancada nos geraldinos (ao ler isso, a gente fica a perguntar-se se eles entravam com picaretas no estádio).[384] Do lado esquerdo das tribunas, sobretudo depois que a PM desceu o cacete nos interioranos, respondíamos com o grito absolutamente libertador, que punha fim a qualquer discussão no Maracanã ou em qualquer estádio do Brasil: "Porra! Caralho! Vai tomar no cu! Quem manda nesta porra é a torcida do Urubu!" (Era uma época em que torcidas brasileiras torciam à brasileira, com os sonoros palavrões do vernáculo, mas também cantando música brasileira, não murga argentina. Lá pelas tantas, no segundo tempo, o povo começou a cantar *Ziriguidum 2001*, o inesquecível samba da Mocidade de 1985.)

O Flamengo levou, talvez, uns trinta minutos para encontrar-se em campo. Zico não jogava havia 47 dias e chegou até mesmo a errar passes. Mas, aos pouquinhos, foi ousando mais, evitando o óbvio, com lançamentos que exigiam disposição dos pontas e laterais e com passes que perfuravam a barreira no meio-campo palmeirense. A certa altura, no final dos primeiros 45 minutos, o time todo começa a fazer a bola girar por todo o campo, com toques de primeira, num exercício que prefigura o movimento de *pinball* do gol contra o Internacional na finalíssima. Leandro também mostra vontade, e os seus avanços constantes, com a cabeça erguida, são o melhor desafogo para uma equipe bloqueada no meio-campo. E assim surgiu o primeiro gol. Aos 14 minutos do segundo tempo, Leandro recebe uma bola de Zico quase no círculo do meio-campo e ultrapassa dois palmeirenses; quase na meia-lua, é cercado por três adversários, escorrega, mas consegue tocar de lado para Renato, que vem em diagonal; Renato permanece em pé depois do carrinho de um zagueiro e da trombada com outro, faz um corrupio e chuta com raiva: Flamengo 1 a 0. Aos 19 minutos, Zico dá um passe com açúcar para Zinho, que entra na área, pela esquerda, e cruza no pé de Bebeto, quase na risca da pequena área; Bebeto manda a bola no travessão; no rebote, Zinho deixa para Zico na ponta esquerda, e o Galinho faz o cruzamento perfeito, de perna esquerda, na cabeça de Aílton, quase no bico da pequena área: Flamengo 2 a 0. O gigante tinha despertado.

Na quinta-feira, o Flamengo foi a Salvador enfrentar o Bahia na Fonte Nova. Novamente, o time precisou de quase todo o primeiro tempo para encontrar-se em campo. Aos treze minutos do segundo, Zico bateu uma falta de muito longe com extrema violência e o goleiro Rogério só pôde jogar a bola para escanteio, numa linda defesa. Na cobrança, o menino Bebeto, que ia casar-se e virar homem no dia seguinte, só não fez o gol olímpico porque

Rogério, em nova ponte, tirou em cima da risca. No rebote, na pequena área, Zinho só teve o trabalho de tocar para o fundo da rede, onde caíra, emaranhado, o guarda-meta tricolor. Aos 23, o zagueiro Pereira quis brincar na frente de Bebeto e perdeu. O baianinho — que àquela altura despontava como o sucessor de Zico em nossos corações, e nunca saberá o que perdeu — partiu em velocidade, driblou o goleiro e tocou de esquerda para a meta. O mesmo Pereira, que vinha em carreira desabalada, tentou tirar em cima da risca, mas acabou também ele enroscado na rede, junto com a bola. Estavam deixando o Flamengo chegar, e Rogério e Pereira, impotentes como corvinas enredadas, eram a metáfora viva do que acontece com os adversários, nessas circunstâncias.

No domingo, 15 de novembro, data magna do calendário pátrio — e não pela República —, o Flamengo foi ao Pacaembu enfrentar o Corinthians. Aqui as coisas se inverteram. O Flamengo fez um excelente primeiro tempo e poderia ter goleado o frágil adversário. Houve cabeçada de Bebeto na trave e Zico desperdiçando de sem-pulo, da entrada da área, na sequência do lance. Dali a pouco, Waldir Peres bateu roupa num chute telegrafado de Aílton, de fora da área, e deixou para Zinho completar. Para fora. Finalmente, aos 35 minutos, Leonardo entrega a Renato num lateral cobrado quase na linha de fundo. Renato deu um come humilhante em Édson e botou com precisão na cabeça de Aílton, que completou para o gol. No segundo tempo, o time retraiu-se inexplicavelmente e o Corinthians passou a exigir demais da frágil defesa improvisada (Leandro Silva, Zé Carlos II, Edinho e Leonardo). Os paulistas acabaram empatando aos 29, numa bela tabela entre Edmar e o reserva Marcos Roberto.

No final da partida, Andrade ainda produziu um dos lances mais memoráveis daquela Copa União, ao receber de cobertura dentro da área corintiana, dar um lençol em Wilson Mano e tocar fora do alcance de um desesperado Waldir Peres, para fora. Se pode haver intertextualidade no futebol — e reconheçamos desde já que o só enxergar isso é coisa de anormal —, foi um lance que dialogou com duas obras-primas pretéritas: o lençol evoca aquele outro de Roberto Dinamite em Osmar Guarnelli, do Botafogo (o de Andrade foi mais seco, quando Mano percebeu, o lance já tinha prosseguido; no de Dinamite, o espectador quase que sente o desespero de Osmar enquanto a bola faz a parábola no ar); já a trajetória da bola, paralela à risca do gol, lembra o célebre tento que Pelé *não* fez contra o Uruguai.

O empate contra o Corinthians não foi o ideal, mas o Flamengo permanecia um ponto à frente do seu concorrente direto, o Palmeiras. E jogava em casa na rodada derradeira, contra o Santa Cruz. Continuavam deixando o Flamengo chegar.

No sábado seguinte, 21 de novembro, o São Paulo passou com imensa facilidade pelo Internacional, no Morumbi: 3 a 0, um de Silas e dois de Müller, que se isolou na artilharia, com dez gols. O tricolor paulista continuava vivo: precisava que o Cruzeiro não ganhasse do Santos, no Pacaembu, no dia seguinte. Se perdesse, o São Paulo estava nas semifinais. Se empatasse, haveria um jogo extra entre os dois, no meio da semana, no Morumbi.

No domingo, 22, houve de tudo no Pacaembu. Até rumores de *mala branca*, que sempre aparecem quando o São Paulo precisa de uma ajudinha de terceiros (é lembrar da surpreendente performance do Goiás contra o Flamengo no Maracanã, na reta final do Brasileiro de 2009). Houve torcida do São Paulo chegando uniformizada ao Pacaembu para apoiar o rival praiano. E houve levas e levas de cruzeirenses a invadir o templo do futebol paulista, confiantes em que a bela campanha seria coroada com a classificação.

O que se viu foi uma bela partida, lá e cá, com boas intervenções dos dois goleiros (Rodolfo Rodríguez, como de hábito, fez pelo menos uma defesa espetacular, em cabeçada de Gil). Nos minutos finais, produz-se um daqueles lances que mostram bem de que lado está a sorte: num contra-ataque santista, Chicão recebe na entrada da área, sozinho, e toca rasteiro no canto; a bola bate na trave, rebate no corpo do goleiro Gomes e vai para fora. No lance seguinte, é a vez de Gomes fazer belíssima defesa, após cabeçada de Osmarzinho.

E aí se deu o lance mais polêmico da Copa União: a defesa cruzeirense dá um chutão adiante e a bola termina nos pés de Gil, no bico da grande área. Ele avança e cruza uma bola sonsa, horizontal, que atravessa toda a pequena área santista. No meio do caminho estava lá o armador cruzeirense Heriberto, numa banheira deslumbrante. Os cruzeirenses sustentarão que ele não participou da jogada, e de fato ele tira o corpo da bola, como quem não quer nada com ela. Só que com isso fez o corta-luz para Careca, que vinha de trás, erra o chute bisonhamente, mas a bola saltita à sua frente, dando-lhe uma segunda oportunidade, que ele não desperdiçou. Aos 46 do segundo tempo, o Cruzeiro estava classificado para as finais. A torcida do São Paulo jamais perdoará José Roberto Wright.

Simultaneamente à disputa entre Santos e Cruzeiro, o Palmeiras jogava a sua sorte contra o Galo, no Mineirão, e o Flamengo dependia apenas de si para classificar-se, no Maracanã. Ressalte-se: o Atlético continuava soberano nesse grupo, um ponto à frente do Flamengo. Mas, por sugestão de Oswald de Souza, o regulamento tinha lá um detalhe nas letras miúdas: se se desse o caso, que se deu, de um mesmo time vencer o seu grupo nos dois turnos, o segundo classificado seria o time que obtivesse a segunda melhor pontuação *no segundo turno*. Para Oswald de Souza, era a forma de maximizar o interesse na disputa, até o último momento.

Para premiar o time que alcançasse a façanha de vencer a disputa nos dois turnos, ele entraria nas semifinais com um ponto de vantagem. E o Atlético, naturalmente, não queria abrir mão dessa benesse, sobretudo quando a perspectiva era a de enfrentar o seu velho algoz Flamengo. De modo que o time jogou sério e bateu o Palmeiras por 1 a 0, gol de Marquinhos, numa jogada que começou, como sempre, com Sérgio Araújo. O Atlético permanecia invicto e aparentemente imbatível após quinze partidas, onze delas clássicos do futebol brasileiro.

Mas, no Maracanã, ninguém queria depender do Atlético, que, nos nossos piores pesadelos, bem podia entregar o jogo só para tirar o Flamengo das finais (não seria, jamais, do estilo de Telê Santana, mas o temor tinha amparo nos ressentimentos históricos dos atleticanos). E havia um fantasma a assombrar os rubro-negros mais velhos e de mais memória: Maracanã, 4 de dezembro de 1975. O Flamengo de Zico, Luisinho Lemos e Doval enfrentava o Santa Cruz de Givanildo, Fumanchu e Ramón por uma vaga nas semifinais. Perdeu por 3 a 1.

Naquela tarde nublada, o placar eletrônico registrou público pagante de 67.601 torcedores. E, no entanto, deu-se esse fenômeno curioso: todo rubro-negro que se preze diz que estava lá. Isso, em 1987, talvez perfizesse um público de 25, 30 milhões de espectadores presentes, o maior da história do futebol. Ia, cada um, com um pressentimento que, multiplicado por 67 mil ou por 30 milhões, bem podia descrever-se como uma sabedoria tribal. Pois, lá no fundo de nossas almas rubro-negras, todos nós sabíamos, intuíamos que era tarde de Zico, como nos velhos tempos. E que podia ser uma das *últimas* tardes de Zico, e nós que nos virássemos para preencher aquele vazio assombroso em cada domingo que nos restasse, pelo resto de nossas vidas.

Não era só premonição. Desde que Zico se machucara ainda no estadual, contra o Vasco, que a imprensa carioca fervilhava de hipóteses sobre ele pendurar as chuteiras e tornar-se dirigente, já para 1988. Zico negava uma e outra vez, mas algo em seu comportamento, a vontade de luta perfeitamente inverossímil em quem jogava com o joelho arrebentado, tornava razoável a crença de que o craque queria coroar a sua carreira com a conquista daquela Copa União. E, embora o negasse em público, ele mesmo o dizia, no vestiário. Quem conta é Gilberto Cardoso Filho, então vice-presidente do Flamengo e encarregado de gerir o dia a dia do clube, enquanto Marcio Braga exercia o cargo de constituinte em Brasília: "Uma coisa é o que se diz [em público], outra coisa é o que [os jogadores] comentam entre eles. E o Zico, sentindo que estava no fim já, queria muito aquele campeonato. Ele queria demais aquele campeonato. E ele cobrava muito da turma: — Turma, este é o meu último."[385]

Não foi um jogo fácil, apesar da fragilidade aparente do adversário. Na véspera, o presidente do Santa Cruz, José Neves Filho, confirmou de público que o Palmeiras oferecera um incentivo de 600 mil cruzados aos cobras-coral, em caso de vitória (coisa à toa, uns 40 mil reais de hoje). E sinalizou, ainda, com a possível contratação de Zé do Carmo e Lula para 1988.[386] Para além do empenho dos pernambucanos, a sorte parecia não estar do nosso lado. No primeiro tempo, o Flamengo sitiou o arco do adversário sem jamais devassá-lo. Renato perdeu um gol na pequena área. Zico, de bicicleta (ele andava obcecado em fazer um gol de bicicleta), botou a bola no travessão. Mais tarde, Zico mata na coxa, dá uma meia-

-lua no zagueiro e chuta em cima de Birigüi. Até que, aos 39, Dadinho sofreu falta dentro da área rubro-negra, devidamente assinalada pelo sr. Nei Andrade Nunes Maia. O espectro de 1975 rondou o Maracanã por alguns segundos, que nos pareceram uma eternidade. Mas Dadinho, talvez intimidado por 30 milhões de espectadores presentes nas arquibancadas, chutou para fora. O Flamengo respirava.

No comecinho do segundo tempo, Leonardo foi à linha de fundo e cruzou. A bola bateu em dois zagueiros e foi procurar Zico, que emendou de perna esquerda: Flamengo 1 a 0. Leonardo, até outro dia torcedor de arquibancada como qualquer um de nós, não resiste à emoção e abre o berreiro. Não se concebe honraria maior para um jogador do que habilitar um gol de Zico.

Dali a pouco, Aílton e Bebeto conseguiram furar, um depois do outro, um cruzamento rasteiro de Zico na pequena área. Como punição, o Santa Cruz empatou o jogo após um apagão momentâneo na defesa do Flamengo, que viu Cardim pegar sozinho uma bola espirrada e tocar para dentro do arco.

A nossa memória às vezes nos prega peças, e é bem possível que registrasse que a vitória sempre esteve ao nosso alcance. Pois o jogo permaneceu empatado até os 35 do segundo tempo, e, houve sim, momentos de tensão nas arquibancadas: nenhum de nós queria sequer pensar na hipótese de o Palmeiras reagir no Mineirão. E o nosso golzinho salvador não saía. Leonardo, habilitado brilhantemente por Zico, mandou um petardo no corpo de Birigüi. Mais tarde, Renato dribla Lula e chuta de perna esquerda, rente ao poste. Até que, aos 34, Zinho passa por quatro adversários e, já na linha de fundo, é derrubado dentro da área. Pênalti e êxtase. Porque todos ali sabíamos que Zico cobrava e marcava. E não deu outra: Flamengo 2 a 1.

Mas havia melhor. Aos 44, o suplente Alcindo, grande destaque brasileiro no mundial de juniores do Chile, é derrubado na entrada da área. Adivinha quem vai bater? Uma corrente de eletricidade passou pelos 67 mil ou 30 milhões presentes. Como no pênalti de dez minutos atrás, há mais que pressentimento, há certeza. Tanto que Zé do Carmo, na barreira, vira-se de costas para a bola e observa o próprio arco. Diz o folclore que foi advertido por Birigüi, que o mandou olhar para a bola. "Eu, não! Quero ver o gol do Zico!" Verdade ou mentira, fato é que, ao saltar na barreira, Zé do Carmo virou-se de novo para o gol e viu, como todos nós, como a bola sai telegrafada rumo ao ângulo direito de Birigüi, que só acompanhou com os olhos, impotente.

Às vezes a gente tem pena de quem não nasceu Flamengo. Não me entendam mal: os últimos vinte anos foram terríveis, com muito mais misérias que alegrias, mas no nosso repositório de lembranças compartilhadas sempre haverá momentos como aquele, que faziam Nelson Rodrigues perguntar-se por que a alegria rubro-negra é diferente de todas as demais ("não sei se é mais funda ou mais dilacerada, ou mais santa, só sei que é diferente"). Pois aquele foi um desses momentos. Saímos dali cantando que "o Zico é o nosso rei", e sabíamos que estava acabando. Era mais fundo, mais dilacerado. Mas era alegria.

Tinham deixado o Flamengo chegar. E deixou chegar, fodeu!

Este é o momento em que a narrativa abre mão do esforço inglório de competir com o *video-tape*. Está aí o YouTube para mostrar em imagens o que este autor tentaria, em vão, descrever em palavras. Mais a mais, são lances que estão há trinta anos fincados na memória afetiva do torcedor brasileiro, junto com todos aqueles que se enumeraram no primeiro capítulo.

Quando começaram as semifinais, a crítica especializada esperava a classificação dos dois times de melhor campanha, Atlético e Cruzeiro. Pela primeira vez na história, haveria uma final mineira, e o estádio Magalhães Pinto viveria, então, a sua tarde de glória maior.[387] Fosse qual fosse o resultado, estaria enterrada a frustração da final que não houve, levada malandramente ao Maracanã pelos cartolas vascaínos, em 1974; estaria superado o drama dos pênaltis de 1977 e a consagração que escapou aos atleticanos em 1980, no Maracanã.

Essa certeza começou a ruir no dia 29 de novembro de 1987. No Beira-Rio, o Cruzeiro até que fez a sua parte, segurando o 0 a 0 que lhe permitia decidir tudo em casa, com uma vitória simples. Durante a maior parte do jogo, os mineiros jogaram na retranca e ocuparam-se, basicamente, de anular Luís Fernando. A partir da metade do segundo tempo, o Cruzeiro passou a controlar a partida na base do toque de bola e bem podia ter vencido: Taffarel fez pelo menos três boas defesas em arremates de Cláudio Adão (de bicicleta) e Careca, duas vezes. Mas Ênio Andrade não se abatia. Já tinha demonstrado em 1985, com o Coritiba, que conhecia a receita para cozinhar um adversário embalado no grito de sua torcida: "No Mineirão, a torcida vai exigir que o Cruzeiro ataque mais. E aí poderemos surpreender, pois estaremos à vontade para usar o contra-ataque."[388]

A 1.100 quilômetros dali o Maracanã recebeu o maior público da Copa União: 118.162 pagantes. Era tarde de festa, e o Flamengo derrotou o até ali invicto Atlético Mineiro por 1 a 0. Não jogou bem: durante a maior parte da partida, viu os seus avanços bloqueados por uma marcação implacável do meio-campo atleticano. Com isso Zico foi obrigado a recuar demais para buscar o jogo, e seus lançamentos não encontravam Bebeto e Renato inspirados: as duas estrelas do ataque jogavam muito mal, inusualmente mal. No vácuo do Flamengo, o Galo foi crescendo, e obrigou Zé Carlos a fazer intervenções providenciais em pelo menos quatro oportunidades. Duas delas dignas dos mestres da posição. Aos 16 minutos, defendeu com a perna um chute rasteiro de Marquinhos, que tinha endereço certo. Aos 27, viu Sérgio Araújo adentrar a área sozinho, pela direita, mas o goleirão antecipou-se e como que hipnotizou o ponta atleticano; naquele átimo de indecisão, Zé Carlos atirou-se aos seus pés e ficou com a bola, sem fazer falta.

O jogo parecia caminhar para o empate, e a torcida rubro-negra parecia conformada. Tínhamos ido até longe demais, em meio a tantas contusões. Até que, lá para o meio do segundo tempo, Renato fez a sua principal intervenção no jogo: pediu à torcida que despertasse. O resultado foi o esperado, aquilo que o maestro Ricardo Prado, noutra ocasião, descreveu como "um grito, um lamento, uma música linda formada por apenas duas notas (uma terça menor descendente!)"[389]: "Meeeeeengooooo! Meeeeeengooooo!"

Foi o bastante para minar a autoconfiança dos atleticanos, até ali prenhes de certezas. Admitiu-o o próprio Luizinho: "Era muito barulho. Eu nem conseguia conversar com meus companheiros em campo." E Zé Carlos, o herói da tarde, constatou o óbvio: "O nosso time cresceu depois daquela cena."[390]

Aliados ao grito da torcida, dois outros ingredientes contribuíram para fazer daquela tarde uma festa rubro-negra: a superior inteligência de Zico e a força sobrenatural dos orixás. Pois, na véspera do jogo, Bebeto ganhou de presente de seu pai, Wilson de Oliveira, uma chuteira abençoada por todos os santos da Bahia de Todos os Santos.[391] Estreava-a contra o Galo e, se desse certo, jogaria com ela em todos os jogos restantes.

Aos 32 minutos, a torcida começa a pedir a entrada de Alcindo, e era lícito supor que o queria no lugar de Bebeto, que até ali não jogara nada. Marquinhos Carioca, cobrando falta, lança um chuveirinho sem a menor pretensão na área rubro-negra, e Zé Carlos agarra sem dificuldade. Põe a bola em jogo com Andrade, de cujos pés partiria quase tudo de bom, dali em diante. Andrade toca para Leonardo na lateral. Leonardo com Renato, de novo para Leonardo, de novo para Andrade, que com um come tira da marcação implacável de Éder Lopes e abre com Jorginho na lateral direita. Jorginho passa por um e entrega a Zico a um passo da meia-lua. Numa diagonal de, quando muito, seis metros de ponta a ponta estão Bebeto, que entra, e Zico, que recebe, em meio a três defensores atleticanos. O contato de Zico com a bola é mínimo, imperceptível para os zagueiros: com o tornozelo direito, ele a coloca no único vão discernível, não pelo olho humano, mas pelo Seu. Quando recebe, Bebeto já não tem mais zagueiro nenhum diante de si, mas está na diagonal do gol, e com o grande goleiro João Leite bloqueando seu ângulo de visão. Pela força dos orixás, Bebeto erra bisonhamente o chute. Em vez de bater forte na bola, como qualquer um e até ele próprio fariam, ele raspa o biquinho da chuteira numa esquina da pelota, que vai para baixo, quica na grama e encobre João Leite. Quem não percebeu que o campeonato estava ganho ali não entende porra nenhuma deste jogo: Flamengo 1 a 0. A massa atleticana podia enrolar as bandeiras e a vantagem do empate e fazer de ambas o que melhor lhe aprouvesse.

Claro que havia a volta, no Mineirão, e a revanche jamais se disputaria em condições normais. Até porque, em meio à festa, parte da torcida rubro-negra fizera um papelão no Maracanã. O assunto merece um registro, porque, junto com um punhado de coisas boas, esta foi uma tendência ruim que se tornou perceptível em 1987: a violência das torcidas. Que alguma coisa não andava bem, nas arquibancadas, podia intuir-se desde, pelo menos, 1985, quando a *Placar* dedicou matéria de capa aos desordeiros da torcida do Palmeiras.[392] Em 1987, já tinha havido contratempos graves no Flamengo x Palmeiras. Para quem tinha olhos de ver, aquele campeonato foi um ponto de inflexão.

Este autor teve ocasião de conversar a respeito com Francisco Albertino Moraes, uma referência histórica (e pacífica) da Raça Rubro-Negra. Conta ele que as coisas começaram a deteriorar-se quando uma nova leva de dirigentes resolveu custear as viagens e ingressos das torcidas organizadas, que até ali se viravam sozinhas, com recursos próprios. Subvencionadas, passaram a atrair, para as suas viagens interestaduais, gente que até então não participava por carecer dos meios materiais. Entre os novos adeptos, havia um número considerável de delinquentes. No Flamengo, o processo teria começado em 1984, com George Helal, que "tinha ambições políticas e colocou as organizadas dentro do Flamengo, dando força e ênfase para a Torcida Jovem".[393] Com essa gente na estrada, potencializaram-se as inimizades contra as torcidas dos rivais naturais de cada clube, torcidas essas que passavam por processos semelhantes. Formaram-se, então, dois eixos sinistros conformados por Flamengo, Corinthians e Cruzeiro, de um lado, Vasco da Gama, Palmeiras e Atlético, de outro.

Em 29 de novembro de 1987, o ódio entre rubro-negros e atleticanos finalmente explodiu. Quando, às 12h30, a PM carioca abriu os portões do Maracanã para o ingresso de cinco mil atleticanos, estes se depararam com uma comissão de boas vindas nada amistosa das organizadas do Flamengo, já na rampa de acesso ao estádio (como tinham chegado ali, ninguém explicou, mas era conhecido de todos que as organizadas tinham salas próprias no corredor que contornava o anel das arquibancadas). Choveram pedradas, houve pancadaria e uma fuga desesperada, e as vítimas não foram apenas o *lumpen* atleticano: muito torcedor comum passou perrengue naquela tarde. No final do jogo, um representante da Galoucura advertia: "Depois deste incidente, só Deus sabe o que vai acontecer lá em Belo Horizonte. Tem torcedor prometendo até a morte."[394]

Nos três dias seguintes, dirigentes, jogadores e até a comissão técnica do Atlético insuflaram a torcida do clube contra os rubro-negros. O chefe da Galoucura, um tal Mundinho, acusou a torcida do Flamengo de desrespeitar algo chamado "acordo de Porto Alegre, feito com as torcidas do Atlético e do Palmeiras, de não agredir ninguém", e "assim, estamos à vontade para dar o troco".[395] Já de volta a casa, o normalmente ponderado Telê Santana conclamou a massa a "invadir o Mineirão, não deixar nenhum espaço para a torcida do Flamengo, ou seja, *devemos fazer o mesmo que eles fizeram conosco no Maracanã*"[396] (grifo do autor). Na véspera do jogo, em meio a notícias de que a caravana rubro-negra contaria com proteção policial desde a chegada a Belo Horizonte, Luizinho afirmava que o Galo ganharia "de qualquer maneira, até no grito". Na Vila Olímpica, Telê insistia em suas teses tresloucadas: "O torcedor do Flamengo que conseguir entrar no Mineirão ficará espremido, acompanhando o jogo pelo rádio."[397]

Todas as ameaças se concretizaram. Na véspera do jogo, o nosso Moraes deu uma entrevista afirmando que iria a Beagá "comer galo caipira". Fretou um voo com 250 lugares, ao passo que as torcidas organizadas botaram sessenta ônibus na estrada (isso a despeito de o histórico chefe da Raça, Cláudio Cruz, ter advertido todo e cada integrante dos riscos que corriam). Ao chegar ao aeroporto da Pampulha, Moraes surpreende-se com a presença de seis camaradas da Raça que o esperavam no saguão. Advertiram-no de que ele estava ameaçado de morte, pela entrevista que concedera, e a comitiva VIP de Moraes foi ao estádio escoltada pela polícia mineira e pela Raça. "Chegando ao estádio, vi uma cena inesquecível: o *hall* de entrada do Mineirão todo molhado de sangue, uma carnificina".[398] Houve de tudo. A lembrança deste autor, que aos onze anos assistia a tudo comodamente pela televisão, é a da torcida do Flamengo espremida num curralzinho, cercada de grades, com um oceano de atleticanos a estocarem-na com os paus das bandeiras. Os que entraram foram recebidos com pedradas, morteiros e bolas de gude. Na tribuna de honra, a senhora de Zico, Sandra Coimbra, afirmava que "nunca [vira] ambiente mais hostil na minha vida", que ali só se falava em "quebrar tudo, matar todos" e que "nem [vibrou] com o gol de Zico". Não estava sozinha: Moraes nos conta que "tinha gente nossa que estava torcendo para o Flamengo perder para sair vivo". O saldo da noite foi de 41 feridos, oito ônibus e um carro com o logotipo da TV Globo depredados.[399]

Dentro de campo, o que se viu foi uma das partidas mais emocionantes de que se tem notícia. Para além da rivalidade já histórica, havia o desejo de Renato Gaúcho de ir à forra contra Telê Santana, que o cortara da Seleção que foi ao México. Como exigiam a sua torcida e as circunstâncias, o Atlético partiu para cima do Flamengo, e nisso cometeu um erro crasso, aliás dois. Em primeiro lugar, ao partir para o abafa, concentrava toda a sua atenção nas duas linhas de defensores armadas por Carlinhos — Leandro e Edinho atrás, Leandro Silva, Andrade, Aílton e Leonardo mais à frente — e deixava sem marcação ninguém menos do que Zico, pouco mais à frente. Em segundo lugar, pela afobação demonstrada, os atleticanos telegrafavam aos adversários, muito mais experientes e malandros, o tamanho de seu desespero. Quem melhor percebeu foi o próprio Zico: "O time deles jogou no desespero de sua torcida. Entrou em campo para resolver a partida em dez minutos. Bastava prestar atenção na fisionomia de alguns jogadores para sentir que não aguentariam a pressão emocional."[400]

O Flamengo aguentou o tranco e, em dois contra-ataques, abriu 2 a 0, com todas as jogadas passando pelos pés de Zico. Aos 22 minutos, Leonardo rouba uma bola na lateral esquerda e entrega a Zico, na intermediária de ataque. Zico abre na ponta para Bebeto, que tromba com um zagueiro, mantém a posse de bola e cruza com açúcar. Zico, na grande área, só cumprimenta a bola com um aceno de cabeça: Flamengo 1 a 0. Aos 31, é novamente Leonardo quem tira um chuveirinho da área do Flamengo. A bola sobra para Aílton, que toca para Zico na lateral direita. O Galinho faz um lançamento de uns 40, 50 metros para Renato, que vinha em carreira desabalada pela ponta direita. Renato cruza em cima do zagueiro Batista, que tenta tirar da área de calcanhar e erra. Bebeto, batido no primeiro lance, recupera-se a tempo de errar o chute. A bola sai prensada, bate no corpo de Batista e engana de novo João Leite. Graças à chuteira dos orixás, o Flamengo amplia: 2 a 0.

O Flamengo podia ter goleado a partir daí, sobretudo porque o desespero atleticano fugiu a qualquer medida de racionalidade. Antes que a bola rolasse de novo, um torcedor invadiu o campo e agrediu Leandro Silva. Eram sete anos de frustrações a exigir alguma espécie de satisfação, ainda que fosse na porrada. Ainda hoje, impressionam os esgares de ódio na cara horrenda do delinquente de óculos sendo arrastado pela PM mineira para fora do campo. E não é um só: são dezenas de torcedores atleticanos a correr pelo campo e a exigir a intervenção da polícia e dos seguranças privados. Num país normal, o jogo tinha terminado ali, com a vitória do Flamengo e a interdição do Mineirão. Isto aqui sendo o Brasil, contemporizou-se, e o jogo prosseguiu, depois de oito minutos de paralisação.

Quando o jogo recomeça, também os jogadores atleticanos dão provas de que estão cegos de ódio, por mais uma bela campanha que termina ali onde quase sempre terminam as belas campanhas do Galo: diante do Clube de Regatas do Flamengo. No meio-campo, o lateral Paulo Roberto tenta abater Zico com uma voadora criminosa, muito parecida com a de Márcio Nunes dois anos antes. Graças a Deus, Zico intuiu o que ia acontecer e saltou. Mas Paulo Roberto é mui justamente expulso, e o caminho para a goleada está escancarado.

Não havia de ser. No segundo tempo, os atleticanos vão buscar as últimas reservas de energia de que dispõem, e voltam a sitiar a área rubro-negra com o mesmo ardor dos primeiros vinte minutos. Ao fazer isso, expõem-se, e o Flamengo podia ter matado o jogo: nos primeiros quinze minutos, Bebeto, primeiro, e Aílton, depois, perderam dois gols feitos, dentro da área atleticana. Mas quem complica é o Galo. No lance seguinte, Edinho derruba Renato Pé Murcho dentro da área. Na cobrança do pênalti, Chiquinho diminui. Sentindo a possibilidade da virada, os atleticanos partem com tudo. Os próximos cinco minutos são um arrastão, até que, aos 19, Chiquinho lança Sérgio Araújo, que passa pelas costas de Andrade, passa por Leonardo, tira de Edinho e, quando Leandro ia para o carrinho, bate no canto de Zé Carlos e empata: 2 a 2. A virada estava na esquina.

Uma vez mais, não havia de ser. Desesperados podíamos estar nós cá fora, e os próprios atleticanos lá dentro, mas os jogadores do Flamengo mantiveram a calma. Zico disse: "Quando terminou o primeiro tempo, com a vantagem de 2 a 0 para o Flamengo, senti que não perderíamos mais, embora o Atlético, mesmo com dez jogadores, [viesse a reagir] e [chegasse] ao empate. Mas nosso time estava muito bem em campo, consciente de que poderia vencer. É aquele negócio: a gente sente quando dá para vencer."[401]

E com isso chegamos ao momento inesquecível da Copa União. Passava pouco das onze da noite. Os atleticanos ainda sitiavam a área rubro-negra, mas já tinham esgotado suas energias. Ainda assim, na busca desesperada pelo gol salvador, a zaga joga praticamente na risca do meio-campo. Foi por ali que Luizinho, o maestro do time, tocou de lado para Batista, que abre lá na direita com Chiquinho. Acossado por Zinho, Chiquinho precipita-se e perde o controle da pelota. Andrade rouba, Aílton espirra para a frente e a bola encontra Renato no círculo do meio-campo. Renato tem Batista diante de si, mas tem também o recurso que lhe garante o seu preparo físico invejável. Dá um passe para si mesmo, uns quatro ou cinco metros à frente de Batista. O ponteiro rubro-negro não corre: galopa. Passa fácil por Batista na intermediária e tem o caminho livre até o arco de João Leite. Na entrada da área, Batista ainda tentou a tesoura por trás, mas Renato já lhe escapara. João Leite podia tentar o recurso da hipnose, como Zé Carlos fizera com Sérgio Araújo no primeiro jogo. Só que Renato nunca duvida de si: tira de João Leite com um corte lateral, permanece de pé a despeito da trombada do goleiro contra seu ombro e, já na pequena área, empurra a bola para o arco vazio: Flamengo 3 x 2 Atlético. O grande ponteiro ainda parte para a torcida, o dedo na boca em sinal de silêncio, um silêncio doído que ecoa há trinta anos dentro da moldura da serra do Curral.

Contado assim, parece uma eternidade. No relógio, entre Luizinho passar a Batista e Renato tocar para as redes, foram escassos 19 segundos. Dezenove segundos gravados para sempre na memória afetiva de todo brasileiro nascido entre 1930 e 1980. Como o chapéu de Pelé no zagueiro sueco, o tiro de Carlos Alberto contra a meta italiana, o gol iluminado de don Elías Figueroa ou o chute sem ângulo de João Danado Nunes contra o mesmo João Leite — é dessa matéria que se fazem as lembranças dignas de guardar-se.

Desafia-se o torcedor do Sport a referir um, um só momento assim de sua campanha de 1987.

Eliminado o Atlético, uma segunda angústia abateu-se sobre seus jogadores e torcedores: e se o Cruzeiro ganhar do Inter?[402] Era o caso de partir em êxodo e ir fundar uma nova capital para os lados de Montes Claros ou no Alto São Francisco, em qualquer lugar, mas longe do rival.

Mas aquela foi uma semana ingrata para os mineiros, ou ao menos para os mineiros *que não fecham com o certo* (i.e., que não torcem pelo Flamengo). No mesmo Mineirão, 24 horas depois, Ênio Andrade pôs à prova, uma vez mais, o seu receituário. O velho gaúcho sabia que tinha sob o seu comando uma equipe mais jovem, com muito mais fôlego que o Cruzeiro. Era fazer como o seu Coritiba fizera em 1985: jogar fechadinho, impedir que o adversário desenvolvesse o seu jogo e ir desgastando-o até a prorrogação, até os pênaltis, se necessário. Nesse esforço, o Internacional fez nada menos do que 59 faltas, contra 29 do Cruzeiro.[403] No tempo normal, chegou apenas duas vezes, numa bicicleta de Aluísio e num tiro violento do paraguaio Brites — tudo isso antes dos dez minutos do primeiro tempo. Do outro lado, os ataques cruzeirenses eram parados com faltas ou, quando muito, morriam no paredão que era Taffarel.

Aos quatro minutos da prorrogação, Norberto lança um chuveirinho britânico para dentro da área cruzeirense, onde está apenas o centroavante Amarildo, marcado por um único beque. Amarildo ergue-se feito uma torre e, de cabeça, põe no cantinho de Gomes. A partir dali, o superior preparo físico dos gaúchos determinou o curso do jogo. O Cruzeiro, a rigor, teve uma única chance, num lance em que o zagueiro Vilmar até encaçapou a bola, mas Careca cometera falta antes em Taffarel, jogando-o para dentro do arco. O juiz viu tudo e anulou o gol.

Encerrados os 120 minutos, a torcida atleticana pôde respirar aliviada. Um dia depois do *Mineirazo* rubro-negro, o Cruzeiro também estava eliminado. Talvez porque não jogou de branco. E, naquele Natal, a tradicional família mineira, reunida em torno da ceia, falou de tudo, menos de futebol.

Dos dezesseis maiores clubes do Brasil, sobravam apenas dois. Dois jogos mais e o Brasil conheceria o seu *maior* campeão. Explica-se o advérbio: àquela altura, estávamos longe do revisionismo histórico patrocinado por Ricardo Teixeira, em 2010, e por isso só se computavam os campeonatos disputados a partir de 1971. De maneira que se ignoravam dois títulos perfeitamente legítimos do Palmeiras, e o eventual vencedor, Flamengo ou Internacional, passaria a considerar-se o primeiro *tetracampeão* do Brasil. Foi esta a narrativa criada por toda a imprensa brasileira, que desdenhava, unânime, a possibilidade de a CBF impor o seu ridículo cruzamento.[404]

Houve pouquíssimo tempo para a torcida do Flamengo decidir se era melhor ou pior o adversário ser o Inter, em vez do Cruzeiro. As semifinais encerraram-se já nas primeiras horas da sexta-feira, e o primeiro jogo da grande decisão seria no domingo, no Beira-Rio. Entre os rubro-negros, havia respeito por Luís Fernando, Norberto, Taffarel e, sobretudo, Amarildo, cuja vocação para artilheiro, quando mais importava, não deixou de impressionar. Mas, jogador por jogador, todo o mundo sabia que o Flamengo era muitíssimo mais time.

Só que, quando a crônica e a torcida ensaiavam debruçar-se sobre fecundas questões técnicas e táticas, alguém chamou a atenção para uma das trapalhadas até ali despercebidas de Octávio e Nabi. No regulamento outorgado pela CBF, o tal que fora imposto sem a anuência de ninguém e com o torneio já em andamento, havia lá uma cláusula absolutamente incompreensível sobre os critérios de desempate, em caso de dois empates ou de uma vitória para cada lado, nas duas partidas finais. A questão é vasta e enfadonha e não merecerá mais do que um registro perfunctório, e apenas e tão-somente pelo impacto que teve no campeonato semiclandestino que se disputava paralelamente, o tal do Módulo Amarelo. O resumo da ópera é que não estava claro para ninguém se os critérios de desempate elencados pelo regulamento — maior número de vitórias, melhor saldo de gols, maior número de gols a favor — diziam respeito à performance dos times em todo o campeonato, nas fases finais ou apenas nos dois jogos finais.[405]

Diante do impasse, e numa demonstração mais de que ali valia o que os treze acordassem, Flamengo e Internacional tomaram uma decisão absolutamente surpreendente, pelo que tinha de civilizada: puseram-se a negociar, sob os auspícios de Carlos Miguel Aidar e Paulo Odone. Numa primeira tentativa, a 4 de dezembro, até buscaram sentar-se à mesa com Octávio Pinto Guimarães, mas as tratativas frustraram-se quando o presidente da Federação Gaúcha, o sr. Rubens Hoffmeister, irrompeu no prédio da rua da Alfândega para agredir Marcio Braga, que num programa de televisão se referira ao cartola gaúcho como "bichona".[406] Inviabilizada pelas cenas de pugilato, a reunião terminou ocorrendo só no dia seguinte, no Hotel Everest de Porto Alegre, mas dela participaram apenas os presidentes do Flamengo, do Internacional, do São Paulo e do Grêmio, sem a presença de qualquer cartola da CBF. Terminado o encontro, encaminharam um ofício a Nabi Abi Chedid informando-o da decisão tomada pelo Clube dos Treze: em caso de igualdade de pontos nas duas partidas finais, haveria uma prorrogação e, se necessário, disputa de pênaltis.[407] Já completamente desmoralizada, a CBF apenas acedeu ao que os clubes decidiram por si próprios. E estendeu a regra também ao Módulo Amarelo.

Superado o impasse, e afastada a possibilidade até ali concreta de a Copa União decidir-se por sorteio[408], Flamengo e Internacional entraram em campo a 6 de dezembro de 1987, no Gigante da Beira-Rio. O jogo foi tudo o que se temia que fosse: cauteloso, truncado, feio de se ver. De positivo mesmo, houve a desenvoltura de Renato, perfeitamente à vontade para tripudiar do velho freguês. Aos 30 do primeiro tempo, foi ele quem desceu até à linha de fundo e cruzou na cabeça de Bebeto, cujas chuteiras abençoadas o fizeram saltar muito acima de Luís Carlos Winck para abrir a contagem. No entanto, três minutos depois, Aloísio achou Amarildo na área rubro-negra, de costas para o arco, mas o centroavante colorado girou com rapidez, deixou Edinho na saudade e empatou o jogo. Fora isso, de memorável houve apenas a bicicleta de Bebeto, dentro da área colorada, já no segundo tempo. Taffarel, também ele atleta de Cristo, só pôde orar para que a bola não entrasse, como de fato não entrou: estourou no travessão, como aquela de Zico, contra o Santa Cruz.

Terminado o jogo, a torcida do Flamengo comemorava. Ainda não éramos tetra, mas quase. Por mais que respeitássemos o time de Ênio Andrade, por ser um time de Ênio Andrade, sabíamos que, no Maracanã, era praticamente impossível aquele Flamengo perder. Quem melhor o disse, marrento como sempre, foi o nosso Renato: "A torcida do Inter pode perder as esperanças: o Flamengo não é o Cruzeiro. O Inter teria alguma chance se contratasse mais uns seis."[409] De outro lado, Ênio Andrade torcia para que o Flamengo, embalado no grito da torcida, partisse para dentro e abrisse espaços. Mas já ensaiava o discurso de quem não via na derrota nenhuma tragédia. A sua justificativa quase ideológica era que "o [Flamengo] mudou muito durante a competição: deixou de jogar enfeitadinho e adotou um estilo competitivo e aplicado".[410] Para um adepto do futebol de resultados, não havia vergonha em perder para um time assim.

A geração dos pontos corridos não faz ideia do que eram a expectativa, a tensão dos dias que precediam uma final de Campeonato Brasileiro. Quem gostava de futebol, e éramos quase todos, não tinha outro assunto, não podia pensar em outra coisa. Nos escritórios, nas fábricas e nas escolas a produtividade reduzia-se a pouco mais de zero, enquanto contávamos os dias, as horas, os minutos para a grande decisão.

Naquela semana, entre 7 e 13 de dezembro de 1987, o Brasil inteiro respirou Flamengo, talvez como nunca antes, graças à força do sinal da Rede Globo, que investira na Copa União e já contabilizava os lucros astronômicos de uma aposta clarividente. E, com o Flamengo na final, aquilo tudo era muito melhor que a encomenda.

O respeito que havia pelo Internacional foi-se erodindo a cada dia que passava, na medida em que se firmava a certeza de que não havia termos de comparação possíveis entre os escretes de um e de outro — ainda mais com a confirmação de que Zico jogaria, mesmo que no sacrifício. Já no sábado, 12 de dezembro, a expectativa era de uma goleada inapelável e devastadora[411], se possível com gol de bicicleta de Zico.[412] Os funcionários da EMBRATEL, a estatal que se ocupava das telecomunicações, suspenderam a greve para que o Brasil pudesse ver o Flamengo.[413] A SUDERJ pôs à venda nada menos do que 146 mil ingressos. Ainda na véspera, na Gávea, uma cena inesquecível dá a justa medida do que era a obsessão de todo o país com o Flamengo e com os seus craques: uma menina saída das profundezas do Mato Grosso implorava, histérica, aos prantos, as lágrimas grossas a correr pelas bochechas caboclas, por um beijo de Renato Gaúcho.[414] Era coisa só comparável à *beatlemania*, e o *Beatle* Renato compadeceu-se e deu o beijo que a moça exigia.

Naquele domingo histórico, 13 de dezembro de 1987, houve apenas um detalhe a estragar os planos da nação rubro-negra: choveu pra caralho, dez horas ininterruptas de tempestade, que deixou o saldo de dois mortos, seis desaparecidos e sabe-se lá quantos desabrigados.[415] O negócio foi tão feio que, a certa altura, Marcio Braga consultou os jogadores sobre a possibilidade de adiar a decisão. O elenco rubro-negro não quis nem ouvir falar na hipótese: estavam preparados para ser tetracampeões naquela tarde, e assim havia de ser.[416] Ainda assim, por conta do dilúvio, o público da decisão foi muito menor que os 146 mil que se esperavam: feitas todas as contas, e não computada aí a evasão de renda que era de rigor, 91.034 pessoas pagaram ingresso para ver o Flamengo tetra, e o público presente ascenderia, talvez, a cem mil espectadores. Entre eles, Franz Beckenbauer, treinador da seleção alemã, que na véspera jogara um amistoso de que ninguém mais se lembra com um Brasil sem estrangeiros e sem os jogadores de Flamengo e Inter.

Às dezessete horas, a expectativa acumulada ao longo de toda a semana explodiu quando os tetracampeões entraram em campo precedidos pela mais linda das criaturas a jamais pisar o gramado do Maracanã. Além dos onze trajados de gala, uma menina chamada Luciana Vendramini, também ela de vermelho e preto, exibia para todo o Brasil uma barriga absolutamente impossível e perfeitamente ilegal: fora paquita da Xuxa, acabara de completar dezessete anos e estava ali para promover a próxima edição da *Playboy*, estrelada por ela própria. Com dezessete anos. Naquele momento, com Vendramini a drapejar o rubro-negro pendão de minha pátria, e com Zico vestindo o Manto Sagrado quem sabe pela última vez, eu pensava cá com os meus botões que era humanamente impossível alguém *não ser Flamengo*.

O que mais se pode dizer do jogo, depois disso? Que, apesar da chuva, os trens pararam na antiga estação do Derby e ali despejaram uma maré humana também ela impossível e ilegal, vinda de ramais longínquos em Deodoro, Gramacho, Japeri, Saracuruna? Que ali estavam radialistas de 107 emissoras de todo este país-continente, entre elas a Ajuricaba, Sinal de Aracati, Carijós, Índio Condá, Nonoai e Cultura de Timbó?[417] Que, segundos antes do apito inicial, a Raça Rubro-Negra lançou nos céus três estrelas douradas, que seriam complementadas por uma quarta ao cabo dos 90 minutos? Que um urubu pousou em campo, repetindo o funesto precedente de 1983, mas que desta vez Renato não permitiu que infiel nenhum tocasse no bicho? Que a bola rolou com dificuldade, que a goleada esperada não se concretizou, mas que nada disso impediu o Flamengo de decidir o jogo aos 16 minutos do primeiro tempo, quando Renato veio roubar de Paulo Roberto uma bola perdida lá na bandeirinha de escanteio? Que, no rebote, Jorginho deu de cabeça para Aílton, que deu para Zinho, que deu para Andrade, que deu para Bebeto ali onde a bola era muito mais de Taffarel do que dele, mas que a chuteira dos orixás chegou primeiro e marcou o único gol da partida? Que, a partir dali, a superior habilidade do escrete rubro-negro encarregou-se de levar o jogo em banho-maria, e que o Inter, a bem da verdade, não nos deu um único susto ao longo de noventa minutos? Que, aos 37 do segundo tempo, muito marmanjo chorou ao gritar que "o Zico é o nosso rei", enquanto o Galinho saía de campo consagrado, depois de uma campanha heroica? Que naquela tarde ele transcendia em muito a condição de ídolo rubro-negro para tornar-se uma figura mitológica e um exemplo de tudo o que é possível alcançar com alma, coração e raça?

Naquela tarde, 13 de dezembro de 1987, o Flamengo sagrava-se tetracampeão do Brasil, e a ninguém ocorria discutir essa obviedade. E era bom, bom pra caralho ser Flamengo.

VI
O CAMPEONATO CLANDESTINO

"Como na várzea, resolveram
dividir tão honroso laurel."
Juca Kfouri, 11/11/1988

No primeiro semestre de 1987, todo o mundo se julgava no direito de disputar a primeira divisão do Campeonato Brasileiro — até mesmo quem evidentemente não tinha direito nenhum. Depois que Botafogo e Coritiba mostraram o caminho, a Justiça comum e a desportiva tornaram-se fábricas de liminares em favor de qualquer clube que pleiteasse o ingresso no campeonato. Como se viu no terceiro capítulo, já para meados de julho, Vitória, Ponte Preta, Sport do Recife, Fortaleza, Sergipe e Nacional de Manaus ou bem já tinham conseguido a sua liminar salvadora ou estavam em vias de obtê-la. Dos seis, nenhum obtivera em campo, em 1986, o direito de disputar a primeira divisão. Ao contrário: os seis tinham sido rebaixados ao término da Copa Brasil de 1986. Mas isso, na cabeça de cartolas e magistrados, era um detalhe irrelevante.

A esta altura, já terá ficado claro para o leitor de boa vontade que só nos salvamos de um campeonato à moda antiga, com quarenta ou noventa equipes, graças à resolução dos grandes clubes em fazer a Copa União no peito e na raça. Mas nem todo o mundo viu nesse desfecho algo de positivo — principalmente os torcedores dos clubes que, graças à irresponsabilidade de seus cartolas, nutriam expectativas irrealistas quanto à participação na primeira divisão do campeonato.

Uma boa ilustração deste ponto é a seguinte: para além da pesquisa documental que realizou, este autor deu-se ao trabalho de entrevistar alguns jogadores que disputaram o tal Módulo Amarelo, e *todos* começaram seu depoimento salientando a suposta injustiça que seus clubes tinham sofrido. Eis o depoimento de Estevam Soares, capitão do time do Sport em 1987: "A criação do Clube dos Treze pegou todo o mundo de surpresa. Foi uma bomba! Foi uma frustração total, incrível, um puta baixo astral dentro do clube, dentro do elenco."[418] Na mesma linha, o grande zagueiro Mauro Galvão, então no Bangu, assim descreveu como ele e seus companheiros receberam a notícia de que não jogariam a Copa União: "Foi um pouco estranho. Todos estavam esperando jogar o Brasileiro. Até porque o Bangu tinha sido o vice-campeão dois anos antes."[419] Idem Evair Paulino, então centroavante do Guarani:

> Quando o campeonato começou, a gente teve a impressão, sim, de que era injustiça. Parecia um negócio assim: vocês não têm que falar nada, vocês têm que jogar o que nós quisermos. Deu essa impressão de coronelismo. Não dava para saber bem o que estava acontecendo. Nosso time [...] já era um time vice-campeão brasileiro. Aquilo era tudo meio estranho para a gente. Você é vice-campeão, disputa a Libertadores e tudo o mais, mas, por outro lado, você disputa um módulo daqueles que estavam na segunda divisão.[420]

Está claro que a mágoa de Evair destoa da dos demais: de todos os clubes, apenas o Guarani e, possivelmente, o América podiam considerar-se com direitos insofismáveis a disputar o torneio de elite em 1987. Como se viu, prevaleceu o critério, por assim dizer, geopolítico de Nabi Abi Chedid. Mas não deixa de ser curioso que, aparentemente, *todos os demais* se julgassem tão prejudicados, tão sacaneados quanto o Guarani e o América. Ainda hoje, esse elemento está bem presente na narrativa construída pelos cartolas do Sport do Recife. Pedindo permissão por lançar mão de recurso tão extremo e de gosto duvidoso, citemos, como ilustração, uma entrevista recente do então presidente do Sport Club do Recife, o sr. Homero Lacerda:

> Olha, veja bem: são muitos decretos que versam sobre a legalidade do futebol brasileiro [sic]. Esse decreto, com certeza — eu não tô bem lembrado do número dele — foi apoiado neste decreto que o Sport provou o direito adquirido em 86 de participar do Campeonato Brasileiro de 87. [N. do A.: Lacerda referia-se à resolução n° 17/86 do CND.] [...] Agora, resumido, [...] eu quero repetir para deixar bem claro: em 86 [...] se decide quais são os clubes classificados por mérito, que têm direito adquirido de disputar o campeonato de 87. [...] Em 86, 32 clubes se classificaram para disputar o campeonato de 87.[421]

Quem acompanhou este relato até aqui sabe que não é nada disso, e que Lacerda está mentindo com a cara mais lavada do mundo. Mas o registro, embora penoso, é importante para demonstrar em que medida a denúncia de uma injustiça imaginária é central na narrativa construída pelos cartolas do Sport. Como se o clube pernambucano não tivesse terminado o campeonato de 1986 *rebaixado*, dentro de campo, para a segunda divisão. Adiante.

Num país mais normal do que o nosso, a crônica esportiva não precisaria recorrer a mistificações como a de Homero Lacerda para salientar o que houve de positivo no Módulo Amarelo. O só fato de ali, finalmente, se ter formado uma segunda divisão com um número administrável de clubes, todos eles agremiações com alguma torcida e tradição, já constituiu um progresso imenso, se comparado com a esculhambação que eram as *taças de prata* e os *torneios paralelos* vigentes entre 1980 e 1986.

Façamos o contraste com 1986, que se revelará instrutivo. Naquele ano, o Torneio Paralelo contou com a participação de 36 equipes. Dentre essas, talvez nove se pudessem considerar times médios do futebol brasileiro, por méritos desportivos ou por torcida: o América mineiro, o América de Natal, o Avaí de Florianópolis, o Criciúma, o Ferroviário de Fortaleza, a Internacional de Limeira, o Juventude de Caxias do Sul, o Pinheiros de Curitiba e... o Brasil de Pelotas (o destaque aí vai com o objetivo de demonstrar que, por injusto que fosse, não havia nada de inaudito em rebaixar o segundo ou o terceiro colocado do ano anterior). Os demais eram clubes como o Rio Negro de Manaus, o CRB de Maceió, o Confiança sergipano, o Taguatinga, o Ríver do Piauí ou o Ubiratan de Dourados, Mato Grosso do Sul.

Pois muito bem: para 1987, o que se montou foi um torneio muito mais homogêneo, com dezesseis clubes razoavelmente parelhos. Nos capítulos anteriores já se destacaram as proezas então recentes do Bangu e do América. Para além dos times respeitáveis com que os dois clubes ainda contavam, há que se ressaltar o fato de que ambos já se tinham sagrado campeões cariocas, embora em tempos mais longínquos (o último título do América datava de 1960; o do Bangu, de 1966). De São Paulo, além do Guarani, lá estava a Portuguesa de Desportos, que historicamente empregara craques como Pinga, Djalma Santos, Servílio, Zé Maria, Marinho Peres e Enéas, e que tinha em sua galeria um título meio maroto de campeã paulista de 1973 (título dividido com o Santos, depois que o sr. Armando Marques errou nas contas durante a disputa de pênaltis). Também estava a Inter de Limeira, campeã paulista de 1986 e que, desde então, cedera bons jogadores a vários quadros de primeira grandeza (Kita ao Flamengo, Tato ao Palmeiras, Lê ao São Paulo, Gilberto Costa ao Internacional de Porto Alegre).

Do Paraná, lá estava o Atlético, inegavelmente um time de massa, no ambiente circunscrito do Paraná, e de resto semifinalista de 1983, com Rafael Cammarota e o casal 20 Washington e Assis. Lá na Bahia foram buscar o Vitória, que a bem da verdade nunca fizera bonito no Nacional (sua melhor colocação, até ali, fora o oitavo lugar alcançado em 1974 e 1979), mas que dividia com o Bahia a preferência local dos soteropolitanos e historicamente abrigara craques como Mário Sérgio, *el lobo* Fischer e o quase anão Osni.

Em Pernambuco foram buscar dois dos integrantes da tríade que desde sempre dominava o futebol local. Vá lá que o Sport fosse, no máximo, um coadjuvante discreto no Campeonato Nacional (fora o quinto colocado em 1985 e o oitavo em 1978 e 1983). Ainda assim, as suas divisões de base, ao longo das décadas, vinham revelando diversos jogadores que depois se consagrariam entre os grandes clubes do futebol brasileiro, casos de Vavá e Ademir Menezes (Vasco da Gama), Almir Pernambuquinho (Vasco, Santos e Flamengo) e Manga (Botafogo e Internacional). O Náutico podia ser menos generoso na formação de craques — de destaque mesmo, só Orlando Pingo de Ouro, depois consagrado no Fluminense —, mas ao menos chegara a deixar a sua marca nas Taças Brasil nos anos 60, como já se registrou no primeiro capítulo.

Para completar o certame, também foram arregimentados o CSA das Alagoas (já sem Jacozinho), o Ceará, o Rio Branco capixaba (já sem Mazolinha), o Atlético Goianiense, o Treze de Campina Grande, mais o Criciúma e o Joinville, ambos de Santa Catarina. Podia não ser um campeonato que despertasse paixões, mas era muito melhor do que aquilo que se entendia por segunda divisão, até 1986. Partindo do pressuposto irrefutável de que não era escândalo nenhum clubes assim disputarem a segunda divisão ocasionalmente — dali em diante, o próprio Sport foi um dos times que mais vezes terminou rebaixado do torneio de elite[422] —, o Módulo Amarelo foi um bom primeiro passo, e é sob esse prisma que deveria ser retratado.

"Mas, por outro lado, a gente tinha um time muito forte e se divertia jogando bola." A confissão é de Evair, uma das estrelas do mais badalado dos times participantes, o Guarani. Como em 1986, a equipe tinha Sérgio Neri no gol, Ricardo Rocha na zaga, Marco Antônio Boiadeiro no meio, Evair e João Paulo[423] no ataque. A esse time veio somar-se o velho Paulo Isidoro, do Atlético e do Grêmio, então com 34 anos, e na reserva havia um armador chamado Adenor Bacchi, que atendia por Tite. Não consta que tenha deixado saudades como jogador, mas viria a tornar-se um técnico de prestígio.

Aquele Guarani, pelo desempenho em 1986 e pela qualidade do elenco, é o argumento preferido de dez entre dez defensores da ideia disparatada de que o Módulo Amarelo não era a segunda divisão. O argumento vale pelo que vale: o time de fato era muito bom e provara isso no ano anterior, mas esteve muito abaixo das expectativas em 1987. E não só pelo fato de ter sido privado do direito de medir-se com os grandes: no Campeonato Paulista não passou da 12ª colocação; na Libertadores foi eliminado na primeira fase; e, mesmo no Módulo Amarelo, esteve longe de mostrar-se uma força irresistível: ao término da fase classificatória, com quinze partidas jogadas, teve oito vitórias, três empates e quatro derrotas (computado aí o jogo desempate com o Atlético Paranaense no primeiro turno), e só se classificou para as finais na última rodada do segundo turno. São números que demonstram um desempenho qualitativamente superior ao de todos os demais, excetuado o Sport, mas tampouco foi retrospecto digno de um rolo compressor.

Para além do Guarani, o outro elenco que impressionava era o do Bangu. Ainda andavam por lá o goleiro Gilmar e o ponta Marinho, e na zaga brilhava um beque de nome Mauro Galvão. Viera do Internacional, onde fora campeão brasileiro de 1979 e conquistara quatro títulos gaúchos. Pelas glórias acumuladas, chegou a ser referência para o torcedor colorado, juntamente com o craque uruguaio Rubén Paz, aí para meados dos 80. Mas, justamente por isso, achava que era cobrado de maneira excessiva e por vezes injusta; sentia que seu ciclo se encerrara no Beira-Rio e queria novos horizontes. Após uma tentativa malograda de transferir-se para o Porto, aceitou o convite do amigo Paulo César Carpegiani para tentar a sorte no Bangu (como ele mesmo explicou, era a época de Castor de Andrade, e "o Bangu tinha dinheiro").[424] Além de Mauro Galvão, também havia outro jogador que, dali a dois anos, inscreveria seu nome na história do Botafogo: o ponta de lança Paulinho Criciúma. No primeiro semestre, esse elenco conquistara a Taça Rio, o segundo turno do Campeonato Carioca, e terminou o estadual em terceiro lugar.

Os outros times impressionavam menos. A Portuguesa tinha Edu Marangón, um camisa 10 que andara jogando pela Seleção nos caça-níqueis de maio e na Copa América de julho. Estava no auge da forma e, depois disso, teve passagens esquecidas por Torino, Porto e Flamengo (veio para o lugar de Zico, em 1990, e marcou apenas dois gols com o Manto). O time fizera um papel razoável no Campeonato Paulista — ficou em sexto lugar, atrás dos quatro grandes e da Inter de Limeira —, mas desde então perdera Cláudio Adão, que era dono de seu passe e preferiu alugá-lo ao Cruzeiro. Digno de registro, além do futebol de Edu, era o fato de a Lusa preferir jogar de branco, com um uniforme inspirado no do Flamengo campeão do mundo de 1981.

O Atlético Paranaense tinha no arco Fiordemundo Marolla Júnior, goleiro vice-campeão brasileiro (1983) e campeão paulista (1984) pelo Santos. Os mais eram jogadores que não transcenderiam em muito o âmbito curitibano: Cacau, Roberto Cavalo, Manguinha, Carlinhos. A única e notável exceção era Adílson Batista, titular da zaga cruzeirense em princípios dos anos 90 e campeão da Libertadores pelo Grêmio de Scolari, em 1995.

Nos demais times, o aficionado à vera identificará, aqui e ali, um e outro nome conhecidos. Havia Mário Tilico no Náutico, um ponta que seria o herói do título brasileiro do São Paulo, em 1991. No Atlético Goianiense, despontava um atacante rapidíssimo de nome Valdeir, que chegará à Seleção e ao vice-campeonato brasileiro em 1992, jogando pelo Botafogo, onde ganhou o apelido de *The Flash*. No Vitória, havia Hugo e Bigu, este último um volante habilidoso que surgiu no Flamengo, mas não tinha lugar entre os titulares porque ali brigava com Andrade e Vítor. O Criciúma tinha Itá, um lateral-esquerdo de que só se lembram os verdadeiramente enfermos (daqueles onze, foi o único que restou no time campeão da Copa do Brasil de 1991 e que deu a maior canseira no São Paulo na Libertadores de 1992). E o Joinville vinha de Paulo Egídio, que depois fez sucesso no Grêmio, e Barbirotto, reserva de Waldir Peres no grande São Paulo de 1981 (mas muito mais famoso pelo fato de, aparentemente, ser um dos ídolos do Chaves, que até queria ver o filme do Pelé, mas, quando jogava bola, preferia ser o Barbirotto).

Para a segunda divisão, não estava mal.

O Sport merece um registro à parte. Não por ter sido o campeão, que não foi, mas porque foi inegavelmente o melhor daqueles quinze. E aí está, talvez, a tragédia que se esconde por trás da glória que o clube foi buscar na barra dos tribunais. Este autor não conhece suficientemente de futebol pernambucano para dizer que aquele foi o melhor Sport de todos os tempos. Mas o torcedor leonino está forçado a sustentá-lo, caso contrário fica ainda mais ridículo afirmar que aquele time tinha condições de ganhar do Flamengo. Como ninguém o viu jogar, haverá quem acredite.

No primeiro semestre, o clube investiu forte para recuperar o título de campeão estadual, que não conquistava desde 1982. E o resultado impressionava, ao menos no papel. No arco, estava ninguém menos que Émerson Leão, que integrara a Seleção em três Copas do Mundo. Aos 37, quase 38 anos, já dava sinais claros de que queria aposentar-se, mas não resistiu quando uns cartolas do Sport foram perturbar o seu retiro estival em Porto de Galinhas. Assinou por um ano e prometeu à família que era o último, que em dezembro estariam de volta a São Paulo.[425] Na ponta esquerda estava Éder Aleixo, o cracaço do Galo e da Seleção de 1982. Só que não era o mesmo Éder de 1982: desde 1985, pelo menos, já não mostrava o mesmo foco e a mesma forma física do princípio dos anos 80, e sua carreira entrara em queda livre. De ídolo indiscutível em Belo Horizonte, passara a peregrinar por todo clube que arriscasse a aposta de recuperar ao menos uma fração daquele futebol que encantara o Brasil. Saiu do Galo para a Inter de Limeira, dali para o Palmeiras, dali para o Santos, onde não ficou nem três meses. Em fins de maio, foi transferido ao Sport juntamente com o armador Ribamar, cria do Pinheiros de Curitiba, de bom passe e razoável visão de jogo (em troca, o Santos recebeu o centroavante Luís Carlos e o lateral-esquerdo Luizinho).[426]

Não parava por aí: do Palmeiras, veio Robertinho, um ponta-direita que despontara no Fluminense, na entressafra entre a Máquina Tricolor e o tricampeonato carioca, e sagrou-se campeão brasileiro pelo Flamengo em 1983 (revejam os gols da finalíssima contra o Santos: é Robertinho quem vem costurando pela extrema direita, aos 44 do segundo tempo, para cruzar na medida para Adílio, que de cabeça decretou os 3 a 0 e o tricampeonato rubro-negro). Além desses quatro, o clube ainda foi buscar, no Bahia, o zagueiro Estevam Soares, que integrou o São Paulo campeão brasileiro de 1977 (e, sintomaticamente, só menciona este título nacional em seu perfil biográfico, no blog que manteve até 2010[427]). Por fim, do Central de Caruaru vieram o lateral Zé Carlos Macaé (que perderia a vida tragicamente, dali a alguns meses, num acidente automobilístico na serra das Russas), o volante João Luís e um armador chamado... Zico![428]

Evidentemente que não se trata de Sua Majestade, mas de um xará. Na certidão de batismo, carregava o nome de Jair Theodoro dos Santos, mas jurou certa vez à revista Placar que "eu sou Zico muito antes de o outro despontar no futebol". Não é que fosse pereba, e é até possível que fosse um meia razoável. Não importa. Por força da própria homonímia, o camisa 10 contribuirá, sem querer, para tornar ainda mais ridícula a pretensão daquele Sport de ser considerado o campeão do Brasil, justamente contra o Flamengo do Zico legítimo, o de Quintino. (Para constar, registre-se que a transferência para o Sport reduziu em muito o potencial humorístico do Zico genérico: antes, no Central, ele jogava ao lado de um volante chamado *Falcão*, que assim justificou a sua saída do Inter de Porto Alegre: "No Inter, só tinha espaço para um Falcão. *Era ele ou eu.*")[429]

Ou seja, de uma só tacada, os cartolas do Sport praticamente montaram um time novo. Mas, ao longo da temporada, o principal recurso do time — os insossos chuveirinhos na área — dependerá quase que exclusivamente das peças que já estavam na Ilha do Retiro. Para cobrar as faltas e os escanteios, lá estava o lateral Roberto Taylor dos Santos, aliás Betão, o único remanescente do time campeão pernambucano de 1982. Em 1983, jogou um par de partidas na Seleção de Carlos Alberto Parreira, mas o simples fato de ter sido convocado contribuiu para desmoralizar o treinador: segundo João Saldanha, Betão só fora chamado "por exigência política" e acabou tornando-se "o retrato daquela Seleção".[430] Como no caso do Zico do Agreste, este autor carece de elementos para julgar se era bom ou mau jogador: apenas observa que, depois do Sport, teve passagens apagadas por Guarani e Portuguesa, sem nunca ganhar um título. Por fim, para cabecear as bolas alçadas por Betão, lá estavam o zagueiro Marco Antônio dos Santos, um gigante de 1,90 m, e o atacante Nando Lambada, que um dia seria eleito um dos dez piores centroavantes da história do Grêmio.[431]

Apesar de todo o investimento, o fato é que o Sport fracassou no campeonato estadual. Conquistou apenas um dos três turnos e, na reta final, os cartolas demitiram o técnico Ernesto Guedes e fizeram de Leão o primeiro *player-manager* do Brasil: o goleiro podia até continuar jogando, se quisesse, mas o importante era que dirigisse a equipe, fosse do banco de reservas, fosse da pequena área.[432]

E foi com Leão de técnico (e de goleiro reserva) que o Sport partiu para o jogo que acabou decidindo o estadual, contra o Santa Cruz, que vencera dois turnos e seria campeão com um empate. O Sport até saiu na frente, com Éder, de pênalti. Mas, aos 43 do primeiro tempo, o goleiro Márcio contundiu-se e Leão entrou em campo para aquela que seria a última partida de sua carreira. Já nos acréscimos da primeira etapa, sofreu o gol derradeiro: Sérgio China cruzou da esquerda, o zagueiro Heraldo cabeceou contra o próprio patrimônio e Leão só pôde observar. No segundo tempo, Éder ainda mandou duas bolas na trave, mas o Santa segurou o empate e o troféu seguiu para o Mundão do Arruda.[433]

Um mês depois, quando entrou em campo pelo Módulo Amarelo, o Sport já não contava com os seus dois principais astros. Leão decidiu pendurar as chuteiras depois do campeonato estadual, mas aceitou ficar no Recife até dezembro, como técnico. Já Éder, como se viu, recusou-se a conspurcar sua carreira disputando o que ele e todo o mundo sabiam ser a segunda divisão. Acabou no Botafogo, pelo qual disputou a Copa União, ou seja, a primeira divisão.[434]

Mesmo sem craques, o fato é que o time entrou no campeonato com muita disposição. Explica-se: enquanto seus dirigentes inventavam liminares, o elenco dedicou-se a um trabalho seríssimo de preparação física e beneficiou-se da longa inatividade de 31 dias. Quem o explica é Estevam Soares, em entrevista a este autor:

> Como o Leão tinha assumido com um puta tesão, e era um cara que cobrava... foi uma motivação terrível... uma preparação muito séria... 45 dias [sic] entre as finais do Pernambucano e o Módulo Amarelo. A gente superou aquele impacto [de não disputar a Copa União] e nos preparamos muito, muito, muito. Preparação maravilhosa, deu uma liga no elenco, uma pré-temporada como eu nunca vi. Entramos voando naquele campeonato.[435]

Estevam foi além: em sua opinião, aquele foi o melhor trabalho da carreira do Leão treinador, "junto com aquele Santos do Robinho". Já o ex-goleiro divide a responsabilidade com os jogadores ("entenderam a minha hierarquia"). E, como o Guarani, o time aparentemente jogava com prazer, talvez porque aquele fosse o seu ambiente natural:

> O Sport, dentro de Recife, não perdia para ninguém. Conseguimos fazer um time que vinha bem do campeonato estadual, com alguns jogadores conhecidos, outros não, [mas que] deram uma consistência perfeita. Entenderam a minha hierarquia. Estádio lotado. Jogávamos por prazer, a gente sabia que ia ganhar.
>
> Não tinha estrela nenhuma, mas tinha uma decisão muito grande. Jogada de bola parada. Escanteio perfeito. O beque tinha 1,90m... Marco Antônio... cabeceava muito bem. Depois o Betão foi até à Seleção Brasileira [sic]. Alguns jogadores regionais, como o centroavante Nando, um negro muito dedicado, cumpriam à risca a determinação tática. Robertinho... com ele a gente jogava pela direita, era velocista, se adaptou maravilhosamente à equipe. Tinha um lateral-esquerdo, Macaé, que sofreu um acidente e veio a falecer mais tarde. [Eram] jogadores que jogavam com o coração, não com o bolso.[436]

E o time, de fato, emendou vitórias muitas e uns poucos empates, na fase classificatória. Depois de estrear empatando em casa com o Atlético Paranaense por 1 a 1, gol de Nando, o Sport venceu o Guarani, na Ilha do Retiro, por 2 a 0. Em seguida, sempre em casa, bateu o Criciúma por 3 a 0. Depois disso, pegou a estrada e, muito embora os resultados já não fossem brilhantes, o time manteve a invencibilidade: 1 a 0 no Joinville, 1 a 1 com a Portuguesa, 0 a 0 com o Atlético Goianiense e 1 a 0 no Rio Branco. Para Leão, a sequência de jogos fora de casa era sintoma de que "não estão querendo a gente mesmo".[437] O treinador prefere não mencionar, claro, que antes disso o Sport jogara três jogos em casa, e que o jogo com a Portuguesa só não se disputou na rodada inaugural, e na Ilha do Retiro, pela decisão do Sport de não entrar em campo.

Mas não havia de ser nada: o time permanecia invicto e voltava aos seus pagos para a última rodada do turno. Em casa, bateu por 4 a 0 a Internacional de Limeira, que a propaganda oficial do Sport continuava a descrever como "a campeã paulista".[438] O time terminou o primeiro turno como campeão de seu grupo, quatro pontos à frente do segundo colocado, o Vitória, e estava classificado para as semifinais.

Exatamente como o Galo, na primeira divisão, o Sport repetiria a dose no segundo turno. Não só manteve a boa campanha, mas venceu novamente o seu grupo. Com isso, abriu a vaga para o segundo colocado, que sairia de um jogo extra entre Bangu e Vitória.

Ainda estava longe a época em que o Grêmio inauguraria o hábito reprovável de festejar título de segunda divisão com fita ou DVD comemorativo, e por isso quase não há registros visuais da campanha do Sport (o campeonato clandestino, quando muito, era exibido no SBT, para audiência de traço). O que resta, portanto, é o que nos dizem as súmulas já comidas pelas traças: no restante da competição, o Sport bateu o Ceará em casa (2 x 1); perdeu fora para o Bangu (0 x 2) — "sob uma pressão tremenda da torcida", insinua a propaganda oficial, como se na Ilha do Retiro os jogos se disputassem numa atmosfera de Eton *versus* Harrow —; ganhou do Náutico nos Aflitos (1 x 0); empatou em casa com o Vitória (0 x 0); ganhou do CSA em Maceió (1 x 0); e derrotou o Treze no Recife (2 x 1).

Os outros times classificaram-se com menos folga, muito embora o Guarani não ficasse muito atrás do Sport: ganhou uma partida a menos (oito, contra nove do Sport), empatou menos (três, contra quatro do Sport) e perdeu mais (quatro derrotas, contra apenas uma do Sport). Mas o Bugre só foi classificar-se mesmo no segundo turno. No primeiro, fez o mesmo número de pontos do Atlético Paranaense e recebeu-o, em casa, para uma partida-desempate. No dia 21 de outubro, diante de escassos 2.219 pagantes, o Guarani foi derrotado pelo Atlético por 2 a 0, gols de um tal Pedrinho *Maradona* (que, no ano seguinte, jogaria no próprio Guarani) e Carlinhos (figurinha fácil no Cruzeiro do princípio dos 80).

No segundo turno, classificaram-se Guarani e Bangu. E, aqui, é preciso muita imaginação para reconstruir o que foi a campanha de um e outro, para além dos resultados. Isso porque Guarani e Bangu eram clubes que vinham de participações destacadas no Campeonato Nacional e sabiam o que era uma primeira divisão — e sabiam exatamente o escasso valor do torneio que disputavam, para além das garantias de Nabi de que ali não havia divisões. E isso se refletiu claramente no desinteresse do público, na relativa desimportância que as historiografias oficiais do Guarani e do Bangu dedicaram àquele campeonato e, sobretudo, no fato de os seus jogadores guardarem pouquíssimas lembranças do Módulo Amarelo, trinta anos depois (chama a atenção, por exemplo, a facilidade com que se enganam na sequência dos acontecimentos e a surpresa que demonstram quando o interlocutor relembra detalhes há muito esquecidos da disputa).

Em conversa com este autor, o craque Mauro Galvão, então titular da zaga banguense, até teve o que dizer sobre as semifinais do torneio. Mas, sobre a fase classificatória, já não se lembrava de quase nada: "Nem me lembrava dos placares, nem dos gols, nem nada. Lembro que, naquela época ali, eu estava fazendo uns golzinhos... dois gols contra o Atlético Paranaense... e eu não era disso."⁴³⁹ Fora isso, o que há, novamente, é o que se depreende das súmulas. E, nelas, o Bangu esteve longe de ser brilhante: ao final da fase classificatória, obtivera seis vitórias (inclusive uma contra o Sport), quatro empates e quatro derrotas. Na última rodada do segundo turno, perdeu para o Vitória, na Fonte Nova, por 3 a 1. Com isso, os dois clubes tinham o mesmo número de pontos e fariam um jogo-desempate em Moça Bonita, a 22 de novembro, na mesma data em que todo o Brasil constatou que deixaram o Flamengo chegar. Naquela mesma tarde, enquanto Zico jogava a partida perfeita contra o Santa Cruz, 2.979 espectadores viram Bangu e Vitória empatar em 1 a 1 (Marinho marcou para o Bangu; Júnior, para o Vitória). Após uma prorrogação sem gols, o Bangu venceu nos pênaltis por 4 a 3.

Já pelo Guarani, o centroavante Evair foi um pouquinho menos econômico ao registrar suas lembranças, muito embora tampouco ele guardasse lá muitos detalhes da fase classificatória:

> A gente tinha um time muito forte. A gente acabava se divertindo jogando bola. Lembro de muitas viagens, muito cansaço. Times que não acabavam mais... desgastante... Talvez mais desgastante que 86. [...] Na disputa do campeonato, não sei dizer quando o time engrenou. O que eu recordo bem é que tínhamos um grupo que, jogando dentro de casa, era muito forte: marcação em determinados setores, [jogadores] que sabiam marcar. [...] O time era visado, conhecido pelos adversários. Em determinados momentos da competição [...], o time [adversário] ia jogar dentro da nossa casa e dava a impressão de que estava nos dominando, posse de bola no início... de repente, a gente roubava a bola, contra-ataque e gol: enganava o adversário.⁴⁴⁰

A despeito de sua superior habilidade, o Guarani tampouco teve vida fácil. Foi muito superior a todos os adversários, com exceção do Sport, no cômputo geral, mas não chegou a disparar na frente em nenhum dos dois turnos. No primeiro, como se viu, perdeu o jogo-desempate para o Atlético Paranaense. No segundo, travou disputa apertada com o Criciúma até a última rodada. Valeram os dois pontinhos conquistados contra os catarinenses na terceira rodada, quando o Guarani bateu o Criciúma por 2 a 0, no Brinco de Ouro. Nas últimas duas rodadas, com apenas um pontinho a separá-los, Guarani e Criciúma não conseguiram sair dos empates. A 11 de novembro, o Bugre empatou em 0 a 0 com o Atlético Paranaense, em casa, enquanto o Criciúma também empatou sem gols contra a Inter de Limeira, no Heriberto Hülse. A 18 de novembro, os dois times trocaram de adversários e, sempre jogando em casa, o Guarani segurou outro 0 a 0 contra a Inter. Já o Criciúma perdia de 0 a 1 para o Atlético até os 45 do segundo tempo, quando Cléber empatou. Não era o bastante, e o Guarani estava nas semifinais, para comemoração discreta dos 2.077 casos clínicos que passaram pelas roletas do Brinco de Ouro naquela tarde.

Nas semifinais, o Guarani voltava a enfrentar o Atlético Paranaense, que o batera na decisão do primeiro turno. E os dois times mediram-se em dois jogos muito equilibrados. No Couto Pereira, diante de 5.680 espectadores (4.853 pagantes), o Guarani registrava o seu terceiro 0 a 0 consecutivo (Sérgio Neri chegou a defender um pênalti cobrado por Pedrinho *Maradona*). No dia 2 de dezembro, em Campinas, diante de um público ainda menor (2.747 pagantes mais 138 menores), de novo 0 a 0. Na prorrogação, o Bugre garantiu-se graças a um escasso golzinho de Marco Antônio Boiadeiro, aos oito da primeira etapa.

No papel, aquele podia ser um grande time. Em campo, nunca chegou a demonstrá-lo, em 1987.

Na outra chave das semifinais, ficou finalmente claro que os jogos na Ilha do Retiro não se disputavam em condições de normalidade. O caráter clandestino do campeonato não nos permite assegurar que essa fosse a norma, nos jogos da primeira fase. Mas, dali em diante, todo jogo na Ilha dará o que falar, e cada um deles, num país normal, daria ensejo à interdição do estádio e à eliminação do dono da casa. Mas isto aqui era o Brasil, e aquele era o campeonato do sr. Nabi Abi Chedid.

É difícil acreditar que o Bangu do dr. Castor de Andrade fosse inteiramente santo nessa história, e o clima de guerra que se instalou no Recife, para o jogo da volta, bem pode ter sido a resposta local a estripulias dos banguenses na primeira partida, em Moça Bonita, a 25 de novembro. Em entrevista a este autor, Estevam Soares assegurou que "tinham dado porrada na gente lá [em Moça Bonita], o Castor armou misérias".[441] Se foi assim, a crônica carioca ou paulista não o registrou. Ao tratar do segundo jogo, a *Placar* apenas menciona, laconicamente, "a tensão acumulada no jogo de ida, no Rio".[442] O *Jornal do Brasil*, nem isso.[443] Já O Globo registra que "aconteceu, de tudo um pouco, sobretudo em termos de catimba por parte do Bangu". Como ilustração, menciona apenas travessuras corriqueiras de gandulas, que sumiram quando o Bangu abriu vantagem e voltaram quando o Sport empatou.[444] No mais, há o testemunho do então presidente do Sport, Homero Lacerda, que na já referida entrevista a uma tal Resenha do Leão assim narrou os acontecimentos:

> O Sport enfrentou a Rede Globo de Televisão, o Clube dos Treze, a Cola-Cola [...], enfrentou potências [incompreensível]. Mas a maior delas, que ninguém fala, foi o Castor de Andrade. Uma figura que até eu admiro, né? Já faleceu... Eu [...] admirei muito o Castor de Andrade, tinha até um bom relacionamento com ele. Só que o Castor de Andrade era fruto da cultura carioca. Um homem que manobrava com jogo de bicho e também com coisas

paralelas de… com drogas, com tudo! E era uma máfia no Rio de Janeiro, não imperava um estado de direito no Rio de Janeiro. […] Porque a polícia, inclusive, era infiltrada por esses poderosos. O Castor mandava, o Castor era um deus.

Ao mesmo tempo que era um elemento desses, que todo o mundo pode dizer "é um bandido"… mas, ao mesmo tempo, era o protetor. […] Eu chegava lá, em Bangu, para ir para o jogo do Sport, e andava com ele, as senhoras beijavam a mão dele: "padrinho, bênção, padrinho", e beijava a mão. […] Era o poderoso chefão. […] Então ele era uma figura assim de um carisma, uma liderança, um ídolo, e fazia o que ele queria […] e achava que ele era o dono do mundo. […]

Então foi uma coisa que a gente enfrentou que, realmente… barra pesadíssima! E a gente também conseguiu se sair bem. […] Primeiro foi o seguinte […]: a gente foi para o jogo lá. Quando a gente chegou lá, entrou […], Castor levou a gente, aí era uísque, era salgadinho, era tapete vermelho… ele não mede distância [sic] para receber, não. Perguntaram se eu queria carro com motorista do aeroporto! Um anfitrião da melhor qualidade, era assim que ele conseguia tudo o que ele queria.

Quando a gente chegou lá em Bangu, no estádio do Bangu, aí ele botou a gente num camarote que não era um camarote. Eram as cadeiras cativas com trezentas pessoas, um murozinho de um metro, que o cara passava a perna por cima, separava um lugarzinho que tinha vinte ou trinta cadeiras, que eram os convidados de Castor. E eu olhei para um lado e para o outro, aquela turma de lá de Bangu… cheio! Aí ele virou-se para mim, olhou para mim e disse: "Ó, fica tranqüilo, viu? Pode torcer, pode fazer o que quiser, que ninguém vai nem fazer cara feia para você." O povo tinha um respeito por ele! E dito e feito! […] Ninguém nem olhava para a cara da gente. O Sport fazia uma jogada boa, a gente aplaudia, ninguém… Era o único lugar do Brasil em que eu vi acontecer aquilo, em todos os jogos a que eu fui na minha vida! O respeito total pela torcida adversária! […] Porque *padrinho*… era convidado de *padrinho*… "Padrinho" era Castor de Andrade.[445]

Talvez, dentro das quatro linhas, as coisas tenham sido diferentes para os jogadores do Sport. Fato é que o quadro descrito por Lacerda, de "respeito total pela torcida adversária", dista léguas do que se verificou no jogo da volta, no Recife. Mas estamos na partida de ida, e lá, em campo, o Bangu venceu por 3 a 2, num jogo difícil. Aos 16 minutos, Marinho abriu o placar com um belo chute de perna esquerda, da entrada da área, depois de receber um passe para trás. Aos 20, Edevaldo meteu a mão na bola e Betão, de pênalti, empatou para o Sport. Reza a lenda que Edevaldo descompôs-se em prantos no vestiário. Retomado o jogo, no segundo tempo, o Bangu desempatou logo aos três minutos: Arturzinho deu um passe com açúcar para Criciúma, que, com muita categoria, encobriu o goleiro Flávio, mal colocado. Aos 24, o Sport volta a empatar, depois que Zé Carlos Macaé penetrou em velocidade e cruzou na medida para o suplente Augusto. Finalmente, aos 43 do segundo tempo, Edevaldo, que até ali era o vilão para a torcida do Bangu, cobrou com muita força uma falta quase da intermediária. O goleiro Flávio falhou e a bola passou-lhe por entre as mãos.

Esta é outra daquelas passagens em que a narrativa mitológica que se foi construindo na Ilha do Retiro destoa enormemente da percepção dos contemporâneos. Na crônica que fizeram do jogo, nem *O Globo*, nem o *Jornal do Brasil* nem a *Placar* — que era paulista, e até ali não tinha um viés contrário ao Sport — registram qualquer coisa de anormal em qualquer um dos três gols. Embora aquele fosse um campeonato clandestino, há por aí, no YouTube, uma reprodução dos gols do Bangu[446], e em nenhum deles se percebe claramente impedimento quer de Marinho (que recebeu um passe *para trás*), quer de Criciúma, quer de Edevaldo (que fez o seu gol numa cobrança de falta). Talvez, no segundo gol, Criciúma estivesse adiantado quando Arturzinho toca na bola. As imagens não o comprovam. Mostram, sim, que, quando ele parte em carreira, já há um beque pernambucano lá dentro da área, entre Criciúma e o goleiro. É bem possível que o gol tenha sido perfeitamente legal.

Não o perceberam assim os torcedores do Sport, e aparentemente seus cartolas e jogadores contribuíram para alimentar uma mitologia que criou o caldo de cultivo para uma verdadeira guerra, no jogo da volta, dali a quatro dias. Com a palavra, novamente, Homero Lacerda.

> Aí, quando a gente chegou lá, eu vi uma coisa inédita, nunca vi na minha vida. Pela primeira vez eu vi um bandeirinha ser aplaudido. [...] Eles fizeram um impedimento, o cara lançou uma bola, fizeram um impedimento que tinha, assim, uns quatro ou cinco metros! Não tinha como, não precisava de televisão, de nada! [...] Aí o juiz olhou para o bandeirinha, assim, na frente da gente... olhou para o bandeirinha assim como quem diz... Aí o bandeirinha apontou assim, como se tivesse um jogador lá do outro lado do campo, que não tinha. Apontou, aí... para poder tirar o juiz de dentro, e a jogada valeu, e o Bangu fez o gol. Uma coisa absurda!
>
> O nosso Zé Carlos Macaé, no fim do jogo, deu uma entrevista revoltadíssimo... Macaé era um guerreiro, lateral que a gente trouxe de Caruaru, raçudo! Ele tava ali... rubro-negro autêntico, guerreiro para arrombar! Ele disse: "Se eu perder desse timeco, em Recife, eu deixo de jogar futebol![447]

Pela descrição, Lacerda parece referir-se ao segundo gol do Bangu. Uma vez mais, é até possível que tenha havido impedimento no momento do passe, mas o impedimento não foi flagrante, como quer fazer crer o cartola, e de fato havia um zagueiro do Sport "lá do outro lado do campo", para onde apontava o bandeirinha, ao menos quando Paulinho Criciúma parte para a bola.

Mas os cartolas do Sport estavam decididos a ganhar aquilo no grito, contra o Bangu e contra quem mais viesse pela frente, e o mito de que foram garfados em Moça Bonita vinha bem a calhar. Uma vez mais, é o próprio Homero Lacerda quem nos conta, com riqueza de detalhes, como ele e o presidente da Federação Pernambucana, o já conhecido Fred de Oliveira, trabalharam para intimidar o juiz da segunda partida, o sr. José de Assis Aragão.

Por sorte, porque, se estivéssemos apoiando-nos apenas em relatos de imprensa, o torcedor do Sport poderia alegar preconceito e parcialidade. Pois vamos ao relato autorizado.

Quando veio o jogo daqui de Pernambuco, eu era muito amigo… eu vivia dentro da CBF. Eu não ficava dentro do Sport. Eu vivia lá na CBF. Porque, se não, tu engolia [sic]… Quadro de árbitros, escolha de árbitro e tal. Então tinha um diretor do quadro de árbitros que era um grande amigo meu, maranhense, que eu fiz uma grande amizade com ele. Domingos. Ele me liga na véspera do jogo: "Homero, tu perdeste o jogo contra o Bangu." E eu, "como 'perdi o jogo', eu não joguei o jogo ainda!" "Mas perdeste: eles botaram José de Assis Aragão para apitar o jogo do Sport. E esse cara é um assaltante e amigo de Castor. Vai para desfile de carnaval para o camarote de Castor, e a mãe dele já foi operada nos Estados Unidos, custeada por Castor de Andrade, de um câncer que ela teve. Esse cara, além de ser corrupto, deve tudo a Castor. Ele vai tomar… ele morre de pau, mas toma teu jogo. Estás perdendo o teu tempo."

"Você não se incomode, não. Ele não vem para cá para roubar? Deixa ele vim [sic]. Agora, faz o seguinte? Venha para cá, [como] representante da CBF, para assistir o jogo [sic]. Sua presença também é importante." Ele disse: "Eu vou. Mas não adianta, não. Eu vou renunciar a meu cargo antes disso — ele disse — eu vou renunciar ao meu cargo e vou dizer à imprensa." Digo: "Não renuncie, não. Ele não vem roubar a gente? Deixa ele vim [sic]."

Tá bom. Aí eu fiquei maluco aqui e digo "esse cara não vai roubar a gente, não". Fui atrás de Fred, na Federação [Pernambucana], Fred era presidente da Federação… Fred Oliveira… Fui atrás de Fred, e cadê encontrar Fred, no sábado de noite? E não encontrava e não encontrava, liguei dez vezes para a casa dele e falava com a esposa dele. E digo: "A hora que ele chegar, diga que é Homero Lacerda, é questão de vida ou morte! A hora que ele chegar, ele ligue para mim!"

Ele ligou para mim quatro horas da manhã. Eu contei a história a ele, para resumir, digo: "Fred, vamos para o aeroporto esperar esse cara." Ele disse: "Vamos." Ele foi solidário, totalmente solidário, como sempre foi.

Nós fomos para o aeroporto. Chegando no aeroporto, eu conhecia o pessoal das agências de viagem… Varig, naquele tempo parece que era Varig, e tal… E consegui uma coisa difícil, que é a lista dos passageiros, para descobrir onde estava o juiz. O juiz chegava 09h30, no voo de 09h30. A gente tinha preparado todo o recebimento dele […]. Quando o juiz chegou, ele não me conhecia visualmente, como presidente do Sport… Conhecia Fred, presidente da Federação. Aí Fred se apresentou, "ó, sou o presidente da Federação, esse é meu vice-presidente, Homero La…" — não disse o meu nome, não, "esse é o meu vice-presidente". Aí "muito prazer", "tudo bem" e eu digo "olhe: a gente veio lhe receber [sic] aqui porque você sabe que Pernambuco está em guerra…" Porque, aí, o jornal botou para arrombar, né?, sabendo que era José de Assis Aragão. E "está em guerra, se você andar na rua, aqui, você morre. A torcida quer lhe pegar [sic]. Então nós viemos lhe proteger [sic]. Você vai almoçar na casa de um amigo nosso e, de lá, a gente vai levar você para o jogo [por] garantia."

"Ah! Muito obrigado!", ficou muito grato, entramos no carro, atrás um carro com quatro seguranças, fomos para a casa de Aluísio Moraes, lá no terminal de Piedade, no deserto, uma casa de madeira… hoje está mais ocupado… no meio do mato. Um casarão grande, primeiro andar, com piscina… Entramos lá, ficamos conversando…

Quando chegou no terraço, Fred — presidente da Federação não podia se expor — disse: "Homero, tu conversa com ele aí, trata do assunto aí que eu…" Aí já disse meu nome, né? Aí eu disse: "Zé Assis, vamos lá para cima, que a gente fica mais à vontade?" Aí a gente subiu, entramos no quarto de casal, ele sentou-se na cama, assim, tinha uma cadeira… Eu passei a chave na porta, tirei a chave e botei no bolso. E digo: "Amigo velho, é o seguinte: eu não sou vice-presidente de Federação coisa nenhuma, eu sou o presidente do Sport. E você veio para cá para roubar a gente, Domingos me contou tudo. Você é amigo do Castor."

O homem ficou branco! Branco, azul… "Vou-me embora […], vou embora [sem] apitar o jogo." "Você nem vai embora, e você vai apitar o jogo. Agora, tenha certeza de uma coisa: eu não quero que você roube para o Sport, não. Você não vai nunca dizer isso na sua vida. Não quero nem pedir favor a você. Agora, você não vai prejudicar o Sport. *Reze, por todos os santos do mundo, para você não se enganar [em] um lateral do Sport!* Você só não pode errar contra o Sport! Faça tudo no mundo, não estou pedindo para você roubar, marcar pênalti para o Sport. Não roube, *não se engane contra o Sport.* Tá vendo esse segurança que está aí?"

Aí tinha um… Mário Negão, não sei se vocês conheceram, um segurança nosso que, depois, eu botei ele no Sport. Negão… ele já fica com raiva da história, ele já sabia da história toda… debaixo de uma mangueira lá no jardim, assim, com a peixeira, cortando a unha e olhando com uma cara… O homem endoidou, ficou branco, "eu vou-me embora, eu não apito mais"… "Você vai apitar, e está vendo esses quatro caras que está aí [sic]? Os quatro caras são seguranças da Federação." Tava com uma tarja aqui no braço: "Segurança da Federação". "Vão lhe proteger [sic]. E vão para o vestiário com você. Você está todo protegido." Aí acabou, vamos embora.

Aí eu digo: esse cara vai chegar lá, tem trezentos homens da Polícia Militar. Coronel Falcão era o comandante deles. Esse cara vai chegar lá, se sentir o cão… ele era corajoso mesmo para roubar, já tinha roubado o Sport uma vez aqui […]. Eu digo: esse cara vai chegar lá e vai pegar a Polícia Militar para proteger ele. Chamei o comandante. Era um homem seríssimo, coronel Falcão. "Coronel, está acontecendo isso, isso, isso, esse cara veio para cá roubar o Sport. E ele, para roubar o Sport, vai pedir a sua proteção." O coronel disse: "Comigo, não. Não vou proteger esse cara, não." Eu digo: "Pronto, coronel. Vai ser duro, mas ele vai tentar isso." Disse "deixe comigo", o coronel disse.

Entramos no campo. Naquele tempo, tinha direito de um diretor ir para o banco. Aí eu fui para o banco, naquele jogo, lógico. O banco é aquele lugar mais fundo e, do lado de fora, tinha uma paredezinha. Eu mandei os jogadores sentar tudo do lado de fora, para provocar o José de Assis Aragão, para ele ver que não estava em casa, já para dar um chilique nele. Sentamos tudo ali.

Aí ele chamou o coronel. Quando ele olhou assim, fez assim [faz um gesto de quem pedia que Lacerda e os jogadores saíssem], e eu [faz que não com o dedo], "não saio daqui, não". Aí ele chamou o coronel. Quando ele chamou o coronel, o coronel olhou para mim, né? Aí eu fiz assim para o coronel [faz que não com o dedo]. Depois o coronel me contou. Ele disse: "Olha, tem que sentar aí embaixo. Isso é uma questão de segurança dos jogadores..." O coronel virou para ele e não deixou ele nem terminar. Disse o seguinte: "Da segurança aqui cuido eu. O senhor trate de apitar direitinho a partida e deixe a segurança comigo." Aí [ele] já viu que o buraco era mais [embaixo].[448]

Se quisermos ser rigorosos, a confissão de Lacerda abrange, em sequência, os crimes de falsa identidade (art. 307 do Código Penal), cárcere privado (art. 148), ameaça (art. 147) e prevaricação (art. 319), este último na modalidade de participação. Isso fora a sinalização clara dada ao árbitro, já na primeira infração cometida pelo Sport, antes mesmo do início da partida, de que o policiamento não estava ali para garantir-lhe a integridade, caso ele decidisse aplicar o regulamento contra os donos da casa.

E foi com o juiz assim condicionado e assim atemorizado que o Sport partiu para o segundo jogo das semifinais, contra o Bangu. Mas essa é só metade da história. Enquanto tudo isso acontecia, entre o terminal de Piedade e a Ilha do Retiro, a delegação do Bangu também conheceu na carne a hospitalidade leonina. Quando seu ônibus parou no estacionamento do estádio, e Castor de Andrade puxava os seus comandados em fila indiana, eis que algum torcedor do Sport atirou lá de cima, das arquibancadas, uma pedra ou um tijolo na cabeça do bicheiro.[449]

Se foi algo já previamente armado, ninguém será capaz de dizer. É inegável, no entanto, que o episódio serviu para intimidar os jogadores do Bangu e, ao que parece, incendiar os do Sport. Quanto à primeira assertiva, nem é preciso justificar muito, mas citemos, em todo o caso, o depoimento de Mauro Galvão:

> Nós chegamos e fomos recebidos com muita hostilidade. Uma situação bem complicada, que assustou a gente. [...] E o torcedor pernambucano não é disso, é um torcedor alegre, que ajuda. [...] Foi guerra. [...] Entramos realmente acuados com essa situação de você chegar e ter o presidente atingido.[450]

Quanto à segunda afirmação, Estevam Soares conta que, no vestiário do Sport, ao tomar conhecimento da notícia, Leão buscou usá-la para inflamar seus jogadores: "O general dos caras já caiu! Só faltam os soldados!"[451]

Nessa atmosfera, com os banguenses em pânico, bastaram onze minutos para o Sport, que precisava de uma vitória simples, abrir vantagem de 2 a 0. Aos quatro, o Zico do Agreste abriu a contagem; aos onze, Betão ampliou. Em que condições, Estevam Soares relata.

> Aí nós começamos *uma puta duma* pressão: fez 1 a 0. Aí teve uma falta perto de mim. Aí o torcedor jogou uma pilha grande... os caras pegavam no alambrado e queriam comer! Aí

> [um torcedor] jogou uma pilha e pegou no Aragão, que era o juiz. [...] Aí o Aragão, naquele bolo, "a pilha! a pilha!" Foram para cima dele o Arturzinho, Rossini, Mauro Galvão... O Aragão falou para o coronel: "eu vou acabar com o jogo!" [...] Aí o coronel ouviu. O Aragão queria arrumar um esquema para acabar o jogo e levar para o tribunal. Aí o coronel falou: "Se você acabar o jogo, eu tiro o meu efetivo e você vai se virar com essa torcida!"[452]

Quem nunca pisou em um gramado a sério, como é o caso deste autor, decerto há de chocar-se ao ouvir essas coisas relatadas com semelhante crueza. Mas Estevam não contava ali nada que Homero Lacerda não tivesse revelado antes — e pior: que não tivesse incorporado à narrativa supostamente épica que se construiu na Ilha do Retiro a respeito do "título" do Sport. Pois, na entrevista que deu à Resenha do Leão, Lacerda contou assim a sua parte da história.

> No meio do campo, não sei se vocês se lembram [...], jogaram uma pilha num jogador deles — aí a gente já estava ganhando a partida, de 2 a 0. Aí o juiz foi lá, pegou a pilha, chamou o coronel de novo. Disse: "Coronel, jogaram uma pilha num jogador. Se jogar outra, eu suspendo o jogo por falta de segurança." Aí o coronel foi genial! O Sport deve isso ao coronel. O coronel disse: "Olhe — tirou o apito do bolso e disse —, olhe: eu tenho 300 homens trabalhando aqui. Se eu der um apito aqui, em dez minutos não tem mais nenhum aqui, [e] o senhor resolve seu problema com a torcida."[453]

Depois dessa, tudo o mais que acontecesse era anedótico. Aos 38, Nando Lambada ampliou para 3 a 0. Aos 30 do segundo tempo, Marinho ainda diminuiu para 3 a 1, mas é bem provável que os próprios banguenses já estivessem rezando para o jogo acabar em derrota e eles chegarem ao Rio vivos. A crônica esportiva ainda relatou três invasões de campo — numa delas, Assis Aragão chegou a "trocar socos com um torcedor"[454] —, pedradas, garrafadas e muita gente estranha a causar confusão no gramado. A certa altura, um dos bandeiras saiu no braço com um repórter de rádio, que incitava a torcida contra o trio de arbitragem.[455] Noutro momento, foi o próprio prefeito do Recife, o sr. Jarbas Vasconcelos (que mais tarde seria governador e senador), quem passou a insuflar a torcida, de dentro do campo.[456] Ao fim do jogo, o goleiro Gilmar, do Bangu, partiu para cima do repórter Heriberto Ramos, da Rádio Clube do Recife (provavelmente o mesmo que já tirara do sério um dos bandeiras). Leão tentou intervir, Ananias, técnico do Bangu, não gostou e seguiu-se um quebra-quebra generalizado.[457] Tudo diante da promessa do tal coronel Falcão de que "a segurança eu garanto".

Isso foi o que se viu em campo. Mas houve mais. Nos vestiários, o Bangu recusou-se a submeter seus jogadores ao exame *anti-doping*, em protesto contra tudo o que ocorreu naquela tarde. Pois o presidente da Federação Pernambucana, o sr. Fred de Oliveira, não gostou do que ouviu e não teve melhor ideia do que dar um tapa na cara de Castor de Andrade. "Isto aqui é terra de cabra macho", tripudiou.[458] Oliveira ainda teria ocasião de lamentar aquele tapa.

Em um país normal, teria sido o bastante para interditar a Ilha do Retiro por alguns anos e punir o Sport com a perda do mando de campo pelo que restasse da competição. Por algumas semanas, João Saldanha fez disso um de seus cavalinhos de batalha, apesar de ser desafeto notório do Castor desde, pelo menos, a final do Campeonato Carioca de 1967.[459] Saldanha achou uma graça imensa quando "o principal responsável de tudo, o árbitro José Aragão, aparece no tal processo como testemunha dos fatos". No final das contas, concluiu-se que "o responsável é o estádio"[460], mas isso não bastou para que fosse interditado: o Sport safou-se com uma multinha de 22 mil cruzados — R$ 1.288,87, em valores de hoje[461] — e com a promessa de cumprir todas as exigências que adviriam de uma vistoria física de suas instalações.[462] Ali, na Ilha, o Sport mandaria os seus jogos nas finais do Módulo Amarelo e no tal quadrangular final da tal Copa Brasil.

O Bangu tentou o quanto pôde anular o jogo nos tribunais.[463] A 4 de dezembro, obteve, no STJD, liminar que suspendeu a realização da primeira partida da decisão do Módulo Amarelo.[464] No dia seguinte, véspera do jogo, uma liminar da Justiça comum tornou sem efeito aquela primeira.[465] A questão somente seria decidida pelo Tribunal Especial da CBF no dia 16 de dezembro, e em favor do Sport.[466] A essa altura, no entanto, ninguém esperava nada diferente: Sport e Guarani já tinham jogado as duas partidas finais, ninguém sabia ao certo qual dos dois era campeão e poucos acreditavam que a CBF insistisse naquela loucura do cruzamento.

Quanto a Fred de Oliveira, ele achou que era dever seu acompanhar de perto, no Rio, as idas e vindas do processo, e acabou por se estrepar. A 10 de dezembro, saltou de um táxi nas imediações da rua da Alfândega e de cara percebeu um movimento estranho. Apanhou por quase dez minutos do presidente nominal do Bangu, o sr. Rui Esteves, e de quatro seguranças do clube — um deles, a acreditar no relato do *Diário de Pernambuco*, um cavalheiro que atendia por Miúdo, "um gigante de dois metros e vinte centímetros expulso da Polícia Militar do Rio por má conduta".[467] A surra só acabou graças à intervenção de populares. Fred de Oliveira saiu dali ensanguentado e com os olhos roxos, a prometer vingança: "Em homem não se bate; mata-se."[468] O assunto mereceu notas de pé de página na imprensa do Rio e de São Paulo, mas rendeu grandes manchetes no Recife e acabou incorporado à narrativa de uma gesta heroica, do gênero Davi contra Golias.

Contrariamente ao que prometera Fred de Oliveira, Castor de Andrade morreu de morte natural, a 11 de abril de 1997. Naquele dia, deu galo.[469] Como, aliás, no Campeonato Brasileiro de 1987. O de Quintino.

Com Bangu e Atlético eliminados, e com a liminar do Bangu derrubada, Guarani e Sport começaram a decidir o Módulo Amarelo a 6 de dezembro de 1987. Talvez porque

Flamengo e Internacional jogassem no mesmo dia, talvez porque houvesse receio de novas liminares, mas muito provavelmente porque o torcedor bugrino conhecia de perto o que era uma decisão de Campeonato Brasileiro de verdade, quase ninguém deu as caras no Brinco de Ouro. O borderô registrou 2.415 pagantes, menos ainda do que na semifinal contra o Atlético Paranaense. Do jogo mesmo quase não restam imagens, e as lembranças dos participantes são parcas.

A acreditar no relato da *Placar*, o Guarani "atropelou o Sport", e a cronologia não deixa de dar sustento a essa descrição do jogo. Sem que houvesse registro de quaisquer anormalidades que conspurcassem o resultado, ao Guarani bastaram 28 minutos para impor-se. Evair abriu a contagem aos doze e ampliou aos 28 do primeiro tempo. Do outro lado, Émerson Leão assim explicou o resultado: "Perdemos porque não jogamos nada no primeiro tempo." Do juiz e da torcida, nenhuma queixa.[470] E o árbitro ainda tirou do jogo decisivo o cérebro do time campineiro, o armador Marco Antônio Boiadeiro, ao adverti-lo com um cartão amarelo.

Só que, àquela altura, ninguém sabia ao certo que regras valeriam para determinar o desempate, caso o Sport vencesse a segunda partida, dali a uma semana. Recordemos: um dia antes, os presidentes do Flamengo, Internacional, São Paulo e Grêmio negociaram a fórmula que valeria para a Copa União: em caso de dois empates, ou de uma vitória para cada lado, independentemente da contagem, os dois times jogariam uma prorrogação e, se necessário, uma disputa de pênaltis. Alcançado o acordo, simplesmente oficiaram à CBF que isso aí era o que estava valendo, não o regulamento outorgado por Nabi.

Imediatamente, os cartolas do Guarani, que tinha pior campanha que o Sport, passam a exigir que a regra valesse também para o Módulo Amarelo, caso contrário caía-se na incerteza do regulamento mal redigido pelos gênios da CBF.[471] Foi só a 8 de dezembro, dois dias após o primeiro jogo entre Guarani e Sport, que a CBF promulgou sua resolução da diretoria de n° 8/87, incorporando ao seu regulamento a normativa que Flamengo e Internacional já praticavam de comum acordo, e estendendo-a ao Módulo Amarelo. Fazia-o, ou assim justificava, baseada nos artigos 5°, (d) e 68 do regulamento original, que tratavam de possíveis modificações das regras. Mas, por se tratar da CBF de Octávio e Nabi, seria esperar demais que a nova regra viesse redigida em bom português e pusesse fim, de uma vez por todas, a qualquer mal-entendido. Pois a parte relativa às cobranças alternadas — isto é, àquelas cobranças que se seguem às dez primeiras, uma para cada time, até haver o desempate, num ritual que qualquer criança de onze anos já conhecia de cor —, pois essa parte, dizíamos, ainda daria pano para a manga: "Persistindo o empate seguir-se-ão tantos pênaltis, cobrados em série de dois, isto é, um por cada equipe, até que haja o necessário desempate, sempre por batedores diferentes enquanto isso se tornar possível [sic]."

Reza a lenda que o Sport formulou um breve protesto junto à Federação Pernambucana, embora até hoje ninguém tenha sido capaz de produzir esse documento.[472] Mas isso tem escassa ou nula importância: quando lhe conveio, o Sport jamais hesitou em falar em "aprovação tácita" do regulamento por parte do Flamengo e Internacional, mesmo quando os seus protestos foram mais vocais e de muito maior amplitude que os do Sport. Mas, de todo modo, pela integridade do relato histórico, convém registrar que espernear o Sport esperneou, sim — e talvez com justiça, se desconsiderarmos a incoerência entre a sua postura de então e a que veio a adotar quando se tratou de impor o cruzamento. O *Diário de Pernambuco*, em sua edição de 14 de dezembro, assinala que "o Sport sentia-se prejudicado desde que a CBF interpretou o regulamento de forma contrária aos interesses do clube pernambucano, não lhe dando vantagem mesmo tendo ganho [sic] dois turnos e o Guarani um".[473]

De maneira que foi sob essas novas regras que, a 13 de dezembro de 1987, quando o país inteiro testemunhava o tetracampeonato do Flamengo, Sport e Guarani entraram em campo, na Ilha do Retiro, para decidir o Módulo Amarelo. Desta vez, o Sport venceu por 3 a 0. Abriu a contagem aos 19 do primeiro tempo, num lance digno de pelada das mais brabas, com a bola a ser chutada sem rumo de um lado para o outro, dentro da área, até Nando Lambada dominar e arrematar, já quase na pequena área. Aos 16 do segundo, chuveirinho na área para Zé Carlos Macaé completar de cabeça: 2 a 0. Finalmente, aos 22, Ribamar, numa cobrança de escanteio, mandou um canudo à meia altura para dentro da área, dois jogadores do Sport furaram e Nando Lambada marcou de barriga: 3 a 0. A prevalecer a orientação da CBF, era o caso de partir para prorrogação e, quiçá, pênaltis.

Foi um jogo normal, até aí? Evair não tinha queixas da torcida e, no mais, elogia a postura tática dos pernambucanos, que "pressionavam muito dentro de casa, mantinham a posse de bola, abafavam, jogavam dominando, acostumados com aquele calor".[474] Já quanto ao juiz, o maranhense[475] Josenildo dos Santos, é melhor reproduzir literalmente o que o centroavante bugrino disse a este autor:

> A arbitragem nos prejudicou nos 3 a 0. Eu nunca vi um juiz ser tão xingado na vida, e não fazia nada! Ninguém consegue ser xingado como ele foi e não reagir! Isso chamou muito a atenção. Na verdade, ele não estava nem aí: "Vocês podem me xingar à vontade, que não tem jeito." Xingado por nós, do Guarani, e não reagia. E eu nunca vi ninguém apanhar tanto como o João Paulo, e o juiz seguir o jogo.

Que João Paulo apanhou demais, até Estevam Soares admitiu (na entrevista que concedeu a este autor, o lateral contou que "eu dei um soco na boca do João Paulo: ele deu um tapa na minha frente e eu o mandei a nocaute"[476]). Quanto ao juiz, não é que *jamais* tenha reagido. Ao longo do jogo, distribuiu seis cartões amarelos, cinco deles para jogadores do Guarani, e um vermelho para Paulo Isidoro. A justificativa que fez constar na súmula para cada uma dessas advertências deixa patente a revolta dos bugrinos com os rumos da arbitragem.

O primeiro a receber o amarelo foi Evair, "por ter contestado a marcação contra sua equipe, abrindo os braços e sacudindo a cabeça em sinal de protesto". O segundo, aparentemente, foi Paulo Isidoro, "por reclamação e por retardar, deliberadamente, o andamento do jogo". O terceiro foi João Carlos Maringá, "por ter chutado a bola para longe do local onde foi marcada uma falta contra sua equipe". O quarto, Catatau, por agarrar Zé Carlos Macaé pela camisa. O quinto, Valdir Carioca, "por ter chutado a bola para dentro do gol, num lance em que eu já havia paralisado o jogo, marcando posição irregular do referido atleta". Finalmente, só a sexta advertência voltou-se contra um jogador do Sport, o capitão Estevam Soares, por também chutar uma bola para longe do local onde deveria cobrar-se uma falta (infração, pelo visto, muito mais grave do que dar murros na boca do adversário).

E houve a expulsão do principal craque do Guarani, o consagradíssimo Paulo Isidoro, já aos 28 minutos do primeiro tempo, quando o Sport vencia por 1 a 0 e o Guarani tinha plenas condições de reagir. O motivo: "por ter, após a marcação de uma falta contra sua equipe, partido em minha direção, de maneira acintosa, e dito a mim as seguintes palavras: 'você é um juiz mafioso e ladrão, seu canalha'."[477]

Veio, pois, a prorrogação, e a persistência do 0 a 0 estaria aí a indicar que nenhum dos dois times teve forças para devassar o arco do adversário. Não foi bem assim: o próprio *Diário de Pernambuco* registra, sem meias tintas, uma decisão bisonha do sr. Josenildo dos Santos, dessas capazes de lançar dúvidas sobre a integridade de seu nervo ótico ou de suas intenções. Assim o relatou o "jornal mais antigo em circulação na América Latina":

> A melhor chance nesta etapa foi do Guarani[,] no primeiro tempo da prorrogação. Num contra-ataque rápido, Catatau foi lançado *em seu campo* e o árbitro, atendendo a marcação de seu auxiliar, *marcou um impedimento inexistente* [grifos do autor]. Mário chegou a concluir a gol, mas a jogada estava paralisada.[478]

Tudo correndo como programado, com a ajuda providencial do sr. Josenildo dos Santos, o Módulo Amarelo seria decidido nos pênaltis. E assim se fez, ou assim se tentou fazer. Das dez primeiras cobranças, o Guarani converteu quatro, e o Sport, quatro (Valdir Carioca, pelo Guarani, e Ribamar, pelo Sport, desperdiçaram). Seguiram-se as cobranças alternadas, até a vigésima no cômputo geral e a décima do Sport. O cabeça de área Rogério desperdiçou, e o Guarani, que começara cobrando, era o campeão do Módulo Amarelo.[479]

Mas o juiz maranhense enxergou algo a mais. Para Sua Excelência, o goleiro bugrino, Sérgio Neri, se antecipara à cobrança e era caso de dar uma nova chance ao camisa 5 do Sport. Imediatamente, cartolas e jogadores do Guarani se rebelaram:

Insatisfeito [sic] com isso, os dirigentes e atletas do Guarani Futebol Clube partiram em minha direção, tentando me agredir, não consumando seu intento graças à interferência do policiamento. Em seguida, abandonaram o campo de jogo, dirigindo-se ao vestiários [sic]. Visto isso, comuniquei ao capitão do Sport Club do Recife que aguardaria o tempo regulamentar para o retorno da equipe do Guarani Futebol Clube, no campo de jogo, o que só aconteceu após oito minutos de espera.[480]

Ato seguido, cada jogador do Guarani já tendo batido um pênalti, Giba foi o primeiro a repetir uma cobrança. Pelo Sport, o goleiro Flávio converteu, de modo que todos os 21 atletas que encerraram a partida já tinham cobrado. Tivessem os dois times encerrado tudo por aí, já não podiam apoiar-se numa interpretação crassamente literal da regra ("sempre por batedores diferentes enquanto isso se tornar possível"), porque o Guarani já repetira um cobrador. Mas, com o placar em 10 a 10, os dois times ainda partiram para mais uma série de duas cobranças. Converteram tanto Gílson Jáder, pelo Guarani, como Betão, pelo Sport, e o placar estava em 11 a 11. Detalhe importante: Betão cobrara pela segunda vez.

Um dia, muitos anos depois, quando se tratou de prejudicar o Flamengo e beneficiar o Sport, um juiz federal viria a consagrar em sentença a tese de que teria havido aprovação tácita do regulamento por parte dos cariocas, pelo simples fato de terem disputado o campeonato. Ainda trataremos disso, mas por ora o que cumpre observar é que, já que de aprovações tácitas se trata, o Sport o teria feito duplamente, no que respeita à fórmula de desempate estabelecida por Octávio Pinto Guimarães: em primeiro lugar, ao apresentar-se para as cobranças, muito embora seus dirigentes dissessem que continuava a valer o regulamento anterior, que supostamente já teria garantido o título do Sport; em segundo lugar, aprovaram o entendimento correto e consagrado de que as cobranças se repetiriam após esgotados os jogadores habilitados a bater, pelo simples fato de Betão ter cobrado uma segunda vez.

Há versões discrepantes para quem teve a genial ideia que os dois clubes, de comum acordo, adotaram a seguir: a de encerrar a disputa de pênaltis e dividir o título do Módulo Amarelo. A versão canônica, por assim dizer, é que foi iniciativa de Émerson Leão, e ela embute uma malandragem bem ao gosto do controverso ex-goleiro. O próprio Leão chamou a atenção deste autor para o "detalhe importante": "Quem bateu por último foi o Sport. Quem *não bateu primeiro* foi o Guarani. Isso aí eu fiz! Meu time bateu o pênalti. Quem não bateu o último pênalti foi o Guarani."[481] Noutras palavras, se a CBF resolvesse punir um dos dois times, que punisse o Guarani, que não se apresentou para sua cobrança.

Mas Estevam Soares desmente a versão de seu antigo chefe:

> O Leão fala, mas ele está um pouco errado. Eu era amigo do Beto Zini, e o Beto tinha ganho [sic] a eleição [no Guarani] e ia assumir em janeiro. E ele já estava na delegação. Come-

çou a bater, bater... Homero [Lacerda] e Beto [Zini] dentro do campo. E os juízes, de fato, deram uma mão para o Sport, mandaram voltar pênalti...

Quando eu fui bater — e eu tinha perdido um pênalti uns jogos antes —, aí o Sérgio Neri me diz: "Você já se fodeu este ano contra nós, você vai se foder de novo." Nós treinamos pênalti no sábado, de cada três, errava dois. O nosso time não sabia bater pênalti. O Leão mandou bater na porrada. E o time deles era muito técnico. O pênalti deles era bola num lado, goleiro no outro. [...]

[Depois dos] onze pênaltis, ia começar a bater outra vez. Me deu um desespero tão grande! Eu cheguei no Beto e no Homero e disse: "Acaba com essa bosta!" Com medo de voltar em mim! Acho que foram mais que onze... já estava em treze pênaltis, já estava vindo treze. Eu fui o sétimo ou o oitavo do meu time. Para você ter uma ideia, os outros eram piores do que eu. Me deu um desespero... Pedi para parar, e o campeonato acabou. O campeonato não teve um vencedor.

E aí nós acabamos sendo os dois campeões. Fomos para o salão nobre. Um cara maluco, um ex-presidente, deu um tiro festejando![482]

O sr. Josenildo dos Santos, na súmula do jogo, acrescenta mais um detalhe pitoresco. Diz que, no momento da 13ª cobrança, constatou que nenhum bugrino se apresentou para cumprir a dolorosa obrigação. Em lugar disso, "todos os atletas do Guarani e Sport tiraram suas camisas e começaram a festejarem [sic] juntos, inclusive com os seus dirigentes, uma suposta conquista". O maranhense lá permaneceu pelo tempo regulamentar, e só ao término deste deu "por suspensa a cobrança das penalidades máximas pela ausência das duas equipes do campo de jogo".[483]

Nas semanas, meses e anos que se seguiram, os dirigentes e torcedores do Sport haveriam de elencar uma série de argumentos para justificar o papelão. Que aquilo não tinha a menor importância, já que o campeonato à vera se decidiria mesmo era no tal quadrangular final, e para ele Sport e Guarani já estavam classificados, independentemente da definição sobre qual dos dois era o campeão, e qual dos dois o vice do Módulo Amarelo. Que a própria decisão por pênaltis era ilegal, já que o regulamento original dizia outra coisa (o que, exatamente, nem Octávio Pinto Guimarães soube precisar[484]), e a CBF não poderia impor a mudança sem a anuência de todos os clubes participantes ou interessados na questão. Que a CBF, posteriormente consultada a respeito, decidiu homologar o título do Sport, "diante da sua melhor performance técnica ao longo da competição".[485] Que os clubes cumpriram a norma à risca, escalando para as cobranças "sempre [...] batedores diferentes, enquanto isso se tornar possível", e só as interromperam quando já não era mais possível escalar batedores diferentes (detalhe incômodo, que já se salientou: Giba, Gílson Jáder e Betão, a essa altura, já tinham repetido as suas cobranças). Que o Sport se submeteu à cobrança das penalidades "sob protesto", "apenas em respeito ao árbitro e ao numeroso público presente, bem como para evitar tumultos"; mas que, "em razão do elevado número de pênaltis cobrados pelos atletas dos clubes disputantes, sempre se observando empate, e quando já decorriam muitas horas de competição, causando a exaustão dos atletas e do público" — só então decidiram os dois clubes, ciosos de suas responsabilidades perante seus empregados e consumidores, dar por encerrada a disputa inglória.[486]

E, por mais argumentos que desfiassem, e mesmo que um dia lograssem convencer da justeza de sua causa um magistrado pernambucano, os cartolas e torcedores do Sport jamais conseguiriam apagar o vexame que protagonizaram naquela noite. Para a opinião pública, ficou a impressão que Juca Kfouri soube expressar lapidarmente, a de que em vão buscará o Sport o título de campeão brasileiro, quando "nem mesmo o título do Módulo Amarelo tem dono, pois Sport e Guarani, como na várzea, resolveram dividir tão honroso laurel."[487]

Racionalizações à parte, aquilo era uma cena digna de república bananeira. Como a de um cartola a festejar um título dando tiros para o ar.

VII
O TRIUNFO DO ATRASO

*"Quem fala sempre em 'cruzamento'
é minha mulher, que cria cachorros."*
Carlos Miguel Aidar, 16/12/1987

Enquanto durou o ensaio revolucionário da Copa União, a CBF de Octávio e Nabi oscilou da impotência à resignação, da resignação à contrariedade, da contrariedade à sabotagem e da sabotagem à defesa militante do atraso. Nesse processo todo, o grande vilão não é o Sport do Recife: por essas coisas do destino, calhou de o clube ser considerado o vencedor do tal Módulo Amarelo e calhou de seus cartolas desempenharem com brio e gosto o papel de vanguarda do atraso. Mas o clube era e permaneceu uma nota de rodapé no drama maior do futebol brasileiro, e os beneficiários últimos de sua cruzada inglória pelos tribunais não foram seus torcedores, nem os clubes médios ou pequenos em meio aos quais ele se sentiu tão à vontade em 1987 e em outras onze temporadas.[488]

Não: os beneficiários, e os verdadeiros vilões da história, são os dirigentes da CBF e das federações estaduais que perigaram perder tudo com a Copa União e que emergiram triunfantes quando a rebelião foi domada, seus líderes domesticados e a ideia da liga independente engavetada. Para o gáudio de Octávio Pinto Guimarães e Nabi Abi Chedid. Para a glória de seu sucessor imediato e monarca incontaste do futebol brasileiro pelos próximos 23 anos, Ricardo Terra Teixeira. Para alívio dos homens que sustentavam e sustentam o mesmo esquema de poder que continua a avassalar os clubes, trinta anos depois. Gente como Eduardo Viana, José Maria Marin, Rubens Hoffmeister, Elmer Guilherme Ferreira, Fred de Oliveira e cada um de seus pares e herdeiros.

A sabotagem começou quando, contrariando tudo o que fora acordado, Nabi Abi Chedid impôs, goela abaixo dos clubes, um regulamento que estabelecia o cruzamento entre os módulos Verde e Amarelo para definir o campeão brasileiro. Prosseguiu quando Nabi, instigado pelas federações estaduais e pelos clubes menores, fez de tudo para minar o televisionamento dos jogos, inclusive proibindo os árbitros do quadro da CBF de iniciar as partidas na hora acordada. E chegou ao paroxismo quando, com o país inteiro galvanizado pela disputa entre Flamengo e Internacional em torno do tetra, Octávio Pinto Guimarães reapareceu para insistir na ideia cretina do cruzamento.

Foi a 6 de dezembro de 1987. Flamengo e Inter preparavam-se para a primeira partida da decisão, no Beira-Rio, quando a triste figura de Octávio reemergiu para tentar estragar a festa:

> É preciso [...] deixar claro que Flamengo e Internacional estão disputando agora apenas o troféu João Havelange, pelo Módulo Verde do Campeonato Brasileiro. Em janeiro, os dois clubes terão que enfrentar os vencedores do Módulo Amarelo, que estão decidindo o troféu Roberto Gomes Pedrosa, em disputa do título brasileiro. Aí, sim, Flamengo e Internacional estarão lutando pela conquista de seu quarto título nacional, com o amparo legal da CBF.[489]

A reação de Flamengo e Internacional foi imediata. Não se limitaram a descartar o cruzamento, como aliás seus parceiros do Clube dos Treze vinham fazendo desde agosto. Com paciência de pedagogos, explicaram que a única providência que competia a Octávio e Nabi era aquela que vinham esquivando desde 11 de setembro de 1987, aliás, desde 7 de outubro de 1986: convocar o conselho arbitral de clubes e deixar que eles próprios, os clubes, decidissem sobre o regulamento do campeonato, tal como determinavam as resoluções do CND de n° 16/86 e 17/86. Se os clubes aceitassem o regulamento imposto por Nabi, ele seria cumprido, com cruzamento e tudo. Se não aceitassem, valia o que os clubes decidissem.[490] Era a lei, e a lei, neste caso, viera para moralizar o futebol e coibir o autoritarismo de gente como Octávio e Nabi.

Desnecessário dizer, mas digamo-lo assim mesmo, que Flamengo, Internacional e o Clube dos Treze contavam com o apoio praticamente unânime dos meios de comunicação e formadores de opinião, que percebiam bem o que estava em jogo — para não falar de pelo menos 95% da torcida nacional. Na introdução a esta obra, já se demonstrou como praticamente toda a imprensa (inclusive o *Diário de Pernambuco*) reconheceu o título brasileiro do Flamengo já a 13 de dezembro de 1987. Quanto aos formadores de opinião, recordemos que Armando Nogueira, então executivo da TV Globo, era quase "um benemérito do Clube dos Treze" (para citar João Henrique Areias)[491], e em suas reflexões a respeito chegou mesmo a associar a revolução no futebol com a redemocratização do país: "Claro que [a rebeldia dos grandes times] está intimamente ligada ao processo de abertura política. Só que temos de ter um pouco de paciência, pois nosso futebol está fragilizado, tal como o doente em recuperação depois de um período de moléstia grave."[492]

No Rio havia ainda João Saldanha, veterano de tantas batalhas contra o pior da cartolagem, que do *Jornal do Brasil* tripudiava da recusa de Octávio em reconhecer o óbvio:

> É claro que há algo de muito podre no reino do futebol. E exatamente na hora da grande disputa final aparece o presidente da CBF para dizer que o jogo não é final e que a sua CBF não vai entregar taça porque a tal taça somente será entregue depois de outras disputas (?) marcadas pela entidade. Pois que a CBF fique brincando de troféus. É só passar na casa de troféus e lá comprar um. Existem de vários preços e formas.[493]

Já em São Paulo, da revista *Placar*, Juca Kfouri renovava seu apoio à revolução operada pelo Clube dos Treze e mostrava a amplitude dos interesses contrariados com a Copa União:

> O Clube dos 13 ameaça. Ameaça as desnecessárias e corrompidas federações estaduais [...]. Ameaça, ainda, todos os clubes que só conseguem sobreviver à custa de beber o sangue dos verdadeiramente populares e grandes. Ameaça, também, os marginais do futebol, até jogadores e alguns de seus inexpressivos sindicatos, que defendem o velho com a demagogia de garantir um insalubre mercado de trabalho. E ameaça, enfim, fazer de nosso futebol uma força capaz de lotar estádios, emocionar a gente, ganhar títulos, encantar o mundo, ser rentável e profissional. Esta é a ameaça que mais assusta os vampiros.[494]

A 16 de dezembro de 1987, três dias após o tetracampeonato rubro-negro, Manoel Tubino cansou de esperar que Octávio e Nabi se dignassem cumprir a lei: com base na autoridade que lhe conferiam o Decreto-Lei n° 3.199, de 1941, e a Lei n° 6.251, de 1975, o CND, por unanimidade, determinou à CBF o seguinte:

> [Que], no prazo de trinta dias, contados a partir do recebimento da presente comunicação, realize a primeira reunião do conselho arbitral da CBF, módulos Verde e Amarelo, devendo ser convocados, respeitados os prazos legais, os representantes legais dos trinta e dois clubes que foram convidados, inclusive do América, a participar do Campeonato Brasileiro de 1987, em cada um dos denominados módulos Verde e Amarelo, ocasião em que a reunião do conselho arbitral deverá obedecer, no que couber e com as adaptações que forem necessárias, ao disposto nas resoluções n° 16/86 e 17/86, ambas expedidas pelo CND.[495]

Na rua da Alfândega, Nabi preferiu dar uma de sonso: disse que não tinha sido notificado de nada e, ainda por cima, divulgou a tabela e as datas da quarta fase da Copa Brasil de 1987 (ou seja, o maldito cruzamento), a começar em 24 de janeiro.[496] E foi além: mandou ao CND um ofício explicando que, "por motivos alheios a esta entidade [sic], não foi possível concluir, ainda no ano corrente, [...] o Campeonato Nacional de Clubes", tal como determinava a lei. Diante disso, "solicitamos permissão para [terminá-lo] logo no início do ano vindouro, e após o recesso e férias dos jogadores, de acordo com o programa anexo".[497]

A consulta ao CND, neste caso, não era mera formalidade. Afinal de contas, estava em pleno vigor a resolução n° 16/81, que estabelecia já em seu artigo 1° que "todos os campeonatos de futebol profissional, de quaisquer [...] divisões, deverão ser encerrados, obrigatoriamente, no ano civil em que se iniciarem".[498] Era uma causa a mais, se escassez de causas houvesse, pela qual era ilegal o cruzamento imposto por Nabi em 11 de setembro. Sempre o pedagogo, Tubino disparou um segundo telex explicando exaustivamente tudo o que a lei prescrevia sobre o Campeonato Brasileiro de futebol, de maneira que Octávio e Nabi não tivessem alternativa que não a de obedecer sem espernear:

> [A] solicitação ora efetuada apresenta-se como de todo imprópria, porquanto do restabelecimento da eficácia jurídica das resoluções n° 16/86, 17/86 e 18/86,[...] tornando, *incontinenti*, necessária a instalação do conselho arbitral da 1ª divisão de futebol profissional dessa entidade, [...] haja vista que o regulamento do Campeonato Nacional de 1987 fora outorgado pela diretoria da CBF, quando, *ex vi* art. 10 da resolução n° 17/86 c/c art. 2° da resolução n° 16/86, *a competência para a prática de tal ato pertence aos conselhos arbitrais respectivos*.
>
> Portanto, é de todo oportuno que o conselho arbitral da 1ª divisão de futebol profissional dessa entidade se reúna no período aprazado, já que a ele a legislação desportiva assegura a competência para elaboração do regulamento do Campeonato Brasileiro de Futebol Profissional, *para que conheçam* [sic] *oficialmente do regulamento outorgado por essa entidade, ratificando e aprovando, ou não,* como compromisso entre seus membros, as disposições regulamentares ainda sem execução. [...]
>
> Agora, quanto ao pedido de permissão para o término do Campeonato Nacional regulamentado por essa entidade para 1987, está flagrante a conexão com o assunto anteriormente explanado, sendo, consequentemente, mister que o conselho arbitral supramencionado conheça e delibere também sobre tal fato.⁴⁹⁹ [Grifos do autor.]

Trocando em miúdos, quem decidia se haveria ou não o tal quadrangular final era quem devia ter decidido a respeito desde o princípio: os clubes.

Brasilia locuta, causa finita? Brasília falou e assunto encerrado? Assim parecia, e no dia seguinte o próprio Nabi assegurou que cumpriria a determinação, muito a contragosto: "Agora não tem jeito. Sou obrigado a convocar o arbitral. Mas garanto que, se não fosse a determinação ameaçadora do CND, eu não cumpriria a ordem, que é inoportuna e distorcida."⁵⁰⁰ O presidente em exercício da CBF finalmente convocou a reunião para o dia 15 de janeiro de 1988, às dezoito horas.⁵⁰¹ Considerando que o conselho deliberaria pelo princípio do voto qualificado (i.e., teriam mais peso os votos dos clubes mais bem colocados na edição anterior do campeonato, a de 1986), parecia claro que o Clube dos Treze lograria impor a sua vontade, que não era outra senão a que prevalecera no acordo de 8 de setembro de 1987. O tetra do Flamengo estava garantido.

Foi aí que entraram em cena os rábulas do Sport.

A essa altura, já estavam evidentes as questões de fundo que, muito em breve, os tribunais seriam chamados a decidir (e mal). Era legal — porque legítimo não seria jamais — o regulamento imposto pela CBF em 11 de setembro de 1987? Ou, como entendiam Tubino e o CND, esse regulamento só teria validade se aprovado pelos clubes em conselho arbitral, como determinava a resolução n° 17/86 do CND? E mais: convocado o conselho arbitral, poderiam os clubes, por simples maioria (i.e., sem unanimidade), alterar as cláusulas daquele regulamento outorgado pela CBF? Uma vez mais, Tubino e o CND entendiam que sim, porque a rigor aquele regulamento nunca fora *aprovado*, nos termos do artigo 5° da resolução n° 16/86 do CND. A CBF e o Sport juravam que não, porque se tratava de modificar um regulamento que era plenamente válido, no momento em que foi outorgado.

Já voltaremos, oportunamente, a essas questões palpitantes que, modéstia à parte, ninguém até aqui soube explicar satisfatoriamente ao público leigo. Até lá, registremos apenas que Nabi, já em janeiro, prenunciava, com a sua arrogância habitual, que a questão ainda daria muito pano para a manga nas barras dos tribunais: "Espero que haja consenso e os clubes aprovem o regulamento [...]. Se isso não ocorrer, com toda certeza teremos mais uma batalha judicial no futebol brasileiro."[502] E acrescentemos que o Sport mobilizou todas as forças de que dispunha para fazer prevalecer o seu entendimento, que era o de Nabi.

Há, em Pernambuco, todo um folclore em torno das injunções políticas que teriam favorecido o clube neste momento crucial. Reza a lenda que, a esta altura, Manoel Tubino já teria preparado um ato interpretativo qualquer que explicasse, com todas as letras e de modo que até os cretinos entendessem, que o caso em pauta não era de modificação de regulamento — era de deliberação originária, já que o regulamento em questão, até ali, nunca fora apreciado pela instância competente, que era o conselho arbitral. Outra versão dá conta de que o projeto de Tubino revogava, pura e simplesmente, a exigência de unanimidade. Pouco importa. O fato é que, segundo esse folclore, o ato de Tubino estava na mesa do ministro da Educação, o senador piauiense Hugo Napoleão, que só precisava referendá-lo para que entrasse em vigor.

Aí teria entrado em campo o senador Marco Maciel, pernambucano e torcedor do Santa Cruz, mas sensível aos anseios da torcida do Sport, parte considerável de seu eleitorado. Maciel não era um senador qualquer: era presidente nacional do PFL, partido de Napoleão e sócio menor da coalizão governamental, e que ao longo de 1987 soubera cobrar caro pelo apoio que prestava a um governo cada vez mais impopular. Pois Marco Maciel teria levado Homero Lacerda, presidente do Sport, até o gabinete de Hugo Napoleão, e lá, com muito jeito, teria convencido seu correligionário a não mexer naquele vespeiro ("não tem a mínima necessidade de assinar isso aqui, Ministro"). A lei permanecia como estava, sem modificação nem ato interpretativo.[503]

Para que pudesse registrar essa versão sem dramas de consciência, este autor teve a ousadia de ir incomodar o hoje deputado Hugo Napoleão. A 14 de junho de 2016, por e-mail, o deputado negou que o tal encontro com Maciel e Lacerda tenha acontecido. Disse que, para certificar-se, consultou a respeito um seu assessor da época, o dr. Antônio Carlos Manera, bem como o então secretário de Educação Física e Desportos, o sr. Alfredo Alberto Leal Nunes, ex-presidente da Federação Piauiense (1960-1966) e vice-presidente da CBD e da CBF por vários anos. E, amparado nas lembranças próprias e nas de Manera e Leal,

Hugo Napoleão afirmou categoricamente: "Nada chegou à minha mesa, e nem eu poderia interferir. Nunca existiu projeto, nem muito menos o ex-senador Marco Maciel me falou [a respeito]."[504]

Fosse como fosse, o que é certo é que o Sport foi bater à porta dos tribunais, antes que o conselho arbitral pudesse pronunciar-se sobre o regulamento. Mais especificamente, foi à seção pernambucana da Justiça Federal (e ainda falaremos, aguardem, da escolha do foro e do juiz que calhou de intervir na causa). Por ora, limitemo-nos a registrar que, a 14 de janeiro de 1987, véspera da reunião do conselho arbitral, o clube pernambucano solicitou e obteve liminar que proibiu à CBF "acatar qualquer decisão do conselho arbitral [...] que implique em alteração do regulamento do Campeonato Brasileiro de futebol profissional, edição 1987, ressalvada a hipótese da unanimidade".[505] E unanimidade jamais haveria, porque o Sport não votaria contra o cruzamento.

A decisão judicial, repare-se, não impedia o conselho arbitral de deliberar: apenas impedia a CBF de acatar suas deliberações, caso não fossem aprovadas por unanimidade. De maneira que, tal como programado e determinado pelo CND, o conselho arbitral de clubes reuniu-se, pela primeira vez, na noite de 15 de janeiro de 1988, na sede da CBF na rua da Alfândega, nº 70. Dos 32 clubes participantes dos módulos Verde e Amarelo, apenas a Internacional de Limeira, o Ceará e o Rio Branco não se fizeram representar. Superadas, uma a uma, incontáveis objeções de caráter claramente procrastinatório, todas elas levantadas pelo sr. Homero Lacerda, o conselho arbitral finalmente passou a deliberar sobre a questão que lhe tocava decidir. E quem propôs a medida que o bom senso impunha foi ninguém menos que o vice-presidente do Vasco da Gama, o dr. Eurico Miranda. É o que se depreende da ata:

> Prosseguindo, o presidente em exercício coloca em discussão o Regulamento do Campeonato Brasileiro de Futebol Profissional de 1987, no que se refere a sua 4ª fase. O sr. Eurico Ângelo de Oliveira Miranda, representante do Clube [sic] de Regatas Vasco da Gama, *propõe que o Campeonato Brasileiro de Futebol Profissional de 1987 seja considerado encerrado em 13 de dezembro de 1987, com exclusão da quarta fase prevista no Regulamento*. Colocada em discussão a proposta acima, usou da palavra, inicialmente, o sr. Moacir José Fernandes, presidente do Criciúma Esporte Clube, protestando contra a exclusão da quarta fase e declarando que o Grupo dos Treze, representado pelo sr. Eurico Ângelo de Oliveira Miranda, do Clube [sic] de Regatas Vasco da Gama, havia concordado com a realização da quarta fase. O sr. Homero Moura de Melo Lacerda, presidente do Sport Club do Recife, agradeceu as palavras do presidente do Criciúma e referiu-se aos sacrifícios dos dezesseis clubes do Módulo Amarelo, que sofreram grandes prejuízos. Conclui, apelando no sentido de que não seja abolida a quarta fase. O representante do Clube Náutico Capibaribe, sr. Luciano Bivar, expressa sua opinião de que a matéria não

pode ser votada por falta de unanimidade. Submetida à votação, a proposta teve as seguintes justificativas de voto: José Neves Cavalcanti Filho, presidente do Santa Cruz Futebol Clube, absteve-se de votar. Sr. Castor Gonçalves de Andrade, presidente do Bangu Atlético Clube, declarando voto favorável ao encerramento, *pois o Módulo Amarelo não aceitou qualquer acordo e também não foi concluído*. E, a rigor, as associações classificadas, no seu entendimento, deveriam ser punidas com a perda de cinco pontos cada uma, por se proclamarem campeã e vice-campeã do Módulo Amarelo. Sr. Homero Moura de Melo Lacerda, presidente do Sport Club do Recife, pedindo que conste em ata que julga que a proposta não é aprovada, por três motivos: 1°. A existência da liminar da Vara Federal do Recife [sic]; 2°. Por força do art. 5° da resolução n° 16/86 do Conselho Nacional de Desportos; 3°. Porque o Guarani e o Sport têm direitos constitucionais [sic], ao vencerem o Módulo Amarelo[,] e o conselho arbitral não pode alterar esses direitos. O resultado da votação foi o seguinte: *375 votos a favor; 104 votos contra; 12 votos relativos à abstenção e 37 votos relativos aos ausentes.* [Grifos do autor.][506]

Votaram com o Flamengo todos os membros do Clube dos Treze, *inclusive o Vasco da Gama.*[507] Os únicos a votar contra a proposta de Eurico Miranda foram os próprios Sport e Guarani, além do Criciúma, Joinville, Treze, CSA (representado por Homero Lacerda) e Náutico (representado por Luciano Bivar, cartola do Sport[508]). Fora os ausentes e o Santa Cruz, *todos* os demais votaram pela eliminação do quadrangular final.[509]

Era, inegavelmente, uma vitória do Flamengo e do Clube dos Treze, muito embora não estivesse claro o que queria dizer, exatamente, o fim da quarta fase. O campeão era só o Flamengo, como indicava a manchete de *O Globo* ("Arbitral decide que Fla é o campeão de 1987")? Ou havia quatro campeões, um de cada módulo, como propusera Eduardo Viana em 3 de setembro de 1987? (E, nesse caso, quem era o campeão do Módulo Amarelo?) Quem disputava a Libertadores? O campeão e o vice da Copa União? Ou haveria, sim, um cruzamento, que não constituiria uma quarta fase do campeonato, mas uma competição à parte com o propósito meramente adjetivo de indicar os representantes brasileiros no certame continental?

Não se sabia, e nada disso parecia importar muito: à época, prevalecia o entendimento de que a Libertadores se tornara um torneio deficitário e de escasso interesse para o torcedor brasileiro. Essa percepção agravou-se, decerto, com o vexame do São Paulo no torneio, no primeiro semestre de 1987. E isso explica o fato de, em agosto, a CBF ter mandado o sr. Hildo Nejar a uma assembleia da Confederação Sul-Americana, em Assunção, com um mandato muito simples: limitar a participação no torneio a apenas um clube por país, que assim dava menos prejuízo. O Brasil foi voto vencido, mas a posição brasileira é a melhor ilustração do reduzido apelo da competição nestes trópicos.[510] Diante desse precedente, não é de surpreender o desprezo com que o próprio Flamengo tratou a questão num primeiro momento: na véspera do conselho arbitral, o clube cogitou seriamente de abrir mão da vaga na Libertadores, sugerindo que se disputasse um triangular entre Internacional, Sport e Guarani para decidir quais seriam os dois representantes brasileiros.[511]

Quanto ao campeão brasileiro, talvez fosse mesmo como no boxe: cada módulo teria o seu, mas o torcedor sabia muito bem quem era o campeão à vera.

Mas Nabi permanecia irredutível, e isso a despeito de o CND, consultado, ter esclarecido, a 21 de janeiro, que de fato não era necessária a unanimidade para eliminar o cruzamento.[512] Fosse como fosse, cinco dias depois do arbitral, a 20 de janeiro, o vilão de nossa história reapareceu para confirmar que no domingo seguinte, 24 de janeiro, se disputaria, sim, a primeira rodada do quadrangular final do Campeonato Brasileiro. No Maracanã, deviam enfrentar-se Flamengo e Guarani; no Beira-Rio, Internacional e Sport. Nabi explicou que sua decisão estava amparada na liminar do juízo federal de Pernambuco, que impedia a CBF de cumprir a decisão do conselho arbitral. E era visível que ele obedecia à liminar com um prazer quase carnal.[513]

Trinta anos depois, o torcedor rubro-negro poderá revoltar-se com o pouco caso com que a diretoria do Flamengo tratou da questão. Aqui não se trata de justificar nada, e a convicção deste autor é de que, *neste princípio da controvérsia*, o clube até agiu direitinho nos tribunais. Mas é inegável que, na Gávea, os dirigentes rubro-negros receberam a notícia na base da galhofa. E era até compreensível: com os fatos frescos na memória de todos, era mesmo ridículo pretender que o Flamengo botasse o seu título em jogo contra o Sport e o Guarani — ainda mais quando o Internacional, que em tese poderia aproveitar-se da confusão para tentar reverter a derrota de dezembro, também ele abdicava da disputa.[514] De maneira que o Flamengo mandou avisar: no domingo, 24 de janeiro, não ia ao Maracanã, mas receberia a seleção da Costa do Marfim, no estádio da Gávea, para a festa das faixas. E convidava Nabi a comparecer.[515]

E assim se fez: a despeito das ameaças de Nabi, que prometeu ir até à FIFA para desfiliar a Costa do Marfim[516], a seleção ebúrnea foi a campo e perdeu do Flamengo por 3 a 0. No total, umas cinco mil pessoas assistiram à festa. Era pouco, mas (1) era janeiro, (2) era na Gávea, (3) o adversário era desconhecido, (4) Zico e Bebeto não jogaram e (5) ainda assim, era muito mais gente do que a soma dos enfermos que foram ao Brinco de Ouro ver o *walk over* do Guarani sobre o Flamengo (dezoito almas) e à Ilha do Retiro ver o do Sport sobre o Internacional (138 sofredores).[517] (Nos dois dias precedentes, Nabi invertera o mando de campo dos dois jogos, provavelmente para poupar ao Sport e ao Guarani os gastos com as viagens inúteis.)[518]

Humilhado e ofendido, Nabi avisou, a 26 de janeiro, que eliminaria Flamengo e Internacional da competição, caso não aparecessem em campo na segunda rodada. Nem rubro-

-negros nem colorados perderam um minuto de sono com isso, de maneira que, na noite de quarta-feira, 27 de janeiro de 1988, repetiu-se o ritual ridículo que Cláudio Mello e Souza previra havia mais de um ano, em tom de galhofa, quando o Coritiba quis melar a Copa Brasil de 1986. Desta vez, o Guarani *não* recebeu o Internacional e o Sport *não* recebeu o Flamengo. Quem tinha dúvidas a respeito — e haveria uns poucos casos clínicos, todos concentrados no Recife[519] — estava condenado a acalentá-las pelos séculos dos séculos: o Sport de Betão, Ribamar e Robertinho tinha time para bater o Flamengo de Zico, Renato, Bebeto, Andrade, Leandro, Zinho e Leonardo?

Afirmar que sim era coisa de maluco, era sobrevalorizar até à caricatura o retrospecto daquele Sport contra equipes do quilate do Joinville ou do Treze de Campina Grande. Até porque, sejamos honestos: o que queriam dizer Leão, Estevam Soares, Marco Antônio ou Homero Lacerda quando afirmavam que aquele Sport, em casa, não perdia para ninguém? Não era só que o time se sentia à vontade em seu campo e partia para abafar as jogadas de qualquer adversário. O que está dito nas entrelinhas, de maneira nem tão sutil assim, é que o adversário que fosse à Ilha do Retiro seria forçosa e necessariamente submetido ao tratamento que receberam o Bangu e o Guarani, na reta final do Módulo Amarelo. E é perfeitamente inverossímil acreditar que, com as televisões de todo o país sintonizadas no jogo, e com as arquibancadas divididas meio a meio entre rubro-negros autênticos e genéricos, os dirigentes e torcedores do Sport, o juiz do jogo e a PM pernambucana estariam à vontade para coagir daquela maneira um clube da grandeza do Flamengo. Aliás, é mais inverossímil ainda conceber que o Flamengo aceitasse que o jogo se disputasse no campinho do Sport, depois de tudo o que o próprio Flamengo sofrera no Mineirão, contra um adversário muito mais poderoso que os pernambucanos.

De resto, se se permite o registro anedótico, havia um motivo ainda mais concreto para que saibamos, de ciência certa, que de maneira nenhuma aquele Sport resistiria ao Flamengo, se jogassem naquele 27 de janeiro. Quem o conta, com imensa graça, é Estevam Soares:

> Tinha dois jogos em casa, com Flamengo e Inter. Jogo às quatro da tarde. Nego ficou na praia até a uma, tomando caipirinha, cerveja… Nós já sabíamos que eles não vinham. Neguinho balançando! E eu disse: "Se os caras estão escondidos em Aracaju, na Paraíba, e resolvem vir, nós vamos levar uma surra!" No segundo jogo [contra o Flamengo], então, teve cara que, para trocar de roupa, foi difícil, tudo mamado![520]

Flamengo e Internacional foram, então, eliminados da disputa do quadrangular de Nabi, e quase ninguém reparou. A essa altura, estávamos na véspera da rodada inaugural do Campeonato Carioca, e os jornais, no mais das vezes, já nem registravam os novos capítulos dessa novela.

De maneira que foi, novamente, na semiclandestinidade que, a 31 de janeiro de 1988, o Guarani recebeu em casa o Sport para a penúltima partida do tal cruzamento, que virara, simplesmente, a reedição da disputa interrompida pelo Módulo Amarelo. Apenas 4.627 viventes pagaram ingresso, numa ilustração a mais de que quem conhecia uma decisão de Campeonato Brasileiro — como era, inegavelmente, o caso da torcida do Guarani, — percebia que aquilo ali não o era. Em campo, o Guarani (sem Evair, operado do joelho) foi uma máquina de perder gols, e o Sport saiu na frente com Betão, de pênalti, aos sete do segundo tempo. Aos dezessete, Catatau empatou, também de pênalti.

Na segunda-feira, *O Globo* deu muito maior destaque ao W.O. do Flamengo em cima do Vasco[521], à estreia de Zagalo no comando do Bangu[522] e, até mesmo, à derrota do América para o Porto Alegre de Itaperuna[523]. A *Placar* nem sequer dedicou uma reportagem à pelada, limitando-se a registrá-la em seu Tabelão que, naquela época, funcionava quase como um Diário Oficial do futebol.[524]

Se, como queria Marshall McLuhan, "o meio é a mensagem", há um detalhe que diz muito sobre a real importância do episódio seguinte: a finalíssima do quadrangular de Nabi — aquilo que as cabeças mais delirantes pretendiam que fosse a final do Campeonato Brasileiro de futebol — foi transmitida apenas pelo SBT do Sílvio Santos, para um público de traço. Foi a 7 de fevereiro de 1988, numa Ilha do Retiro onde oficialmente havia 26.282 espectadores, mas onde Jorge Kajuru, então repórter de campo, jurava haver muitos mais.

Embora se tratasse de evento semiclandestino, e com uma divulgação não muito superior à do *Namoro na TV*, esta é a única partida da campanha do Sport que sobreviveu na íntegra, em *video-tape*[525], à passagem do tempo. E assistir a essa partida, tantos anos depois, é uma experiência singular. No começo, descontada a estética inferior, a sensação é parecida à de ver um filme do David Lynch: o espectador sente que há algo de muito errado, mas demora um tempo a perceber o que é. E de repente cai a ficha: é que, tirando os senhores Ivo Morganti, Jorge Kajuru, Theobaldo e Clodoaldo, que diziam o que diziam por dever de ofício, todos os demais pareciam acreditar sinceramente que aquilo ali era mesmo uma final de Campeonato Brasileiro. A melhor ilustração disso são as dezenas de *desmaios* que a reportagem registra em meio público presente. Credite-se parte disso ao calor e outro tanto aos excessos etílicos de rigor, mas o fato é que só assistindo ao jogo a gente se dá conta de que está diante de um artigo de fé, e que, portanto, é inútil argumentar com essa gente.

O jogo em si foi o que se viu, ou melhor, o que *não* se viu. No primeiro tempo, um Guarani acuado, não pela superior técnica do Sport, que isso não havia, mas pela decisão deliberada do técnico Carbone de só sair na boa. Há um dado que ilustra isso à perfeição: Paulo Isidoro, o mais lúcido integrante daquele time, passa os primeiros 45 minutos quase todos jogando de líbero. A bola ronda a área bugrina e multiplicam-se laterais e escanteios no último quarto de campo, mas jamais alguém tem a lucidez de deixar um companheiro em condições de marcar. Há um único lance de perigo efetivo, já ao finalzinho do primeiro tempo, e, para variar, vem de bola parada. Betão cobrou uma falta na ponta esquerda, a bola atravessou toda a área do Guarani, Marco Antônio cabeceou de volta para o meio da pequena área e Estevam Soares, quase embaixo do arco, cabeceou para fora. E foi só.

No intervalo, Carbone prometeu adiantar a marcação e reequilibrar o jogo, e o fato é que, nos primeiros minutos da segunda etapa, o Guarani pareceu melhor em campo. Só que, aos 19, houve um desses escanteios vadios que faziam a alegria de um time aplicado mas limitado como o do Sport. Betão bateu com curva, Marco Antônio veio lá de trás, subiu muito mais do que o beque e marcou o único gol do jogo. Na épica leonina, será algo assim como o gol de Sua Excelência, o xerife Antônio José Rondinelli Tobias, a 3 de dezembro de 1978. No drama mais amplo do futebol brasileiro, será sempre uma nota de rodapé, porque ninguém viu e porque, com todo o respeito, quem nasceu para Marco Antônio jamais chega a Rondinelli.

E não resta muito mais o que dizer, porque muito mais não houve. O SBT registrou as queixas de Carbone, para quem "o juiz não teve peito de enfrentar a torcida deles" e "segurou o Guarani no meio de campo". "Para o Sport, tudo era permitido", prosseguiu, "para nós, nada". E "quem tem, tem medo", filosofou, com a fineza característica dos boleiros.[526] Pode até ser que tivesse razão. A verdade é que pouco importava, que até mesmo os registros que sobreviveram dão conta de que ninguém viu a partida. A ficha técnica publicada no Tabelão da *Placar*[527], e depois reproduzida acriticamente em todas as fontes — na Wikipedia[528] como na RSSSF[529] —, afirma, por exemplo, que Evair foi expulso aos 45 do primeiro tempo. Só que isso não aconteceu: ele jogou quase todo o segundo tempo e só veio a ser expulso, sim, aos 45 da etapa final, sem que ninguém, em trinta anos, se dignasse atentar para o erro.

Terminado o jogo, não é um jogador, nem um cartola propriamente do Sport quem ergue o troféu de campeão. É o sr. Fred de Oliveira, *o presidente da Federação Pernambucana*.[530] Era pura simbologia, era um desfecho que, inadvertidamente, dizia tudo o que havia a ser dito sobre o significado da conquista. Ganharam as federações, ganharam os beneficiários do esquema corrompido que elegera Octávio e Nabi. Perdera o futebol, e o Sport permanecia aquela nota de rodapé, até mesmo em seu momento de glória maior.

Terminada a pantomima do cruzamento, Octávio Pinto Guimarães volta à cena e reassume o comando da CBF. Essas trocas de mando, como o leitor já terá percebido, eram frequentes devido à grave enfermidade de que padecia o presidente e contribuíam para agravar a incerteza que rondava o assunto. Pois Octávio podia ter lá os seus pecados, mas fora cartola de um grande clube e, ao contrário de Nabi, talvez até simpatizasse, lá no fundo, com o Clube dos Treze.

Só que Octávio não era mais presidente do Botafogo e, como presidente da CBF, tinha o seu cargo a preservar e a sua clientela a saciar. Mas ainda assim não era Nabi, e preferiu uma vez mais contemporizar: jogou o problema para as calendas e disse que só tomaria uma decisão quanto à homologação do título de Campeão Brasileiro quando a Justiça comum e a desportiva se manifestassem definitivamente quanto às ações ajuizadas por todos os interessados. Quanto à indicação dos representantes brasileiros na Libertadores, disse que esperaria até o último dia do prazo de inscrição, 30 de março.[531]

Enquanto Octávio esperava, o Flamengo não ficou de braços cruzados. A 10 de fevereiro, o clube consultou o CND sobre a vigência de diversos instrumentos legais que proibiam a prorrogação do Campeonato Brasileiro para além do término do ano-calendário, salvo autorização expressa do CND.[532] A resposta de Manoel Tubino não tardou nem 24 horas: em ofício datado de 12 de fevereiro, certificou que permaneciam vigentes pelo menos dois instrumentos legais emanados do CND (as já referidas resoluções n° 16/81 e 17/86) com prescrições naquele sentido. Acrescentou que, embora o tivesse solicitado a 18 e a 30 de dezembro, a CBF "não fora expressamente autorizada a dar continuidade ao Campeonato Brasileiro de Futebol que teve início em 1987 durante o ano de 1988". E concluiu que, como já se viu, o CND remetera qualquer decisão a respeito ao conselho arbitral, que tampouco autorizou a extensão do campeonato — antes pelo contrário, declarou-o encerrado a 13 de dezembro de 1987.[533]

A lógica era e permanece irrefutável: aqui não há como brincar de "conflito de leis no tempo" e alegar que, quando outorgado, o regulamento da CBF era legal porque as resoluções com que colidia estavam suspensas por liminar. Isso podia até ser verdade com respeito às resoluções 16/86 e 17/86, mas não o era com relação à 16/81. Era exata, portanto, a manchete do jornal *O Globo* a esse respeito — "CND declara ilegal o cruzamento"[534] —, e é de se lamentar que o Judiciário jamais tenha analisado essa questão a sério. O Sport e seus advogados poderão dizer o que quiserem sobre os poderes do conselho arbitral para recusar o regulamento imposto por Nabi, mas isto aqui não era simples questão de regulamento: os jogos programados pela CBF para janeiro e fevereiro de 1988 eram *ilegais*, segundo a legislação vigente. Portanto, as partidas entre Sport e Guarani não passaram de simples amistosos e como tais deveriam ter sido reconhecidos, se os juízes consultados não fossem vulgares diletantes em matéria de direito desportivo.

É claro que a legitimidade do título do Flamengo reside em causas muito mais transcendentes que uma resolução de 1981. Mas a sua legalidade estava plenamente assegurada com esse instrumento, e é lamentável que o próprio Flamengo não tenha insistido neste ponto em juízo.

O Flamengo não parou por aí. A 22 de fevereiro, o Tribunal Federal de Recursos (TFR) cassou mais uma liminar marota obtida pelo Sport, nesse meio tempo, que aparentemente lhe garantia o título de campeão brasileiro e determinava à CBF que o inscrevesse na Libertadores.[535] Diante disso, eliminado o obstáculo judicial, o Flamengo oficiou à CBF para que homologasse o seu título de campeão brasileiro — não apenas de campeão do Módulo Verde, da Copa União, do troféu João Havelange ou que nome tivesse: campeão brasileiro *tout court*. E a sua lógica era impecável e não se assentava nos poderes que pudesse ter o conselho arbitral para recusar o regulamento imposto pela CBF.

Senão vejamos: (1) o regulamento da CBF previa um quadrangular final entre o campeão e vice-campeão do Módulo Verde mais o campeão e vice-campeão do Módulo Amarelo; (2) a 13 de dezembro de 1987, o Flamengo sagrou-se campeão do Módulo Verde; (3) na mesma data, Sport e Guarani decidiram dividir o título do Módulo Amarelo, medida que evidentemente não encontrava amparo regulamentar, de maneira que não houve campeão do Módulo Amarelo; (4) o CND não autorizou a realização do quadrangular final em janeiro e fevereiro de 1988, ou seja, depois de encerrado o ano-calendário; (5) diante disso, o único campeão que havia e que restava, e que cumpria reconhecer-se como campeão brasileiro de 1987, era o campeão do Módulo Verde, o Clube de Regatas do Flamengo.[536]

Era o óbvio, e justamente por isso a CBF fará ouvidos moucos. Como contrapor-se a lógica tão irrefutável? No máximo, recordando que, a 22 de janeiro, a própria CBF decidira homologar o título do Sport de campeão do Módulo Amarelo, "diante de sua melhor performance técnica ao longo da competição", ignorando o arranjo mambembe feito entre Sport e Guarani.[537] Mas este ato de Nabi contrariava a alteração que Octávio promovera no regulamento no dia 8 de dezembro e implicava, portanto, ressuscitar uma regra pregressa cujo sentido ninguém entendera.

E mais: admitindo-se que Nabi pudesse revogar o ato de Octávio e decidir, por iniciativa própria, quem era o campeão do Módulo Amarelo, isso só resolvia metade da questão. Permanecia o fato de que o cruzamento era ilegal e seus efeitos eram nulos. No máximo, o que dava para fazer era homologar conjuntamente os títulos do Flamengo e Sport. E voltávamos às federações de boxe.

Ao que tudo indica, a intenção da CBF era empurrar com a barriga até onde desse. O prazo de inscrição na Libertadores passou sem que houvesse decisão a respeito: a CBF fez constar da papelada, de forma provisória, os times "Brasil A" e "Brasil B", a ser definidos oportunamente, e obteve o adiamento das inscrições definitivas até 30 de maio.[538] Àquela altura, não estava descartado que, para não ter de mexer no vespeiro, a CBF simplesmente indicasse novamente o campeão e o vice de 1986, o São Paulo e o Guarani.[539] O que, no final das contas, fez a CBF sair da letargia não foi o pedido do Flamengo, nem aquele, em sentido contrário, da Federação Pernambucana[540]: foi o esporro público que recebeu de ninguém menos que João Havelange no dia 30 de abril de 1988.

O fundo técnico, por assim dizer, da questão eram as seguidas violações, por parte dos clubes brasileiros, a uma das regras de ouro da FIFA: *não recorrerás à Justiça comum para resolver disputas desportivas*. À época, a proibição constava do artigo 48.1 do estatuto da FIFA (hoje, aparece no artigo 68.2), e o dispositivo era e continua a ser uma das pedras de toque de todo o sistema: aos olhos dos homens da FIFA, em Zurique, era o que permitia à organização cumprir a sua missão de prover um bem público universal, qual seja, a absoluta uniformidade do jogo em qualquer dos rincões deste planeta. Essa uniformidade, argumentavam eles, poderia deitar-se a perder a partir do momento em que magistrados diletantes, sem o menor conhecimento de causa, começassem a decidir sobre questões afetas ao jogo ao sabor das paixões localizadas e com base unicamente em critérios nacionais de justiça.

Não é um argumento de todo irrelevante, e foi com base em considerações dessa ordem que um autor respeitável como David Goldblatt, recentemente, recomendou "descartar [Joseph] Blatter, mas não a FIFA".[541] É claro que, por partir de onde vinha, contra o argumento sempre se poderia invocar a máxima dos *Rolling Stones*: *it's the singer, not the song*. Em outras palavras, por verdadeiro que fosse, ele encerrava uma dose inaceitável de autocomplacência. E isso permitia a cartolas como João Havelange, Joseph Blatter e, mais tarde, Jérôme Valcke colocar-se praticamente fora do alcance de qualquer instância judiciária do planeta, salvo a Corte Arbitral do Esporte de Lausanne. E não era, em parte, contra isso, contra a intocabilidade das federações e de seus dirigentes, que o Flamengo e o Clube dos Treze se insurgiam?

Era, e tudo isso assustava Havelange e os presidentes das federações estaduais, que uma e outra vez buscaram destituir Octávio e Nabi por fraquejar diante do desafio dos grandes clubes. E isso explica que, já desde 1987, essas federações começassem a alinhar-se detrás do herdeiro aparente de Havelange, o sr. Ricardo Teixeira, que, sem nunca na vida ter lidado com futebol, prometia botar a casa em ordem e acabar de vez com a petulância do Clube dos Treze e de Manoel Tubino. Sirva de ilustração a entrevista que deu à revista *Placar* em outubro de 1987, quando defendeu os seguintes conceitos jurássicos, que garantiram vida quase eterna ao seu sogro, primeiro na CBD, depois na FIFA:

> Meu contato tem sido com as federações, *que são as legítimas representantes dos clubes*. E elas que votarão. [...] Sou a favor da hierarquia. A estrutura esportiva do Brasil, hoje, é a seguinte: CBF-federações-clubes. [...] O esporte, no mundo todo, segue o voto unitário, que é um sistema democrático e justo. Hoje, no futebol internacional, vários países, como Nigéria e Arábia Saudita, já são uma força. E têm de ser respeitados.[542]

Com esse pano de fundo político, é fácil entender que João Havelange tinha em mente algo além de bens públicos universais quando resolveu chamar a CBF às falas. Àquela altura, não eram só o Sport (que começou tudo, em 14 de janeiro) e o Flamengo (que só fez reagir) que atordoavam a CBF e as federações com demandas infinitas na Justiça comum. Havia ainda o mau exemplo da Ponte Preta e do Bandeirante de Birigui, que terminaram o Campeonato Paulista de 1987 nas duas últimas posições, foram rebaixados, mas reintegraram-se à primeira divisão graças a liminares obtidas na Justiça comum.[543]

E estes dois casos eram só uma pequena amostra do que ocorria então. Segundo levantamento de *O Globo*, o TFR conhecera cerca de 194 processos esportivos em 41 anos de existência. Desse total, mais da metade tinha sido ajuizada a partir de 1984.[544] Em suma: naquele primeiro semestre de 1988, havia o perigo concreto de ruir, no Brasil, todo o sistema laboriosamente construído por João Havelange e posto em xeque pela incompetência de Octávio e Nabi.

Havelange veio a público a 30 de abril de 1988 e deu o recado mais duro que Octávio e Nabi tiveram de ouvir ao longo de seu catastrófico triênio: "Se uma associação de futebol não pode respeitar o artigo 48 do regimento da FIFA, só tem um caminho: retirar-se." Já havia, no entanto, a expectativa de que os dois trapalhões fossem em breve substituídos pelo genro de Havelange, de modo que a ninguém interessava a medida extrema da desfiliação da CBF. Terá sido com essa perspectiva em mente que, no mesmo dia, o sr. Joseph Blatter, secretário-geral da FIFA, determinou à CBF que solucionasse definitivamente, até 19 de maio, as controvérsias atinentes ao Campeonato Brasileiro de 1987 e ao Campeonato Paulista de 1988.[545]

E a CBF obedeceu. A 24 de maio de 1988, emitiu uma resolução, em tom ameaçador, que reiterava que federações e clubes estavam proibidos, "para resolver suas divergências desportivas, de [socorrer]-se de qualquer instância do Poder Judiciário, devendo valer-se, para esses fins, exclusivamente das instâncias da Justiça desportiva", sob pena de "desligamento automático do campeonato ou torneio que estiverem disputando".[546]

Mas isso era o de menos: uma semana antes, a 17 de maio, a CBF já enviara à FIFA a sua reação a uma das imposições de Blatter. No que concernia à CBF, estava finalmente decidido: o campeão brasileiro de 1987 era o Sport do Recife, e aquele quadro, mais o Guarani, representariam o Brasil na Libertadores. O arrazoado da CBF baseava-se, como era de se esperar, no regulamento imposto por Nabi e na interpretação de que o conselho arbitral não poderia recusar aquele regulamento senão por unanimidade. Nem passava perto de registrar o entendimento contrário de quem de direito — o CND — quanto à necessidade da unanimidade de votos no arbitral, nem o fato de que a quarta fase do torneio era ilegal, conforme esclarecera o mesmo CND a 12 de fevereiro.[547] A 24 de maio, a decisão foi homologada pela diretoria da CBF.[548]

Seria ocioso registrar aqui todas as oportunidades em que o Clube dos Treze se insurgiu contra a decisão da CBF. O registro histórico é vasto e basta para desmoralizar os clubes que, por conveniência ou inveja, depois passaram a considerar o Sport como o campeão. Registremos apenas que, já a 20 de maio, o Clube dos Treze divulgou manifesto de repúdio à decisão da CBF, afirmando, de resto, que secundaria recurso do Flamengo e do Internacional ao CND.[549] Ou que, a 24 de junho de 1988, o mesmo Clube dos Treze denunciou uma série de "desmandos da CBF", entre os quais o "descumprir decisão do conselho arbitral de 15.01.1988". A ata da reunião até hoje é citada como a posição definitiva da entidade a esse respeito:

> À vista de todo o exposto, confirmar, de forma maiúscula, que efetivamente Flamengo e Internacional são os legítimos campeão e vice brasileiros de 1987, qualquer que venha a ser, no futuro, próximo ou remoto, a decisão final que a respeito vier a ser tomada [...].[550]

Entre os signatários do documento, estavam os senhores Juvenal Juvêncio, presidente do São Paulo, e Carlos Miguel Aidar, que ainda exerça a presidência do Clube dos Treze.

O Flamengo não se limitou ao protesto coletivo. A 2 de junho, junto com o Internacional, ajuizou ação na instância apropriada — o STJD — com o objetivo de declarar nulo o ato da CBF que homologava o título do Sport. Em sua inicial (a rigor, o instrumento chamava-se "recurso voluntário"), o Flamengo reitera o raciocínio exposto em seu ofício à CBF de 3 de março de 1988: em suma, que o Flamengo era o campeão brasileiro porque o campeonato se encerrou a 13 de dezembro e, àquela altura, o Flamengo era o único campeão de módulo que havia, diante da insólita divisão do título do Módulo Amarelo.[551]

Esta foi, de todas, a maior vitória processual do Flamengo, sobretudo se levarmos em conta dois fatos incontroversos. Em primeiro lugar, como já se disse, a Justiça desportiva, com todos os seus defeitos, era a instância adequada para julgar causas que versassem sobre questões desportivas. Seus juízes, por controvertidos que fossem, tinham pleno conhecimento da lógica do sistema, dos precedentes aplicáveis e da miríade de dispositivos legais (como a resolução do CND n° 16/81) que serão crassamente ignorados pela Justiça comum, quando lhe tocar pronunciar-se sobre a questão. Em segundo lugar, porque o STJD era e permanece órgão custeado pela CBF, umbilicalmente ligado à entidade, quase parte de sua estrutura. Por essa razão, um seu pronunciamento *em favor do Flamengo*, e contra a CBF que o remunera, tem um peso político e jurídico incontrastável, na medida em que encerra uma desautorização humilhante à CBF por parte de seus próprios empregados.

E foi essa corte arbitral que, a 9 de junho de 1988, por quatro votos a três, acolheu o recurso voluntário do Flamengo e do Internacional, declarando nula, pelas razões aqui elencadas, a decisão da CBF de 24 de maio que homologara o título do Sport. Diante disso, restava à CBF apenas oficializar o título do Flamengo e indicá-lo, juntamente com o Internacional, para a disputa da Taça Libertadores da América.

Em tudo e por tudo, a decisão era devastadora para o esquema de Octávio, Nabi e das federações. Já de volta ao cargo, Octávio afirmou, resignado, que "nada mais resta à [CBF] a não ser homologar o que foi decidido". Já o presidente do STJD, o dr. Carlos Henrique Saraiva, que foi voto vencido na decisão, comportou-se como se parte fosse, e não auditor: descreveu a decisão como "esdrúxula, monstruosa e *teratológica*", que é como os advogados chamam qualquer decisão que lhes desagrade, no exercício do que se convencionou chamar *jus esperneandi* (i.e., o sacrossanto direito de espernear).[552]

O dr. Carlos Henrique Saraiva ainda tentaria melar a decisão do plenário. A 15 de junho, em decisão monocrática, acolheu mandado de garantia do Guarani, que alegava nulidades que soem alegar nesses casos os advogados chicaneiros, e suspendeu a decisão do plenário do próprio STJD. Estávamos a cinco dias do término do prazo para a inscrição na Libertadores, e o Flamengo, diante da premência do assunto, recorreu não ao presidente da corte, nem ao seu plenário, mas ao CND. Em representação datada de 16 de junho, o Flamengo atacou a decisão de Saraiva, que descreveu como "inédita e incabível", bem como os seus efeitos prováveis ("assegurando tanto ao [Guarani] como, por extensão, ao Sport Club do Recife a possibilidade de inscreverem-se na Copa Libertadores da América de 1988"). Após demonstrar que o recurso do Guarani era incabível ou, quando muito, jamais poderia ter-se apresentado à própria "autoridade coatora" (o STJD), o Flamengo pediu, e obteve, a anulação da decisão de Carlos Henrique Saraiva, e também logrou impedir a convocação de nova sessão plenária para o mesmo dia 16. Em resumo, permanecia vigente o acórdão de 9 de junho que declarara nula a homologação do Sport como campeão brasileiro.[553]

De maneira que Flamengo e Internacional estavam agora amparados em decisões firmes das duas máximas instâncias do sistema de Justiça desportiva: a do plenário do STJD, de 9 de junho, e a do CND, de 16 de junho. Pois foi com base nessas decisões que, no dia 17 de junho, os dois clubes solicitaram à CBF a sua indicação para a disputa da taça Libertadores da América. Sem o mesmo amparo legal, Sport e Guarani continuavam a postular idêntica pretensão.[554]

Mas aquela diretoria da CBF não primava pelo respeito à lógica ou à lei. Pois, a 20 de junho de 1988, contra decisões expressas do CND e do STJD, a CBF tornou a homologar o título do Sport e indicou definitivamente o clube pernambucano, mais o Guarani, para a disputa da Libertadores. O Flamengo até ameaçou ajuizar uma ação de perdas e danos, mas este permanecerá o *status* da controvérsia por anos a fio.[555] Mais precisamente, por cinco anos, dez meses e doze dias.

Nunca o Brasil esteve tão mal representado na Libertadores. Nem mesmo em 1966, 1969 e 1970, quando não participamos. Pois o Sport, de quem ninguém no continente jamais ouvira falar, e que aqui se apresentava como o tal time que nunca perdia em casa — pois esse Sport começou perdendo em casa para o Guarani, depois de um gol contra do Zico do Agreste. O destino até lhe deu uma mãozinha, colocando-o no mesmo grupo do Alianza de Lima, que perdera todo o seu plantel num desastre de avião a 8 de dezembro de 1987. Pois foi contra esse Alianza dizimado e enlutado que os pernambucanos obtiveram as suas únicas vitórias na competição: 1 a 0 em Lima e 5 a 0 no Recife. No mais, voltaram a perder do Guarani, e de goleada: 4 a 1. De resto, padeceram uma derrota por 1 a 0 e arrancaram um empate sem gols contra o Universitario de Deportes. O Sport foi eliminado na primeira fase do torneio, à frente apenas do Alianza.

O Guarani foi um pouquinho mais longe, mas não muito. Com um camisa 10 chamado José Ferreira Neto (reincorporado ao plantel depois de uma temporada sofrível no São Paulo), o Bugre até venceu o seu grupo, mas foi cair na fase seguinte, nas oitavas. Seu algoz foi o San Lorenzo de Almagro, que não conquistava um título desde 1974 e não tinha mais onde jogar desde que perdera seu histórico estádio da avenida La Plata. Pior: desde que o River Plate se tornara, em 1986, o quarto dos cinco grandes[556] a conquistar a Libertadores, o time do então padre Jorge Bergoglio viu as suas iniciais ganharem um novo sentido: *Club Atlético Sin Libertadores de América*. Diga-se em defesa dos campineiros que, na última partida, jogaram sem Neto e João Paulo, convocados para a seleção olímpica. Mas o saldo final da aventura — prejuízos estimados em 4 milhões de cruzados (pouco mais de 50 mil reais de hoje) — estava aí a indicar que o Flamengo tinha razão, lá atrás, quando ensaiou abrir mão da disputa.[557]

Ao longo dos anos, o fato de terem participado da Libertadores permanecerá como um dos principais argumentos dos torcedores do Sport em defesa do seu "título" de 1987. À luz deste retrospecto, seria melhor não falarem no assunto.

O que restou de 1988 bem se poderia resumir numa imagem funerária: foram os pregos derradeiros no caixão que enterrou a revolução frustrada do Clube dos Treze e de Manoel Tubino. O tributo fúnebre, à beira do jazigo, será pronunciado por um novo sumo-sacerdote do futebol brasileiro, o messias e o fiador de todos os que lutaram, desde 1986, para que tudo permanecesse como estava: o sr. Ricardo Terra Teixeira.

Depois da segunda homologação do título do Sport, o Clube dos Treze ainda ameaçou falar grosso. Em reunião na sede do Palmeiras, a 24 de junho, o grupo, como se viu, tornou a endossar o título do Flamengo, "qualquer que venha a ser, no futuro próximo ou remoto, a decisão final que a respeito vier a ser tomada".

Mas isso era o de menos: na mesma reunião, o Clube dos Treze acordou "[plantar] a semente da criação da Federação Brasileira de Futebol Profissional, tendo como embrião o próprio Clube dos Treze, o que farão após a edição da nova Constituição Brasileira, [com amparo] no artigo 252, inciso I". A mesma ata dá conta de que, dali a três dias, a 27 de junho, representantes da entidade haveriam de reunir-se com a direção da Rede Globo de Televisão para "cuidar dos primeiros passos da segunda Copa União".[558]

Seria, agora sim, a ruptura definitiva, tantas vezes ameaçada ao longo de 1987. Essa ruptura haveria de concretizar-se com a criação, não apenas de uma liga independente, mas de uma federação rival à CBF e criada com o objetivo deliberado de jogá-la na lata de lixo da história, que era mesmo o seu lugar. E a CBF não ia sozinha. É atentar à nomenclatura empregada: "federação", em lugar de "confederação". Ou seja: a nova entidade teria existência autônoma, não oficiaria de preposto e garante das federações estaduais que, mais do que qualquer outro fator, continuavam e continuam a entravar o desenvolvimento de nosso futebol.[559]

Só que havia um problema, que os inimigos do futebol decerto já tinham identificado: dentro do próprio Clube dos Treze, já tinha *neguinho* fraquejando. Na lista de presenças à reunião de 24 de junho, faltam assinaturas de representantes do Santos (que justificou sua ausência) e do Vasco da Gama (que não justificou).[560] A revista *Placar* já vinha acusando, desde fins de novembro de 1987, que "há pelo menos um espião no Clube dos Treze abastecendo Ricardo Teixeira, candidato à presidência da CBF, com todo tipo de informações". A revista ia além: "o espião já está mais do que identificado, não sendo desmascarado apenas para não comprometer ainda mais a frágil unidade obtida entre os grandes clubes do futebol brasileiro".[561] Menos de um ano depois, com essa unidade já estraçalhada, a revista já não tinha mais motivos para esconder:

> [Eurico Miranda] sonha, também, em ser o homem forte do futebol na CBF e, para tanto, apoia a candidatura de Ricardo Teixeira [...]. Vice-presidente do Clube dos Treze, Eurico Miranda sempre fez questão de levar, nos mínimos detalhes, tudo o que acontecia nas reuniões da entidade ao conhecimento do candidato Ricardo Teixeira.[562]

Com ou sem o apoio de Eurico Miranda, o fato é que, desde pelo menos 20 de maio de 1988, o Clube dos Treze vinha pedindo a convocação de um novo conselho arbitral para tratar da organização do Campeonato Brasileiro daquele ano.[563] A 3 de junho, com a participação de todos os membros, menos o Vasco da Gama, o Clube dos Treze tornou a reunir-se e firmou posição a respeito do formato da competição: queria que houvesse dezesseis clubes na primeira divisão, a que chamariam, novamente, de Copa União, e presume-se que com isso indicassem o seu desejo de organizá-la por conta própria, como em 1987. Mas ofereceu um espaço de entendimento possível com a CBF e com os clubes excluídos no ano anterior: admitia discutir, em eventual reunião do conselho arbitral, ampliar esse número para vinte participantes, mas não mais do que isso.[564] A solução de compromisso com que se acenava era a de manter os dezesseis participantes originais e incorporar os quatro melhores do Módulo Amarelo: Sport, Guarani, Bangu e Atlético Paranaense.[565]

Este não era apenas um instinto elitista dos treze. Já para fins de junho, havia um plano de *marketing* pronto para a segunda Copa União, estruturado em torno de um campeonato com vinte clubes.[566] Mais do que isso e incorria-se em todos os defeitos que se julgavam enterrados em 1987, como o desnível técnico dos participantes, a multiplicação de rodadas de meio de semana, por absoluta escassez de datas, e, consequência de tudo isso, a degradação do produto que se pretendia vender, que se tornaria muito menos atraente para os torcedores, patrocinadores e para a televisão. E havia, claro, a famosa resolução do CND de n° 17/86, que não deixava dúvidas a respeito: em 1988, o número máximo de participantes era o de vinte clubes. Foi em torno dessas ideias e desse formato que o Clube dos Treze e a Rede Globo de Televisão passaram a reunir-se em 27 de junho.[567]

Esse formato era até palatável para umas poucas federações: segundo consta, a 22 de julho, as federações de Minas Gerais, São Paulo e Rio Grande do Sul sinalizaram apoio a um campeonato com apenas vinte clubes. Mas havia um descontente, entre as quatro grandes federações: Eduardo Viana, o Caixa d'Água, que exigia "corrigir algumas injustiças que foram feitas no ano passado, como a decisão de deixar América e Portuguesa de Desportos fora da primeira divisão". E o caminho para essa cruzada redentora era ampliar o número de participantes para 24, o que jogava por terra todo o planejamento de *marketing* (para não falar nada do esforço moralizador). Como fazer isso, a despeito da resolução do CND? Simples: desrespeitando a proibição da própria CBF sobre ações na Justiça comum. Era esse o caminho favorecido pelo Caixa d'Água, que prometeu "provar na Justiça que a decisão do CND [...] é inconstitucional".[568]

A esta altura, o próprio Nabi já estava convencido de que 24 era o número ideal. Isto lhe permitiria incorporar o Criciúma, o Vitória e a Portuguesa — respectivamente o quinto, o sexto e o sétimo colocados do Módulo Amarelo — e o América. Os clubes, em si, eram o menos importante: o que importava era que, a poucos meses de nova eleição na CBF, Nabi com isso agradaria às federações de Santa Catarina e Bahia, e ainda aplacava os ânimos do perigoso Caixa d'Água.[569]

Evidentemente que o Clube dos Treze achava isso ruim: ato seguido, Carlos Miguel Aidar ameaçou com um boicote dos grandes clubes ao campeonato.[570] Mas esta nem era a pior das ideias em gestação. Segundo se depreende de uma notinha discreta do jornal *O Globo*, de 28 de junho, havia quem defendesse a retomada de um campeonato com 44 clubes.[571] E este alguém tinha nome e sobrenome: conforme explicou João Henrique Areias, que uma vez mais participava das tratativas a respeito, quem fazia pressão por um campeonato mastodôntico, à moda do regime militar, era ninguém menos que Ricardo Teixeira, que a esta altura já arregimentara o apoio de 21 federações à sua candidatura à presidência da CBF.[572]

Eurico Miranda foi, uma vez mais, o intermediário, e a 20 de julho submeteu à votação do Clube dos Treze a proposta de Nabi (que era a do Caixa d'Água) de um campeonato com 24 clubes.[573] Justiça se lhe faça, a proposta foi rechaçada por unanimidade, isto é, com o voto do próprio Vasco da Gama.[574] Mas o bom trânsito de que Eurico continuava a gozar com Nabi, Viana e Teixeira poderia autorizar a conclusão de que a sua postura era no mínimo dúbia, e a unanimidade, frágil.

E este era o momento em que a unanimidade e a firmeza de propósitos eram imprescindíveis, porque a vitória definitiva estava ao alcance do Clube dos Treze. Com isto não se pretende sustentar, aqui, que eram realizáveis os planos quiméricos de fundar uma nova Federação, uma CBF alternativa — mas estava, sim, ao alcance do Clube dos Treze a criação da liga independente, que era o que interessava.

Este juízo pode soar um tanto exagerado, mas ele não reflete apenas a opinião deste autor. Também Juca Kfouri e João Henrique Areias identificaram neste ponto o momento exato em que a revolução desandou e deitou-se a perder. E o Clube dos Treze tinha todos os trunfos para prevalecer, com o descrédito da CBF, tendo ao seu lado a opinião pública, a imprensa, o CND e a lei — e com o exemplo exitoso da primeira Copa União a demonstrar o caminho evidente.

João Henrique Areias afirma que, agora mais do que nunca, os treze (ou a maior parte deles) queriam a formação de uma liga independente, sem meias tintas, para nunca mais ter de lidar com a CBF. Mas, infelizmente, aqui "faltou coragem dos dirigentes" e "o Clube dos Treze não teve nem força, nem união para barrar" o campeonato de 24 times. Esta era a batalha simbólica que ele não podia perder, o golpe que poria a nocaute a CBF e as federações. E a vitória nunca esteve tão perto: com o sucesso da Copa União, "os clubes deram um direto na CBF, mas, na contagem do décimo segundo, ela conseguiu levantar-se". Foi quando os clubes fraquejaram e Ricardo Teixeira, operando dos bastidores, "meteu mais oito no campeonato". (Confrontado com a realidade de que o presidente *de facto* da CBF ainda era Nabi, Areias foi categórico: "Foi ele, Ricardo Teixeira, quem fez a pressão, mesmo em 1988.")[575]

Juca Kfouri dá mais alguns dados que ajudam a demonstrar que a vitória, de fato, estava ao alcance, mas foi inacreditavelmente desperdiçada. Nesta altura, ninguém menos que José Bonifácio de Oliveira Sobrinho, o Boni, todo-poderoso vice-presidente de operações da Globo, "mandava recados desesperados ao Aidar: '*guenta* a porrada que a Globo sustenta! Não façam acordo com a CBF!'"

> Mas eis que, um belo dia, o professor Manoel Tubino, junto com o Aidar, me procuram pedindo que eu cedesse a minha casa para que eles fizessem uma reunião com o Nabi Abi Chedid. Eu estava rompido com o Nabi, não me dava com ele. Quando a minha filha Camila, então com dez anos, entrou em casa e viu o Nabi, achou que tinha entrado na casa errada! Foi aí que eles fizeram um acordo contra a minha opinião. O Tubino me chamou de radical: "Não podemos continuar com um campeonato pirata!" Foi ali que se conciliou. [...] E o campeonato voltou a ser aquilo que foi sempre...[576]

Este autor, infelizmente, não teve acesso ao Boni para obter a confirmação de que a Globo bancava a ruptura, neste momento. Mas o relato de Kfouri é secundado por Areias, que afirma que, à época, recebia recados idênticos de Armando Nogueira, também executivo da Globo:

> Até aí, a Globo estava do nosso lado. O Armando Nogueira foi um grande benemérito do Clube dos Treze. Conseguia pensar não só na sua empresa, mas também nos clubes. Percebia que aquilo era bom para todo mundo. Ele convenceu o dr. Roberto Marinho. E o Nogueira me dizia: "Você fala lá com o Carlos Miguel [Aidar] e com os demais presidentes que digam não à CBF [quanto ao inchaço do campeonato]. Se não quiserem fazer o campeonato com 24 clubes, a Globo banca. Se quiserem fazer só com treze, ou dezesseis, a Globo banca. Se botar mais clubes, se acertar com a CBF, a gente até transmite, mas não põe um tostão a mais.[577]

Infelizmente, o primeiro a fraquejar parece ter sido Manoel Tubino, que foi o facilitador do encontro entre Aidar e Nabi, na casa de Juca Kfouri. Sem o apoio irredutível do CND, os grandes clubes piscaram e negociaram um trato desastroso. Por uma dessas ironias intoleráveis da história, acabavam ali, na casa de Juca Kfouri, a liga independente de futebol e o ocaso das federações estaduais. Décadas depois, este foi o balanço que João Henrique Areias fez do episódio: "Em 1987, avançamos dez anos; em 1988, retrocedemos vinte."

Faltava apenas formalizar o arranjo, que se fizera ao arrepio da própria legislação esportiva. Mas isso não havia de ser problema: Manoel Tubino facilitara o acordo e tinha nas mãos os instrumentos para implementá-lo.

A 28 de julho, a CBF convocou o conselho arbitral para 2 de agosto. Seria integrado por vinte clubes, tal como determinava a resolução do CND de n° 17/86. Eram, como se esperava, os dezesseis de 1987 mais Sport, Guarani, Bangu e Atlético Paranaense.[578] No dia 2 de agosto, o conselho reuniu-se e decidiu pela realização de um campeonato com fórmula semelhante à da Copa União de 1987, com quartas de final, semifinais e finais. Haveria dois rebaixados e dois promovidos. O campeonato principiava a 3 de setembro e não se sabia quando acabava, mas a maioria dos participantes defendia estendê-lo até 14 de maio de 1989, com jogos apenas nos fins de semana, e azar dos campeonatos estaduais.[579]

Tudo jogo de cena. Nos dias subsequentes, como se atendessem a um comando invisível, América, Criciúma, Vitória e Portuguesa recorreram da decisão, não à Justiça desportiva, nem à Justiça comum, mas ao CND de Manoel Tubino.[580] A 14 de agosto, Nabi voltou a propor a ampliação do número de participantes, para 24, de forma a contemplar os litigantes.[581] A proposta foi rejeitada pelo Clube dos Treze, mas desta vez por margem estreita: nove a sete.[582] A 17 de agosto, o CND marcou para dali a dois dias a decisão final sobre os recursos pendentes e, consequentemente, sobre o número de participantes no campeonato.[583] Na véspera da plenária, e contrariando uma vez mais uma decisão do conselho arbitral, a CBF posicionou-se: propunha oficialmente um campeonato com 24 clubes.[584] Para possibilitar a virada de mesa, o presidente da Federação do Piauí, o já referido Alfredo Nunes, propôs a anulação das resoluções do CND de nº 17/86 e 18/86.[585]

Se a revolução morreu na casa de Kfouri, o enterro deu-se no dia 19 de agosto de 1988. Naquela data, o Clube dos Treze, a CBF e algumas federações estaduais endossaram o acordo que, tudo leva a crer, começara a costurar-se entre Tubino, Nabi e Aidar. Ampliava-se, finalmente, para 24 o número de participantes no campeonato, com a incorporação de América, Criciúma, Vitória e Portuguesa. Em contrapartida, a CBF abria mão do término do campeonato a 30 de novembro e aceitava prolongá-lo até maio de 1989. A partir de então, seria adotado o calendário do Hemisfério Norte, com o necessário enxugamento dos campeonatos estaduais.[586] Como tudo isso violava a legislação em vigor, Tubino promulgou uma resolução que foi a verdadeira *certidão de óbito* da revolução. A resolução de nº 11/88 do CND, adotada já a 19 de agosto, simplesmente legalizou o acordo, revogando todos os dispositivos em sentido contrário. À saída da plenária, Nabi exalava satisfação: "Houve sensibilidade do CND em relação às nossas propostas. Ele restabeleceu o poder que tinha-nos tirado, que é o de administrar e organizar o Campeonato Brasileiro."[587]

Parece inverossímil que os clubes não soubessem com quem estavam lidando, depois de todos os contratempos de 1987 e 1988. Pois aparentemente não sabiam que não dava para confiar naqueles interlocutores, e, uma a uma, as contrapartidas que arrancaram à CBF e às federações foram caindo por terra. A 22 de agosto, Eurico Miranda expressava uma posição que talvez não fosse só sua, porque era funcional ao Caixa d'Água: não aceitaria que o Campeonato Brasileiro se estendesse até maio, para não prejudicar a realização dos estaduais ("o Vasco estará lutando pelo tricampeonato, e esse é um interesse do meu clube").[588] No dia seguinte, Manoel Tubino esclareceu que a ampliação do número de participantes dispensava aprovação pelo conselho arbitral, porque já estava contemplada na resolução 11/88.[589] Emasculado já no nascedouro, com as suas duas primeiras edições desautorizadas por atos de força da Justiça, da CBF e do CND, o conselho arbitral tornou-se uma casca vazia, um formalismo sem real consistência política, um simples cartório a legalizar decisões tomadas alhures.

E o pior: nem mesmo depois da experiência traumática de 1987, os clubes conseguiram principiar o campeonato com essa coisa à toa que é um regulamento conhecido, estudado e compreendido por todos os participantes. Desta vez, Nabi ao menos teve a consideração de não divulgar o regulamento com a bola já rolando. Ele o fez às oito da noite do dia 2 de setembro de 1988, minutos antes de iniciar-se a rodada inaugural. Como em 1987, o seu regulamento tinha lá uma surpresa escamoteada em meio a uma infinidade de artigos e incisos. Até ali ninguém sabia — nem mesmo Bahia e Bangu, Vitória e América, que dali a pouco abririam o campeonato com uma rodada dupla na Fonte Nova —, mas no campeonato de 1988 estavam proscritos os empates: persistindo a igualdade ao término de 90 minutos, todo mundo se submeteria à disputa de pênaltis, uma fórmula que, como se viu, dera muito certo e fizera o maior sucesso no Módulo Amarelo.[590]

Sobre o resto da disputa, há muito pouco a ser dito. No princípio, os quatro grandes do Rio recusaram-se a cumprir a regra do desempate por pênaltis, e Fluminense e Botafogo de fato se retiraram do Maracanã, no dia 3 de setembro, após um empate em 1 a 1. Acabariam cedendo depois, e voltaram a um Maracanã quase vazio, no dia 5 de outubro, apenas para bater os pênaltis, na mesma hora em que o dr. Ulysses Guimarães, lá em Brasília, promulgava a nova Constituição afirmando que "temos ódio à ditadura; ódio e nojo"[591] (no Rio, o Fluminense venceu por 5 a 4, e a torcida do Botafogo homenageou Cláudio Adão com uma faixa que clamava: "Adão, vai à merda"[592]). Na noite de 18 de novembro, o centroavante palmeirense Luís Carlos Toffoli, o Gaúcho, substituiria Zetti no gol do Palmeiras, sofreria o gol do empate de Bebeto, mas depois, na disputa de pênaltis, pegaria as cobranças de Aldair e Zinho e daria dois pontos ao Palmeiras. (Dali a dois anos, Gaúcho vestiria o Manto Sagrado rubro-negro e seria um dos heróis da conquista do penta, em 1992. Partiu prematuramente em 2016, deixando um vazio no coração dos que sempre nos lembraremos dele com 28 anos, a prometer gols que cumpria quase sempre, o cabelo à Chitãozinho a repicar ao ritmo de suas passadas largas.) O Flamengo, nos tira-teimas, se tira-teimas eram necessários, passou pelo Sport sem dificuldade (2 x 1) e atropelou o Guarani de Neto em pleno Brinco de Ouro (5 x 1), na estreia de Telê Santana. O próprio Telê lançaria, entre os profissionais, os garotos Paulo Nunes, Luís Antônio, Rogério, Marquinhos e Marcelinho, e chegou a inscrever o menino Djalminha para as quartas de final.[593] (Dali a quatro anos, em companhia de Júnior e Zinho, mais Gaúcho, Gilmar Rinaldi, Uidemar e Gottardo, eles também serão peças importantes do penta.) O Vasco da Gama faria uma belíssima campanha, Geovani teria a melhor temporada de sua carreira, mas tudo debalde: o Vasco morreu na praia, nas quartas de final, contra o Fluminense. O Internacional, sempre com Taffarel no arco, e agora com o artilheiro Nilson no lugar de Amarildo, venceu o Grenal do Século nas semifinais e chegou à sua segunda final consecutiva. Como em 1986, o campeonato atravessou o ano novo e o carnaval e desta vez estendeu-se até 19 de fevereiro de 1989, em meio a ameaças de greve, liminares da Justiça do Trabalho e pedidos de intervenção da Polícia Federal, tudo em defesa do sacrossanto direito de férias dos jogadores, cujos sindicatos, uma vez mais, ninguém se lembrou de consultar, durante a costura do acordo de 19 de agosto.[594]

Na finalíssima, em pleno Beira-Rio, a segunda Copa União — que da Copa União só guardava o nome de fantasia — terminou consagrando o Bahia de Bobô, Charles, Zé Carlos e Gil. Pela primeira vez na história, um clube nordestino sagrava-se campeão brasileiro de futebol, e o país inteiro emocionou-se e aplaudiu.

Enterrada a ideia da liga independente, a cartolagem agora queria o golpe final: acabar com o Clube dos Treze. A esta altura, as gretas já estavam à vista de todos, e era apenas questão de explorá-las. E a principal delas parecia ser a inconformidade do Vasco da Gama com o fato de o clube receber a mesma verba de publicidade que o arquirrival Flamengo. Justiça se lhe faça, Eurico Miranda até tinha um argumento ponderável: na divisão das receitas, o Flamengo (e o Corinthians) recebia a mesmíssima quantia que o Vasco, muito embora não tivesse cumprido o compromisso de passar a ostentar, na camisa, a marca da Coca-Cola.[595] Era ponderável, mas não levava em conta que o próprio Flamengo e o Corinthians, com torcidas muito maiores que a do Vasco da Gama, tinham concordado com uma divisão igualitária das receitas de transmissão. Dali em diante, Eurico Miranda faria desta questão — a paridade com o Flamengo na divisão das verbas da televisão — uma das cláusulas pétreas de sua administração. E o Vasco conseguiria garanti-la até 2011, quando a questão foi revista na administração de Roberto Dinamite.[596]

Pois Ricardo Teixeira, como se viu, identificou em Eurico Miranda um aliado valioso em sua campanha para tornar-se o próximo presidente da CBF. As razões de Eurico só ele próprio poderá explicar, e não é improvável que estivessem ligadas à sua obsessão tantas vezes confessada em emular o Flamengo, a partir de uma posição de maior prestígio e poder. Quanto a Ricardo Teixeira, ele chegou a explicar bem as prevenções que nutria pelo CND e pelo Clube dos Treze, mas não há registro de que ele tenha explicado por que escolheu Eurico. Há, no entanto, registro do que se dizia nos corredores da CBF, às vésperas da eleição:

> — Com todo respeito que tenho pelo CND como entidade, acho que não tem nada a ver com o futebol. Quanto ao Clube dos Treze, não será reconhecido como um órgão paralelo à CBF para decidir coisas do futebol. Também não tem nada a ver.

> Ao assumir essa posição, Ricardo Teixeira sabe que enfrentará problemas, sofrerá críticas e, talvez, uma forte oposição. Isto, por sinal, já está acontecendo mesmo antes de ele assumir, sobretudo da parte do presidente do Flamengo, Marcio Braga.

— E olha que eu sou flamenguista [sic]. Se eu fosse vascaíno… — ironiza.

As críticas de Marcio Braga e outros opositores, que o acusam de fazer acordos para chegar ao poder, não afetam Teixeira. Com naturalidade, ele nega as acusações. Por exemplo, afirma que não fez acordo algum com Nabi Abi Chedid e Otávio Pinto Guimarães. Afirma também que não tem o menor cabimento alguém suspeitar de que a indicação de Eurico Miranda para diretor de futebol da CBF tenha sido fruto de um acordo com o presidente da Federação do Rio, Eduardo Viana (*corre, na CBF, rumores* [sic] *de que Viana teria dito que a única pessoa capaz de enfrentar Marcio Braga era Eurico Miranda, e por isso Eurico teria sido escolhido para o cargo*).[597] [Grifos do autor.]

Ricardo Teixeira, como se vê, nega apenas que Eurico tenha sido indicação de Eduardo Viana, mas deixa claro que pretendia, sim, cortar as asinhas do Clube dos Treze. Quanto a Eduardo Viana, este foi ainda mais enfático a esse respeito, em reveladora entrevista ao jornal *O Globo*.

O Globo — No processo eleitoral da CBF, o senhor funcionou como principal articulador entre duas partes rivais. Como explica o seu papel?

EV — Verifiquei que havia dois adversários em campos opostos, que eram o Nabi Abi Chedid e o Ricardo Teixeira. *Para uni-los, eu contava com três grandes inimigos comuns a nós três, que são o Marcio Braga, presidente do Flamengo, o Carlos Miguel Aidar, um dos fundadores do Clube dos Treze, e o Manoel Tubino, presidente do CND.* A partir dessa constatação, não foi difícil convencer o Nabi e o Ricardo de que o melhor para nós era a união dentro do processo sucessório da CBF.

[...]

O Globo — O senhor ainda não deixou claro o seu interesse político nisso tudo.

EV — Eu estou agindo em defesa da permanência da força das federações, no que tenho apoio do Nabi e do Ricardo. *O Marcio, o Aidar e o Tubino querem acabar com as confederações, as federações e as ligas* [municipais]. *Eles lutam pelo tumulto, pela anarquia no futebol, pois querem provocar uma cisão.* Os três sabem que só assim atingirão o poder, assumindo a administração do futebol brasileiro.[598] [Grifos do autor.]

Octávio e Nabi negaram a realidade o quanto puderam, mas o fato é que, desde fins de junho, quando inscreveu a sua chapa, Ricardo Teixeira já era o virtual presidente eleito da CBF: já de entrada contava com o apoio de 21 das 26 federações.

E o que pretendia este discreto homem de negócios mineiro, dono de uma financeira e genro de João Havelange? Em primeiro lugar, numa época em que o Brasil ainda tinha um negócio chamado Seleção nacional, prometia fazê-la voltar a vencer, e para isso nomearia um técnico como primeiro ato de sua administração (queria Parreira, acabou tendo de contentar-se com Lazaroni). Fora isso, prometia tempos de bonança para clubes e federações, a ser alcançados pelos conceitos em voga de "adotar mentalidade empresarial e usar melhor o *marketing*".[599] "A CBF vai gerar recursos [para os clubes], muitos recursos", prometia.[600]

Só que isso vinha com um preço amargo: os clubes tinham de abandonar qualquer veleidade de autonomia e sujeitar-se à hierarquia que Teixeira tanto prezava. Em julho de 1988, Juca Kfouri explicava por que não embarcava no oba-oba dos que viam (Cláudio Mello e Souza entre eles[601]) em Teixeira o salvador da pátria:

> Teixeira considera o Clube dos Treze uma entidade fantasma. E acha que a ideia de uma nova Federação Brasileira de Futebol Profissional é uma ilegalidade. Faz sentido. Afinal, para ser eleito, Teixeira precisa namorar as federações. [...] Nenhuma contestação às estruturas vigentes, tão arcaicas que só sobrevivem no Brasil. (Pegue-se, por exemplo, o livro dos filiados à FIFA e não se encontrará nenhuma *confederação*, exceção feita à Confederação Brasileira de Futebol. [...]) É possível até que, empresário capaz, Teixeira discorde de tudo isso e se cale apenas por motivos óbvios. Mas o futebol brasileiro não suporta mais a omissão, o silêncio conivente com a miséria a que os grandes clubes estão condenados. E é por isso que a solução dificilmente estará na CBF. O que torna a revolução inadiável.[602]

Não havia de ser. No segundo semestre de 1988, Marcio Braga e Carlos Miguel Aidar trataram de incensar o quanto puderam a ideia da Federação Brasileira de Futebol Profissional. Provavelmente os animava uma visão um tanto romântica das reais possibilidades da nova carta constitucional, que consagrava, em seu artigo 217, I, o princípio da "autonomia das entidades desportivas dirigentes e associações, quanto a sua organização e funcionamento". Era menos que a proposta original do constituinte Marcio Braga — "é livre a prática do desporto em todo o território nacional"[603] —, mas dava para o gasto, ou assim se pensava. Não levavam em conta que, assim como não se limitam os juros por *fiat* constitucional, tampouco a Constituição tinha forças para sobrepor-se ao sistema da FIFA. Ou, por outra, a legislação pátria até podia permitir a criação de uma CBF alternativa, em paralelo à original. Mas não podia proteger os clubes das sanções que a FIFA, lá de Zurique, imporia a quem ingressasse na rebelião. Uma coisa era a liga independente, e isso talvez tivesse sido possível com um pouquinho de apoio e pressão do poder público (como se dará, um pouco mais adiante, na Inglaterra e na Espanha). Outra, muito diferente, era subverter todo o sistema e colocar-se inteiramente à margem das regras que, bem ou mal, nos permitiam participar de Copas do Mundo e protegiam os contratos entre clubes e jogadores até mesmo através das fronteiras nacionais.

Pois era com essa ideia extrema que o Clube dos Treze vinha flertando desde 24 de junho, e com ela os seus membros se comprometeram, ao menos da boca para fora, em nova assembleia geral a 20 de outubro.[604] Como fazer isso, com *neguinho* embarcando na candidatura de Ricardo Teixeira, aí é que eram elas. Mas a ideia decerto terá alarmado ainda mais os presidentes de federações, impelindo-os a alinhar-se detrás de quem podia pôr fim a toda essa conversa mole: João Havelange, por meio de seu genro e delfim.

Até quase a undécima hora, Octávio e Nabi mantiveram o suspense, garantindo que eram, ambos, candidatos à presidência, e que não comporiam com Teixeira. A 30 de novembro, Octávio Pinto Guimarães reapareceu em público para anunciar a sua candidatura à reeleição.[605] Já Nabi Abi Chedid era candidato desde sempre e dispunha de duas cartas consideráveis na manga para reverter a vantagem de Teixeira. A primeira era o poder estatutário que detinha, como presidente *de facto* da CBF, de intervir nas federações rebeldes e com isso impedi-las de votar no pleito de janeiro. Que ele era capaz de uma jogada insólita, todo o mundo o sabia desde que Nabi abrira mão da cabeça de chapa, em 1986, para com isso derrotar Medrado Dias. Que ele de fato preparava algo inusual ficou claro quando confirmou sua candidatura, a 20 de dezembro, e ameaçou: "Vou ganhar, mas quero ganhar pacificamente, sem falcatruas. E já estou eleito. Se por bem ou na marra, é o que veremos."[606] A 23 de dezembro, *O Globo* trouxe à tona as suspeitas de que o ganhar "na marra" implicava exatamente cassar o direito de voto de umas tantas federações.[607]

A segunda arma de que dispunha era o poder de criar o caos, na base da canetada — e com isso enfraquecer ainda mais o Clube dos Treze para, quem sabe, granjear a gratidão das federações estaduais. Foi o que fez ao impor a tabela do segundo turno do Campeonato Brasileiro. A 19 de agosto, recorde-se, a CBF dera garantias de que o campeonato se estenderia até maio de 1989, em troca de o Clube dos Treze aceitar um torneio de 24 times. A ideia era reduzir ao máximo as rodadas de meio de semana, e azar dos campeonatos estaduais. A 11 de novembro, o volúvel bragantino teve nova ocasião de mostrar quanto valiam as suas promessas: comprimiu todo o segundo turno do campeonato no que restava de calendário útil para 1988. Isso implicava disputar onze rodadas no espaço exíguo de cinco semanas, com *cinco* rodadas de meio de semana. E o campeonato acabava em fevereiro, para alívio das federações estaduais.[608]

E o Clube dos Treze, que já estava rachado, partiu-se de vez. A 16 de novembro, o grupo pronunciou-se sobre a tabela imposta por Nabi, que foi aprovada por maioria de votos. Entre os derrotados estavam Marcio Braga e Nelson Duque, presidente do Palmeiras. E coube a este expressar o desencanto da minoria com a capitulação da maioria: "O Clube dos Treze não existe mais. Hoje, por pura vaidade, cada dirigente busca defender o seu interesse, deixando de lado o futebol brasileiro. Nabi conseguiu o que queria: implodiu o Clube dos Treze."[609]

A despeito dos esforços desesperados de Nabi, a esta altura, os presidentes das federações já sentiam para que lado o vento soprava, e alinhavam-se cada vez mais nas fileiras de Ricardo Teixeira. A 22 de novembro, Ricardo Teixeira já falava como presidente eleito. E o que tinha a dizer sobre Octávio e Nabi não era exatamente lisonjeiro: "Este final de temporada lembra um fim de festa com bebedeira e pancadaria. Está muito claro que precisamos de tudo novo no futebol brasileiro." ("Tudo novo", claro, era força de expressão.) Ato seguido, Teixeira tranquilizou as federações estaduais, que ao fim e ao cabo eram a sua clientela: o Campeonato Brasileiro em curso "terá de terminar até o dia 28 de fevereiro, nem que para isso a CBF proclame mais de um campeão ou realize jogos durante a semana, *a fim de dar espaço aos campeonatos regionais*."[610] Em suma, não havia nada que Nabi prometesse que Teixeira não prometesse mais e melhor.

Diante dessa constatação, e com a ajudinha do *kingmaker* Eduardo Viana, Octávio declarou apoio a Ricardo Teixeira a doze dias das eleições, a 4 de janeiro de 1989.[611] No dia seguinte, foi o mesmo Eduardo Viana quem registrou oficialmente a candidatura de Ricardo Teixeira, com o apoio de 23 federações. Ao fazê-lo, o Caixa d'Água fez questão de afirmar que a vitória de Teixeira representaria "a derrota não só de Octávio Pinto Guimarães e Nabi Abi Chedid, mas também de Carlos Miguel Aidar, Marcio Braga e Manoel Tubino, os principais instauradores do caos no futebol brasileiro".[612] A 6 de janeiro, após reunir-se com o Caixa d'Agua, Nabi finalmente desistiu de sua candidatura e também se alinhou detrás do genro de Havelange.[613]

A 16 de janeiro de 1989, Ricardo Terra Teixeira foi eleito, por aclamação, o novo presidente da Confederação Brasileira de Futebol.

E o resto, como se diz, é história.

VIII
POST SCRIPTUM

"No Brasil, até o passado é incerto."
Pedro Malan, s.d.

Se o Sport é uma nota de rodapé, o seu título é um *post scriptum*. Comemorou-se, não no dia 7 de fevereiro de 1988, data da última partida do quadrangular inventado pelo sr. Nabi Abi Chedid, mas no dia 2 de maio de 1994, quando um juiz federal pernambucano determinou à CBF que reconhecesse o Sport como campeão brasileiro de 1987. Ou, melhor ainda, no dia 5 de abril de 1999, quando a sentença transitou em julgado (i.e., tornou-se definitiva, imutável). E nem se diga que é pura implicância deste autor: outras torcidas discutem até hoje um pênalti ou impedimento mal marcados, e os mais fanáticos se deleitarão, décadas depois, dissecando conceitos abstrusos como o *overlapping* e o *ponto futuro*. A do Sport é a única que sabe o que vem a ser a coisa julgada. É possível até que tenha musiquinhas sobre a eficácia preclusiva do despacho saneador.

Neste capítulo, faremos uma brevíssima análise das idas e vindas do processo judicial pelo qual o Sport garantiu o reconhecimento de seu "título" de 1987. Com esse objetivo, aqui se propõe dissecar a sentença de 2 de maio de 1994, esclarecendo, para o público leigo, o que ela diz e com que fundamentos. Mais importante, aqui buscaremos demonstrar as carências evidentes dessa sentença, que o Flamengo deveria ter buscado atacar pelos mecanismos apropriados.

Por fim, este capítulo analisará, também muito brevemente, as duas questões supervenientes que ajudaram a fazer deste o assunto mais polêmico dos mais de 120 anos de história do futebol brasileiro: a assembleia geral do Clube dos Treze de 1997, pela qual o próprio Sport, aparentemente, concordou em ver os dois clubes reconhecidos como campeões nacionais de 1987, e a decisão da CBF de princípios de 2011 que fez exatamente isso — e contra a qual o Sport se insurgiu em juízo.

Encerrado o Módulo Amarelo no anticlímax da divisão do título, e diante da resolução do Flamengo e do Internacional de não disputar o tal cruzamento, o Sport tratou logo de ir à Justiça para garantir a realização do quadrangular final. E, ao fazê-lo, tratou de buscar um juízo que lhe fosse conveniente e que lhe aumentasse as chances de sair vencedor no processo. É o que os juristas chamam de *forum shopping*: o autor escolhe o seu juiz assim como quem vai às compras.

Nisso não vai nenhuma restrição prévia aos magistrados que atuaram no processo. É possível que fossem cidadãos de bem e que não tivessem nenhuma predisposição em favor do Sport e contra o Flamengo. Tudo o que se está a afirmar, aqui, é a obviedade de que, com processo correndo no Recife, os juízes da causa seriam muito mais suscetíveis às pressões que pudessem fazer sobre eles os dirigentes e torcida do Sport e os órgãos de imprensa pernambucanos. Isso e o fato, também evidente, de que a escolha de um juízo no Recife tornava a vida mais fácil para os advogados do Sport e mais difícil para os do Flamengo, pelo simples fato de que os primeiros teriam acesso mais fácil ao juiz e aos seus despachos, ao passo que os segundos só se fariam ouvir por meio de petições redigidas e postadas a 2.300 quilômetros de distância.

E nem terá este registro meramente factual o condão de escusar a inescusável negligência do Flamengo e de seus advogados, ao longo do processo original. Não é este autor quem o diz: todo dirigente rubro-negro com quem ele conversou, durante a preparação deste livro, coincidiu em assinalar que o Flamengo tratou da causa sem esse mínimo de seriedade que poderia garantir-lhe bom êxito na barra dos tribunais. Para Marcio Braga, "o Flamengo, mesmo sob minha administração, foi muito *rempli de soi-même* nesse processo". "A gente levou um pouco na galhofa, eu não levei muito a sério. O nosso direito era tão claro: ganhamos na Justiça desportiva, no CND... Como é que você ia discutir isso?"[614]

A opinião é a mesma de Gilberto Cardoso Filho, então vice-presidente geral e depois presidente do clube no biênio 1989-1990. Pois Gilbertinho também admitiu, em entrevista, que "a gente levou mesmo na flauta, na galhofa, na brincadeira" — para depois ressalvar: "Não oficialmente, né? Oficialmente [o processo] foi entregue a um grande advogado [o dr. Clovis Sahione]. Mas fora, extra autos... Ninguém acreditava, porque era um consenso unânime [sic]."[615] Na mesma linha, Kleber Leite, presidente entre 1995 e 1998, chegou a demonstrar irritação quando este autor lhe perguntou se ele não deveria ter sido mais assertivo no momento em que o Sport ingressou no Clube dos Treze, em 1997, com o processo já praticamente encerrado: "Mas como se, antes daquilo, ninguém fez nada!"[616]

Pois muito bem: feitas essas ressalvas, comecemos pelo começo. Quem for procurar, em qualquer mecanismo de busca processual, uma ação do Sport contra o Flamengo ou contra a CBF não a encontrará, ou só a encontrará com dificuldade. E isso por um motivo simples: para garantir que a sua ação corresse em Pernambuco, o Sport precisava que o tema fosse da alçada da Justiça Federal, que tem juízos em todos os estados da federação. Caso a sua briga fosse exclusivamente com a CBF — que no fundo era disso que se tratava: garantir que a CBF lhe homologasse o "título" de 7 de fevereiro de 1988 —, a ação teria de ser proposta na Justiça estadual do Rio de Janeiro, domicílio da ré. E aí quem jogava em casa eram o Flamengo e os seus advogados.

Portanto o Sport forçou a barra para que a União Federal também fosse ré. Com isso a ação correria forçosamente na Justiça Federal, e o Sport poderia propô-la na circunscrição que melhor lhe conviesse, inclusive a de Pernambuco. O remédio que se encontrou para isso foi fingir que a briga era também com o CND, que, como se viu, integrava a estrutura do Ministério da Educação. De maneira que o Sport fará quatro pedidos, apenas um deles incidente sobre o CND: que o órgão se abstivesse de determinar a convocação (que já tinha determinado) do conselho arbitral. Tudo o mais era com a CBF, entidade de direito privado cujo foro natural era a Justiça estadual do Rio.

Esta não é a opinião exclusiva deste autor. Ao longo do processo original, todos os recursos que haveria foram interpostos pela União, sempre com o argumento de que ela, a União, era parte ilegítima naquele processo, que não tinha do que defender-se porque não tinha interesse jurídico na questão. E assim era: como se demonstrou no capítulo anterior, uma vez convocado o conselho arbitral, o CND só interveio nas questões ali descritas para dirimir dúvidas sobre o alcance e a vigência de resoluções suas acerca do assunto.

Esse é o raciocínio exposto pela Procuradoria da República[617] no mandado de segurança que impetrou a 18 de fevereiro de 1988, contra decisão liminar do juízo pernambucano[618], e é este o raciocínio esposado pela Advocacia-Geral da União na apelação que interpôs a 10 de agosto de 1994[619] e no recurso especial de 15 de agosto de 1997[620]. E foi esse o entendimento que reiterou, 28 anos depois dos acontecimentos, o então procurador Claudio Lemos Fonteles (que viria a ocupar o cargo de Procurador-Geral da República, entre 2003 e 2005), em entrevista a este autor: "Não há qualquer interesse federal na questão. Como você bem percebeu, os advogados do Sport buscaram artifício jurídico, mas inconsistente, reitero, para manter a questão no foro federal."[621] A esses questionamentos, o Sport respondeu com uma petição absolutamente risível em que pretendia demonstrar "o interesse *pessoal* [do professor Manoel Tubino] ou do [CND]" pelo assunto, com base em declarações do próprio Tubino a jornais da época, em todas elas expondo a sua visão *pessoal* acerca do tema.[622]

Ocorre que, às vezes, barbaridades assim acabam colando em juízo. E não seria a última vez, ao longo daquele processo.

Como se viu no capítulo anterior, antes de propor a ação sobre a matéria de fundo (quem era o campeão), o Sport propôs ação cautelar preparatória com um duplo objetivo: materialmente, que o cruzamento de Nabi se realizasse a despeito do que viesse a decidir o conselho arbitral; processualmente, que a questão permanecesse para sempre na alçada da Justiça Federal, e mais especificamente da *seção pernambucana* da Justiça Federal (é o que se chama, no jargão jurídico, de "juízo prevento"). As duas coisas o Sport conseguiu na véspera do conselho arbitral, a 14 de janeiro de 1988. (Muito curiosamente, a ordem expressa na liminar volta-se apenas contra a CBF, jamais contra o CND.)

Por essas coisas do destino e da distribuição processual, calhou que o juiz que garantiu as duas coisas fosse o dr. Genival Matias de Oliveira. Não era um magistrado alheio a polêmicas. Nascido em Juazeirinho, na Paraíba, foi promotor e juiz de direito em seu estado natal até que, em 1967, se tornou juiz federal por decreto — por um decreto assinado pelo Presidente Artur da Costa e Silva.[623] Em 1982, tinha atuado e dera o que falar num episódio conhecido nacionalmente como o *escândalo da mandioca*. Não é o caso de aborrecer o leitor com detalhes excessivos. Registremos apenas que foi um grande golpe praticado por gente graúda em Pernambuco, entre 1979 e 1981. Em essência, os golpistas iam à agência do Banco do Brasil do município de Floresta e lá conseguiam empréstimos de pai para filho, no âmbito de um programa do governo federal chamado PROAGRO, supostamente para financiar o plantio de mandioca, feijão, cebola, melão e melancia. Para provar que eram agricultores e, portanto, beneficiários do programa, usavam registros de terra falsificados e outros expedientes criminosos. Ato seguido, alegavam que a seca destruíra as plantações que nunca fizeram, porque a rigor nem a terra tinham, e embolsavam o dinheiro do seguro. Estima-se que, por conta do esquema, o Banco do Brasil tenha levado um desfalque da ordem de 1,5 bilhão de cruzeiros (algo como 50 milhões de reais, em valores de hoje).[624]

A 6 de janeiro de 1982, um procurador da república chamado Pedro Jorge de Melo e Silva, alagoano, cabra macho, ofereceu denúncia contra dezenove suspeitos de envolvimento no esquema. Entre eles havia advogados, agricultores, topógrafos, serventuários da Justiça, um deputado estadual e dois oficiais da Polícia Militar de Pernambuco — um deles, o major José Ferreira dos Anjos.[625] Dois meses depois, a 3 de março de 1982, o dr. Melo e Silva, então na flor de seus 32 anos, casado e com duas filhas, foi abatido a tiros por pistoleiros que o aguardavam de tocaia à saída de uma padaria de Olinda. O autor material do crime, Elias Nunes Nogueira, confessou a autoria e identificou como mandante o major José Ferreira dos Anjos[626], que foi denunciado por homicídio juntamente com outros seis acusados.

Pois foi o nosso Genival Matias de Oliveira o juiz que, como titular da 1ª Vara Federal de Pernambuco, a 7 outubro de 1982, impronunciou os acusados (i.e., considerou a denúncia improcedente), por não enxergar indícios de que fossem eles os autores do crime. Consequentemente, mandou arquivar o processo e determinou a soltura dos sete suspeitos, inclusive do major Ferreira. À época, a decisão causou tanta consternação e perplexidade que o chefe do Serviço Nacional de Informações (SNI), o general Octávio de Medeiros, reagiu exasperado: "Vocês querem que eu faça o quê? Que eu mande prender o juiz?"[627]

No dia seguinte, no Recife, três mil pessoas participaram de um ato de protesto e de "repúdio" contra a sentença do dr. Genival de Oliveira, lideradas pelo arcebispo dom Hélder

Câmara e pelo senador Marcos Freire.[628] Em meio à indignação geral, a Procuradoria da República recorreu da decisão e logrou revertê-la, por unanimidade, no Tribunal Federal de Recursos, a 9 de novembro de 1982.[629] O caso voltou ao juízo federal de Pernambuco, mas o dr. Genival de Oliveira não mais interveio no processo: a 11 de outubro de 1983, foi o juiz Adaucto José de Melo quem, após a decisão majoritária do júri, condenou seis dos sete acusados a dezenove anos de prisão pela morte do procurador, mais doze pela tentativa de homicídio de uma testemunha.[630]

Em janeiro de 1988, foi esse Genival o primeiro juiz da causa envolvendo o campeonato de 1987. Ao conhecer do processo, garantiu que ele nunca mais sairia de Pernambuco. Este foi um dos últimos atos de sua carreira judicante. Três meses depois, estava aposentado.[631]

Superada a questão do foro, coube então à seção pernambucana da Justiça Federal pronunciar-se sobre o tema de fundo. A 10 de fevereiro de 1988, o Sport apresentou ação ordinária declaratória e de obrigação de fazer contra a CBF e a União Federal. Pedia, em essência, quatro providências: (1) que a Justiça declarasse válido o regulamento imposto pela CBF em 11 de setembro de 1987; (2) que, diante da validade do regulamento, estabelecesse de uma vez por todas que o conselho arbitral só poderia modificá-lo por unanimidade de votos; (3) que, não tendo havido unanimidade, a CBF se abstivesse de reconhecer a decisão do conselho arbitral de 15 de janeiro de 1988; e, finalmente, (4) que determinasse à CBF que "reconheça [o Sport] como o legítimo campeão brasileiro de 1987".

O leitor que teve a paciência de chegar até aqui está, finalmente, em condições de entender o que se discutiu e se decidiu nos tribunais a respeito do título de 1987. A controvérsia toda gira em torno da seguinte questão: era *legal* — porque legítimo, reitere-se, não seria jamais — o regulamento imposto pela CBF a 11 de setembro de 1987, com o campeonato já em andamento (e marotamente datado de 28 de agosto de 1987)?

As datas aí não são irrelevantes. Recapitulemos. A 7 de outubro de 1986, o CND promulgara a sua resolução nº 17/86, que estabelecia que aprovar o regulamento do Campeonato Brasileiro era atribuição do conselho arbitral, a ser integrado pelos clubes participantes do campeonato. A 24 de fevereiro de 1987, a pedido das federações estaduais, a Justiça Federal suspendeu, por liminar, a vigência daquela resolução do CND. A 11 de setembro de 1987, no mesmo dia em que começou a Copa União, o Tribunal Federal de Recursos derrubou a liminar de 24 de fevereiro, pelo que a resolução 17/86 voltaria a estar vigente e tornaria a ser obrigatória a aprovação do regulamento pelo conselho arbitral. Quando Nabi tornou público o regulamento, na noite de 11 de setembro, esta decisão judicial já existia e já fora amplamente noticiada (mas só será publicada, na acepção técnica do termo, no dia 29 de outubro).

A comunicação do CND de 8 de janeiro, somada à sua decisão de 21 do mesmo mês, deixa claro o entendimento do órgão e de seu presidente, o professor Manoel Tubino: o regulamento imposto é inválido ou, no melhor dos casos, não se perfaz até que os clubes o aprovem, e para isso basta a maioria simples de votos. É o que se depreende, *a contrario sensu*, do artigo 5º da resolução nº 16/86, que estabelece que *"após sua aprovação*, os [...] regulamentos só poderão ser alterados por decisão unânime dos integrantes do conselho arbitral". Como, a rigor, aquele regulamento imposto jamais fora *aprovado*, não é o caso de exigir unanimidade, e os clubes são soberanos para deliberar a respeito na primeira oportunidade que tiverem.[632]

Nabi e o Sport terão outra interpretação, claro. A sua era uma lógica que bem poderia qualificar-se de amoral, porque baseada num legalismo estrito (e questionável) completamente dissociado de questões éticas. Para a CBF e para o Sport, vale o fato de que o regulamento estava datado de 28 de agosto, e naquela altura o TRF ainda não restabelecera a validade das resoluções do CND. Portanto, no momento em que foi elaborado, o regulamento imposto seria tecnicamente perfeito, e o conselho arbitral, ao debruçar-se sobre ele, estaria forçosamente modificando-o. E isso, senhores, só com unanimidade.

Há muito de questionável nessa linha de argumentação, e aqui se mencionarão apenas três objeções possíveis: (1) a data que consta do regulamento não merece crédito; (2) ele só foi divulgado com o campeonato já em curso; e (3) a pretensa legalidade do ato amparava-se numa liminar fragilíssima, como aliás toda liminar, que não tinha condão de tornar perfeitos e imutáveis os atos jurídicos gerados sob sua vigência (caso do regulamento).

Mas há uma questão de fundo muito mais importante, sobre a qual deveria ter-se debruçado um Judiciário comprometido com o primado de valores mais elevados. É a seguinte: ainda que seja verdadeira a cronologia apregoada por Nabi e pelo Sport, as tais resoluções só não estavam vigentes por causa de chicanas indecentes de federações estaduais moralmente falidas. Derrubada a liminar obtida por essas federações, era um imperativo moral cumprir, desde já, a vontade da lei e do legislador, e submeter o regulamento à decisão soberana do conselho arbitral. Qualquer outra decisão seria premiar a litigância de má-fé da CBF e das federações.

Entre cartas precatórias e juntadas de documentos, a seção pernambucana da Justiça Federal levou pouco mais de seis anos para deslindar essas questões. Antes disso houve um evento que ilustra à perfeição o descaso do Flamengo com o processo: a 24 de agosto de 1990, o juiz determinou às partes que apresentassem as suas razões finais no prazo de cinco dias, contados da publicação do despacho. O Sport apresentou as suas a 14 de setembro. O Flamengo, que integrava o feito como litisconsorte (ou seja, também era réu, juntamente com a CBF e a União), simplesmente não deu as caras. A rigor, a sua última manifestação nos autos dera-se a 19 de janeiro de 1989, quando pediu a suspensão do processo até que a Justiça desportiva se pronunciasse definitivamente sobre a questão, nos termos da Constituição promulgada em 1988 (o juiz denegou o pedido). Dali em diante, o Flamengo *nunca mais* peticionará nem fará as alegações que lhe cabia fazer sobre as questões em pauta: foi como se o assunto não lhe dissesse mais respeito.

Em 2 de maio de 1994, o juiz a cargo da 10ª Vara Federal de Pernambuco era o dr. Élio Wanderley de Siqueira Filho. Foi ele quem prolatou a sentença que deu ganho de causa ao Sport e transitaria em julgado (i.e., tornou-se definitiva e imutável) cinco anos depois. E uma coisa este autor é forçado a admitir a respeito do magistrado: a despeito de um par de escorregões feios de se ver[633], e a despeito de o seu raciocínio amparar-se em alguns erros de fato, o dr. Siqueira não se escusou de destrinchar as questões complexas que tinha diante de si e pronunciou-se, no mais das vezes, de forma lógica e em bom português. Foi — se se permite um pequeno arroubo de intolerância — o adversário mais formidável que o Flamengo enfrentou em sua luta pelo reconhecimento de seu título. Mas sua sentença estava longe de ser inatacável e irreformável, pela simples razão de que o magistrado não tinha pleno domínio dos fatos e de seu pano de fundo político — elementos que só aqui se apresentam com esse mínimo de método e critério que o teriam habilitado a decidir com conhecimento de causa. E ir atrás desses fatos não era função sua: era trabalho para o Flamengo e seus advogados, que não o cumpriram a contento.

Mas falávamos em escorregões e vamos a eles, que tampouco é o caso de jogar confetes em quem, consciente ou inconscientemente, tanto mal nos causou.

(1) Ao tratar da questão de fundo — a validade do regulamento *outorgado* —, o juiz fez um par de afirmações insustentáveis contra as quais o Flamengo deveria ter-se insurgido tempestivamente. Registremo-las:

> Embora não tenha havido tal aprovação [pelo conselho arbitral], *o regulamento foi tacitamente acolhido pelos clubes participantes*, que iniciaram, assim, as competições. Quando já estava próximo o final do aludido campeonato, *de modo plenamente casuístico*, procurou-se expurgar a norma que previa a última fase, consistente no cruzamento entre os campeões dos Torneios João Havelange e Roberto Gomes Pedrosa, mais conhecidos como Módulos Verde e Amarelo. Tal discussão veio a surgir exatamente quando chegou-se [sic] aos campeões de cada módulo, ou seja, quis-se modificar a regra quando o campeonato há muito já estava em curso, atingindo sua etapa derradeira.[634] [Grifos do autor]

Há muito a se comentar numa passagem tão curta. Em primeiro lugar, como se demonstrou abundantemente no terceiro capítulo, aprovação tácita não houve, porque os clubes demonstraram desde um primeiro momento a sua inconformidade com o cruzamento e avisaram, desde a primeira hora, que não se submeteriam a essa cláusula.[635]

Em segundo lugar, o dr. Siqueira demonstra não compreender claramente o que se deu entre julho e dezembro de 1987. É inegável que, a certa altura, o Clube dos Treze passou a negociar com a CBF com vistas a dar todos os visos de legalidade ao que, àquela altura, já era um movimento legítimo. Essa negociação malogrou justamente no momento em que Nabi impôs o regulamento de que aqui se trata, traindo o Clube dos Treze. A partir daí, os clubes basicamente se pautam pelas regras que acordaram entre si, não pelo regulamento da CBF. Isso fica patente quando, a 22 de setembro, Clube dos Treze e a CBF chegam a uma acomodação em torno da ideia de que "a Copa União terá prosseguimento normal, nos moldes elaborados pelo Clube dos Treze".[636] E torna-se insofismável quando, a 5 de dezembro, quatro cartolas do Clube dos Treze — Marcio Braga, Gilberto Medeiros, Carlos Miguel Aidar e Paulo Odone — decidem sozinhos a fórmula de desempate da finalíssima, *sem a presença de qualquer dirigente da CBF*. Notificado da mudança, Nabi Abi Chedid é quem decidirá depois, por conta própria, incorporar a cláusula ao seu regulamento e estendê-la também ao Módulo Amarelo (causando a confusão que se viu, entre Sport e Guarani). O fundamental, aqui, é que não pode haver aprovação *tácita* quando o Clube dos Treze no fundo se pauta por outro regulamento, que ele aliás altera ao seu bel-prazer, sem que a CBF procurasse impedi-lo.

Em terceiro lugar, o dr. Siqueira afirma, sem o menor conhecimento de causa, que o Clube dos Treze só passou a pleitear a alteração do regulamento, "de modo plenamente casuístico", quando se defronta com a perspectiva de um quadrangular final que se aproxima. Será enxergar o mundo por um prisma excessivamente pernambucano, talvez sob a influência da retórica cafona dos advogados do Sport, que explicavam tratar-se tudo de "um plano engendrado pelos poderosos clubes do sul do país [...] no sentido de evitar que o [Sport] — *primo pobre deste nordeste esquecido e discriminado* — pudesse disputar e até mesmo ganhar o título de campeão brasileiro de futebol profissional".[637]

Na vida real, os clubes grandes e pequenos vinham exigindo a convocação do conselho arbitral desde meados de setembro de 1987, com o campeonato ainda engrenando. No terceiro capítulo, já se registraram apelos nesse sentido datados de 15 de setembro[638] (pedido, aliás, subscrito *pelo Sport*), 22 de setembro[639], 28 de setembro[640], 19 de outubro[641], 17 de novembro[642], 5 de dezembro[643], 6 de dezembro[644], 7 de dezembro[645] e 9 de dezembro[646]. E tanto era, esta, uma pretensão explícita dos grandes clubes que estes fizeram constar este ponto do acordo alcançado com a CBF a 22 de setembro: a CBF, recorde-se, convocaria o conselho arbitral "assim que a Justiça permitir".[647]

(2) Logo a seguir, o juiz esposou na íntegra o entendimento do Sport e da CBF sobre os poderes do conselho arbitral para modificar o regulamento que fora imposto:

O artigo 5°, d, do mencionado regulamento, consignava que "o pedido de inscrição obriga a associação a admitir e aceitar modificações, quando tomadas no interesse de todos os participantes". Na oportunidade, seria imprescindível, conforme a dicção literal da regra, a anuência da totalidade dos competidores. Aliás, a esta altura, as agremiações desclassificadas não mais tinham qualquer interesse no deslinde do certame. Este apenas interessava aos finalistas do Módulo Verde e do Amarelo [...]. A exigência da manifestação da unanimidade dos votantes foi posta pela Resolução n° 16/86.

É uma posição logicamente defensável, mas que deixa muito a dever de um ponto de vista *ético*, porque nos é lícito esperar de nossos juízes que, ao decidir uma causa, interpretem a lei sopesando os *valores* em jogo. É possível que o dr. Siqueira não tivesse ideia do que estava em jogo — de um lado, o esforço moralizador de Manoel Tubino; de outro, a luta de federações moralmente corrompidas para que tudo permanecesse como estava —, e teria sido obrigação do Flamengo dar-lhe essa perspectiva mais ampla. Mas não por isso a sua sentença é menos decepcionante. Num piparote, afirmou que o regulamento era válido porque precedia a derrubada da liminar de 24 de fevereiro ("tal procedimento [a *outorga do regulamento*] se deveu [...] a uma decisão judicial suspensiva da eficácia da aludida norma da Resolução n° 17/86") e parou por aí. Nem uma palavra sobre o fato de a resolução só estar suspensa, a 11 de setembro, por infinitas chicanas judiciais de parte das federações. Nem uma palavra sobre os valores em jogo. *Fiat justitia et pereat mundus.* Faça-se a justiça e o mundo que se exploda (para ficarmos dentro dos limites da linguagem civilizada).

(3) Logo a seguir, Sua Excelência incorre em erro de fato ao insistir na argumentação de que, por sua conduta prévia, Flamengo e Internacional aprovaram tacitamente o regulamento da CBF:

> Na realidade, embora, a rigor, não se pudesse utilizar a figura do contrato de adesão, à medida em que *os clubes se inscreveram e se habilitaram a competir* no Campeonato Brasileiro de 1987, aceitaram suas regras da forma como estavam postas, não se admitindo que, apenas no final, seja suscitada a invalidade de uma das etapas do certame, de modo, insista-se, nitidamente casuístico.
>
> Afastada fica, portanto, as teses [sic] de que desnecessário o pronunciamento da unanimidade do conselho arbitral e de que não se cuidava de alteração do regulamento, mas de sua inicial aprovação, vez que, como antedito, *ele foi chancelado pelas agremiações quando voluntariamente se inscreveram no Campeonato Brasileiro e dele participaram.* [Grifos do autor]

O "nitidamente casuístico" já foi desacreditado uma e outra vez ao longo deste relato. O que é curioso, aqui, é o argumento do dr. Siqueira de que os clubes aceitaram o regulamento porque *se inscreveram* para disputar a competição. É ignorar que o campeonato começou antes de haver regulamento e, sobretudo, é não ter a menor ideia de como se deu a montagem e viabilização daquele torneio. Ninguém *se inscreveu* para disputá-lo, e o telex da CBF que supostamente o comprovaria apenas enumera os clubes que "integraram" cada módulo.[648] Para falar em "aprovação tácita", Sua Excelência teria feito melhor se lesse com atenção a inicial do Sport, que pretendia prová-lo com base no fato de que Flamengo e Internacional não estavam entre os cinco clubes (todos do Módulo Amarelo) que "protestaram contra o regulamento da competição de 87, na esfera judicial ou administrativa".[649] Mas seria formalismo excessivo e, a bem da verdade, isso não vem absolutamente ao caso, porque ou bem o regulamento era intrinsecamente válido ou não o era até ser aprovado pelo conselho arbitral. Não há uma terceira possibilidade.

(4) Até aqui, todas as posições expressas pelo juiz serão talvez questionáveis, mas logicamente sustentáveis. Mas há uma passagem em que ele resvala na desonestidade intelectual. É quando Sua Excelência sustenta que não tinha a menor importância o fato de Sport e Guarani não terem encerrado a disputa do Módulo Amarelo, ao interromper a disputa de pênaltis e dividir o título:

> Por outro lado, atacaram os litisconsortes a própria condição do autor de campeão do Módulo Amarelo. Numa das competições entre o Sport Club do Recife e o Guarani Futebol Clube, chegou-se ao final da partida sem uma definição do campeão. Esgotada a *prorrogação regulamentar*, promoveu-se a disputa nos pênaltis. Quando todos os jogadores já tinham se desincumbido [sic] da cobrança dos aludidos pênaltis, ainda não se havia chegado a um resultado, [sic] em favor de um ou outro disputante. Conforme norma regulamentadora específica, os pênaltis deveriam ter sido cobrados por jogadores diferentes, enquanto isto fosse possível. *A certa altura*, isto não se tornou mais viável. Ademais, já havia transcorrido considerável lapso temporal, não se chegando a um termo. *Decidiram, então, os dois times participantes recorrer aos critérios de desempate previstos no próprio regulamento.*
>
> *Seguindo tal regra*, impostas [sic] pelas circunstâncias, *e consoante o regulamento*, sagrou-se campeão do Módulo Amarelo o Sport Club do Recife.

Este autor usou o verbo "resvala" porque há a outra hipótese, aliás muito mais provável, de que de futebol Sua Excelência não entenda nada. Ainda assim, é curiosíssimo esse adjunto adverbial "a certa altura", no quarto período do texto destacado. A que altura, pergunto, "não se tornou mais viável" prosseguir na fórmula de disputa dos pênaltis? Foi quando todos os jogadores já tinham cobrado o seu tiro livre uma vez? Que dizer, então, do fato de que Sport e Guarani só interromperam as cobranças quando já *três* jogadores — Giba, Gilson Jáder *e Betão* — já tinham batido os seus tiros livres *pela segunda vez*? Não há aí *aprovação tácita* da regra, em seu sentido verdadeiro e evidente, ou isso só vale quando é para prejudicar o Flamengo?

E outra: Sport e Guarani não interromperam a disputa para "recorrer aos critérios de desempate previstos no próprio regulamento". Ninguém, nem mesmo o Sport, jamais se saíra com essa explicação inovadora. Mas, ainda que fosse verdadeira a versão insólita que o dr. Siqueira trouxe à baila pela primeira vez, *não há "critérios de desempate previstos no próprio regulamento".* Quem leu este relato até aqui sabe que a previsão da prorrogação e da disputa de pênaltis se incluiu no regulamento *em substituição* aos critérios de desempate previamente estabelecidos, cujo alcance ninguém conseguia entender. Portanto, se a prorrogação era "regulamentar", como Sua Excelência mesmo a qualifica, então os critérios prévios já não o são. Simples assim.

(5) Mas nada disso, prossegue Sua Excelência, tem verdadeira importância, eis que:

> Mesmo que, por uma hipótese, tal deliberação da CBF [de homologar o título do Sport de campeão do Módulo Amarelo] não tivesse subsistência, o comportamento dos dois times nunca implicaria a subtração do seu direito a participarem do cruzamento previsto para a última fase do Campeonato Brasileiro de 1987. Ainda que não se soubesse o efetivo campeão, era prevista a realização de jogos envolvendo os dois finalistas do Módulo Amarelo e os dois finalistas do Módulo Verde, os quais, incontestavelmente, foram o Sport Club do Recife, o Guarani Futebol Club [sic], o Sport Club Internacional e o Clube de Regatas Flamengo [sic]. A eventual discussão acerca da titularidade da Taça Roberto Gomes Pedrosa não inviabilizaria, por nenhum motivo, a realização do quadrangular decisivo.

Está errado, uma vez mais, o dr. Siqueira, mas não é culpa sua: nisso é que dá diletante se meter a decidir sobre causas desportivas, em lugar do tribunal arbitral que disponha do conhecimento específico. O direito do Sport e do Guarani de prosseguir na disputa não é incontroverso pelo simples fato de que, ao abandonar a partida de 13 de dezembro, infringiram dois artigos do regulamento: o 25, *caput* ("o árbitro [...] é a única autoridade competente para determinar [...] a interrupção ou a suspensão definitiva da partida"), e, por interpretação extensiva, o 40 ("não se apresentar em campo"). Os dois estavam, portanto, sujeitos às penalidades previstas no próprio regulamento ou no Código Brasileiro de Justiça Desportiva, e o STJD só não as aplicou porque não quis.

(6) Logo a seguir, o juiz enfrentou a questão da intempestividade do quadrangular, isto é, o fato de ele se ter realizado depois de encerrado o ano-calendário, sem a necessária autorização do CND. E saiu-se com esta:

> Finalmente, asseverou-se que o cruzamento apenas se realizou no ano de 1988, quando, por norma regulamentar, deveria ter sido concluído no próprio ano de 1987. Ora, tal fato não se deveu à vontade do [Sport], mas às circunstâncias mesmas do campeonato em tela, que importaram na inobservância do *desejado* calendário. Foi formulada a postulação, por parte da [CBF], de autorização específica para a ultrapassagem do citado li-

mite temporal ao [CND]. Os atropelos evidenciados claramente conduziram a tal atraso, o qual, tendo em vista a ciência das entidades responsáveis, no caso, CBF e CND, não importou na invalidação da fase final.

É curioso que, quando uma norma jurídica não é do agrado ou da conveniência do dr. Siqueira, ele a trate como um "desejo" a que se pode obedecer ou não. Claramente, como já se explicou, a realização do quadrangular em 1988 era ilegal porque a lei assim dizia. E nem se alegue que a proibição constante da resolução do CND de n° 17/86 não se aplicava por força da liminar de 24 de fevereiro. Diga-se o que se disser sobre a vigência daquele diploma, o CND já esclarecera que permanecia plenamente em vigor *uma outra* resolução sua, a de n° 16/81, que continha proibição idêntica. *Iura novit curia*, dirão — "o juiz conhece a lei" —, mas desta aqui ele se esqueceu. Talvez porque a Justiça comum não devesse mesmo se meter no assunto.

E outra: a que "atropelos" se refere Sua Excelência? Atropelos do CND? Do Clube dos Treze? Ninguém falou nisso, nem mesmo o Sport. Pois, desde o princípio, o calendário decidido pela CBF já previa a realização do quadrangular final para janeiro e fevereiro, *contra o comando expresso da lei*. Talvez porque, também para a CBF, o comando da lei não passasse de um mero desejo.

(7) Por fim, o juiz enfrenta a mais espinhosa das questões que se lhe apresentaram. Já vimos que, no seu entender, era válido o regulamento imposto pela CBF a 11 de setembro. No entanto, nesse mesmo dia, o TRF derruba a liminar em que se apoiava aquele regulamento e torna novamente vigentes as resoluções n° 16/86 e 17/86 do CND, obrigando a CBF a submeter o regulamento ao conselho arbitral. Diante disso, qual passa a ser o *status* das situações jurídicas — direitos, interesses, expectativas — que se produziram sob a vigência do regulamento imposto? O dr. Siqueira não se furtou a analisar o tema em extensão e profundidade:

> Entendo que o atropelo dos fatos sobre a tutela jurídica gerou uma situação peculiar, que passo a apreciar. A liminar foi deferida para serem sustados os efeitos da norma que previa a regulamentação do campeonato pelo conselho arbitral [...]. Embora tal providência judicial [a liminar] tenha nítido caráter provisório, gerou uma situação de impossível reversão ao *status quo ante*, vez que era necessário normalizar o certame, o que restou efetuado pela diretoria da CBF. Sei que a medida liminar [...] tem caráter acessório, instrumental e provisório. Mas não se pode olvidar a série de relações jurídicas eclodidas sob a sua égide, que merecem uma consideração especial. Estou perfeitamente ciente da inexistência de direito adquirido, *in casu*, à mantença da situação gerada a partir da liminar.
>
> Acontece que, conforme antedito, se está diante de uma situação jurídica consolidada, cuja modificação produzirá mais graves prejuízos do que a sua mantença. A tutela juris-

dicional não pode se dissociar [sic] do cotejo das consequências nas esferas jurídicas dos interessados. A situação jurídica consolidada, embora não equiparada ao direito adquirido, o ato jurídico perfeito e a coisa julgada, consagrados na Carta Magna, há que ser analisada com o máximo de cautela, em nome da própria segurança jurídica. [...]

Com base em uma medida liminar, foi redigido o regulamento pela diretoria da [CBF]. Iniciou-se o campeonato, sendo seguidas suas regulares etapas, até que houve um pronunciamento da Corte Superior, cassando a providência provisória [a liminar]. Não se pode negar eficácia jurídica ao ato judicial antes pronunciado [a liminar]. Uma decisão judicial ulterior não pode, em absoluto, subverter os fatos concretizados na realidade humana, sob a égide do pronunciamento judicial anterior.

É por isso que afirmei [...] que os fatos "atropelaram" a tutela jurídica. Comparando-se os benefícios e os prejuízos advenientes da suspensão ou permanência da medida, torna-se mais prudente e atende aos interesses sociais mais relevantes a mantença da liminar em todos os seus efeitos, não se emprestando, pois, efeitos retroativos ao decisório do [TFR]. A imposição, pois, da submissão prévia do regulamento à deliberação do conselho arbitral [...] apenas seria pertinente aos futuros campeonatos, e não ao de 1987, que já estava bastante próximo de seu término.

Aqui está o âmago da argumentação do juiz, e com isto este autor deixa de aporrinhar o leitor com uma análise jurídica que já terá a esterilidade de uma mula e a aridez de três desertos. Em essência, o que está dito aí é que, muito embora o TFR tenha derrubado a liminar que permitiu à CBF impor o seu regulamento, ainda assim não é o caso de submeter aquele regulamento ao conselho arbitral. Em primeiro lugar porque o campeonato "já estava bastante próximo de seu término" — o que é mentira, porque a decisão é de 11 de setembro, data da rodada *inaugural* do campeonato, e foi publicada a 29 de outubro, um mês e meio antes das finais dos módulos, que duraram três meses, e mais de três meses antes do término do quadrangular final. E não é o caso, em segundo lugar, prossegue o juiz, porque, enquanto aquele regulamento inicial foi válido, os clubes do Módulo Amarelo acalentaram a esperança de jogar o tal cruzamento e fizeram o seu planejamento com base nessa expectativa. Na argumentação do juiz, é o caso, sim, de sopesar os efeitos de se manter e os efeitos de não se manter o regulamento original e de privilegiar o cenário que cause menores estragos. E, na cabeça de Sua Excelência, o cenário a ser privilegiado é o que resguarde as expectativas dos clubes do Módulo Amarelo.

Daria para escrever todo um parecer para demonstrar quão equivocado está Sua Excelência, e este autor resistirá à tentação. Dirá apenas que, *data maxima venia*, uma liminar vale *si et in quantum* — ou seja, enquanto ela mesma perdurar —, e isso de "situação jurídica consolidada" cheira a invencionice para escorar uma decisão que de outro modo não se sustentaria. O dr. Siqueira diz estar "perfeitamente ciente" de que aqui não existe direito adquirido, mas logo a seguir dá à tal "situação jurídica consolidada" o mesmíssimo tratamento que daria a um direito adquirido, se disso se tratasse.

Mais: diz que o faz porque isso "atende aos interesses sociais mais relevantes". Este é o único momento, na redação deste livro, em que este autor chega perto de lamentar o fato de não se ter dedicado à advocacia, apenas e tão-somente para ter advogado nesta causa. Porque, como se demonstrou sobejamente ao longo desta obra, o interesse social relevante que havia, aqui, era o de toda a sociedade em ver triunfar a revolução libertária e moralizadora de Manoel Tubino. Foi para demonstrá-lo que este livro buscou lá no Estado Novo os fundamentos fascistas da organização de nosso futebol. Foi para reforçá-lo que gastou tanta tinta com as distorções geradas pelo regime militar na disputa do Campeonato Brasileiro e na gestão cotidiana de nossas federações. E foi para que tudo isso restasse meridianamente claro que se buscou, aqui, traçar um paralelo entre os processos que se produziam em nosso futebol e a abertura política que se processava, simultaneamente, no Brasil.

Em suma, a questão que se colocava diante do dr. Élio Wanderley Siqueira Filho transcendia em muito os interesses do Clube de Regatas do Flamengo e do Sport Club do Recife — interesses conjunturais e, no caso do segundo, anedóticos. Mas o dr. Siqueira, talvez por não ser de bola, talvez porque os advogados do Flamengo falharam em sua missão, não enxergou além da obstinação de um clube menor por um troféu maior.

À luz do que precede, podemos finalmente reproduzir a parte dispositiva da sentença de 2 de abril de 1994. Trata-se de um texto que o leitor talvez já tenha visto por aí, brandido como argumento definitivo nesses foros esportivos da Grande Rede, e que aparentemente está para a história do Sport assim como está para a história do Flamengo a narração que o Luiz Penido fez do gol do Pet:

> Em face do exposto, julgo procedentes, *in totum*, as pretensões formuladas na peça exordial, para declarar válido o regulamento do Campeonato Brasileiro de Futebol Profissional de 1987, outorgado pela Diretoria da CBF; declarar, ainda, necessária a aprovação da integralidade dos membros do Conselho Arbitral da dita entidade, para a sua modificação, determinando, outrossim, à Confederação Brasileira de Futebol - CBF e União Federal (Conselho Nacional de Desportos - CND) que se abstenham de ordenar a convocação, convocar ou acatar decisão do Conselho Arbitral tendente à modificação do suso-citado regulamento, sem a deliberação unânime de seus membros, concluindo, pois, por determinar seja reconhecido o demandante [o Sport] como Campeão Brasileiro de Futebol Profissional do ano de 1987, pela Confederação Brasileira de Futebol – CBF.

Para resumir, o juiz atendeu a todos os quatro pedidos do Sport: (1) declarou válido o regulamento imposto pela CBF em 11 de setembro; (2) disse que esse regulamento só poderia ser alterado pela unanimidade dos clubes; (3) proibiu a CBF de acatar a decisão do conselho arbitral que derrubou o cruzamento; e (4) mandou a CBF reconhecer o Sport como campeão de 1987.

Duas últimas observações, antes de retomarmos o nosso relato. A sentença, como se sabe, é lei *entre as partes*, e os comandos que ela dá têm dois destinatários específicos: a CBF e o CND. Ela não se volta contra a imprensa ou contra toda a população, como às vezes querem fazer crer os cartolas do Sport, em seu afã de proscrever o debate livre de ideias. O leitor há de se recordar das ameaças tresloucadas dos dirigentes pernambucanos de processar todo mundo que dissesse que o Flamengo era hexacampeão, em 2009. E quem teve estômago de assistir à entrevista do sr. Homero Lacerda citada nesta obra terá reparado que, pelo mesmo motivo, ele qualifica a revista *Placar* de "marginal" ("porque aquele que não cumpre lei está à margem da lei").[650] Pois tudo isso é ignorância ou desonestidade intelectual. A sentença não revoga o direito sagrado à livre manifestação da opinião, seja a do pé-rapado, seja a da Rede Globo.

Segundo comentário: a sentença só se volta contra o CND porque foi o mecanismo que se encontrou para coonestar a picaretagem do *forum shopping*, a despeito dos inúmeros protestos da Procuradoria da República e da Advocacia-Geral da União. Sem a União como ré, o assunto não seria da alçada da Justiça Federal e teria de ser resolvido no Rio de Janeiro. Mas reparem na barbaridade lógica que essa picaretagem engendrou: a ordem que a sentença dá ao CND é impossível de ser cumprida. Se formos interpretar o dr. Siqueira ao pé da letra, o CND está proibido de mandar convocar o conselho arbitral, a menos que o mesmo conselho arbitral, que não pode ser convocado, tenha sido convocado e tenha deliberado por unanimidade. Essa monstruosidade lógica é o que basta para demonstrar que a Justiça Federal não tinha competência para tratar do assunto. E é o que basta para entendermos quanto respeito a sentença merece.

Curiosamente, o Flamengo não recorreu. Aqui se apontam pelo menos sete causas pelas quais o clube podia e devia tê-lo feito, mas não o fez (na época, presidia o clube o sr. Luiz Augusto Veloso). E, não recorrendo, permitiu que se tornasse definitiva uma decisão que era perfeitamente questionável e reformável. Para todos os efeitos, na esfera judicial, o assunto morreu aqui.

Houve ainda dois recursos da União Federal. Em grau de apelação, insurgiu-se apenas contra a decisão subsidiária do dr. Siqueira de condená-la a pagar custas processuais e honorários advocatícios. Num recurso especial que passa longe de ser brilhante, insurgiu-se novamente contra a competência da Justiça Federal e, no mérito, sustentou ser válida a decisão do conselho arbitral de encerrar o campeonato a 13 de dezembro de 1987. Nenhum dos dois recursos prosperou, e o STJ nem sequer *conheceu* do segundo, por entender que não se fundamentava em *lei* federal propriamente dita, mas em atos normativos de hierarquia inferior (as tais resoluções do CND).

A sentença em favor do Sport transitou em julgado a 5 de abril de 1999.

Antes disso, no entanto, o Flamengo teve uma oportunidade talvez irrepetível de torcer o braço do usurpador e obrigá-lo a reconhecer o seu tetracampeonato sem meias palavras nem subterfúgios. Foi em São Paulo, a 9 de junho de 1997. Naquela data, o Clube dos Treze reuniu-se em assembleia geral extraordinária para, entre outros assuntos, deliberar sobre os pedidos do Coritiba, Goiás e Sport do Recife de tornar-se membros.

A esta altura, o Clube dos Treze já se transformara num simples cartel a estabelecer o preço das transmissões de jogos e havia muito abandonara qualquer veleidade política de reformar a gestão de nosso futebol (nas palavras de Kleber Leite, "virou só um braço comercial, um mero distribuidor de recursos da TV Globo"[651]). Pois o Sport, convenientemente esquecido de sua cruzada contra a Globo e a Coca-Cola, queria agora entrar para o cartel e, segundo o mesmo Kleber Leite, "fez um trabalho muito bom com os outros clubes" para ser admitido.

Ocorre que a admissão de novos associados somente poderia dar-se por unanimidade, e o próprio Kleber Leite ameaçou impedi-la caso o Sport não concordasse com um pedido muito singelo do Flamengo: que ambos fossem reconhecidos como campeões brasileiros de 1987. É o que se depreende da ata daquela reunião:

> Concedida a palavra ao dr. Kleber Leite, presidente do Flamengo, o mesmo se pronunciou a respeito da pendência existente quanto ao título do Campeonato Brasileiro de 1987, que teve dois grupos distintos a disputá-lo. Naquele ano o Flamengo sagrou-se campeão de um grupo e o Esporte Recife [sic] de outro, sem que houvesse a disputa entre os dois para se apurar um único campeão. A questão tornou-se litigiosa e o impasse persistiu. Sublinhou o presidente do Flamengo que não queria criar nenhum constrangimento na votação que se seguiria, tanto que, de maneira transparente, propunha que o processo fosse por voto aberto. Era seu dever, todavia, colocar que se o Esporte [sic] não concordasse com a postulação junto a [sic] CBF de que ambos, Flamengo e Esporte, fossem declarados campeões brasileiros de 1987, declarava seu voto contra o ingresso do Esporte no Clube dos Treze.[652]

Concordou com isso o Sport? Seu presidente à época, o sr. Luciano Bivar, jura que não, e a ata de fato registra que ele, num primeiro momento, esperneou:

> O Presidente do Esporte [sic] manifestou sua surpresa com a colocação agora feita e que em nenhum momento teria sido condicionado o seu ingresso no Clube dos Treze ao reconhecimento do direito ora invocado pelo Flamengo. Disse que teria que ouvir seus pares de diretoria e não podia submeter-se à exigência colocada.

E esta é a versão canônica na Ilha do Retiro: o Sport disse que não e os demais aceitaram-no porque quiseram. Qualquer postulação posteriormente enviada à CBF, pelo Clube dos Treze, com o propósito de reconhecer dois campeões de 1987 teria sido feita sem o aval do clube pernambucano.

Só que a reunião não acabou aí:

> Manifestaram-se, a seguir, sobre o tema o dr. Eurico Miranda, o presidente do Botafogo [José Luiz Rolim] e o presidente do São Paulo [Fernando Pinto Casal de Rey], todos na procura de superação do impasse, para que nada causasse constrangimentos, respeitando-se, todavia, a posição dos dois clubes. *Prevaleceu, afinal, a decisão de levar ao presidente da CBF, o desejo, refletido em ofício, da vontade da unanimidade do Clube dos Treze de ver declarado pela Confederação a condição [sic] de dois campeões e dois vice-campeões naquele Campeonato Brasileiro de 1987*, resultado de emenda à proposta inicial, apresentada pelo representante do Internacional, quais sejam: Esporte [sic], Flamengo, Guarani e Internacional. Desta maneira procurava-se superar uma questão antiga, e estabelecer um clima fraterno e solidário entre todos os integrantes de nossa associação, fundadores e novos integrantes.

Que o texto não é nenhum primor não se discute: há aí muita ambiguidade que parece deliberada, talvez com o intuito de permitir a todo o mundo vender a versão que melhor lhe conviesse. E isso foi mau para o Flamengo, que tinha a faca e o queijo na mão e devia ter exigido a capitulação incondicional do inimigo.

Mas, ambíguo ou não, o texto deve ser interpretado à luz da cronologia dos fatos nele relatados. O que quer dizer, afinal, que "prevaleceu" a decisão que prevaleceu? Prevaleceu sobre o quê? Parece razoável concluir que sobre a posição inicial do Flamengo, que tratava apenas dos campeões, e sobre a posição inicial do Sport, que não queria nem ouvir falar a respeito. Terá sido para superar essas duas posturas incompatíveis que o Internacional propôs postular à CBF o reconhecimento de dois campeões e dois vice-campeões, e com isso se diluía o choque de uma decisão abrupta envolvendo o *status* de apenas dois clubes. Como se vê, essa proposta foi aprovada por unanimidade.

Mas que unanimidade, perguntará o torcedor do Sport? Reparem que foi só depois dessa deliberação que se aprovou a admissão dos três novos associados, com o voto positivo do Flamengo. Portanto, numa interpretação estreita, o Sport não contribuiu para perfazer aquela unanimidade pelo simples motivo de que ainda não votava.

Só que isso não importa, reagirá o torcedor do Flamengo. Kleber Leite, em entrevista a este autor, jura que, "no final das contas, o presidente do Sport concordou". O pessoal do Sport diz que não, e fica a palavra de um contra a do outro. Mas há dois elementos que nos ajudam a destrinchar essa questão. O primeiro é o fato de que, independentemente de ter votado ou não, o sr. Luciano Bivar afinal assinou o documento que consagra o entendimento de que o Clube dos Treze postularia à CBF o reconhecimento dos dois campeões. Quando se tratou de prejudicar o Flamengo e o Clube dos Treze, o próprio Sport fez o maior auê com uma assinatura inconsequente de Eurico Miranda num regulamento imposto pela CBF.

Em segundo lugar, há que se perguntar por que, afinal de contas, o Clube dos Treze acedeu a adotar uma proposta alternativa, uma "emenda à proposta inicial", em lugar de simplesmente deliberar sobre a posição inicial do Flamengo. E a resposta evidente é que a assembleia agiu assim por levar em consideração as sensibilidades do Sport. A conclusão inescapável é que o Flamengo só votou como votou, aprovando o ingresso do Sport, porque o sr. Luciano Bivar se deixou convencer e afinal adotou uma posição menos categórica do que aquela que expressou originalmente — e essa posição só pode ter sido a da proposta do Internacional.

Que o dissesse com todas as letras ou por subterfúgios, que agisse de boa ou de má-fé, tudo isso importa pouco ou nada: ao agir como agiu, o Sport criou expectativas legítimas no Flamengo, que por conta disso aprovou o seu ingresso no Clube dos Treze. E isso tem consequências jurídicas. É o que explica, em parecer, o dr. Fredie Didier Jr., talvez um de nossos maiores processualistas: que o Sport, anos depois, venha a adotar postura diametralmente oposta àquela que assumira ou deixara transparecer em 1997 constituiria ilícito civil. É o que se chama, em jargão jurídico, *venire contra factum proprium*.[653] Quando mais não seja, é o bastante para que o Flamengo busque em juízo a responsabilização civil do Sport e de seus dirigentes.

Aprovada a proposta, o presidente do Clube dos Treze, dr. Fábio Koff, apresentou-a à CBF por ofício datado de 12 de junho de 1997. A CBF nunca respondeu.

Transitada em julgado a sentença, a questão saiu dos tribunais para as mesas de bar, onde opinião nenhuma transita em julgado. E ali teria permanecido pelos séculos dos séculos, não fosse o derradeiro ato de traição nesta epopeia de infâmias.

Em julho de 1992, o Flamengo conquistou o seu quinto título nacional ao dar um passeio no favorito Botafogo: 3 a 0 no primeiro jogo e 2 a 2 no segundo. E ali, diante do último público monumental do velho Maracanã, produziu-se um ato simbólico que, mais do que qualquer homologação, representava o reconhecimento do título de 1987. Naquela noite, o público brasileiro viu, pela última vez, o campeão erguer a velha Taça das Bolinhas, o troféu que a Caixa Econômica instituíra em 1975 para premiar o campeão brasileiro, e cuja posse seria entregue, em definitivo, ao clube que primeiro o conquistasse "por três vezes consecutivas ou por cinco alternativas". No ano seguinte, a CBF instituiu um novo troféu e entregou-o pela primeira vez ao Palmeiras a 19 de dezembro de 1993. A Taça das Bolinhas sumiu de circulação: era a admissão silenciosa de que o Flamengo era cinco vezes campeão brasileiro (o que forçosamente incluía 1987).

A 31 de outubro de 2007, o São Paulo Futebol Clube derrotou o América de Natal por 3 a 0 e conquistou o seu quinto título brasileiro. O que se deu a seguir poderíamos esperar de qualquer outro clube, menos do São Paulo. Não do São Paulo que, pelas mãos de Carlos Miguel Aidar, fora protagonista, junto com o Flamengo de Marcio Braga, da revolta dos grandes clubes contra décadas de arbítrio da CBF. Pois, em 2007, presidia o tricolor paulista um advogado e ex-inspetor de polícia chamado Juvenal Juvêncio. Tinha sido diretor de futebol à época de Carlos Miguel Aidar, e como diretor de futebol fora responsável, junto com Cilinho, pela montagem do grande time que frutificará sob o comando de Pepe, no campeonato de 1986. Chegou à presidência do clube, pela primeira vez, em 1988, e como presidente assinou todos os manifestos do Clube dos Treze que aqui registramos em defesa do título do Flamengo.

Mas, em 2007, tudo isso eram águas passadas. O São Paulo vinha de seu terceiro título de campeão do mundo, em 2005, e de outro brasileiro em 2006, e aparentemente quis aproveitar o acúmulo de troféus de relevo para vender a imagem de maior clube do Brasil. Não se sabe de quem foi a ideia original, mas Juvenal Juvêncio acabou convencendo-se de que o coroamento ideal dessa trajetória seria a posse definitiva da Taça das Bolinhas. No dia mesmo do título, começaram a circular as infames camisetas com os dizeres "penta único". Nem era preciso interpretar muito: o São Paulo, que juntamente com o Internacional e o Grêmio fora o mais leal dos parceiros em 1987 e 1988, agora renegava a palavra empenhada. O título do Flamengo, aquele que os próprios tricolores juraram defender "no futuro próximo ou remoto", já não valia mais nada.

Diante da impotência de um Flamengo que se reconstruía, depois dos estragos deixados por Edmundo dos Santos Silva, o São Paulo ainda conquistou o seu sexto título brasileiro, em 2008. Era, agora inquestionavelmente, o único hexacampeão do Brasil. Só que, no ano seguinte, com o imperador Adriano atropelando todos os adversários; com um veterano Petkovic a ditar o ritmo e a marcar até gols olímpicos; com Ronaldo Angelim reproduzindo, lá do outro lado, o histórico gol do Rondinelli; com o velho Andrade no banco e a memória de Zé Carlos a inspirar-nos a buscar até o impossível (como ganhar do Santos na Vila Belmiro) — pois, em 2009, esse Flamengo também foi hexacampeão. *Hexa na Raça.* Na noite de premiação, diante das câmeras e de todo o Brasil, Ricardo Teixeira pediu ao velho inimigo Marcio Braga que providenciasse para logo "o hepta".

A polêmica esquentava, e os dirigentes do Sport perdiam a compostura: da Ilha do Retiro, ameaçavam processar cada jornalista e cada um dos 40 milhões de rubro-negros que pronunciassem aquelas duas sílabas doces: hexa.

A 12 de abril de 2010, a diretoria da CBF oficializou seu entendimento de que a Taça das Bolinhas deveria ser entregue ao São Paulo. Dali a quatro dias, o Flamengo solicitou à CBF que reconsiderasse sua decisão de não reconhecê-lo como campeão brasileiro de 1987. A 10 de dezembro, Ricardo Teixeira emitiu a resolução da presidência n° 03/2010, pela qual "ficam reconhecidos como campeões brasileiros os clubes que venceram a disputa da Taça Brasil de 1959 a 1968 e pelo Torneio Roberto Gomes Pedrosa/Taça de Prata entre 1967 e 1970". Nem uma palavra sobre 1987.

Ato seguido, o Flamengo fez chegar à CBF um parecer de Álvaro Melo Filho, que integrava o CND em 1988 e, nessa condição, ajudou a assentar os entendimentos de que a decisão do conselho arbitral era válida e de que o cruzamento de Nabi era ilegal, tornando logicamente inescapável a conclusão de que o Flamengo era campeão brasileiro de 1987. Aqui se tratava de demonstrar a Teixeira que ele podia reconhecer o título do Flamengo sem violar o comando da sentença de 1994. O caminho para isso era equiparar a Copa União a um Campeonato Brasileiro, reconhecendo dois campeões para aquele ano, exatamente como passara a haver dois campeões em 1967 e 1968 — e exatamente como o Clube dos Treze (com o endosso do Sport) sugerira em 1997.[654] Havendo dois campeões, não se tocava no *status* do Sport, que disso tratava a sentença.

Entrementes, a Taça das Bolinhas foi entregue ao São Paulo a 14 de fevereiro de 2011. Juvenal Juvêncio recebeu-a como quem recebe o Santo Graal e, mais que prometer, ameaçou: "vou-me *deliciar* com ela."[655] Ao seu lado, um tanto constrangidos, estavam Zetti e Rogério Ceni. O Flamengo foi a juízo tentar reverter a entrega do troféu. Parecia uma cruzada inconsequente, mas na Gávea a diretoria do clube, aparentemente, dispunha de melhor informação do que a imprensa e o São Paulo.

Dali a uma semana exata, a 21 de fevereiro de 2011, Ricardo Teixeira reconsiderou e emitiu uma nova resolução da presidência, a de n° 02/2011. Parecia a recompensa esperada por 24 anos de espera: numa canetada, em aditamento à "unificação" dos títulos nacionais produzida em 10 de dezembro de 2010, e com o objetivo de "pacificar um tema controvertido de longa data, capaz de suscitar desarmonia no ambiente desportivo", a CBF retificava sua resolução anterior para "reconhecer o Sport Club Recife [sic] e o Clube de Regatas do Flamengo como campeões brasileiros de futebol profissional de 1987".[656]

Mas durou pouco o desafogo. Em 48 horas, o Sport solicitou o desarquivamento do processo de 1988. Em mais 48 horas, apresentou interpelação judicial contra Ricardo Teixeira, instando-o a declarar nula a resolução de 21 de fevereiro, "sob pena de imputação da prática de ato ilícito no âmbito da responsabilidade administrativa, cível e criminal".[657] A 5 de maio de 2011, o clube pernambucano ajuizou ação de cumprimento de sentença condenatória contra a CBF. Alegou que, ao reconhecer o título do Flamengo, a CBF violava o comando da sentença de 2 de maio de 1994, que declarara válido o regulamento de 11 de setembro de 1987 e determinara à CBF reconhecer o Sport "como campeão brasileiro de futebol profissional do ano de 1987".[658]

A 27 de maio, o juiz titular da 10ª Vara Federal de Pernambuco, dr. Edvaldo Batista da Silva Júnior, acolheu o pedido do Sport, determinando à CBF que revogasse a resolução n° 02/2011 e editasse nova resolução "na qual conste expressamente que, em estrita obediência à sentença [...], reconhece [o Sport] como *único* campeão brasileiro de futebol profissional".[659]

A 14 de junho de 2011, sem que o Flamengo fosse sequer ouvido em juízo, Ricardo Teixeira emitiu a resolução da presidência da CBF de n° 06/2011, revogando aquela anterior e reconhecendo "como único campeão brasileiro de futebol profissional de 1987 o Sport Club do Recife". Teixeira fez uma ressalva importante: agia como agia "em estrita obediência à sentença", "não obstante o ato judicial ser passível de recurso" e "apesar de [a CBF] entender que o reconhecimento do título de campeão nacional de 1987 também ao Clube de Regatas do Flamengo não contraria os limites da coisa julgada". É lícito supor que este continua a ser o entendimento institucional da CBF.

No que restou de 2011, o Flamengo passou boa parte de seu tempo em juízo. Em juízo contra o Sport, que, uma vez mais, jogando em casa, na Justiça Federal de Pernambuco, logrou produzir seguidas decisões favoráveis às suas pretensões, desta vez sem que ao Flamengo se concedesse sequer o luxo de fazer-se ouvir. E em juízo contra o São Paulo, que, mandando às favas a palavra empenhada junto com qualquer noção de dignidade, levara na mão grande a taça que ele próprio, São Paulo, sabia ser do Flamengo.

A briga judicial entre Flamengo e São Paulo teve lá os seus aspectos cômicos, e rir era o que nos restava em meio a toda essa papagaiada. A 14 de fevereiro, a Justiça estadual do Rio emitiu uma decisão inócua determinando à Caixa Econômica que se abstivesse de entregar a Taça das Bolinhas ao São Paulo. A Caixa não foi intimada tempestivamente e a entrega produziu-se, como planejado, naquele mesmo dia. Mais adiante, em princípios de março, coexistiam duas decisões — uma da Justiça do Rio, outra da seção paulista da Justiça Federal — em sentidos perfeitamente contrários: a do Rio, de 22 de fevereiro, determinava a intimação do sr. Juvenal Juvêncio para que entregasse a taça de volta à Caixa no prazo de 24 horas, "devendo o troféu permanecer sob a guarda da [CEF] até o trânsito em julgado do processo principal". A da Justiça Federal, de 2 de março, salvaguardou o direito do São Paulo de manter a posse da taça "até que haja alguma outra determinação, judicial ou não". A 26 de maio, o Flamengo conseguiu derrubar esta segunda liminar, com o argumento de que não estava caracterizado um dos requisitos do pedido de manutenção da posse: a turbação de direito possessório.

Houve muito mais turbação na briga entre o Flamengo e o Sport, mas há que se entender que a paciência do leitor está por esgotar-se após tanto palavrório em torno de uma singela disputa futebolística. Registremos apenas que o Flamengo gastou oceanos de tinta em defesa de suas teses, mas jamais logrou fazer-se ouvir pelas instâncias do Judiciário que foi novamente incomodar com essa questão fastidiosa. E o fastio dos judicantes era manifesto no desabafo do ministro João Otávio de Noronha, do Superior Tribunal de Justiça: "Isso não é matéria para chegar ao Superior Tribunal de Justiça, mas chegou."[660]

Além do pouco caso evidente dos magistrados — com exceção da ministra Nancy Andrighi, do STJ, e do ministro Luís Roberto Barroso, do STF —, o Flamengo também foi prejudicado por uma regra simples de direito processual: nesta altura do feito, quando o que se discutia era apenas o cumprimento de uma sentença há muito prolatada, o Flamengo estava impedido de rediscutir questões de fato abordadas na fase de instrução do processo original (é o que se chama, no jargão processual, de questões *preclusas*). E a sua tese, para prosperar, dependia de os juízes terem uma melhor compreensão do que se deu em 1987.

Pois o Flamengo alegará, de maneira inglória, que a CBF não viola o comando da sentença de 1994 ao reconhecer que em 1987 houve outro campeão além do Sport. É ler o texto da decisão: ela determina à CBF que reconheça o Sport "como campeão brasileiro de futebol profissional do ano de 1987" — sem artigo definido entre o advérbio *como* e o substantivo *campeão*. Estender esse reconhecimento a outro clube, argumentará o Flamengo, não menoscaba o *status* jurídico do Sport, que é o que cumpre ao Judiciário preservar.

A tudo isso, o Sport reagirá com um argumento aparentemente inatacável: a sentença não se limitou a determinar a homologação de seu título. Fez mais: declarou válido o regulamento imposto por Nabi Abi Chedid no dia 11 de setembro de 1987. E esse regulamento estabelece que o torneio que o Flamengo disputou e venceu — a Copa União, o Módulo Verde, a taça João Havelange ou que nome se lhe queira dar — era parte integrante de um certame mais abrangente chamado Campeonato Brasileiro de Futebol Profissional de 1987. Sendo válida essa disposição, não pode a CBF, um quarto de século depois, vir igualar a parte (o módulo) ao todo (o campeonato).

Isso tudo seria objetável, se pudéssemos reavaliar e reapreciar os *fatos* ocorridos em 1987. É incontroverso que o regulamento imposto pela CBF de fato tinha o alcance e o sentido que se acabou de expor. Mas esse regulamento foi o último passo de um esforço de Octávio Pinto Guimarães e Nabi Abi Chedid por *apropriar-se* de um projeto autônomo do Clube dos Treze, um projeto que perigava pôr abaixo toda a estrutura autoritária em que se assentava e se assenta o futebol brasileiro. Antes e depois dessa *apropriação*, é inegável que houve diálogos e contendas, idas e vindas, composições e rupturas entre o Clube dos Treze e a CBF. O que se espera que esta obra terá demonstrado cabalmente é que, a partir de certo ponto, a Copa União seguiu seu rumo, autônoma, independentemente das pretensões de Octávio e Nabi de sequestrá-la e torná-la mero apêndice, um simples módulo de um torneio talvez legal, mas perfeitamente ilegítimo. E isso resta claro pela maneira como o Clube dos Treze montou a tabela, determinou a fórmula da competição, viabilizou contratos comerciais e, na undécima hora, decidiu e aplicou o regulamento sobre os critérios de desempate — tudo sem intervenção da CBF ou, quando muito, com o seu endosso póstumo, que era a maneira que Octávio e Nabi encontraram de não confessar a falência moral e política em que incorreram.

Que, 24 anos depois, a CBF admitisse essa realidade fática e estendesse a sua chancela oficial ao campeão do que foi, inegavelmente, uma liga independente — isto era apenas o reconhecimento tardio de uma apropriação indébita. Isso não diminuía o título do Sport, que continuava a ser o que sempre foi: campeão do campeonato da CBF.

De tanto tentar, gerações de misses e de advogados do Fluminense conseguiram arruinar a boa fama de um livrinho que, no entanto, é uma verdadeira joia. Trata-se de *O Pequeno Príncipe*, de Antoine de Saint-Exupéry, um livro que todo pai devia ler para os seus filhos, como o deste autor teve o bom gosto de ler-lhe lá se vão trinta e muitos anos. No livro, lá pelas tantas, o principezinho do título, em seu périplo por este universo, visita um planeta cujo único habitante é um rei. O rei gosta de dar ordens, mas tem a sabedoria de emitir apenas ordens razoáveis, caso contrário estará desacreditada a sua real autoridade.

Estendidas à magistratura, as máximas do rei seriam um bom começo no aprendizado necessário do que os americanos chamam *judicial restraint,* que bem poderíamos traduzir por *parcimônia judicial*: "Se eu ordenar a um general que voe de uma flor a outra à maneira duma borboleta, ou que escreva uma tragédia, ou que se transforme em albatroz, e se o general não cumprir a ordem recebida, de quem seria a culpa, dele ou minha?" Um outro poeta, que era também juiz, e muito querido deste autor, deu uma lição semelhante sobre a necessária humildade que deveria guiar o exercício do nobre mister judicante, ao recordar que a sua sentença "é a palavra rouca de um homem, não é a verdade de Deus".[661]

Há duas coisas que incomodam o torcedor que se deu ao trabalho de debruçar-se sobre os autos do processo em questão. A primeira é a autocomplacência que por vezes assalta os juízes e os leva a tratar com evidente descaso o fruto do labor incansável dos advogados do Flamengo, que aqui se dispunham a salvar o que pudesse ser salvo após quase trinta anos de negligência do clube. Nesse esforço, esses advogados produziram um par de teses ponderáveis, que deveriam ter merecido maior atenção de quem é pago para ouvir argumentos antes de julgar. Havia a tese de Álvaro Melo Filho e de Fredie Didier Jr., segundo a qual também em favor do Flamengo transitaram em julgado decisões na esfera desportiva, decisões contra as quais o Sport nunca se insurgiu, e que isso bastava para se reconhecerem dois campeões, cada um com fundamentos numa esfera judicante distinta (a Justiça comum, no caso do Sport, e a desportiva, no caso do Flamengo). Havia a advertência de Fredie Didier e José Augusto Garcia de Souza de que o Sport, ao insurgir-se contra o reconhecimento do título do Flamengo, incorria em *venire contra factum proprium* e com isso cometera ilícito civil, porque em 1997 ele próprio subscrevera ofício que propunha exatamente isso.

Mas nada disso foi levado em conta, na hora de decidir, ou ao menos nada disso transparece nos votos dos juízes. Em lugar de reagir à altura dessas construções sofisticadas, o que se vê é os magistrados pretenderem pôr termo à discussão com platitudes do gênero "a sentença transitada em julgado reconheceu ser o Flamengo *um não-campeão*"[662] ou "o termo 'campeão', já pelo senso comum, *que se escusa, por acaciano, de demonstrar*, apenas se pode interpretar como aquilo que realmente significa, isto é, um *único* campeão"[663] ou ainda "todo torneio é feito para ter um único campeão"[664].

A segunda coisa que incomoda, e que também radica numa boa dose de autocomplacência, é a santarronice com que, além de decidir, alguns dos magistrados puseram-se a dar lições no Flamengo e em seus torcedores. Isso fica evidente no voto do ministro Sidnei Beneti, também do STJ, que conclui "[ressaltando] a importância imensa do respeito à coisa julgada, produzida pelos julgamentos do Poder Judiciário [sic], de modo que o exemplo, em setor de grande repercussão geral como o esporte, produz relevante efeito pedagógico para toda a sociedade".[665]

Este autor, como tanta gente mais, gostaria de ter visto os senhores ministros debruçarem-se sobre as teses de Melo Filho, Didier Jr., Garcia de Souza e Sarmento, teses que, bem compreendidas, poderiam demonstrar que era lícito o reconhecimento do título do Flamengo. Gostaria de tê-los visto pronunciar-se sobre os efeitos jurídicos do ato do Sport em 1997, diante do qual o só fato de vir propor ações em 2011 já poderia constituir ilícito civil. Gostaria de tê-los visto analisar essas questões e não necessariamente dar-nos razão, mas ao menos ouvir-nos.

Em lugar disso, o que fizeram Suas Excelências foi erigir um monumento desnecessário à coisa julgada, mais uma dessas decisões que mandam o sol nascer a oeste e as estrelas pararem de brilhar.

Só que, neste mundo real, os generais não escrevem tragédias nem se transformam em albatrozes, o sol continua a aparecer no nascente e sumir no poente, as estrelas ainda cintilam e o Flamengo é o campeão brasileiro de 1987.

IX
DE VILÕES E HERÓIS

> *"À medida que envelhecemos,*
> *fica mais difícil ter heróis,*
> *mas é meio que necessário."*
> Ernest Hemingway

Ricardo Teixeira presidiu a CBF por 23 anos, um mês e 25 dias. Em sua gestão, o mínimo que se pode dizer é que cumpriu suas promessas de campanha. O futebol brasileiro tornou-se um produto muito mais rentável, e os clubes de fato viram suas receitas aumentarem substancialmente — quase tanto quanto suas despesas. Em contrapartida, os mesmos clubes abandonaram quaisquer veleidades de ser donos de seus próprios destinos e ainda hoje vivem subjugados pelas federações estaduais.

Num de seus primeiros atos como presidente, Teixeira nomeou Eurico Miranda como vice-presidente de futebol da CBF. Com isso, Eurico esteve à frente da Seleção Brasileira durante a Copa América de 1989 e haveria de aproveitar-se de sua posição para aliciar o maior jogador do arquirrival Flamengo, o atacante Bebeto.[666] Com Bebeto no comando de ataque, o Vasco da Gama finalmente voltaria a conquistar o Campeonato Brasileiro naquele mesmo ano. Com Teixeira à frente da CBF e Eurico a cargo do futebol do Vasco, o clube conquistaria mais dois de seus quatro títulos brasileiros, sempre com grandes times, mas sempre com uma ajudinha providencial do STJD na reta final.[667]

Ainda durante a gestão de Teixeira, entre meados dos anos 90 e a virada do milênio, os clubes brasileiros viveram uma euforia irresponsável bancada, em sua maior parte, por recursos obscuros provenientes de ignotos fundos internacionais. A bolha estourou em 2001 e já nada mais foi o mesmo.

Paralelamente, o Clube dos Treze abandonou por completo os seus objetivos de reforma estrutural do futebol brasileiro e tornou-se um simples cartel para negociar direitos de transmissão televisiva. Nunca mais se meteu a organizar ligas e campeonatos autônomos, salvo em uma oportunidade, em que agia como simples preposto da CBF.[668] Extinguiu-se em princípios de 2011 e, desde então, cada clube negocia seus contratos por si próprio. Houve quem identificasse aí o princípio de uma tendência à *espanholização* do futebol brasileiro, com dois clubes — o Flamengo e o Corinthians — apoderando-se de um quinhão cada vez maior das receitas. Poucos são os que fazem o vínculo entre esse desfecho e a inapetência do Clube dos Treze na hora de defender o único benefício concreto que o Flamengo poderia extrair da entidade: a defesa coletiva de seu título de 1987.

Ricardo Teixeira acabou renunciando ao cargo a 12 de março de 2012, em meio a denúncias de malversação de recursos públicos e outros desvios[669], e não pôde levar a bom termo o grande projeto de sua vida: a realização da Copa do Mundo no Brasil, em 2014.

Octávio Pinto Guimarães faleceu a 28 de maio de 1990, pouco mais de um ano após deixar a presidência nominal da CBF.

Nabi Abi Chedid continuou deputado estadual em São Paulo e continuou dando as cartas no Clube Atlético Bragantino. Sob a presidência de seu irmão, Jesus Abi Chedid (1988-1996), o clube viveu os seus anos de glória, com um uniforme que mais parecia uma vidraça estilhaçada.[670] Haverá quem diga, que maledicentes não escasseiam, que a epopeia começou quando Nabi ainda era o manda-chuva da CBF, com "manobras em tabelas, arbitragens [favoráveis], remanejamento de jogos", "ameaças de morte"[671] e com a "inestimável colaboração do empresário Juan Figger"[672], que, naquela época, era dono do passe dos principais jogadores brasileiros. Nabi faleceu em 2006.

Eduardo Viana presidiu a Federação do Rio de Janeiro até a sua morte, também em 2006. Seu reinado durou 22 anos. Nesse período, foi indiciado ou denunciado por formação de quadrilha, estelionato, fraude processual e falsidade ideológica, bem como pelo desvio de mais de 800 mil reais originários da venda de ingressos no Maracanã.[673]

José Maria Marin presidiu a Federação Paulista de Futebol até 1988, quando cedeu o cargo a Eduardo José Farah. Desempenhou por anos a fio o cargo de vice-presidente da CBF para a região Sudeste e, por ser o primeiro na linha sucessória, chegou à presidência da entidade com a renúncia de Ricardo Teixeira. Era o presidente da CBF quando do vexame dos 7 a 1 de 8 de julho de 2014. Em abril de 2015, cedeu o cargo a Marco Polo Del Nero, mas continuou ocupando funções na FIFA. Foi preso em Zurique a 27 de maio de 2015 e extraditado para os Estados Unidos, onde responde a processo por corrupção.[674] No mesmo dia, a Comissão de Ética da FIFA proibiu-o de exercer quaisquer atividades relacionadas ao futebol.[675]

Carlos Miguel Aidar presidiu o São Paulo até abril de 1988. Tornou a eleger-se para o cargo 26 anos depois, em abril de 2014. Entrementes, advogou para o clube no processo em que brigava contra o Flamengo pela titularidade da Taça das Bolinhas. Em campanha, propôs entregar o troféu ao Flamengo[676], mas jamais adotou essa resolução depois de eleito[677]. Renunciou à presidência a 13 de outubro de 2015.

A Taça das Bolinhas foi devolvida à Caixa Econômica Federal em fins de 2012 e lá permanecia, quando da redação deste livro[678], à espera de uma decisão definitiva sobre o seu destino ou de um acordo de cavalheiros entre o São Paulo e o Flamengo. Desde que tentou usurpá-la, em 2012, o São Paulo Futebol Clube nunca mais ganhou um título digno de nota.

Manoel José Gomes Tubino deixou-nos a 18 de dezembro de 2008, sem ver triunfar os ideais por que se batera em 1987.

Marcio Braga estaria novamente à frente do Flamengo na conquista do penta (1992) e do hexacampeonato brasileiros (2009).

Zé Carlos defendeu o arco rubro-negro até 1991, quando cedeu o posto a Gilmar Rinaldi. Integrou as seleções que disputaram os Jogos Olímpicos de 1988 e a Copa de 1990. Jogou numa infinidade de equipes depois disso e faleceu prematuramente em 24 de julho de 2009. No domingo seguinte, o Flamengo bateu o Santos na Vila Belmiro pela primeira vez em trinta anos. Andrade, aos prantos, dedicou a vitória ao Zé Grandão que nos deixara, e os supersticiosos vimos ali o prenúncio do hexa.

Jorginho seria titular do Flamengo até 1989, quando foi vendido ao Bayer Leverkusen. Foi titular da Seleção Brasileira nas Copas de 1990 e 1994. Hoje é treinador e, em sua conduta pública, permanece admiravelmente fiel aos rígidos preceitos dos Atletas de Cristo que ajudou a fundar.

Leandro perdeu o posto de titular da zaga rubro-negra às vésperas da final do Campeonato Carioca de 1988. Permaneceu no Flamengo até 1990, quando encerrou a carreira prematuramente, aos 31 anos, devido às dores insuportáveis que sentia no joelho. Nunca vestiu outra camisa na vida, fora a da Seleção. Na opinião de muitos, foi o maior lateral-direito da história do futebol.

Edinho voltou ao Fluminense de seus amores em 1988. Ainda ganharia uma Copa do Brasil pelo Grêmio, onde encerrou a carreira em 1990.

Leonardo jogou no Flamengo até 1990, quando foi vendido ao São Paulo. Pelo tricolor paulista, venceu o Brasileiro de 1991, a Libertadores de 1993 e o Mundial Interclubes do mesmo ano. Pelo Milan, venceu a Liga Italiana de 1998-1999. Integrou a Seleção Brasileira nas Copas de 1994 e 1998.

Andrade teve a sua única oportunidade efetiva de jogar pela Seleção Brasileira durante os Jogos Olímpicos de 1988, quando foi titular do belo escrete que trouxe a medalha de prata. Fora vendido à Roma pouco antes disso, em agosto de 1988, mas não conseguiu reproduzir na Itália as suas excelentes atuações com o Manto Sagrado rubro-negro. Foi contratado pelo Vasco da Gama em 1989 e com ele conquistou o seu quinto título brasileiro. Por anos a fio, foi considerado, junto com Zinho, o maior vencedor da história do Campeonato Brasileiro, com cinco títulos (o que forçosamente inclui a edição de 1987). Em 2009, era o técnico do Flamengo que conquistou o hexacampeonato brasileiro. Segundo a sabedoria convencional, é o único negro a conquistar o título como treinador.

Aílton permaneceu no Flamengo até 1991 e depois se tornou um desses ciganos do futebol a quem inúmeras torcidas tiveram ocasião de manifestar seu reconhecimento. Com Renato Gaúcho, foi protagonista do histórico gol do título carioca conquistado pelo Fluminense em 1995. No ano seguinte, fez o golaço inesquecível que garantiu ao Grêmio o seu segundo título brasileiro.

Renato Gaúcho foi vendido à Roma em maio de 1988 e jogou uma única temporada pelo clube. Voltou ao Flamengo em 1989, para depois perambular por diversos clubes brasileiros, sem nunca alcançar o mesmo brilho de 1987. Ainda assim, haveria de protagonizar um dos momentos mais marcantes da história do Maracanã ao marcar de barriga o gol que deu ao Fluminense o título de campeão carioca de 1995, contra o Flamengo.

Bebeto, em 1989, trocou o Flamengo pelo Vasco da Gama, pelo qual foi campeão brasileiro no mesmo ano. Jogava ainda no Vasco quando o clube, favorito absoluto ao título, foi eliminado pelo mesmo Flamengo no Brasileiro de 1992. Marcou época no pequenino Deportivo La Coruña, que passou a incomodar o Real Madrid e o Barcelona em meados dos anos 90 sem, no entanto, ganhar o título espanhol. Integrou as seleções que foram às Copas do Mundo de 1990, 1994 e 1998. Em 1994, fez com Romário uma das maiores duplas de ataque da história do futebol mundial. Apesar de todas as glórias acumuladas, nunca saberá de verdade o que perdeu ao deixar o Flamengo e a condição de herdeiro de Zico em nossos corações.

Zinho jogaria no Flamengo até 1992, quando era titular da equipe que conquistou o pentacampeonato brasileiro. Tornaria a conquistar o título nacional duas vezes com a camisa do Palmeiras (1993 e 1994) e uma com a do Cruzeiro (2003), sendo considerado, ele também, por anos a fio, o maior vencedor da história da competição. Foi titular da Seleção Brasileira na Copa de 1994.

Carlinhos deixou o comando do Flamengo após a derrota na final do Campeonato Carioca de 1988. Voltou ao clube em 1991 e, com uma nova geração brilhante a despontar na Gávea, conquistou o Campeonato Carioca de 1991 e o pentacampeonato brasileiro em 1992. Ganharia ainda, sempre pelo Flamengo, os Campeonatos Cariocas de 1999 e 2000. Deixou-nos a 22 de junho de 2015 e permanecerá para todo o sempre uma das maiores glórias rubro-negras.

Zico despediu-se do Flamengo em 6 de fevereiro de 1990, após defender o Manto Sagrado em 732 partidas, nas quais marcou 508 gols. É, até hoje, o maior artilheiro da história do Flamengo e do Maracanã. Ainda jogou três temporadas, no Japão, pelo Sumitomo Metals/Kashima Antlers. É reverenciado até hoje como o principal responsável pela popularização do futebol naquele país. Aqui no Brasil permanece, junto com Mané Garrincha, o jogador mais amado da história do país do futebol, e é por sua causa que tantas crianças nascidas depois de 1990 carregam o nome régio de Arthur.

Taffarel, Jorginho, Aldair, Leonardo, Mazinho, Raí, Zinho, Bebeto, Romário, Zetti, Gilmar Rinaldi, Ricardo Rocha e Müller integrariam o elenco da Seleção Brasileira que conquistou o tetracampeonato mundial de futebol, em 1994.

Entre 1988 e 2016, o Sport Club do Recife disputou a primeira divisão do Campeonato Brasileiro em vinte oportunidades, sem jamais se sagrar campeão.

PONTO FINAL

Que importância tem tudo isso, tanto tempo depois? A esta altura, já terá ficado claro que o autor desta obra é um obsessivo, e estas páginas são o resultado dessa obsessão que já dura quase trinta anos. Nessas três décadas — permitam-me agora a primeira do singular —, conheci alguns poucos torcedores que tinham pelo assunto a mesma fixação do que eu. Mas, com o passar dos anos, dei-me conta de que talvez ninguém *entendesse* do assunto mais do que eu.

Esta última afirmação há de soar um tanto presunçosa, pelo que sou forçado a explicar-me. É evidente que alguns personagens que viveram de perto os processos aqui relatados decerto terão uma compreensão muito mais profunda dos aspectos que lhes tocou vivenciar. Outros, como Marcio Braga, Juca Kfouri e os saudosos Manoel Tubino, Armando Nogueira e João Saldanha, bem percebiam, já lá se vão trinta anos, a conexão evidente que havia entre a briga do Clube dos Treze e processos muito mais amplos, como a redemocratização em curso.

Ainda assim, ao longo desses trinta anos, eu sentia que os relatos históricos sobre a Copa União pecavam em dois pontos fundamentais. Em primeiro lugar, não explicavam satisfatoriamente os antecedentes e os fatos subsequentes à rebelião do Clube dos Treze. Quando muito, o que havia eram relatos apressados sobre a confusão que se tornou o campeonato de 1986. Estes registros atendiam mal ou bem ao objetivo de demonstrar como e por que se tornou impraticável organizar o campeonato de 1987 sem um ato de ruptura qualquer, mas não tocavam numa questão fundamental: os vínculos entre esse processo e aquele outro, subjacente, pelo qual uns poucos visionários — tendo à frente Manoel Tubino e Marcio Braga — tentavam operar uma reformulação profunda do futebol brasileiro. E, encerrando-se em 13 de dezembro de 1987 ou 7 de fevereiro de 1988, esses relatos tampouco demonstravam de maneira satisfatória como esse processo modernizador foi, em última instância, derrotado pelos interesses estabelecidos, que continuam a ditar os rumos de nosso futebol.

Em segundo lugar, nenhum dos relatos aí disponíveis fazia o esforço necessário de explicar ao público leigo os aspectos fundamentais da ação movida pelo Sport Club do Recife contra a CBF, da qual resultou o único título brasileiro por *fiat* judicial de que se tem notícia. Por ganhar a vida há dezesseis anos como diplomata, e não como advogado, eu não poderia, sem cair no ridículo, pretender ser especialista nas questões de direito desportivo, processual e até mesmo constitucional que o tema suscitou e continua a suscitar. Mas, pela razoável formação jurídica que tive antes disso, achava que estava em condições de explicar a contento, a um público leigo, questões como o alcance e os limites da sentença obtida pelo Sport, as oportunidades perdidas pelo Flamengo e as evidentes carências lógicas e até mesmo jurídicas das decisões prolatadas ao longo do processo. É possível que, ao fazê-lo, tenha sido excessivamente rigoroso com quem, em última instância, tinha outras coisas a fazer na vida — de um clube de futebol a administrar a outros processos a analisar. Paciência: é prerrogativa do torcedor, que via de regra não discorda principiando com *data maxima venia*.

Em suma, se for ainda necessário, já no desfecho, justificar a utilidade desta obra, direi apenas que aqui se fez pela primeira vez o esforço necessário de aliar a narrativa histórica à análise jurídica — com todos os inconvenientes decorrentes do fato de o autor não ser historiador, nem jurista. Mas, se se me permite um breve instante de imodéstia, direi em minha defesa que os meus conhecimentos sobre 1987 terão lá alguma preeminência porque são mais abrangentes, embora menos profundos neste ou naquele aspecto. Coisa de obsessivo, enfim.

Este livro nasceu, portanto, de uma obsessão, mas nasceu também de um sentido de obrigação. Em 2016, com a batalha judicial entre Flamengo e Sport chegando às suas fases derradeiras, senti-me no dever de pôr em preto no branco estes conhecimentos que fui adquirindo ao longo de trinta anos. Movia-me o desejo de não deixar perder-se o sentido original e autêntico das batalhas que travamos em 1987 — eu também, como torcedor —, na medida em que uma nova geração de torcedores passa a moldar o debate público sobre o nosso futebol. Gente que, quando muito, sabe da Copa União de ouvir dizer e que pode ser presa fácil para discursos simplificadores do gênero "transitou em julgado".

A essa geração eu quis sobretudo transmitir a ideia de que, em matéria de futebol brasileiro, não estamos condenados a aceitar as coisas como sempre foram. Que houve, no passado, gente que ousou sonhar sonhos grandes, sonhos que passavam pela autonomia e fortalecimento dos nossos clubes, depositários de toda a nossa paixão. Que isso implicava libertá-los de um esquema em que viviam e vivem avassalados e instrumentalizados por interesses menores, na CBF como nas desnecessárias federações estaduais. Que esse necessário grito do Ipiranga nós tentamos dar em 1987 e que celebrar o título do Flamengo daquele ano é celebrar também essas ideias, que não se vestem apenas de vermelho e preto.

Em um país um pouco mais sério que o nosso, a suprema humilhação a que fomos submetidos em nossa casa, naqueles 7 a 1 contra a Alemanha, teria desencadeado reflexões angustiadas sobre onde foi que erramos e como podemos consertá-lo. Talvez uma reflexão assim esteja além de nossas possibilidades e talvez nada disso, no fundo, importe demais, que isto aqui é só um jogo. Não sei. Sei que cresci amando este jogo e que ele é parte de minha identidade, como quero que seja parte da de meus filhos. E me preocupa e entristece ver cada vez mais dos nossos garotos a andar por aí com a camisa do Barcelona, a torcer pelo Barcelona, a achar que o Clássico, com artigo definido, é Barcelona x Real Madrid, e que estes nossos pobres Fla-Flus são, quando muito, uma matinê antes da atração principal.

De maneira que foi para ajudar a refletir sobre estas coisas que eu quis resgatar um pouco dos debates de 1987. Então, como hoje, vivíamos um momento de descrença com os rumos de nosso país e de nosso futebol. Do país não falemos mais, que cada um terá a sua interpretação sobre o sentido último de alguns processos que não me furtei a descrever aqui (a Constituição de 1988, a justiça e eficiência da ordem econômica que ela consagrou, a funcionalidade da democracia que construiu etc.). Mas, no que respeita ao futebol, tenho a convicção de que bem nos conviria resgatar algumas daquelas ideias por que brigávamos em 1987: o desligamento dos clubes das federações estaduais, a conformação de uma liga independente, um trato mais altivo com a TV e os patrocinadores, a formação de um novo quadro de árbitros etc.

E, se de fato nos dispusermos a refletir a esse respeito, talvez nos sejam úteis algumas das lições aprendidas a duras penas nos fracassos de 1987 e 1988. A principal delas, ao menos para mim, é que em 1987 nos faltou um elemento que se revelou essencial em revoluções semelhantes levadas a bom termo na Inglaterra e na Espanha: o apoio decidido do poder público.

Não será o caso, aqui, de narrar em detalhes os processos que vão desaguar na criação da *Premier League*, em 1992, e no impulso extraordinário que ganhou *La Liga* em 1990, até porque intuo que a paciência do leitor já está chegando ao fim. Digamos apenas que, muito embora, na Inglaterra como na Espanha, já existissem na prática ligas de clubes geridas com razoável autonomia (no caso inglês, desde 1888), o grande salto qualitativo que se viu nos anos 90 só foi possível graças à intervenção do estado.

No caso inglês, foi absolutamente determinante o relatório encomendado ao primeiro magistrado do reino, o barão Taylor de Gosforth, após a tragédia de Hillsborough, em 1989. Publicado em 1990, o *Relatório Taylor* recomendava tantas e tão dispendiosas providências que a Football Association muito rapidamente desistiu de impedir os grandes clubes de fazer o que tinha de ser feito, às suas próprias expensas.[679]

No caso espanhol, a *Liga de Fútbol Profesional* já existia desde 1984, mas o processo foi coroado apenas em 1990, com a consagração da autonomia das ligas em lei: a Lei nº 10/1990, chamada Lei do Esporte. Segundo consta, para vencer quaisquer resistências da Real Federação Espanhola de Futebol, bastou ao estado espanhol decidir que trataria com um único interlocutor — fosse a própria Federação, fossem as ligas — das dívidas acumuladas pelos clubes com o Fisco. A Federação desvencilhou-se do assunto rapidinho.[680]

Aqui não se pretende sustentar que estes sejam processos simples e de desfecho certo, até mesmo porque a CBF e as federações hão de amparar-se no recurso que tinham em 1987 e que continuam a ter em 2017: a proteção que recebem do sistema construído pela FIFA, que as torna, em alguma medida, resguardadas da autoridade dos estados nacionais. Mas os acontecimentos de 2015, que levaram à renúncia do até então todo-poderoso Joseph Blatter, estão aí a demonstrar que essas garantias são, em última instância, relativas, e que um país como o Brasil, com a importância que continua a ter no ambiente do futebol, não deveria ser menos tímido do que a Inglaterra, a Espanha e até mesmo a Argentina[681] na hora de submeter a gestão do jogo aos ditames elementares do bem comum. Esta é uma agenda a que deveria dedicar-se um futuro ministro dos Esportes, tão logo o Brasil possa dar-se ao luxo de construir políticas públicas que transcendam a reconstrução emergencial de nossa economia.

Esta é, por assim dizer, a explicação funcional do propósito deste livro. Escrevi-o em parte porque achava que nele podia ensinar algumas lições úteis à geração que agora recebe a chama que nós outros recebemos da geração de nossos pais. Mas há uma outra explicação um tanto menos ecumênica: este livro é, também, e talvez acima de tudo, uma reivindicação histórica de um evento que foi formador para a minha geração, ou, ao menos, para a minha geração de torcedores rubro-negros.

Não é difícil entender: no dia mesmo em que eu nasci, o Zico entrou em campo para ajudar o Flamengo de Cantarele, Rondinelli, Jayme, Júnior, Geraldo e Luisinho Lemos a bater o Olaria por 2 a 1. Meus primeiros passos de torcedor eu os dei já no reinado do mais formidável jogador brasileiro que me tocou ver, mas nasci tarde demais para desfrutar plenamente de sua genialidade. Foi só lá para 1987, aos onze anos, que comecei a torcer de verdade, a viver a tensão da espera, o desafogo da vitória e a depressão da derrota. Mas, a essa altura, a minha torcida tinha sempre ao fundo essa consciência, que não queria admitir-se como tal, de que mais cedo do que tarde aquilo tudo acabava, que o Zico ia pendurar as chuteiras e nada mais seria igual.

Graças a Deus, eu pude viver aquela campanha de 1987 e assim curtir plenamente o último título do Zico. Como eu, haverá alguns milhões de torcedores rubro-negros que terão pelo título da Copa União esse mesmo carinho, e por essa mesma razão. A todos eles vai dedicada esta obra.

É claro que falar só do Zico seria injusto com todos os demais protagonistas e figurantes que fizeram daquele um campeonato impossível de se esquecer, e não apenas por seus bastidores. Espero ter sido justo com todos eles no registro que busquei fazer da campanha dos dezesseis clubes participantes, e espero não ter sido injusto demais com os outros dezesseis ao comentar o que era, à luz de toda a evidência, um campeonato de segunda divisão.

Será talvez parte do envelhecer, mas trinta anos depois a gente se surpreende a lembrar com carinho até de quem, em 1987, vestia as cores do adversário. E percebe que, ao acalentar também a memória de Taffarel, Josimar, Valdo, Geovani, Dinamite, Maurício, Cuca, Biro-Biro, Luizinho, Cláudio Adão, Pita, Gilmar Rinaldi, Rodolfo Rodríguez, Romerito, Bobô, Zetti, Ricardo Gomes, Müller, Raí, Evair e João Paulo — no fundo estamos é lembrando-nos, com carinho, do que nós éramos e do que aspirávamos ser em 1987.

É claro que o torcedor é por definição parcial, e a parcela maior desse carinho eu reservo, além do Zico, a Zé Carlos, Jorginho, Leandro, Edinho, Leonardo, Andrade, Aílton, Renato, Bebeto, Zinho, Cantarele, Nunes, Kita, Aldair, Alcindo, Zé Carlos II, Leandro Silva, Guto, Flávio, Henágio, Aírton, Márcio, Gérson, Vandick e Carlinhos.

E é por eles, e por tudo o mais que estava em jogo naquele 13 de dezembro de 1987, pelas batalhas ganhas ou perdidas no meio do caminho, pelos sonhos que acalentamos e que não deixamos de acalentar — por tudo isso, chegou a hora de o torcedor rubro-negro mandar ao caralho juízes e sentenças e abraçar e reivindicar o seu asterisco. Porque é precisamente por ele, pelo asterisco, que a Copa União não foi um campeonato como outro qualquer. Foi mais. Foi muito mais.

E, por trás desse asterisco, está a essência mesma de um jogo que é o que é porque se construiu à base de paixão. Uma essência que pudemos intuir quando um camisa 7 deu um passe para si mesmo e matou o zagueiro, avançou feito um tanque e tirou do goleiro e só não entrou com bola e tudo porque antes teve vontade de ir mandar a torcida adversária se foder.

Ottawa, Canadá, 17 de agosto de 2016

AGRADECIMENTOS

Já não lembro com quem eu aprendi que toda enumeração encerra, no fundo, o risco da discriminação, e as discriminações no mais das vezes são pecados odiosos. Mas há casos, sobretudo quando se trata de agradecer, em que é lícito e legítimo dar mais destaque às contribuições de uns que às de outros, mesmo sob o risco de cometer pequenas injustiças. E é com esse espírito, e pedindo de antemão desculpas por qualquer esquecimento, que não posso deixar de registrar os meus agradecimentos a algumas pessoas que fizeram esta obra possível.

Em primeiro lugar, devo a Arthur Muhlenberg e André Doria o incentivo original para ir adiante com o que, no princípio, parecia apenas uma ideia presunçosa: a de contar a história *definitiva* do Campeonato Brasileiro de 1987. O Arthur, com alguns livros já publicados, fez-me ver que nisso não havia nenhum mistério, e o André, obcecado como eu com aquele título, foi gentilíssimo ao correr atrás de registros de imprensa em Brasília e Pernambuco. Mais do que isso, intermediou o meu contato com o dr. Fábio Gaudêncio, da firma Uchôa Cavalcanti Advogados, a quem também agradeço: sem ele, não teria sido possível vencer as resistências do cartório judicial que, num primeiro momento, não me quis franquear o acesso aos autos do processo que o Sport moveu contra a União Federal e a CBF em 1988.

Devo ao grande rubro-negro Mario Cruz os contatos com Marcio Braga, João Henrique Areias e Kleber Leite. Aos três agradeço por sua paciência e disponibilidade e pelas lições valiosas que me deram sobre temas os mais abstrusos — da organização do Sistema Nacional de Desportos a noções de marketing esportivo —, cuja compreensão era fundamental para que eu pudesse expor de forma estruturada algumas ideias que vinha acumulando nestes trinta anos de obsessão. Ao grande presidente Marcio Braga, em especial, agradeço o incentivo para seguir adiante nesta empreitada, provavelmente fruto de sua percepção de que lidava com alguém que é acima de tudo rubro-negro.

Ao Juca Kfouri, agradeço pelo depoimento que me prestou em fevereiro de 2016, o primeiro que pude colher para a preparação desta obra, e por todas as vezes mais em que se dispôs a tirar dúvidas sobre aspectos históricos pontuais e sobre a atualidade de algumas questões aqui suscitadas.

Ao Zico, a vontade que eu tenho é de agradecer-lhe por tudo, e isso talvez bastasse, mas não posso deixar de registrar a minha gratidão também pela atenção que me dispensou ao relatar os bastidores propriamente futebolísticos daquela grande conquista rubro-negra. Espero não ter gaguejado demais ao finalmente falar com Sua Majestade, para além das muitas vezes em que lhe pedi autógrafos, que guardo como tesouros.

Para o relato do que foi a disputa efetiva da Copa União e do Módulo Amarelo, socorri-me de um número razoável de ex-jogadores e técnicos, e agradeço ao Lucas Dantas por facilitar-me o contato com a maior parte deles — em especial Gilmar Rinaldi, Marco Antônio Silva (o Marquinhos do Galo), Émerson Leão, Estevam Soares, Evair Paulino e Mauro Galvão. A todos agradeço pela extrema amabilidade com que me atenderam, até mesmo aqueles a quem, provavelmente, não há de convir uma perspectiva rubro-negra desta história.

O mesmo registro, aliás, vale para Sérgio Frias e o dr. Eurico Miranda, que não terão interesse nenhum em ver esta história contada do ponto de vista do arquirrival, mas ainda assim, sabendo quais eram os meus propósitos, não se furtaram a dar o seu depoimento. Pelo contato com os dois, agradeço, penhorado, ao amigo de toda a vida Eduardo Maganha.

No Flamengo, agradeço a gentileza e a atenção de Alexandre Lalas, *my bro* Mauricio Neves de Jesus, Marilene Dabus, Gilberto Cardoso Filho, Vinícius França, Francisco Albertino Moraes, Flávio Willeman, Eduardo Vinícius de Souza, Bernardo Accioly e André Galdeano. Será talvez piegas o registro, mas cada um deles me confirmou o velho axioma: *onde encontrares um flamengo, encontrarás um amigo.*

Por motivos os mais diversos, recorri também, para a elaboração desta obra, ao deputado Hugo Napoleão, ao jornalista e escritor britânico David Goldblatt e ao carnavalesco e historiador Hiram da Costa Araújo.

Finalmente, haverá, decerto, uma boa dose de diletantismo na análise que me propus fazer do processo judicial de que aqui se trata, mas os riscos do exercício terão sido minorados graças às valiosas lições que recebi do já referido Flávio Willeman, José Augusto Garcia de Sousa, Fredie Didier Jr., Claudio Fonteles e, acima de tudo, de José Eustáquio Cardoso, meu pai.

ANEXO:

CRONOLOGIA

16/01/1986. Octávio Pinto Guimarães e Nabi Abi Chedid são eleitos presidente e vice-presidente da CBF.

11/08/1986. A CBF divulga a rodada inaugural da Copa Brasil 1986. Torneio terá 44 clubes na Taça de Ouro e 36 no Torneio Paralelo (a segunda divisão).

14/08/1986. A CBF divulga as regras da Copa Brasil 1986. Dos 44 clubes da Taça de Ouro, 24 estariam classificados para a segunda fase. A estes somar-se-iam outros quatro do Torneio Paralelo. Ao término da competição, deveriam definir-se os 24 clubes classificados para a "Divisão Especial" (a primeira divisão) do Campeonato Brasileiro de 1987. Estariam rebaixados todos os clubes eliminados ao término da primeira fase, mais oito clubes dentre os eliminados ao término da segunda fase.

30/08/1986. Coritiba e São Paulo abrem a Copa Brasil 1986.

01/09/1986. O Vasco da Gama começa o campeonato perdendo para o Náutico por 0 a 1, no Recife.

04/09/1986. Eurico Miranda revela que tentou convencer "todos os grandes clubes do Rio de Janeiro a não participar do campeonato [brasileiro]" e "realizar outra competição paralela".

15/09/1986. Octávio Pinto Guimarães nega possibilidade de virada de mesa para beneficiar o Vasco, que a esta altura já tinha perdido três e empatado dois jogos.

21/09/1986. Vasco perde para o Rio Branco por 1 a 0 e é o último colocado do grupo. Restam-lhe quatro jogos (Tuna Luso, Atlético-GO, Operário-MT e Piauí) para evitar a eliminação e o rebaixamento.

22/09/1986. Eurico Miranda afirma que, se necessário, o Vasco da Gama brigará na Justiça pela vaga na primeira divisão de 1987. Alega que o regulamento da competição é "ilegal", porque, por norma do CND, "não pode haver rebaixamento sem que a fase classificatória seja disputada em turno e returno". Octávio reitera que não haverá virada de mesa.

24/09/1986. O Vasco vence a sua primeira partida na competição, ao bater a Tuna Luso por 3 a 0, em Belém.

25/09/1986. Vasco propõe "superliga" independente, em oposição à CBF, com a participação dos 16 maiores clubes brasileiros.

26/09/1986. Octávio Pinto Guimarães afirma que "paga para ver" a liga independente proposta pelo Vasco.

29/09/1986. O Joinville empata com o Sergipe em 1 a 1, em Santa Catarina. Ao término da partida, o meia Carlos Alberto é escolhido para submeter-se a exame anti-doping.

02/10/1986. Em Goiânia, o Vasco da Gama empata com o Atletico-GO em 0 a 0. Com o resultado, o Vasco somente poderia classificar-se para a segunda fase pela repescagem (por "índice técnico") em disputa com clubes de outros grupos: teria de vencer os seus dois jogos restantes (Operário-MT e Piauí) e torcer por uma combinação de resultados nas partidas envolvendo os demais aspirantes às vagas da repescagem.

05/10/1986. No Rio, o Vasco da Gama bate o Operário-MT por 6 a 0. A essa altura, há seis candidatos a três vagas restantes na repescagem: Vasco, Sobradinho, Comercial (MS), Santa Cruz, Botafogo e Joinville. O Vasco teria de vencer o Piauí, em sua última partida, e torcer para que Sobradinho, Comercial e Joinville não vencessem os seus jogos.

06/10/1986. A Universidade Federal de Santa Catarina anuncia que o meia Carlos Alberto, do Sergipe, jogara dopado contra o Joinville. Se o Joinville ganhar os dois pontos do jogo, conquistaria uma das três vagas restantes na repescagem.

07/10/1986. O Vasco da Gama bate o Piauí, no Rio, por 2 a 0. Com o resultado, o clube somente poderia ser eliminado da competição se de fato o Joinville ganhasse os pontos do jogo com o Sergipe. Eurico Miranda ameaça melar o campeonato caso isso ocorra.

Na mesma data, o Conselho Nacional de Desportos (CND) promulga as suas resoluções de nº 16/86, 17/86 e 18/86, que visam à completa reorganização do futebol brasileiro. Em seus termos, a partir de 1988, o Campeonato Brasileiro da primeira divisão deveria disputar-se por apenas 20 clubes; os regulamentos dos campeonatos Brasileiro e estaduais teriam de ser aprovados pelos clubes participantes, reunidos em conselho arbitral; e estabelecem-se limites máximos de participantes nos campeonatos estaduais.

08/10/1986. A contraprova torna a apontar o doping do meia Carlos Alberto, do Sergipe: em sua urina, há rastros do receptor adrenérgico oximetazolina, presente no descongestionante nasal Afrin. A imprensa passa a dar como certo que o Joinville conquistará o ponto perdido contra o Sergipe. Com isso, o Vasco e o Comercial (MS) lutariam pela última vaga restante na repescagem. Ao Comercial, bastaria um empate com o Alecrim (RN) para classificar-se e eliminar o Vasco. Eurico Miranda e Eduardo Viana pedem a Octávio Pinto Guimarães que "Vasco, Americano, Coritiba e um outro clube a ser definido sejam incluídos na próxima fase". Octávio torna a afirmar que uma virada de mesa é inadmissível.

09/10/1986. Em Campo Grande, o Comercial (MS) empata com o Alecrim em 0 a 0. Com isso, o Vasco só se classificaria se o Joinville não conquistar, na Justiça desportiva, o ponto perdido contra o Sergipe. Eurico Miranda ameaça levar o caso à Justiça. Os jogadores do Vasco, inclusive Romário, apoiam uma virada de mesa.

10/10/1986. A Justiça desportiva dá ao Joinville o ponto perdido no jogo contra o Sergipe. A CBF elimina do campeonato a Portuguesa (SP), por ter ingressado na Justiça comum, ao término da primeira rodada, para questionar desconto nas rendas das partidas em favor das federações estaduais. Com isso, Joinville e Vasco estariam classificados para a segunda fase. O presidente do São Paulo, Carlos Miguel Aidar, propõe boicote dos clubes paulistas ao campeonato, em solidariedade à Portuguesa.

11/10/1986. A Portuguesa obtém, na Justiça comum, liminar que determina a suspensão de todos os jogos do grupo K (que seria o seu e passara a ser o do Vasco). O Santa Cruz também recorre à Justiça, por entender que deveria ter sido beneficiado com a vaga atribuída ao Vasco, já que exige o ponto que perdera em empate contra a Portuguesa.

12/10/1986. A Portuguesa obtém, na Justiça comum, liminar determinando a sua inclusão na segunda fase. Os presidentes do Corinthians e do São Paulo ventilam a ideia de manter a Portuguesa na competição, criando, em contrapartida, quatro vagas adicionais na segunda fase, que seriam atribuídas a Vasco, Santa Cruz, Náutico e Sobradinho.

13/10/1986. Diante da liminar obtida pela Portuguesa, a CBF determina a eliminação do Joinville e a manutenção da Portuguesa e do Vasco no campeonato. Castor de Andrade, do Bangu, insiste na proposta de incluir mais quatro clubes na segunda fase.

14/10/1986. A CBF derruba, na Justiça comum, a liminar obtida pela Portuguesa, e o clube está novamente eliminado. Nesta altura, há 31 clubes classificados para a segunda fase, e o Vasco volta a depender do julgamento do caso do Joinville no Tribunal Especial da CBF.

15/10/1986. O CND concede nova liminar em favor da Portuguesa, determinando a sua inclusão na segunda fase.

16/10/1986. O Tribunal Especial da CBF decide não atribuir ao Joinville o ponto perdido contra o Sergipe: responsabiliza apenas o médico do Sergipe, Genival Barros da Silva, proibindo-o de atuar em competições esportivas. Nem o Sergipe, nem o meia Carlos Alberto sofrem qualquer punição. O Joinville recorre ao Superior Tribunal de Justiça Desportiva (STJD) e ao CND.

17/10/1986. O CND determina a inclusão do Joinville na segunda fase, como 33º participante. Circula a versão de que outros três clubes poderiam ser incluídos por "índice técnico": o Santa Cruz, o Náutico e o Sobradinho.

20/10/1986. A CBF consuma a virada de mesa, ao aceitar proposta da Associação Brasileira de Clubes de Futebol (ABCF) de uma segunda fase com 36 clubes, em lugar de 32. Com isso, Vasco da Gama, Portuguesa, Joinville, Santa Cruz, Náutico e Sobradinho estão classificados. Pelas novas regras, a primeira divisão de 1987 teria 28 clubes, em lugar dos 24 originalmente previstos. Além das agremiações eliminadas ao término da primeira fase, estariam rebaixados oito clubes dentre os participantes da segunda fase (os dois últimos de cada um dos quatro novos grupos).

31/10/1986. O Coritiba obtém, na Justiça Federal do Paraná, liminar determinando a sua inclusão na segunda fase do campeonato. O clube alegou que a CBF descumprira o regulamento que ela própria adotara, no princípio da competição, e que por isso não se aplicavam as regras pelas quais ele, o Coritiba, fora eliminado.

10/11/1986. O Tribunal Federal de Recursos (TFR) não acolhe recurso da CBF e mantém o Coritiba na segunda fase do campeonato.

11/11/1986. Em ação diversa, a CBF obtém de juízo de primeira instância, no Rio, liminar determinando que o campeonato prossiga sem o Coritiba.

12/11/1986. Octávio Pinto Guimarães afirma que, como represália por ter recorrido à Justiça comum, o Coritiba não será convidado a participar do Campeonato Brasileiro de 1987.

13/11/1986. Diante da existência de duas liminares em sentidos contrários, o Coritiba pede ao TFR que prevaleça a liminar do juízo federal paranaense, que determinara a sua inclusão no campeonato.

20/11/1986. A CBF aprova o calendário de competições para 1987. O Campeonato Brasileiro começaria a 31 de agosto e terminaria a 8 de dezembro.

10/12/1986. O TFR decide que a competência para julgar ações envolvendo o caso do Coritiba é da Justiça Federal do Paraná e derruba a liminar obtida pela CBF a 11 de novembro.

12/12/1986. Começa a segunda fase do Campeonato Brasileiro.

13/12/1986. O Botafogo empata com o Bangu em 0 a 0 e passa a correr sérios riscos de rebaixamento. Diante disso, passa a defender a tese de que somente os vinte primeiros colocados do ranking da CBF deveriam participar do campeonato de 1987.

14/12/1986. O campeonato é interrompido para as férias dos jogadores.

19/12/1986. A Justiça Federal do Paraná julga o mérito da ação ajuizada pelo Coritiba e determina que o clube seja reintegrado ao campeonato. O vice-presidente do Fluminense, José Carlos Vilella, propõe que nenhum dos clubes participantes aceite jogar contra o Coritiba.

06/01/1987. A ABCF decide, por 17 votos a seis, não aceitar a volta do Coritiba ao campeonato. A maioria de seus integrantes adota a resolução de não jogar contra o clube paranaense. Entidade também convoca simpósio para fevereiro, "para discutir a próxima Copa Brasil". Walter Oaquim, presidente do Conselho Deliberativo do Flamengo, aventa a ideia de uma liga independente a contrapor-se ao Campeonato Carioca da FERJ.

07/01/1987. Eurico Miranda recusa-se a endossar a liga carioca independente.

13/01/1987. O TFR concede nova liminar à CBF, suspendendo a decisão da Justiça Federal em favor do Coritiba.

15/01/1987. Flamengo, Vasco da Gama, Fluminense, Botafogo, América e Bangu decidem apresentar, no simpósio da ABCF, proposta de que a próxima edição do Campeonato Brasileiro seja disputada por apenas vinte clubes.

16/01/1987. Nabi Abi Chedid defende que a próxima edição do Campeonato Brasileiro conte com "o máximo de dezesseis clubes na primeira divisão".

25/01/1987. Recomeça o Campeonato Brasileiro.

29/01/1987. Fim da segunda fase do Campeonato Brasileiro. Pelo regulamento, para além dos doze clubes desclassificados na primeira fase (entre os quais o Coritiba), estariam rebaixados para a segunda divisão os seguintes clubes: Botafogo (RJ), Ponte Preta (SP), Vitória (BA), Central (PE), Sport (PE), Comercial (MS), Nacional (AM) e Sobradinho (DF).

05/02/1987. Marcio Braga, presidente do Flamengo, propõe a extinção das federações estaduais de futebol. O presidente do CND, Manoel Tubino, considera a proposta "legalmente possível".

10/02/1987. Marcio Braga pede ao CND que intervenha na Federação de Futebol do Estado do Rio de Janeiro (FERJ), por ter iniciado a disputa do Campeonato Carioca com a Copa Brasil ainda em andamento. O presidente da FERJ, Eduardo Viana, alega que o campeonato que se disputa ao arrepio do calendário estabelecido é a Copa Brasil, que deveria ter-se encerrado a 21 de dezembro de 1986.

20/02/1987. Primeiro simpósio da ABCF reúne-se em Belo Horizonte. Não há consenso quanto à fórmula do campeonato de 1987: Botafogo, Coritiba, Ponte Preta e Sport não aceitam endossar a fórmula de Octávio Pinto Guimarães de um campeonato com 28 clubes. Os clubes coincidem, no entanto, em defender a deliberação por voto qualitativo nas federações e a instituição de conselho arbitral para a adoção dos regulamentos das futuras edições do Campeonato Brasileiro.

24/02/1987. O juiz titular da 6ª Vara Federal de São Paulo, dr. Sebastião de Oliveira Lima, concede liminar solicitada por diversas federações estaduais, suspendendo a vigência das resoluções do CND de nº 16/86, 17/86 e 18/86, que instituíam o voto qualitativo nas federações e o conselho arbitral na CBF.

25/02/1987. Em Campinas, o São Paulo sagra-se campeão brasileiro após empatar com o Guarani no tempo normal (1 x 1) e na prorrogação (2 x 2) e bater o adversário na disputa de pênaltis (4 x 3).

17/03/1987. A CBF divulga a lista dos 28 clubes que participariam da primeira divisão da Copa Brasil de 1987: América (RJ), Atlético (GO), Atlético (MG), Atlético (PR), Bahia, Bangu, Ceará, Corinthians, Criciúma, Cruzeiro, CSA, Flamengo, Fluminense, Goiás, Guarani, Grêmio, Internacional de Limeira, Internacional de Porto Alegre, Joinville, Náutico, Palmeiras, Portuguesa, Rio Branco (ES), Santa Cruz, Santos, São Paulo, Treze (PB) e Vasco da Gama.

30/03/1987. O Botafogo anuncia que vai à Justiça pleitear a vaga do Joinville, na primeira divisão do Campeonato Brasileiro de 1987.

14/05/1987. Após litígio envolvendo a convocação de jogadores para amistosos da Seleção Brasileira na Europa, Manoel Tubino propõe a negociação de um "pacto esportivo" para restabelecer a ordem no futebol brasileiro (inclusive no que respeita ao Campeonato Nacional).

04/06/1987. O STJD determina a inclusão do Botafogo na primeira divisão do Campeonato Brasileiro de 1987. Sustentou o tribunal que o clube carioca acabou prejudicado pela decisão do CND de incluir o Joinville na segunda fase do campeonato de 1986 (na qual o clube catarinense acabou integrando o mesmo grupo do Botafogo).

09/06/1987. A Justiça Federal do Paraná determina a inclusão do Coritiba na primeira divisão do Campeonato Brasileiro de 1987.

11/06/1987. A FIFA, por circular, recorda que "não é permitido às associações nacionais, clubes ou sócios de clubes submeter às cortes de Justiça quaisquer disputas que possam ter com a Federação [nacional] ou outras associações, clubes ou sócios de clubes".

22/06/1987. Dirigentes das federações estaduais reúnem-se em Curitiba e defendem um Campeonato Brasileiro com 28 clubes na primeira divisão. Nabi Abi Chedid afirma que a proposta passou a ser inviável diante das decisões judiciais ou arbitrais em favor do Botafogo e do Coritiba.

07/07/1987. Octávio Pinto Guimarães afirma que o Campeonato Brasileiro de 1987 somente se realizará se a CBF conseguir um patrocinador privado ou se os clubes se responsabilizarem pelas despesas de transporte e hospedagem.

08/07/1987. O Presidente José Sarney escreve a Octávio Pinto Guimarães pedindo-lhe "o obséquio de examinar a possibilidade de atender" o Botafogo de Ribeirão Preto, que postulava participar da primeira divisão do

Campeonato Brasileiro. Na CBF, circulam versões contraditórias sobre o formato do campeonato. Por um lado, Octávio Pinto Guimarães admitiu a possibilidade de o campeonato ser organizado "pelos clubes de maior rentabilidade, que têm condições de se autofinanciar", hipótese em que seria disputado "no máximo por 16 clubes". Por outro lado, o mesmo dirigente afirmou que analisaria "com muito carinho" qualquer pedido do Presidente da República. Nos bastidores, circula a informação de que a CBF prepara um campeonato com 44 clubes.

09/07/1987. Octávio Pinto Guimarães afirma que está esforçando-se para conseguir patrocinador que permita a realização de campeonato "com 28 ou 29 clubes". "Mas, se não conseguir, a melhor solução será abrir inscrição para os clubes que se considerem autossuficientes organizarem a Copa Brasil com o patrocínio [institucional] da CBF".

10/07/1987. Marcio Braga afirma que "esgotará todos os recursos judiciais" para impedir a realização de campeonato com mais de 28 clubes. Propõe a organização de uma primeira e uma segunda divisões, cada uma com 16 clubes. Também endossa a proposta de Octávio Pinto Guimarães de um campeonato disputado apenas pelos clubes que puderem arcar com os custos de participar. Fábio Egypt, presidente do Fluminense, também defende campeonato com 16 clubes.

11/07/1987. Começa a gestar-se o Clube dos Treze: dirigentes dos treze maiores clubes do país reúnem-se na sede do São Paulo e decidem organizar, "sem interferência da CBF", um campeonato com treze clubes para 1987, com "turno e returno, acesso e descenso". Batizam o novo campeonato de "Copa União" e propõem que, a partir de 1988, o Campeonato Nacional passe a ter dezesseis clubes na primeira e dezesseis clubes na segunda divisão.

12/07/1987. Carlos Miguel Aidar dá maiores precisões sobre a proposta dos treze. Em 1987, seriam disputados dois torneios: o "novo Campeonato Brasileiro", nos moldes anunciados na véspera, e um segundo torneio com 19 clubes, que serviria para classificar três clubes para a primeira divisão de 1988 e outros 16 para a segunda divisão. Aidar ameaça que, caso a CBF não aceite a proposta, nenhum dos treze grandes disputaria o Campeonato Brasileiro "oficial", organizando sua competição à parte. Dirigentes do América, Bangu e Portuguesa manifestam-se contra a proposta.

13/07/1987. Dirigentes dos grandes clubes do Rio, São Paulo e Minas apresentam oficialmente a proposta da Copa União a Octávio Pinto Guimarães, em tom de ultimato. O presidente da CBF evitou comprometer-se, mas demonstrou abertura à proposta. Portuguesa, Vitória (BA) e Coritiba ajuízam ações na Justiça comum para impedir a realização da Copa União. A Ponte Preta faz o mesmo, na Justiça desportiva. América, Bangu, Náutico, Santa Cruz e Sport também ameaçam entrar em juízo contra a realização do campeonato.

14/07/1987. Nabi Abi Chedid assume interinamente a presidência da CBF e afirma que a proposta da Copa União é "ilegal" e que a CBF "não permitirá" a sua realização. Em contrapartida, propõe um campeonato com 48 clubes, com os doze grandes (sem o Bahia) ingressando apenas na segunda fase. O Clube dos Treze afirma que seu movimento é "irreversível" e que seus membros não participarão do torneio organizado pela CBF.

15/07/1987. Os treze rejeitam formalmente a proposta de Nabi. Eurico Miranda reúne-se com ele para estudar a conciliação possível. O presidente da federação de Pernambuco, Fred de Oliveira, manifesta-se contra a Copa União, porque ela "estimula a indisciplina". O Santa Cruz toma a frente da ABCF, abandonada pelos treze, e promete resistir à Copa União.

16/07/1987. Eurico Miranda torna a reunir-se com Nabi Abi Chedid e dá a entender que os treze podem aceitar ampliar a Copa União, que passaria a ser disputada por 16 clubes. Os demais membros da ABCF começam a coordenar-se no chamado "clube dos quinze", com a participação de Bangu, Internacional de Limeira e Atlético Goianiense. O presidente da federação do Piauí propõe um boicote ao Clube dos Treze.

17/07/1987. O presidente da Assembleia Nacional Constituinte, dr. Ulysses Guimarães, recebe em audiência dirigentes do Clube dos Treze e promete apoiá-los na realização da Copa União, além de facilitar a tramitação de propostas que alterem a legislação esportiva vigente. Os treze defendem, especialmente, que sejam os clubes, e não as federações, que elejam a diretoria da CBF, e que nas federações estaduais passe a viger o voto qualificado.

20/07/1987. Presidentes de pelo menos dez federações estaduais passam a defender o *impeachment* de Octávio e Nabi por malversação de fundos e, sobretudo, por beneficiar o Clube dos Treze em detrimento das federações. Os mesmos dirigentes defendem a realização de um campeonato com 48 clubes.

21/07/1987. Nabi afirma que a CBF organizará, sim, o Campeonato Brasileiro. Propõe dividir os participantes em duas "séries" (e não "divisões"), a primeira com os 28 clubes classificados mais Botafogo, Coritiba e quem mais garantir, em juízo, a sua participação. Os demais clubes comporiam outras séries. A CBF bancaria apenas as séries B e inferiores.

22/07/1987. Eurico Miranda afirma que o seu objetivo é apenas que os treze integrem uma única chave do campeonato, com no máximo 16 clubes. Aidar torna a admitir a inclusão de mais três equipes (menciona América, Guarani e Santa Cruz ou, alternativamente, Coritiba, Goiás e uma terceira equipe).

23/07/1987. Marcio Braga e Carlos Miguel Aidar desmentem Eurico Miranda. Aidar afirma que o Clube dos Treze não se limita a postular para si uma chave ou módulo de um campeonato mais amplo: "mantém a posição de participar do Campeonato Brasileiro apenas com seus treze membros fundadores, aceitando, na melhor das hipóteses, a inclusão de mais três, no máximo". Já Marcio Braga descarta uma fórmula atribuída a Nabi, com 62 clubes participantes, e afirma, categoricamente, que "não podemos firmar um acordo que acabe por aumentar o número de clubes e termine por gerar prejuízo financeiro".

24/07/1987. A CBF anuncia que os treze, mais Coritiba, Santa Cruz e Goiás, constituirão um "módulo" — o Módulo Verde — do "Grupo 1" do Campeonato Brasileiro. O mesmo grupo seria composto por um segundo módulo, o Amarelo, com Portuguesa, Ceará, Treze (PB), Náutico, CSA, Atlético (GO), Rio Branco (ES), América (RJ), Bangu, Internacional de Limeira, Guarani, Atlético (PR), Criciúma, Joinville, Sport e Vitória (BA). Haveria um Grupo 2, também dividido em dois módulos, cuja composição seria anunciada na semana seguinte.

27/07/1987. Dirigentes paulistas (Marin e Farah) movimentam-se para incluir o Guarani no lugar do Goiás, no "módulo verde". Nabi descarta a ideia: "a preocupação da CBF foi, primeiro, com os estados que seriam representados e, só depois, com o *ranking*" (o Guarani era o 14°). Nabi promete para, no máximo, a semana seguinte, o regulamento da competição, deixando claro que estava em aberto "quem será o campeão brasileiro e que clubes representarão o Brasil na Libertadores". Sobre a primeira questão, Aidar não tem dúvidas: "o campeão brasileiro de 1987 sairá da chave verde [sic] e disputará a Taça Libertadores". Quanto à outra vaga na Libertadores, admite negociá-la numa disputa com o módulo amarelo.

28/07/1987. Guarani, Ponte Preta e Atlético (PR) ameaçam pleitear na Justiça desportiva ou comum a sua inclusão no Módulo Verde, "considerado a elite da Copa Brasil".

29/07/1987. América e Ponte Preta ajuízam ações no STJD para integrar no Módulo Verde. Nabi ameaça "desconvidar" os clubes que ingressarem na Justiça comum e avança o argumento de que os módulos não constituem "divisões".

31/07/1987. O Bangu ingressa na Justiça comum para garantir a sua presença no Módulo Verde. Juiz da 24ª vara cível do Rio determina que a CBF cumpra a sua resolução da diretoria de n° 11/86, que previa um campeonato com 28 clubes. A CBF afirma que a resolução foi revogada por ato superveniente.

06/08/1987. Sob o comando de Eduardo Viana, 24 dirigentes de federações estaduais reúnem-se com o ministro da Educação, Jorge Bornhausen, para pedir a destituição de Manoel Tubino. Os mesmos dirigentes propõem um campeonato com 80 clubes divididos em quatro módulos, com os campeões de cada módulo disputando um quadrangular final para definir o campeão brasileiro. Octávio Pinto Guimarães promete divulgar o regulamento do campeonato na semana seguinte, mas antecipa que pretende um campeonato com 64 clubes divididos em quatro módulos, com um quadrangular final.

07/08/1987. O Clube dos 13 anuncia o "rompimento definitivo" com a CBF: organizará a Copa União apenas entre os treze (e não com dezesseis clubes). Aidar afirma que seriam apresentados, nos dias subsequentes, o regulamento e a tabela da competição. Marcio Braga afirma que os treze "não tomarão conhecimento" da Copa Brasil organizada pela CBF e que "não estão preocupados" em disputar a Libertadores. Nabi afirma que "não haverá nenhum torneio ou campeonato paralelo", porque "a CBF não dará permissão".

09/08/1987. Nabi redobra a aposta ao afirmar que os clubes que o "desobedecerem" não poderão jogar nem amistosos. Aidar afirma que, se for necessário, os treze vão à Justiça para garantir a realização da Copa União.

12/08/1987. Dirigentes do Clube dos Treze reúnem-se com o ministro Jorge Bornhausen para apresentar o projeto da Copa União, "que será disputada paralelamente ao Campeonato Brasileiro da CBF". Bornhausen limitou-se a intermediar novo encontro entre os treze e Octávio Pinto Guimarães. O Clube dos Treze encarrega Marcio Braga de montar a tabela da competição.

13/08/1987. Nabi anuncia a rodada inaugural do Módulo Verde, marcada para 30 de agosto, com a participação de Coritiba, Goiás e Santa Cruz. Fala em rebaixamento entre o grupo A (composto pelos módulos Verde e Amarelo) e o grupo B (composto pelos módulos Azul e Branco). Em Brasília, reunião entre Aidar, Octávio e Bornhausen termina de forma inconclusiva.

14/08/1987. Dirigentes do Flamengo anunciam a rodada inaugural da Copa União, com data (13 de setembro) e jogos diversos daqueles anunciados por Nabi na véspera. O presidente do América anuncia que vai ajuizar ação para que o clube seja incluído no Módulo Verde, por entender que o Módulo Amarelo é a segunda divisão.

16/08/1987. Os presidentes de 22 federações estaduais exigem a renúncia de Octávio e Nabi e ameaçam iniciar procedimentos com vistas ao seu *impeachment*.

17/08/1987. O Clube dos Treze, de um lado, e Nabi, de outro, divulgam tabelas completamente distintas para a Copa União (ou o "Módulo Verde", na versão de Nabi). No formato do Clube dos Treze, o torneio seria disputado apenas por treze clubes; no formato de Nabi, por dezesseis (com a participação de Coritiba, Goiás e Santa Cruz). Aidar afirma que os treze "declinam do convite" para participar do campeonato da CBF. Na CBF, os presidentes de 21 federações estaduais, capitaneados por Eduardo Viana e Fred de Oliveira, pedem a convocação da assembleia geral que trataria do *impeachment* de Octávio e Nabi.

19/08/1987. Eduardo Viana impõe condições para mediar um acordo entre a CBF e as federações amotinadas — entre elas, a principal seria o rompimento de Octávio com Braga, Tubino e Aidar. Nabi divulga a rodada inaugural do Módulo Amarelo.

21/08/1987. O vice-presidente da Federação Paulista, Eduardo José Farah, obtém do STJD liminar que desobriga a CBF de convocar a assembleia geral.

25/08/1987. A CBF inicia consultas às federações do Rio, São Paulo, Minas, Rio Grande do Sul e Bahia sobre a conveniência de "oficializar" a Copa União.

27/08/1987. A Caixa Econômica Federal anuncia que só transferirá recursos da Loteria Esportiva aos clubes que participarem da Copa Brasil organizada pela CBF. Aidar afirma que os integrantes do Clube dos Treze abrem mão do subsídio.

28/08/1987. A diretoria da CBF anuncia que aprovou um regulamento para a Copa Brasil, mas não o divulga. Corre, no entanto, a notícia de que, nos termos do regulamento, "os clubes dos módulos Verde e Amarelo se enfrentarão na fase final". Aidar reitera que os treze não participarão da Copa Brasil e que seu clube, o São Paulo, não enfrentará o Atlético no dia 5 de setembro, como previa a tabela da CBF.

30/08/1987. Em resposta a Aidar e aos descontentes do Módulo Amarelo, Nabi ameaça que "a CBF vai punir quem não for a campo" no dia 5 de setembro. O Clube dos Treze volta a contemplar a possibilidade de ajuizar ações para garantir a realização da Copa União. Manoel Tubino responsabiliza as federações estaduais pela crise, uma vez que foram elas que contestaram, em juízo, a resolução do CND que estabelecia o conselho arbitral da CBF.

31/08/1987. O Clube dos Treze notifica oficialmente a CBF de que seus integrantes "não aceitam o convite para participar" da Copa Brasil e pede a homologação da Copa União. Octávio e Nabi reiteram as ameaças já formuladas, e Nabi acrescenta que "o clube que recusar o convite ficará dois anos sem participar [do Campeonato Brasileiro]".

01/09/1987. A CBF proíbe a realização de "amistosos interestaduais" a partir do dia seguinte e determina que os 328 juízes integrantes do quadro nacional somente poderão apitar jogos com autorização expressa da Comissão Brasileira de Arbitragem de Futebol (COBRAF).

02/09/1987. Eduardo Viana e Eurico Miranda costuram uma proposta de acordo: a Copa União seria realizada, com o acréscimo de mais três clubes e com o "patrocínio" institucional da CBF. Os módulos Verde e Amarelo continuariam a existir, e ao final haveria um cruzamento entre os dois primeiros de cada módulo com o objetivo estrito de determinar os dois participantes brasileiros na Taça Libertadores de 1988 (e não o campeão brasileiro de 1987, que seria o vencedor do Módulo Verde). Além da federação do Rio, as federações de Bahia, Alagoas, Rio Grande do Norte e Ceará acenam a aceitação da proposta. Diante da perspectiva de um acordo, o Clube dos Treze adia a divulgação da tabela definitiva da Copa União.

03/09/1987. Eduardo Viana e os presidentes das federações de São Paulo, Minas e Bahia anunciam uma fórmula de conciliação, a ser referendada pela CBF e pelos clubes participantes. Haveria quatro módulos e quatro campeões brasileiros distintos (i.e., o vencedor de cada módulo). Tal como antecipado na véspera, haveria um quadrangular entre os dois primeiros dos módulos Verde e Amarelo, mas apenas para definir os participantes na Libertadores. Octávio Pinto Guimarães foi categórico ao afirmar a existência de um "acordo" com o Clube dos Treze, mas Marcio Braga e Benito Masci (Cruzeiro) exigem completa autonomia do Clube dos Treze para administrar a Copa União.

04/09/1987. O Clube dos Treze divulga a tabela da Copa União, com início marcado para 13 de setembro, e encarrega Eduardo Viana de fazê-la chegar à CBF. Octávio Pinto Guimarães disse estar "satisfeito" com o desfecho. O Clube dos Treze assina com a Rede Globo contrato de 3,4 milhões de dólares para a transmissão dos jogos da Copa União. Nabi manifesta reservas à transmissão das partidas, por entender que pode prejudicar a afluência do público aos jogos dos demais módulos. Aidar anuncia que não haveria promoção e rebaixamento ao término do campeonato de 1987, mas sim a partir de 1988 ("sobem dois e descem dois"). América e Bangu ameaçam desistir da disputa do Módulo Amarelo. O vice-presidente do Sport, Luciano Bivar, contrariamente ao acordado entre o Clube dos Treze e a CBF, defende que o cruzamento defina o Campeão Brasileiro de 1987.

05/09/1987. Transcorre a data originalmente anunciada por Nabi sem que tenha início o campeonato, graças ao acordo de 3 de setembro. O Clube dos Treze conclui a elaboração da tabela e do regulamento definitivos da Copa União e encarrega Eduardo Viana de submetê-los à CBF para homologação. Eduardo Viana afirma que está "encerrada" a crise entre o Clube dos Treze e a CBF, restando definir apenas uma questão: se o cruzamento para determinar os representantes brasileiros na Libertadores se faria em fins de 1987 ou em princípios de 1988.

07/09/1987. Eduardo Viana submete à CBF a tabela e o regulamento da Copa União. O América ameaça ajuizar ação na Justiça comum para impedir a realização do campeonato.

08/09/1987. Eurico Miranda e Eduardo Viana reúnem-se com os clubes do Módulo Amarelo e anunciam ter alcançado com eles um "acordo definitivo" que permitiria o início da Copa União. A principal exigência contemplada foi o estabelecimento de promoção e rebaixamento já ao término do campeonato de 1987. Em 1988, o torneio principal passaria a contar com 20 clubes: os doze primeiros da Copa União de 1987, os seis primeiros do Módulo Amarelo e os dois vencedores de uma disputa entre o 13° e o 14° da Copa União e o sétimo e o oitavo do módulo amarelo. A fórmula acordada continua a prever um quadrangular nos moldes já aventados, mas apenas para definir os participantes brasileiros na Libertadores de 1988. De resto, o Clube dos Treze ratifica a decisão de abrir mão, em benefício dos demais clubes, das verbas da Loteria Esportiva; assume o compromisso de repassar 10%

das quotas de televisão para os clubes do Módulo Amarelo; e dá a estes carta branca para negociar seus próprios contratos de televisionamento. Segundo Octávio, "já temos um acordo completo". O América é o único a discordar, por exigir um campeonato com 32 clubes em 1987.

09/09/1987. Clubes do Módulo Amarelo começam a romper o acordo: exigem que, do quadrangular, saia o campeão do troféu João Havelange (i.e., o campeão brasileiro). O presidente do Vitória acusa Eurico Miranda de ter mentido ao anunciar os termos do acordo, no dia anterior, mas Castor de Andrade, do Bangu, admite que o que houve foi rompimento, por parte de clubes do Módulo Amarelo, do acordo costurado por Eurico Miranda e Eduardo Viana. Diante da polêmica, a CBF decide postergar qualquer definição sobre o regulamento da competição.

10/09/1987. Realiza-se, em São Paulo, coquetel de lançamento da Copa União. Octávio confirma para o dia seguinte, 11 de setembro, o início da Copa União. O Clube dos Treze anuncia acordo com a Varig para o transporte das delegações, bem como a prorrogação do contrato com a Globo por mais quatro anos, num valor total de 18,5 milhões de dólares. Nabi torna a adiar a divulgação do regulamento, por alegar serem ainda necessários "ajustes" quanto ao televisionamento dos jogos. O Guarani impetra mandado de segurança pedindo a sua imediata incorporação ao Módulo Verde.

11/09/1987. Palmeiras e Cruzeiro inauguram a Copa União, no Pacaembu. Meia hora depois de iniciado o jogo, a CBF torna público o regulamento do Campeonato Brasileiro de 1987. O regulamento prevê a realização de quadrangular entre o campeão e o vice do Módulo Verde, mais o campeão e o vice do Módulo Amarelo, para definir o campeão e o vice-campeão brasileiros de 1987 (que seriam, de resto, os representantes brasileiros na Libertadores de 1988). Em Brasília, o TFR cassa a liminar que suspendia a vigência das resoluções do CND de n° 16/86, 17/86 e 18/86.

13/09/1987. Na rodada inaugural do Módulo Amarelo, realizam-se apenas quatro das oito partidas previstas na tabela, uma vez que Náutico, Vitória, Sport, Portuguesa, Atlético (GO) e América não compareceram aos seus jogos.

14/09/1987. Pela primeira vez, a imprensa começa a filtrar detalhes do regulamento outorgado pela CBF. Ao longo dos próximos dias, descobre-se que o documento desvirtuou o sentido do quadrangular e que tornava inválidos os contratos comerciais firmados sem a homologação da CBF. Octávio ameaça desligar do campeonato os clubes do Módulo Amarelo que insistirem em não jogar. A despeito disso, o presidente do América, Álvaro Grego, insiste em que seu clube não jogará contra o Rio Branco, no dia seguinte.

15/09/1987. Marcio Braga convoca reunião do Clube dos Treze para a semana seguinte, em Belo Horizonte, para tomar posição conjunta contra o regulamento imposto pela CBF. O STJD denega liminar requerida pelo América, Portuguesa, Sport, Atlético (GO), Vitória e Náutico, que solicitavam a interrupção do campeonato por entender que o regulamento deveria ser aprovado pelos clubes em conselho arbitral. O América não comparece ao jogo marcado contra o Rio Branco, em Vitória.

16/09/1987. Castor de Andrade afirma que o Bangu continuará a participar do campeonato, respeitando o regulamento imposto pela CBF. Álvaro Grego notifica, oficialmente, à CBF, da decisão do América de não participar do campeonato, caso seja mantida a fórmula adotada.

17/09/1987. A Justiça Federal do Paraná determina à CBF que convoque a assembleia geral em que se analisaria o pedido de *impeachment* de Octávio e Nabi.

18/09/1987. O plenário do CND derruba proposta de Tubino de determinar à CBF que convoque imediatamente o conselho arbitral, mas apenas porque entendia que a entidade não dera mostras de que pretendesse descumprir a decisão judicial de 11 de setembro. Octávio recusa-se a receber notificação da decisão da Justiça Federal do Paraná. As federações de São Paulo e do Rio Grande do Sul aderem à causa do *impeachment*. Ricardo Teixeira afirma que "aceita o desafio" de presidir a CBF, diante do "momento muito difícil" por que passa o futebol brasileiro.

19/09/1987. Nabi determina que os jogos de domingo da Copa União comecem às dezoito horas, e não às dezessete, conforme acordado entre o Clube dos Treze e a Rede Globo, de modo a não prejudicar o afluxo do público às partidas dos demais módulos. Diante disso, Marcio Braga volta a propor o rompimento do Clube dos Treze com a CBF, enumerando entre as suas queixas o tema do cruzamento e a pretensão da CBF de homologar os contratos comerciais do Clube dos Treze.

20/09/1987. Em desafio aberto à determinação da CBF, Flamengo x Vasco e Bahia x São Paulo começam às dezessete horas. Santa Cruz x Coritiba, Grêmio x Cruzeiro e Palmeiras x Santos começam às dezoito horas. Nesse contexto, ganha corpo a ideia de um rompimento definitivo do Clube dos Treze com a CBF. Marcio Braga propõe que a Copa União seja rebatizada como "torneio *extra-oficial* da Copa União".

21/09/1987. Reunido em Belo Horizonte, o Clube dos Treze ameaça romper com a CBF caso ela não aceite a tabela e o regulamento da Copa União tais como elaborados pelo próprio Clube dos Treze. A CBF obtém liminar que lhe permite não convocar sua assembleia geral. A Cobraf decide afastar de seu quadro de árbitros os juízes de Flamengo x Vasco, Aloísio Felisberto da Silva, e de Bahia x São Paulo, Arnaldo César Coelho.

22/09/1987. A CBF aceita as reivindicações do Clube dos Treze, e a Copa União pode prosseguir nos moldes em que foi idealizada. A CBF comprometeu-se a convocar o conselho arbitral de clubes "assim que a Justiça o permitir".

23/09/1987. A Justiça Federal de São Paulo indefere pedido da Portuguesa de Desportos, apoiado por outros clubes do Módulo Amarelo, para paralisar o Campeonato Brasileiro.

24/09/1987. Representantes de vinte federações reúnem-se em São Paulo e decidem recorrer ao ministro da Educação e à FIFA para garantir a realização da assembleia geral da CBF.

28/09/1987. O Clube dos Treze manifesta-se pela pronta instalação do conselho arbitral e contra o cruzamento entre os módulos Verde e Amarelo para decidir o campeão brasileiro. Federações pedem à FIFA que intervenha para que se dê a convocação da assembleia geral da CBF.

30/09/1987. A CBF promete para a semana seguinte o início da disputa dos módulos Azul e Branco. Diversos clubes ameaçaram não participar. O Americano de Campos prometeu organizar um "Campeonato Brasileiro do Interior", com Goytacaz, Tupi (de Juiz de Fora, MG), Estrela do Norte (de Cachoeiro do Itapemirim, ES), América (MG), Volta Redonda e Cabofriense. Vasco e Confiança, do Sergipe, anunciam que não participarão dos campeonatos da CBF.

02/10/1987. Ricardo Teixeira anuncia sua candidatura à presidência da CBF, no pleito de janeiro de 1989.

09/10/1987. O Clube dos Treze anuncia a assinatura de contrato de patrocínio com a Coca-Cola, no valor de 17,5 milhões de dólares e de duração de cinco anos.

11/10/1987. A logomarca da Coca-Cola aparece, pela primeira vez, estampada no círculo do meio de campo, em alguns jogos da Copa União. No Módulo Amarelo, o Sport vence a Internacional de Limeira por 4 a 0, diante de apenas 6.446 pagantes, e classifica-se para as finais do torneio, como vencedor do grupo B, no primeiro turno.

14/10/1987. A FIFA determina à CBF que interrompa imediatamente a inscrição de mensagens publicitárias dentro do recinto de jogo, sob pena de "advertência, suspensão, multa e eliminação [da CBF]". O TFR restabelece a liminar concedida pela Justiça Federal do Paraná, concedendo à CBF prazo de 48 horas para convocar sua assembleia geral.

15/10/1987. O mesmo TFR concede nova liminar em sentido contrário, suspendendo a exigência da convocação da assembleia geral da CBF.

18/10/1987. O Atlético Mineiro derrota o Fluminense por 3 a 1, no Mineirão, e classifica-se para o quadrangular final da Copa União. A derrota do Fluminense classificou também o Internacional, vencedor do grupo A que, no entanto, perdeu para o Corinthians por 1 a 0.

19/10/1987. O Clube dos 13 reúne-se em Belo Horizonte e pede a imediata convocação do conselho arbitral da CBF. Pretende que o campeonato de 1988 realize-se no primeiro semestre, com duração de seis meses. O Governador de Minas Gerais, Newton Cardoso, participa da reunião e compromete-se a levar os pleitos da entidade ao Presidente José Sarney.

21/10/1987. O Atlético Paranaense sagra-se vencedor do grupo A do Módulo Amarelo ao bater o Guarani por 2 a 0 em Campinas, num jogo-desempate. É o segundo clube classificado para o quadrangular final.

29/10/1987. Publicado acórdão da 1ª Turma do Tribunal Federal de Recursos que cassa a liminar concedida pela 6ª Vara Federal de São Paulo, restabelecendo a vigência das resoluções do CND de nº 16/86, 17/86 e 18/86. Orientadas por João Havelange, as federações estaduais desistem das ações contra a CBF na Justiça comum. Havelange ameaça "medida severa" caso a CBF não coíba a publicidade no campo de jogo.

06/11/1987. O CND arquiva o processo pelo qual 22 federações solicitavam a convocação de assembleia geral da CBF.

17/11/1987. Carlos Miguel Aidar, em nome do Clube dos Treze, pede ao CND que interceda junto à CBF para que se convoque o conselho arbitral.

18/11/1987. Pelo Módulo Amarelo, o Guarani classificou-se para as semifinais ao empatar em 0 a 0 com a Internacional de Limeira.

19/11/1987. Juízo da 6ª Vara Federal de São Paulo abre vistas do processo sobre as resoluções do CND de nº 16/86, 17/86 e 18/86 do CND aos 587 clubes profissionais do Brasil, protelando indefinidamente a resolução do caso. Em consequência, Octávio Pinto Guimarães decide implementar parte das resoluções convocando, desde já, o conselho arbitral da CBF, com os 32 clubes mais bem classificados no Campeonato Brasileiro de 1986, mas apenas para discutir o campeonato de 1988.

22/11/1987. O Flamengo bate o Santa Cruz por 3 a 1 e conquista a vaga para as semifinais, como segundo colocado do grupo A, no segundo turno. Pelo grupo B, o Cruzeiro classificou-se ao bater o Santos por 1 a 0, no Pacaembu. Pelo Módulo Amarelo, o Bangu também se classifica para as semifinais após empatar jogo desempate com o Vitória (1 x 1) e vencer nos pênaltis (4 x 3).

25/11/1987. Pelas semifinais do Módulo Amarelo, o Bangu bateu o Sport por 3 a 2, em Moça Bonita.

29/11/1987. O Flamengo derrota o Atlético por 1 a 0 no primeiro jogo das semifinais, no Maracanã. No Beira-Rio, Internacional e Cruzeiro empatam em 0 a 0. Pelo Módulo Amarelo, o Sport eliminou o Bangu, derrotando-o por 3 a 1, em jogo marcado pela violência da torcida e pelas agressões à comitiva banguense. Na outra semifinal, Atlético (PR) e Guarani empataram em 0 a 0 em Curitiba.

30/11/1987. Dirigentes do Bangu afirmam que o clube pleiteará em juízo os pontos do jogo contra o Sport devido aos incidentes que cercaram a partida.

01/12/1987. Em São Paulo, o candidato da situação, Eduardo José Farah, vence as eleições para a presidência da Federação Paulista de Futebol.

02/12/1987. O Flamengo classifica-se para a final da Copa União, ao derrotar o Atlético por 3 a 2 no Mineirão. No Módulo Amarelo, o Guarani classifica-se para a decisão após bater o Atlético (PR) por 1 a 0, já na prorrogação.

03/12/1987. O Internacional classifica-se para a decisão da Copa União ao bater o Cruzeiro por 1 a 0, na prorrogação.

04/12/1987. Na sede da CBF, termina sem acordo reunião que trataria da correta interpretação dos critérios de desempate previstos no regulamento do campeonato, depois que Marcio Braga foi agredido pelo presidente da Federação Gaúcha, Rubens Hoffmeister. O Bangu obtém liminar que suspende o primeiro jogo da decisão do módulo amarelo, entre Guarani e Sport. Eduardo Viana é reeleito para mandato de três anos na presidência da FERJ.

05/12/1987. Em reunião em Porto Alegre, Flamengo e Internacional chegam a acordo e alteram o regulamento da Copa União, no que respeita aos critérios de desempate: em caso de dois resultados iguais, e sem levar em consideração o saldo de gols, haveria prorrogação e, se necessário, disputa de pênaltis no segundo jogo da decisão. Também emitiram nota afirmando que somente aceitariam o cruzamento com os dois finalistas do Módulo Amarelo após a convocação do conselho arbitral, e ainda assim apenas para o propósito de indicar os representantes brasileiros na Taça Libertadores de 1988. Sport e Guarani obtêm liminar na Justiça comum garantindo a realização do primeiro jogo da decisão do módulo amarelo.

06/12/1987. Internacional e Flamengo empatam em 1 a 1 no Beira-Rio, na primeira partida da decisão da Copa União. Em Campinas, o Guarani bateu o Sport por 2 a 0 na primeira partida da decisão do módulo amarelo. No Rio, Octávio Pinto Guimarães afirma que o campeão brasileiro somente será determinado após um cruzamento entre os quatro finalistas dos módulos Verde e Amarelo. Em Porto Alegre, dirigentes do Flamengo e do Internacional descartaram, uma vez mais, a hipótese do cruzamento, salvo decisão prévia em contrário do conselho arbitral.

07/12/1987. Marcio Braga volta a insistir em que o Flamengo só participará do cruzamento com o módulo amarelo caso o conselho arbitral da CBF se reúna previamente e adote essa determinação.

08/12/1987. A CBF homologa o acordo alcançado entre Flamengo e Internacional, sobre os critérios de desempate e estende-o ao Módulo Amarelo. Pela RDI n° 08/87, estabelece que, em caso de os clubes finalistas dos dois módulos obterem o mesmo número de pontos nas duas partidas decisivas, e registrando-se empate na prorrogação, haverá disputa de pênaltis para determinar o vencedor.

09/12/1987. O vice-presidente do Flamengo, Gilberto Cardoso Filho, afirma que, como a CBF se recusa a convocar o conselho arbitral, a Copa União de 1988 provavelmente se realizaria com os mesmos dezesseis clubes que a disputaram em 1987. Nabi Abi Chedid informa que só convocará o conselho arbitral após o término do campeonato (e, subentende-se, do cruzamento) e afirma que a CBF não reconhece a Copa União.

10/12/1987. Na porta da sede da CBF, no Rio, o presidente da Federação Pernambucana, Fred de Oliveira, é agredido pelo presidente e por seguranças do Bangu. Michel Assef, advogado do Bangu, declara que o Sport deveria ser eliminado do Campeonato Brasileiro por ter recorrido à Justiça comum para derrubar a liminar previamente obtida pelo Bangu, na Justiça desportiva.

11/12/1987. A Suderj põe 146 mil ingressos à venda para a decisão de domingo. José de Assis Aragão é escalado para apitar a partida.

13/12/1987. O Flamengo bate o Internacional por 1 a 0 e sagra-se campeão da Copa União. Após o jogo, o presidente do Internacional, Gilberto Medeiros, descarta que o clube busque aproveitar-se da hipótese de um cruzamento para conquistar o título brasileiro. No Recife, o Sport bate o Guarani por 3 a 0, e os dois times empataram na prorrogação por 0 a 0. Os dois clubes decidem dividir o título do Módulo Amarelo após o placar registrar 11 a 11 na cobrança de pênaltis.

14/12/1987. Nabi Abi Chedid reiterou a necessidade de "cumprir o regulamento do Campeonato Brasileiro até o fim", com a realização da quarta fase, o cruzamento final. Descarta que, para isso, seja necessária a prévia realização de conselho arbitral, que se limitaria a discutir o campeonato de 1988. Nabi antecipa que os primeiros jogos do quadrangular serão marcados para 23 e 24 de janeiro, mas a definição dos participantes dependeria, ainda, do julgamento da ação do Bangu e da análise da súmula de Sport x Guarani, após a suspensão da partida. Carlos Miguel Aidar afirma que "não há dúvida alguma de que o campeão brasileiro de 1987 é o Flamengo" e descarta a realização do cruzamento.

16/12/1987. Dirigentes do Clube dos Treze reúnem-se e ratificam a decisão de "não permitir" o cruzamento entre Flamengo e Internacional, Sport e Guarani. O CND determina que a CBF convoque o conselho arbitral dentro de trinta dias, com a participação dos 32 clubes dos módulos Verde e Amarelo, sob pena de sofrer intervenção. Nabi afirma que acatará a resolução tão logo dela seja notificado. O Bangu perde por cinco votos a zero no julgamento de sua ação contra o Sport: está mantido o resultado da semifinal, embora o Sport tenha sido multado pelos incidentes. O estádio da Ilha do Retiro é interditado até que o clube cumpra com uma série de exigências da CBF. O Bangu afirma que recorrerá ao STJD.

17/12/1987. Nabi divulga a tabela do primeiro turno do quadrangular final da Copa Brasil 1987, a iniciar-se em 24 de janeiro de 1988, com Flamengo x Guarani e Sport x Internacional.

18/12/1987. A CBF solicita ao CND permissão para que o Campeonato Brasileiro se estenda até 1988.

20/12/1987. Sem esperar o conselho arbitral, a CBF determina que o Campeonato Brasileiro de 1988 terá vinte clubes na primeira divisão: os dezesseis da Copa União mais os quatro primeiros do módulo amarelo.

28/12/1987. A CBF adia a decisão sobre o título do Módulo Amarelo, por não ter recebido a súmula do Tribunal Especial.

02/01/1988. O vice-presidente de Futebol do Flamengo, Ivan Drummond, reitera que o clube não participará do cruzamento e que, portanto, não entrará em campo contra o Guarani no dia 24 de janeiro, quando planeja disputar um amistoso para entrega das faixas de campeão brasileiro.

04/01/1988. A CBF apresenta ao CND pedido de adiamento da convocação do conselho arbitral, argumentando que "o Campeonato Brasileiro de 1987 ainda não terminou" e que, portanto, a reunião deveria realizar-se apenas após o quadrangular final.

06/01/1988. Nabi ameaça punir os clubes que não participarem do quadrangular final com até um ano de suspensão.

07/01/1988. O CND denega o pedido da CBF de adiar o conselho arbitral, que deverá realizar-se até 19 de janeiro. Esclarece que os clubes participantes deliberarão por voto qualificado, conforme a classificação obtida no Campeonato Brasileiro de 1986, e que deverão "[conhecer] oficialmente do regulamento *outorgado* [pela CBF], ratificando e aprovando, *ou não*, [...] as disposições regulamentares ainda sem execução". Também deverão pronunciar-se sobre o pedido da CBF de prorrogação do campeonato para além do ano-calendário

08/01/1988. Após nova intimação do CND, Nabi afirma que publicará, a contragosto, o edital de convocação do conselho arbitral na semana seguinte.

13/01/1988. Nabi Abi Chedid convoca o conselho arbitral para 15 de janeiro, com a participação dos 32 clubes participantes dos dois módulos. O Sport ameaça buscar liminar que impeça a reunião, por discordar dos votos atribuídos a cada clube. Manoel Tubino considera viável os grandes clubes derrubarem a previsão do cruzamento no conselho.

14/01/1988. O Clube dos Treze reúne-se e concorda, por unanimidade, apoiar a pretensão do Flamengo de ser reconhecido desde já como o campeão brasileiro de 1987. O Flamengo afirma que poderia desistir de disputar a taça Libertadores de 1988. Diante disso, também por unanimidade, o Clube dos Treze apoia a realização de um triangular entre Internacional, Sport e Guarani apenas para indicar os dois representantes brasileiros à competição. Caso as suas decisões não fossem implementadas, os clubes ameaçavam realizar uma nova edição da Copa União, em 1988, com os mesmos dezesseis participantes. Nabi afirma que o regulamento só pode ser alterado por unanimidade e que a CBF não indicará, ainda, os representantes brasileiros na Libertadores, "pois o Campeonato Brasileiro de 87 só terminará no dia 12 de fevereiro". No Recife, o Juiz da 1ª Vara Federal de Pernambuco, dr. Genival Matias de Oliveira, concede liminar ao Sport determinando à CBF que "se abstenha [...] de acatar qualquer decisão de seu conselho arbitral que implique em alteração do regulamento sobre o Campeonato Brasileiro de Futebol Profissional, edição 1987, ressalvada hipótese de unanimidade".

15/01/1988. O conselho arbitral da CBF decide, por 375 votos contra 104, considerar o Campeonato Brasileiro de 1987 encerrado a 13 de dezembro, derrubando, portanto, a previsão de realização de um quadrangular final. Nabi Abi Chedid fez constar em ata que consultará o CND sobre se está autorizado a cumprir a decisão, na ausência de unanimidade.

20/01/1988. Amparado na liminar do juízo pernambucano, Nabi Abi Chedid marca para o domingo seguinte, 24, a rodada inaugural do quadrangular, com Flamengo x Guarani e Internacional x Sport. Flamengo e Internacional reiteram que não comparecerão. Nabi proíbe a realização do amistoso de entrega das faixas de campeão brasileiro, no mesmo dia 24, entre Flamengo e a seleção da Costa do Marfim, e ameaça os clubes que não participarem do cruzamento com a perda de pontos e até um ano de suspensão.

21/01/1988. A Suderj informa que o Maracanã não terá condições de receber a partida programada entre Flamengo e Guarani, devido ao mau estado do gramado. Diante disso, Nabi inverte o mando de campo da partida, mas mantém Internacional x Sport para o Beira-Rio. Marcio Braga reitera que o Flamengo jogará, na Gávea, contra a Costa do Marfim, e convida Nabi para a festa. O CND esclarece que a decisão do Flamengo está amparada pelo conselho arbitral, que não precisava de unanimidade para decidir a respeito.

22/01/1988. Nabi Abi Chedid declara o Sport campeão do Módulo Amarelo, com base no fato de que obtivera maior número de pontos na fase classificatória (e contrariando o disposto na RDI n° 08, de 8 de dezembro de 1987). A juíza da 7ª Vara Cível do Rio, dr.ª Lia Pantoja Milhomens, concede liminar ao Flamengo, desobrigando-o de comparecer à rodada inaugural do quadrangular, com base na decisão do conselho arbitral e no fato de a CBF não ter determinado quem eram o campeão e o vice do Módulo Amarelo. Mesmo intimado, Nabi mantém a rodada inaugural (com o jogo entre Internacional e Sport transferido para a Ilha do Retiro). Nabi ameaça notificar a FIFA caso Flamengo e Costa do Marfim descumpram a determinação de não jogar a partida amistosa.

24/01/1988. O Flamengo cumpre a promessa, não comparece ao Brinco de Ouro e disputa o amistoso contra a Costa do Marfim (venceu por 3 a 0, gols de Andrade, Jorginho e Flávio). Em Campinas, diante de apenas 18 torcedores, Renato Marsiglia determina a vitória do Guarani (que escalara um time praticamente de reservas) contra o Flamengo por W.O. No Recife, diante de 138 torcedores, Luís Carlos Félix também determinou a vitória do Sport contra o Internacional por W.O.

25/01/1988. O juiz da 5ª Vara Cível do Rio, dr. Ely Barbosa, concedeu liminar ao Sport, derrubando aquela obtida pelo Flamengo, sob o fundamento de que o juízo federal de Pernambuco era prevento. O Flamengo afirma que tornará a recorrer à Justiça. Nabi afirma que informará a FIFA do comportamento do Flamengo e do Internacional.

26/01/1988. João Havelange alertou que a CBF poderia ser punida com até dois anos de suspensão de competições internacionais caso não solucionasse as pendências relacionadas ao Campeonato Brasileiro, sobretudo a proliferação de medidas na Justiça comum. Nabi ameaça que, caso Flamengo e Internacional não compareçam à rodada do dia seguinte, marcará apenas os jogos entre Guarani e Sport e indicará, de uma vez, os dois clubes como representantes brasileiros na Libertadores. O Ministério Público Federal apresenta agravo de instrumento contra a liminar concedida pelo Juiz Federal da 1ª Vara de Pernambuco.

27/01/1988. Guarani e Sport vencem em casa, por W.O., respectivamente, o Internacional e o Flamengo.

29/01/1988. Assembleia geral da CBF, formada apenas pelas federações estaduais, apoia a realização do cruzamento. Também decide formar comissão para analisar irregularidades nas contas da entidade.

30/01/1988. Começam os campeonatos estaduais do Rio e de Minas, com o quadrangular da CBF ainda em curso.

31/01/1988. O Flamengo estreia no Campeonato Carioca, batendo o Vasco por 1 a 0. Em Campinas, pelo quadrangular, Guarani e Sport empatam em 1 a 1, diante de escassos 4.627 pagantes.

07/02/1988. O Sport bate o Guarani por 1 a 0, na Ilha do Retiro, e vence o quadrangular.

08/02/1988. Octávio Pinto Guimarães anuncia que esperará o desfecho das decisões judiciais em curso antes de homologar o título de campeão brasileiro e indicar os representantes brasileiros na Taça Libertadores da América.

10/02/1988. O Flamengo consulta oficialmente o CND sobre a vigência da resolução n° 16/81 da entidade, que estabelece que o calendário somente poderia ser prorrogado com autorização do próprio CND, e pergunta se essa autorização foi concedida à CBF. O Sport ajuíza ação contra a CBF e a União Federal requerendo seja a CBF condenada a declará-lo campeão brasileiro de 1987.

11/02/1988. Em resposta à consulta do Flamengo, o CND informa que a resolução n° 167/81 está em vigor, que não deu autorização para a prorrogação do calendário e que, portanto, o cruzamento realizado pela CBF foi ilegal. O Flamengo afirma que usará a decisão para provocar pronunciamento definitivo da Justiça desportiva sobre o Campeonato Brasileiro de 1987.

12/02/1988. Octávio Pinto Guimarães afirma que solicitará à FIFA que "puna com rigor" os clubes que ingressem na Justiça comum para solucionar causas desportivas.

18/02/1988. O Ministério Público Federal impetra mandado de segurança para obter efeito suspensivo do agravo de instrumento apresentado em 26 de janeiro.

22/02/1988. A pedido do CND, o TFR cassa liminar obtida pelo Sport, que lhe garantia o título de campeão brasileiro e a sua participação na Taça Libertadores.

03/03/1988. O Flamengo dirige ofício à CBF pedindo-lhe "proclamar e homologar o Clube de Regatas do Flamengo campeão brasileiro de 1987", tendo em vista a decisão do conselho arbitral de dar o campeonato encerrado a 13 de dezembro de 1987, somado ao fato de ele, Flamengo, ter vencido o Módulo Verde, ao passo que não houve campeão do Módulo Amarelo.

30/03/1988. Termo final da inscrição dos representantes brasileiros na Libertadores. A CBF pede que conste, de forma provisória, a participação de equipes identificadas como "Brasil 1" e "Brasil 2".

14/04/1988. A Federação Pernambucana pede oficialmente à CBF que inscreva o Sport na Taça Libertadores. A CBF informa que o caso está *sub judice* e que pretende decidir ainda naquela semana.

26/04/1988. O Clube dos Treze, reunido na sede do São Paulo, começa a discutir a realização da segunda edição da Copa União. Entidade pede à CBF que convoque o conselho arbitral para definir os participantes e a fórmula de disputa. O secretário-geral da FIFA, Joseph Blatter, reúne-se com Octávio Pinto Guimarães e manifesta-lhe o desagrado da entidade com a proliferação de medidas judiciais envolvendo o futebol brasileiro. A CBF obtém da Conmebol o adiamento da data final para a inscrição dos representantes brasileiros na Libertadores: 30 de maio.

27/04/1988. O TFR cassa nova liminar obtida pelo Sport, que determinava à CBF que o reconhecesse como campeão brasileiro. A questão é devolvida à Justiça Federal de Pernambuco, para pronunciamento sobre o mérito da causa.

30/04/1988. João Havelange ameaça com o desligamento da CBF da FIFA, caso não coíba a proliferação de ações na Justiça comum. Concretamente, a FIFA dá à CBF prazo até 19 de maio para apresentar relatório sobre as medidas tomadas para contra-arrestar a judicialização de questões atinentes ao Campeonato Brasileiro de 1987 e ao Campeonato Paulista de 1988.

02/05/1988. O Presidente José Sarney reconduz Manoel Tubino ao cargo de presidente do CND, para novo mandato de quatro anos. Entre suas prioridades, Tubino identifica a atualização da legislação esportiva brasileira, "da época do Estado Novo".

03/05/1988. Aidar reúne-se com Octávio Pinto Guimarães, na sede da CBF, e solicita a convocação de novo conselho arbitral para discutir o campeonato de 1988 e a indicação de Flamengo e Internacional para a disputa da Libertadores.

17/05/1988. O Flamengo oficia à FIFA pedindo providências que impeçam a CBF de não homologar o seu título, diante das inúmeras violações do Sport à regra que impedia o recurso à Justiça comum. Em resposta à exigência de Blatter, a CBF decide que o Sport foi o campeão da Copa Brasil 1987. Entidade também presta contas de seus esforços para coibir ações na Justiça comum e promete solucionar até o fim de maio a questão da participação da Ponte Preta e do Bandeirante no Campeonato Paulista.

20/05/1988. O Clube dos Treze divulga manifesto de repúdio à decisão da CBF de declarar o Sport campeão brasileiro. A entidade afirma que secundará recurso do Flamengo e Internacional ao CND, uma vez que houve desrespeito à decisão do conselho arbitral. Também exige a convocação de novo conselho arbitral para a organização do Campeonato Brasileiro de 1988.

24/05/1988. A CBF homologa, por unanimidade, o Sport como o campeão brasileiro de 1987 e o Guarani como vice-campeão, inscrevendo-os na Taça Libertadores da América de 1988. Também envia circular a todas as federações reiterando a proibição de se dirimirem controvérsias desportivas na Justiça comum e ameaçando os clubes que a infringirem de "desligamento automático". Marcio Braga ameaça instaurar CPI e pedir a intervenção na CBF.

02/06/1988. Flamengo e Internacional interpõem recurso ao STJD contra a decisão da CBF de homologar o título do Sport e de indicar Sport e Guarani para disputar a Taça Libertadores.

03/06/1988. O Clube dos Treze reúne-se e firma posição quanto à Copa União 1988: pretende que seja disputada por dezesseis clubes, mas aceita discutir um torneio de vinte. Apenas o Vasco não participou da reunião.

09/06/1988. O STJD, por quatro votos a três, acolhe o recurso do Flamengo, de 2 de junho: anula a decisão administrativa da CBF de 24 de maio, que declarara Sport e Guarani campeão e vice de 1987, fazendo valer a decisão do conselho arbitral de 15 de janeiro. Ao tomar conhecimento da medida, Octávio Pinto Guimarães afirmou que "nada resta a fazer, senão homologar" a decisão.

13/06/1988. O Sport interpõe embargos infringentes contra a decisão do STJD, pedindo a revisão da decisão de fundo, e solicita liminar com efeito suspensivo.

14/06/1988. O Guarani impetra mandado de garantia contra a decisão do STJD, por entender que não havia sido citado tempestivamente. Pede seja suspensa a decisão de 9 de junho e que seja assegurado ao Guarani e ao Sport ser inscritos na Taça Libertadores.

15/06/1988. O presidente do STJD, em atenção ao pedido do Guarani, concede uma liminar inédita, contra ato do próprio tribunal pleno, suspendendo a decisão de 9 de junho.

16/06/1988. O Flamengo recorre ao CND pedindo seja sustada a liminar concedida pelo presidente do STJD e que seja suspensa a reunião do plenário do tribunal marcada para o mesmo dia, para analisar o mandado de garantia do Guarani, por ter-se esgotado o prazo recursal. O presidente do CND acolhe os dois pedidos.

20/06/1988. No último dia do prazo de inscrição dos participantes na Taça Libertadores, a CBF ignora a decisão do STJD, torna a homologar Sport e Guarani como campeão e vice do campeonato de 1987 e inscreve-os no torneio continental. O Flamengo ameaça ajuizar ação de perdas e danos contra a CBF.

24/06/1988. O Clube dos Treze torna a reunir-se e emite novo documento em que afirma que Flamengo e Internacional são o campeão e o vice do Brasil em 1987. Dirigentes anunciam a criação de uma Federação Brasileira de Futebol Profissional, que suplantaria a CBF.

27/06/1988. Dirigentes dos 16 clubes que participaram da Copa União de 1987 reúnem-se com executivos da Rede Globo para iniciar negociações em torno da segunda edição do torneio. Tornam a pedir à CBF que convoque o conselho arbitral para decidir datas, fórmula de disputa e número de participantes da competição.

29/06/1988. Ricardo Teixeira lança oficialmente a sua candidatura à presidência da CBF, com o apoio declarado de 21 federações estaduais.

01/07/1988. O Flamengo obtém liminar na 33ª Vara Cível do Rio determinando à CBF que não realize a partida entre Sport e Guarani, no dia seguinte, pela Taça Libertadores. A CBF antecipa que não tomará qualquer medida, porque o torneio é organizado pela Confederação Sul-Americana.

02/07/1988. Sport e Guarani estreiam na Taça Libertadores, jogando entre si na Ilha do Retiro. O Guarani venceu por 1 a 0.

19/07/1988. Eurico Miranda reúne-se com Nabi Abi Chedid para receber a proposta da CBF quanto à organização da Copa União 1988.

20/07/1988. O Clube dos Treze torna a reunir-se e, por unanimidade, rechaça a proposta da CBF e da Federação do Rio de uma nova Copa União com 24 clubes. Pela noite, Nabi reúne-se com Carlos Miguel Aidar.

21/07/1988. Nabi Abi Chedid anuncia que o conselho arbitral deverá realizar-se na semana seguinte, com vistas à adoção do regulamento até 3 de agosto e início do campeonato até 3 de setembro. Eduardo Viana reúne-se com o próprio Nabi e firma posição por um campeonato com 24 clubes.

27/07/1988. Eduardo Viana reúne-se com Nabi Abi Chedid e continua a defender o campeonato com 24 clubes. Nabi dá mostras de simpatizar com a postura de Viana.

28/07/1988. A CBF convoca o conselho arbitral para 2 de agosto, com 20 clubes.

02/08/1988. Realiza-se o conselho arbitral, com vinte clubes (os dezesseis da Copa União de 1987 mais Sport, Guarani, Bangu e Atlético-PR). Decidem realizar campeonato entre os vinte, com fórmula semelhante à da Copa União de 1987. O campeonato começaria a 3 de setembro, e a maioria dos clubes defende estendê-lo até 14 de maio de 1989, com jogos apenas nos fins de semana, adaptando com isso o calendário brasileiro ao europeu. Nos dias subsequentes, América, Criciúma, Vitória e Portuguesa recorrerão da decisão ao CND.

04/08/1988. Após reunir-se com dirigentes de oito federações estaduais, Nabi Abi Chedid descarta a proposta de um campeonato de setembro a maio do ano seguinte, com jogos apenas nos fins de semana: afirma que o Campeonato Brasileiro deverá encerrar-se a 30 de novembro de 1988.

11/08/1988. A CBF divulga a primeira rodada da Copa União de 1988. João Havelange ameaça de desfiliação os clubes que cogitarem de organizar uma liga independente.

15/08/1988. Dirigentes do Clube dos Treze (mais Santa Cruz, Goiás e Coritiba) reúnem-se em Porto Alegre e rechaçam, por nove votos a sete, proposta da CBF de aumentar o número de participantes do campeonato para 24 clubes. Também decidem que insistirão na prorrogação do campeonato até maio de 1989, com jogos apenas aos fins de semana.

19/08/1988. Clube dos Treze, CBF e algumas federações estaduais costuram acordo que eleva o número de participantes do campeonato para 24 (ingressam América, Portuguesa, Atlético-PR e Criciúma), com a contrapartida de que o campeonato se estenda até maio de 1989. Haveria rebaixamento de quatro clubes e promoção de dois até alcançar-se o número de vinte participantes, em 1990. O CND homologou o acordo por meio de sua resolução de n° 11/88.

22/08/1988. Eurico Miranda rompe de vez o consenso no Clube dos Treze. Afirma que não aceitará que o campeonato se estenda até maio, para não prejudicar a realização dos estaduais e para não forçar o clube a renegociar contratos com jogadores no meio da competição. Marcio Braga e Carlos Miguel Aidar acusam Eurico de agir como preposto de Eduardo Viana. Viana ameaça convocar assembleia geral da CBF, caso o Campeonato Nacional prejudique a realização dos estaduais.

25/08/1988. Reúne-se a assembleia geral da CBF. Quinze federações defendem o campeonato com apenas 20 clubes. Apenas as federações do Rio de Janeiro, Santa Catarina, Paraná e Distrito Federal defendem o campeonato com 24 clubes. Há consenso em que o campeonato deveria terminar a 30 de novembro.

30/08/1988. Nabi Abi Chedid decide que o campeonato será disputado por 24 clubes, com a inclusão de América, Portuguesa, Criciúma e Vitória, e posterga a decisão quanto ao término da competição. Divulga apenas a tabela da primeira rodada.

02/09/1988. Somente às vinte horas, momentos antes do início da rodada inaugural, Nabi Abi Chedid divulgou, a conta-gotas, o novo regulamento. Salientou com entusiasmo a regra, até então desconhecida, segundo a qual, após eventuais empates, realizar-se-ia disputa de pênaltis. Na Fonte Nova, a Copa União de 1988 é inaugurada com rodada dupla: Bahia 1 x 1 Bangu (6 x 5 nos pênaltis) e Vitória 0 x 0 América (5 x 3 nos pênaltis).

06/09/1988. O Clube dos Treze reúne-se no Rio, com participação de Coritiba, Santa Cruz e Goiás, e decide aceitar o regulamento, mas pede que ele seja homologado em novo conselho arbitral.

20/10/1988. O Clube dos Treze reúne-se em São Paulo e insiste na criação de uma Federação Brasileira de Futebol Profissional, distinta da CBF, com amparo no art. 217 da nova Constituição.

11/11/1988. A CBF divulga a tabela do segundo turno da Copa União: a fase classificatória estende-se até 18 de dezembro, com cinco rodadas nos meios de semana. Marcio Braga e Carlos Miguel Aidar convocam reunião do Clube dos Treze "para dar início ao movimento de rejeição às rodadas intermediárias".

16/11/1988. O Clube dos Treze decide, por maioria de votos, aceitar a tabela imposta pela CBF. A entidade também anuncia que iniciou "providências legais" com vistas à criação da Federação Brasileira de Futebol Profissional.

22/11/1988. Ricardo Teixeira, em evento público no Rio, considera-se já eleito presidente da CBF, contabilizando pelo menos 19 dos 26 votos. Afirma que a Copa União terminará até 28 de fevereiro, "nem que para isso a CBF proclame mais de um campeão ou realize jogos durante a semana". Promete um campeonato com 20 clubes, em que o acesso e o descenso serão respeitados. E divulga a sua meta-síntese: a realização da Copa de 1998 no Brasil.

30/11/1988. Octávio Pinto Guimarães reaparece e lança a sua candidatura à reeleição como presidente da CBF.

20/12/1988. Rompendo com Octávio, a quem culpou por "todos os problemas no futebol brasileiro", Nabi Abi Chedid lança a sua candidatura à presidência da CBF.

28/12/1988. Em Teresina, Ricardo Teixeira afirma que não reconhecerá o Clube dos Treze como interlocutor.

01/01/1989. Eurico Miranda admitiu publicamente, pela primeira vez, que será o diretor de futebol da CBF caso Ricardo Teixeira se eleja presidente. Prometeu "negociar com o Clube dos Treze, na medida do possível".

03/01/1989. O presidente da Federação Gaúcha, Rubens Hoffmeister, tenta convencer Octávio e Nabi a desistirem de suas respectivas candidaturas para que haja consenso em torno de Ricardo Teixeira. Seu principal argumento: "as federações ficaram enfraquecidas diante da CBF com a criação do Clube dos Treze", e "o único candidato que não reconhecerá o Clube dos Treze como entidade é Ricardo Teixeira".

04/01/1989. Octávio Pinto Guimarães afirma que apoiará a candidatura de Ricardo Teixeira, mas esclarece que manterá a sua candidatura, para tirar votos de Nabi.

05/01/1989. Eduardo Viana registra oficialmente a candidatura de Ricardo Teixeira, com o apoio de 23 federações (só não assinaram a lista os presidentes das federações da Bahia, Alagoas e Rondônia). Viana fez questão de afirmar que a vitória de Teixeira representará "a derrota não só de Octávio Pinto Guimarães e Nabi Abi Chedid, mas também de Carlos Miguel Aidar, Marcio Braga e Manoel Tubino, os principais instauradores do caos no futebol brasileiro".

06/01/1989. Convencido por Eduardo Viana, Nabi Abi Chedid desiste de sua candidatura e declara apoio a Ricardo Teixeira. Octávio Pinto Guimarães oficializa a sua candidatura, com Beto Zini, presidente do Guarani, de vice.

10/01/1989. Falando como futuro presidente da CBF, Ricardo Teixeira confirma Eurico Miranda como diretor de futebol, Paulo Angioni (também do Vasco) como supervisor e Ives Mendes como diretor da comissão de arbitragem.

16/01/1989. Ricardo Teixeira é eleito por aclamação presidente da CBF. Octávio Pinto Guimarães assume a presidência do Conselho Fiscal da entidade.

30/11/1989. Instado a prestar esclarecimentos no curso do processo movido pelo Sport contra a CBF, Ricardo Teixeira afirma que o processo "está, agora, sem objeto, pois, na oportunidade, o autor foi considerado campeão do Campeonato Brasileiro de 1987 [...]".

24/08/1990. No âmbito do processo movido pelo Sport contra a CBF, o Juiz Federal da 10ª Vara de Pernambuco manda intimar as partes para apresentar suas razões finais, no prazo de cinco dias.

17/09/1990. Vence o prazo para apresentarem-se as razões finais. O Flamengo não as apresenta.

19/07/1992. O Flamengo sagra-se pentacampeão brasileiro, ao empatar com o Botafogo em 2 a 2. É a última vez que a Taça das Bolinhas é entregue ao campeão brasileiro de futebol.

02/05/1994. O Juiz da 10ª Vara Federal de Pernambuco, dr. Élio Wanderley de Siqueira Filho, julga procedentes, em sua totalidade, as pretensões do Sport. Declara válido o regulamento outorgado pela CBF, na vigência de liminar que suspendia a aplicabilidade das resoluções do CND de nº 16/86, 17/86 e 18/86 do CND; afirma que era necessária a aprovação unânime dos membros do conselho arbitral para a modificação desse regulamento; determina à União Federal (CND) e à CBF que "se abstenham de [...] acatar decisão do conselho arbitral tendente à modificação do [...] regulamento"; e determina à CBF que "seja reconhecido o [Sport] como Campeão Brasileiro de Futebol Profissional do ano de 1987". No mesmo dia, extingue o procedimento cautelar iniciado pelo Sport em janeiro de 1988, por perda de objeto.

11/06/1994. A sentença é publicada no Diário Oficial da União.

27/06/1994. Vence o prazo para o Flamengo interpor recurso de apelação. O Flamengo não recorre.

10/08/1994. A União recorre da sentença de 2 de maio, mas insurge-se apenas contra o dispositivo que a condena a pagar custas e honorários advocatícios.

24/04/1997. Por unanimidade, a 1ª Turma do Tribunal Federal da 5ª Região (Recife) nega provimento à apelação da União. O voto do juiz relator Abdias Patrício Oliveira limita-se a afirmar que o ato do CND que determinou a convocação do conselho arbitral demonstra que a União "interferiu na realização do referido campeonato". Os demais membros da Turma — Paulo Roberto de Oliveira Lima e José Maria Lucena — não fundamentaram seus votos.

09/06/1997. Reunião do Clube dos Treze aprova o ingresso do Sport, Coritiba e Goiás na entidade. Também decide "levar ao Presidente da CBF o desejo, refletido em ofício, da vontade da unanimidade do Clube dos Treze de ver declarado pela Confederação a condição de dois campeões e dois vice-campeões naquele Campeonato Brasileiro de 1987, [...] quais sejam: Esporte [sic], Flamengo, Guarani e Internacional".

09/12/1997. O presidente do Clube dos Treze, dr. Fabio Koff, dirige ofício ao presidente da CBF com a "sugestão de que sejam reconhecidos o Clube de Regatas do Flamengo, vencedor do Módulo Verde, e o Sport Club Internacional, segundo colocado, também como campeão e vice-campeão brasileiro de 1987, fazendo companhia a Sport Club Recife e ao Guarani Futebol Clube, respectivamente, na conquista de tais títulos".

15/08/1997. O Ministério Público Federal interpõe recurso especial contra a decisão em favor do Sport. Insiste na tese da ilegitimidade passiva da União e sustenta que, não tendo sido previamente aprovado na instância própria, o regulamento do campeonato de 1987 poderia, sim, ser submetido ao conselho arbitral em janeiro de 1988.

03/11/1997. O vice-presidente do TRF da 5ª Região, dr. José Maria Lucena, inadmite o recurso especial da União, por questões puramente de cabimento e de procedimento.

10/03/1999. O STJ nega provimento ao agravo de instrumento interposto pela União diante da decisão do tribunal recorrido, por entender que a matéria em exame, objeto de ato administrativo do CND, não é objeto de lei federal em sentido estrito, não cabendo, portanto, recurso especial. Oficiou de relator o ministro Waldemar Zveiter.

23/03/1999. Publicada no Diário da Justiça a decisão do STJ.

05/04/1999. Decurso do prazo legal, sem apresentação de recursos ulteriores. A decisão de fundo em favor do Sport transita em julgado.

31/10/2007. O São Paulo bate o América de Natal por 3 a 0 e conquista o seu quinto Campeonato Brasileiro.

12/04/2010. A CBF, amparada em parecer jurídico, comunica seu entendimento de que a Taça das Bolinhas deve ser entregue ao São Paulo.

16/04/2010. O Flamengo protocola, junto à CBF, pedido de reconsideração de sua decisão de não reconhecê-lo como campeão brasileiro de futebol de 1987.

10/12/2010. Ricardo Teixeira emite a Resolução da Presidência [da CBF] nº 03/2010, pela qual "ficam reconhecidos como campeões brasileiros os clubes que venceram a disputa da Taça Brasil de 1959 a 1968 e pelo Torneio Roberto Gomes Pedrosa/Taça de Prata entre 1967 e 1970".

14/02/2011. O Flamengo ajuíza ação cautelar perante a Justiça estadual do Rio pedindo "que se determine à CBF e à [...] Caixa Econômica Federal [...] que se abstenham de entregar [a taça das bolinhas] ao São Paulo Futebol Clube". A despeito disso, a presidente da Caixa Econômica Federal, Maria Fernanda Ramos Coelho, que não fora intimada da decisão, faz entrega da taça ao presidente do São Paulo, Juvenal Juvêncio, na sede da CEF na Avenida Paulista.

21/02/2011. Ricardo Teixeira resolve, por meio da Resolução da Presidência [da CBF] nº 02/2011, reconhecer o Flamengo e o Sport como "campeões brasileiros de futebol profissional de 1987", e o Internacional e o Guarani como vice-campeões.

22/02/2011. O juiz substituto a cargo da 50ª vara cível do Rio, dr. Gustavo Quintanilha Telles de Menezes, diante de agravo da CBF, mantém a liminar em favor do Flamengo e determina a intimação do presidente do São Paulo para entregar a Taça de Bolinhas à CEF, no prazo de 24 horas, "devendo o troféu permanecer sob a guarda da [CEF] até o trânsito em julgado do processo principal".

23/02/2011. O Sport requer o desarquivamento do processo que movera contra a CBF em 1988, após a decisão da CBF de considerar também o Flamengo campeão brasileiro de 1987.

25/02/2011. O Sport apresenta interpelação judicial contra Ricardo Teixeira, instando-o a declarar nula a RDP 02/2011, "sob pena de imputação da prática de ato ilícito no âmbito da responsabilidade administrativa, cível e criminal". O São Paulo ajuíza ação cautelar pedindo a manutenção da posse da Taça das Bolinhas.

02/03/2011. A Justiça Federal de São Paulo concede liminar ao São Paulo para que mantenha a posse da Taça das Bolinhas, "até que haja alguma outra determinação, judicial ou não". Em Brasília, a Ministra Maria Isabel Gallotti, do STJ, não acolhe reclamação do São Paulo contra a liminar de 14 de fevereiro, em favor do Flamengo, por entender que não estavam esgotadas as demais vias recursais.

05/05/2011. O Sport insurge-se contra a resolução da presidência da CBF de nº 02/2011: ajuíza ação de cumprimento de sentença condenatória, em que pede seja a CBF condenada a anular a resolução em apreço, sob pena de intervenção judicial.

26/05/2011. O desembargador federal Nelson dos Santos, ao analisar agravo de instrumento interposto pelo Flamengo no processo da Taça das Bolinhas, suspende os efeitos da liminar de 2 de março, por entender que não está configurado um dos requisitos do pedido de manutenção na posse: a turbação de direito possessório.

27/05/2011. O juiz titular da 10ª Vara Federal de Pernambuco, dr. Edvaldo Batista da Silva Júnior, acolhe o pedido do Sport, determinando à CBF que revogue a RDP 02/2011 e edite nova resolução "na qual conste expressamente que, em estrita obediência à sentença [...], reconhece [o Sport] como único campeão brasileiro de futebol profissional", "sem prejuízo de ser deflagrado procedimento de apuração de crime de desobediência" contra Ricardo Teixeira.

07/06/2011. O São Paulo Futebol Clube solicita ser admitido como assistente litisconsorcial do Sport no âmbito do processo, alegando interesse jurídico na manutenção da Taça das Bolinhas.

14/06/2011. Em cumprimento à sentença de 27 de maio, Ricardo Teixeira emite a Resolução da Presidência nº 06/2011, revogando a RDP 02/2011 e, "em estrita obediência à sentença", reconhecendo "como único campeão brasileiro de futebol profissional de 1987 o Sport Club do Recife". Esclarece que a medida entra em vigor naquele mesmo dia, "não obstante o ato judicial ser passível de recurso e apesar de [a CBF] entender que o reconhecimento do título de campeão nacional de 1987 também ao Clube de Regatas do Flamengo não contraria os limites da coisa julgada".

27/06/2011. O Flamengo interpõe agravo de instrumento contra a decisão liminar de 27 de maio. Alega que a decisão ultrapassou os limites da coisa julgada, uma vez que pretende impor à CBF obrigação diversa daquela que decorre da sentença de 1994: reconhecer o Sport como *único* campeão brasileiro de 1987, em lugar de reconhecê-lo como campeão de 1987. Sustenta que o Sport jamais se insurgiu, pela via apropriada, contra a decisão do CND que reconheceu o Flamengo como campeão, e que também esta decisão fez coisa julgada. E alega que o Sport pretender, agora, impedir o reconhecimento do título do Flamengo é *venire contra factum proprium*, à luz dos resultados da assembleia geral do Clube dos Treze de 9 de Junho de 1997. A CBF também interpõe agravo de instrumento. Alega, como o Flamengo, que a decisão ultrapassou os limites da coisa julgada. Alega ainda que, "não havendo hierarquia ou incompatibilidade entre as decisões proferidas" pela Justiça Federal e pelo CND, cada clube poderia ser reconhecido como campeão "em esferas distintas".

28/06/2011. O relator dos agravos do Flamengo e da CBF, dr. Francisco de Barros e Silva, nega provimento aos dois recursos, por não enxergar abuso ou ilegalidade flagrantes na decisão recorrida, nem perigo de dano irreparável ou de difícil reparação.

26/09/2011. O juiz a cargo da 10ª Vara Federal de Pernambuco, dr. Edvaldo Batista da Silva Júnior, prolata sentença declarando satisfeita a pretensão do Sport, com a revogação da RDP 02/2011 e a declaração do clube pernambucano como o único campeão brasileiro de 1987, "extinguindo o processo com resolução do mérito".

05/03/2012. O Flamengo interpõe recurso de apelação contra a sentença de 26 de setembro de 2011, pedindo a sua anulação, bem como a da RDP 06/2011, com a repristinação da RDP 02/2011. Reitera todos os argumentos trazidos aos autos, aos quais agrega o de que a sentença apelada viola o princípio constitucional da autonomia desportiva.

28/03/2012. A Advocacia-Geral da União abre mão do direito de recorrer.

19/07/2012. A 1ª Turma do TRF da 5ª Região (Recife), por unanimidade, nega provimento à apelação do Flamengo, por entender que a RDP 02/2011 violara a coisa julgada, na medida em que a sentença de 1994 "reconheceu ser o Flamengo um não-campeão" (sic). A sentença jamais se pronuncia sobre o possível efeito preclusivo do trânsito em julgado da decisão do CND, contra a qual o Sport não se insurgiu.

05/03/2013. O Flamengo interpõe recurso especial, pedindo seja declarada "válida, eficaz e juridicamente correta" a RDP 02/2011 ou, subsidiariamente, seja autorizada a CBF a editar nova resolução no mesmo sentido. Alega, uma vez mais, inobservância dos limites da coisa julgada, eficácia preclusiva da coisa julgada do CND e o *venire contra factum proprium* por parte do Sport. Na mesma data, o Flamengo interpõe recurso extraordinário, com os mesmos pedidos, mas amparado nos seguintes fundamentos constitucionais: a sentença recorrida violou o princípio da autonomia desportiva (art. 217, I, da CF), ao imiscuir-se em questão de mérito desportivo da exclusiva alçada da CBF; ao extinguir de forma prematura o feito, e ao furtar-se a analisar os argumentos do Flamengo, violou as garantias constitucionais da inafastabilidade do Poder Judiciário, do contraditório, da ampla defesa, do devido processo legal e do duplo grau de jurisdição; e, ao acolher pedidos não deduzidos na petição inicial do Sport, deturpou os limites da coisa julgada material.

03/12/2013. A relatora dos recursos especiais do Flamengo e da CBF no STJ, ministra Nancy Andrighi, dá provimento a ambos os recursos. Reconhece como "inadequado" o procedimento adotado pelo Sport (a ação de cumprimento de sentença) para obter a revogação da RDP 02/2011, pelo menos doze anos depois de a referida sentença já ter sido efetivamente cumprida, "ao invés de, por instrumentos processuais adequados, buscar retirar do mundo jurídico a referida resolução". A ministra não se pronuncia sobre suposta aceitação, pelo Sport, da divisão do título por ocasião da assembleia geral do Clube dos Treze de 1997, mas afirma que a sentença de 2011 de fato extrapolou os limites da coisa julgada. Imediatamente após o voto da relatora, o ministro Sidnei Beneti pediu vista do processo.

01/04/2014. O ministro Sidnei Beneti diverge da relatora e nega provimento aos recursos especiais. Sustenta, em essência, que sentenças declaratórias podem servir de base à execução forçada, pelo que o procedimento escolhido pelo Sport não seria inadequado. No mais, dá por assentado que houve violação à coisa julgada. Na mesma data, o ministro João Otávio de Noronha acompanha o voto de Sidnei Beneti.

08/04/2014. Na retomada do julgamento dos recursos especiais, os ministros Paulo de Tarso Sanseverino e Ricardo Villas Bôas Cueva acompanham o voto do ministro Sidnei Beneti, negando provimento aos recursos. Diante disso, por maioria (4 a 1), o STJ negou provimento aos recursos especiais do Flamengo e da CBF. Nem o acórdão nem qualquer dos votos tratou da suposta aceitação, pelo Sport, da divisão do título, por ocasião da assembleia geral do Clube dos Treze, em 1997.

06/03/2015. A ministra Laurita Vaz, do STJ, admite o recurso extraordinário do Flamengo, por entender estarem preenchidos os pressupostos (repercussão geral, violação aos arts. 5º, XXXVI, e 217, I, da Constituição da República).

01/03/2016. O ministro Marco Aurélio Mello, do STF, nega provimento ao recurso extraordinário do Flamengo. Uma vez mais, dá por assentado que houve violação à coisa julgada, sem desenvolver seu raciocínio, e que o princípio do respeito à coisa julgada "possui envergadura maior" que o da autonomia das entidades desportivas dirigentes.

18/04/2017. A primeira turma do STF, por três votos a um, confirma o entendimento do ministro Marco Aurélio Mello e não acolhe o recurso extraordinário do Flamengo. O único voto divergente foi o do ministro Luís Roberto Barroso, que entendeu estarem observados os requisitos do recurso e, no mérito, que a RDP nº 02/2011 não violaria a coisa julgada decorrente da sentença de 02/05/1994. Acompanharam o relator os ministros Alexandre de Moraes e Rosa Weber.

NOTAS E REFERÊNCIAS

1 **INTRODUÇÃO** "Flamengo é campeão no Maracanã." *Diário de Pernambuco*, Recife, 14 de dezembro de 1987, p. A-17.

2 João Saldanha. "Mama mia." *Jornal do Brasil*, Rio de Janeiro, 16 de setembro de 1987, p. 23.

3 A expressão e o juízo são de ninguém menos que Marcio Braga, presidente do Flamengo em 1987, em entrevista concedida a este autor a 24 de fevereiro de 2016.

4 Ao longo da vida, Eduardo Viana foi indiciado ou denunciado por formação de quadrilha, estelionato, fraude processual e falsidade ideológica, além do desvio de mais de 800 mil reais originários da venda de ingressos no Maracanã. Não consta que tenha sido condenado, e o autor emprega aqui a palavra "prontuário" em seu sentido corrente de "ficha que contém os dados pertinentes de uma pessoa" (*Houaiss*), sem desconsiderar a presunção de inocência. Sobre os inquéritos e processos a que respondeu, ao longo da vida, o sr. Eduardo Viana, ver "Morre Eduardo Viana e chega ao fim Era Caixa d'Água na FERJ". *O Globo*, Rio de Janeiro, 21 de agosto de 2006. < http://oglobo.globo.com/esportes/morre-eduardo-viana-chega-ao-fim-era-caixa-dagua-na-ferj-4564759 >. Acesso em 24 de dezembro de 2016.

I

5 Confederação Brasileira de Futebol. Resolução da Presidência n° 03/2010. Rio de Janeiro, 20 de dezembro de 2010. Resolução da Presidência n° 02/2011. Rio de Janeiro, 21 de fevereiro de 2011.

6 Ubiratan Leal e Felipe dos Santos Souza. "Antes do Big Bang". *Trivela*, São Paulo, maio de 2009. Disponível em < http://trivela.uol.com.br/antes-do-big-bang/ >. Acesso em 24 de dezembro de 2016.

7 Mauro Beting. "Taça Brasil e Robertão". *Portal Lance!*, 14 de dezembro de 2010. Disponível em < http://blogs.lance.com.br/maurobeting/2010/12/14/taca-brasil-e-robertao-2/ >. Acesso em 24 de dezembro de 2016.

8 A bem da verdade, a partir de 1965, o participante carioca não era propriamente o campeão da cidade, mas o vencedor da Taça Guanabara, um torneio paralelo que se criou com o propósito específico de selecionar o representante do estado na Taça Brasil.

Quanto aos clubes de São Paulo, convém assinalar que nenhum deles participou da Taça Brasil de 1968: Palmeiras (campeão da Taça Brasil de 1967) e Santos (campeão paulista de 1967) declinaram do convite, diante da decisão da CBD de não mais contemplar os vencedores com vagas na Libertadores.

9 Joaquim Ferreira dos Santos. *Feliz 1958, o ano que não devia terminar*. Rio de Janeiro, Record, 1997.

10 "Notícias diversas." *Jornal do Brasil*, Rio de Janeiro, 19 de dezembro de 1947, p. 9. "A ida do Vasco ao Chile depende do Torneio do Atlântico." *O Globo*, Rio de Janeiro, 19 de dezembro de 1947.

Fique o registro de que o Vasco da Gama venceu a competição com méritos inegáveis, e provavelmente era mesmo o melhor clube do Brasil, com Barbosa, Augusto, Eli do Amparo, Danilo, Friaça e, já em 1948, o consagradíssimo Ademir Menezes (de volta de sua temporada tricolor, em 1947). Mas a torcida do Palmeiras terá razão de queixar-se de que o seu time, campeão paulista de 1947, com Oberdan Cattani, Zezé Procópio e Waldemar Fiúme, deveria ao menos ter tido a oportunidade de disputar com o Vasco da Gama o posto de representante brasileiro.

Em 2000, o Palmeiras, campeão da Libertadores de 1999, viu a história repetir-se ao ser preterido na escolha dos representantes brasileiros do primeiro Mundial de Clubes organizado diretamente pela FIFA, que preferiu arregimentar o Corinthians (campeão brasileiro de 1999) e o mesmo Vasco da Gama (campeão da Libertadores de 1998).

11 A bem da verdade, a partir de 1961, reservou-se uma vaga adicional para o campeão da edição precedente da Taça Brasil. Com isso, passou a ser possível a participação de dois clubes do mesmo estado (ou seja, do estado de onde vinha o campeão vigente da Taça Brasil). Os clubes cariocas e gaúchos nunca se beneficiaram dessa regra, eis que nenhum gaúcho jamais venceu a disputa, e o único carioca a sagrar-se campeão, o Botafogo, fê-lo apenas na última edição do torneio, a de 1968. De todo modo, foi graças a essa regra que o Santos participou em 1964, e o Palmeiras em 1961 e 1968, embora não tenham sido campeões paulistas no ano precedente. Em 1965 e 1966, o Palmeiras foi convidado a participar, mesmo sem ostentar o título de campeão estadual, aparentemente porque o Santos acumulara, no ano anterior, os títulos de campeão paulista e campeão da Taça Brasil. Pela mesma razão, aparentemente, o Atlético Mineiro participou da disputa em 1967, após o Cruzeiro vencer a Taça Brasil e o Campeonato Mineiro de 1966.

12 "Historiador critica comparações de Copa do Brasil com Taça Brasil". *Portal Terra*, 20 de dezembro de 2010. Disponível em < http://esportes.terra.com.br/futebol/copa-do-brasil/historiador-critica-comparacoes-de-copa-do-brasil-com-taca-brasil,e0b59329da49a310VgnCLD200000bbcceb0aRCRD.html >. Acesso em 24 de dezembro de 2016. Ver também José Carlos Peres e Odir Cunha. *Dossiê: unificação dos títulos brasileiros a partir de 1959*. São Paulo, Saraiva, 2010.

13 Para as estimativas de público, usaram-se as cifras da The Rec.Sport.Soccer Statistics Foundation (RSSSF), disponíveis em < http://www.rsssfbrasil.com > (acesso em 15 de agosto de 2016). A imprensa da época preferia registrar a renda em lugar do público. Para a finalíssima de 1966, por exemplo, *O Globo* acusou uma renda de Cr$ 65.146.000 (algo como 88 mil reais, em valores de 2016).

14 O *Correio da Manhã* registrou um público de 34.588 e renda de NCr$ 84.575; o *Jornal do Brasil*, a Última Hora, a *Gazeta Esportiva* e *A Tribuna* registraram público de 13.588 e renda de NCr$ 34.006,75. Ver The Rec.Sports. Soccer.Statistics.Foundation (RSSSF) < http://www.rsssfbrasil.com/tablesae/cbr1968.htm >. Acesso em 24 de dezembro de 2016.

15 "Cruzeiro, novo campeão da Taça Brasil". *O Globo*, Rio de Janeiro, 8 de dezembro de 1966. "Cruzeiro vira jogo com Santos, ganha por 3 a 2 e é o campeão". *Jornal do Brasil*, Rio de Janeiro, 8 de dezembro de 1966.

16 "Até que enfim o Campeonato Nacional. Mas tem que melhorar." *Placar*, São Paulo, 12 de fevereiro de 1971, p. 2.

17 "1966: sonho do tri se transforma em vexame histórico." *Portal Terra*, 25 de abril de 2010. Disponível em < http://esportes.terra.com.br/futebol/copa-do-mundo/2010/1966-sonho-do-tri-se-transforma-em-vexame-historico,-f2ead71d4e13d310VgnCLD200000bbcceb0aRCRD.html >. Acesso em 24 de dezembro de 2016.

18 V. Nelson Rodrigues. *À sombra das chuteiras imortais*. São Paulo, Companhia das Letras, 1993. *A pátria em chuteiras*. São Paulo, Companhia das Letras, 1994.

19 Cláudio Mello e Souza. "Os melhores, onde estão os melhores?" *O Globo*, Rio de Janeiro, 7 de julho de 1987, p. 27.

20 Armando Nogueira. "Na grande área". *Jornal do Brasil*, Rio de Janeiro, 8 de dezembro de 1966, p. 19.

21 Armando Nogueira. "Na grande área". *Jornal do Brasil*, Rio de Janeiro, 9 de novembro de 1966, p. 19.

22 A 28 de outubro de 1966, o diário *O Globo*, com uma empáfia talvez injustificada, naquela altura, já especulava se "o futebol montanhês" não tinha desbancado o gaúcho do posto de "terceira força" do futebol brasileiro. "A terceira força". *O Globo*, Rio de Janeiro, 28 de outubro de 1966, p. 17.

23 Armando Nogueira. "Na grande área". *Jornal do Brasil*, Rio de Janeiro, 6 de novembro de 1966, p. 31.

24 "CBD vai ter seleção seguindo plano de federações". *Jornal do Brasil*, Rio de Janeiro, 22 de outubro de 1966, p. 20.

25 "Falcão só aceita 2 clubes de Minas no Rio-São Paulo". *Jornal do Brasil*, Rio de Janeiro, 7 de outubro de 1966, p. 19.

26 "Cariocas e paulistas terão 5 clubes no torneio com gaúchos e mineiros". *Jornal do Brasil*, Rio de Janeiro, 2 de dezembro de 1966, p. 20.

27 Conversão feita a 15 de agosto de 2016.

28 Armando Nogueira. "Na grande área". *Jornal do Brasil*, Rio de Janeiro, 22 de dezembro de 1966, p. 21.

29 Segundo a crônica da época, os dois marcaram aos 24 minutos do primeiro tempo. O tento seguinte da jornada, aos 26, no Pacaembu, foi do rubro-negro Ademar Pantera.

30 "Derrotando o Grêmio, Palmeiras é campeão." *O Globo*, Rio de Janeiro, 9 de junho de 1967, p. 14.

31 "Torneio que começa hoje é um começo de caminho." *Jornal do Brasil*, Rio de Janeiro, 5 de março de 1967, p. 28.

32 A 21 de dezembro de 1970, O Globo estampou na capa, em letras garrafais, a sua manchete principal: "Fluminense, campeão do Brasil". (Ao lado, com o mesmo destaque, "Polônia: cai Gomulka".)

33 Como nota de rodapé, é de se ressaltar que o único lugar para o Sport do Recife, já aqui, é apenas esta nota de rodapé, aliás dispensável.

34 Odir Cunha. "Campeonato Nacional, um retrocesso idealizado pelo governo militar." *Blog do Odir Cunha*, 11 de dezembro de 2010. Disponível em < http://blogdoodir.com.br/2010/12/campeonato-nacional-de-1971-foi-um-retrocesso-no-futebol-brasileiro/ >. Acesso em 24 de março de 2016.

35 "Exclusivo: vai mudar tudo no nosso futebol." *Placar*, São Paulo, 14 de outubro de 1970, pp. 34-36.

36 Ibid.

37 "Até que enfim o Campeonato Nacional. Mas tem que melhorar." *Placar*, São Paulo, 12 de fevereiro de 1971, pp. 2-3.

38 E aqui aparece, na nota de rodapé, como corresponde, o Sport do Recife. O Sport entrou, por assim dizer, pela janela, eis que não foi nem campeão, nem vice do estadual pernambucano.

39 "A Primeira Grande Guerra". *Placar*, São Paulo, 28 de maio de 1971, p. 14.

40 No caso do Paraná, registrou-se uma demonstração de patriotismo local comovedora: Atlético e Ferroviário, os quadros excluídos, emprestaram jogadores seus ao Coritiba, para reforçá-lo e permitir ao estado fazer bom papel no torneio.

41 A saber, Flamengo, Vasco da Gama, Fluminense, Botafogo, Corinthians, Palmeiras, São Paulo, Santos, Atlético Mineiro, Cruzeiro, Internacional e Grêmio.

42 E é bem provável que a fórmula tenha dado ensejo a injustiças e manipulações. Em 1971, o Olaria Atlético Clube fizera grande investimento em seu time, trazendo, entre outros, o craque rebelde Afonsinho, escorraçado do Botafogo e acolhido na rua Bariri pelo empreendedor português Álvaro da Costa Melo. O Olaria foi o terceiro colocado no Campeonato Carioca, mas queixou-se do calendário da fase final, supostamente feito sob medida para que o América obtivesse melhores rendas. O América foi, afinal, o quinto representante carioca no Campeonato Brasileiro. Em São Paulo, em 1971 como em 1970, estabeleceu-se disputa entre a Portuguesa e a Ponte Preta, e aparentemente a tabela de 1971, na fase final, foi mais generosa com a Lusa do que com a Macaca. Ver "A Primeira Grande Guerra". *Placar*, São Paulo, 28 de maio de 1971, p. 14. Ver também "Olaria abandona campeonato reclamando da tabela". *Jornal do Brasil*, Rio de Janeiro, 8 de junho de 1971, p. 30.

43 "O Nacional vale a pena." *Placar*, São Paulo, 19 de novembro de 1971, pp. 8-12.

44 O expediente lembra a manobra vascaína para conquistar a Taça Salutaris, ofertada pelo *Jornal do Brasil* ao clube "mais querido" do país, em 1927. Como se sabe, a manobra foi frustrada pela superior malandragem da torcida rubro-negra, e a Taça Salutaris está até hoje na posição de maior destaque na sala de troféus do Flamengo. Se aqui tampouco houve santos, as décadas que se seguiram encarregaram-se de demonstrar que o Flamengo é, sim, inegavelmente, o mais querido do Brasil.

45 "A longa semana de loucuras." *Placar*, São Paulo, 17 de setembro de 1971, pp. 10-11.

46 Salvo esclarecimento em sentido contrário, todas as médias de público utilizadas nesta obra são as registradas pela Rec.Sport.Soccer Statistics Foundation (RSSSF) em < http://www.rsssfbrasil.com/miscellaneous/pub-

campnac.htm >. É de se ressaltar que, ali, para o ano de 1987, figuram apenas as médias da Copa União (o "módulo verde" do jargão da CBF). Noutras palavras, para a conceituada RSSSF, o público do campeonatinho do Sport não merece nem nota de rodapé. Acesso em 25 de março de 2016.

47 Carlos Eduardo Sarmento. *A regra do jogo: uma história institucional da CBF*. Rio de Janeiro, CPDOC-FGV, 2006, p. 139.

48 Os meios de comunicação paulistas preferem não registrá-lo, então façamo-lo nós. Não se trata aqui de desmerecer a tocante mobilização dos corintianos, que chegaram mesmo a engarrafar a via Dutra, a caminho do Maracanã, mas permanece o *fato*: a torcida do Corinthians só pôde dividir o Maracanã com a do Fluminense por causa do imenso afluxo de torcedores do Flamengo.

O episódio é conhecido no Rio de Janeiro e está na gênese da torcida Raça Rubro-Negra. Ao longo de 1976, um grupo de rubro-negros vinha buscando arregimentar sócios fundadores para uma nova torcida organizada, e fazia-o por meio de campanha habilidosa de *marketing*, que jogava com a curiosidade dos frequentadores do Maracanã ("vem aí o maior movimento de torcidas do Brasil"). Partiu dessa mesma gente a convocatória da nação rubro-negra para o jogo Fluminense x Corinthians, na semifinal daquele ano. Naquela ocasião, o que viria a ser a Raça comprovou definitivamente a sua superior capacidade de mobilização. A torcida foi oficialmente fundada em 24 de abril de 1977.

Este autor esclarece que foi membro da Raça por um breve período, ali entre 1992 e 1993. Nunca cometeu crimes, salvo, talvez, os de calúnia, injúria e difamação, no calor das partidas.

49 O primeiro tinha sido o Náutico da segunda metade dos anos 60, com Bita, Lalo e Zé Carlos, que fez excelentes campanhas em seguidas edições da Taça Brasil.

50 Registre-se que João Havelange já consignara essa recomendação em seu último relatório de gestão na CBD, em 1974.

51 Não confundir com a Taça de Prata homônima disputada entre 1968 e 1970.

52 Essa é uma explicação simplificada do que ocorreu. Evidentemente, a criatividade de nossos cartolas produziu incontáveis pequenas inovações a cada ano, o que, no entanto, não invalida a tese principal: a de que se estabilizou a fórmula. O campeonato de 1985 foi um caso especial, e será explicado em maior detalhe mais adiante.

53 Registre-se, por honestidade, que o impedimento que o juiz marcara segundos antes de fato não existiu.

54 Em nota de rodapé, como corresponde, tratamos das acusações históricas da torcida do Sport do Recife, de cuja participação neste campeonato ninguém se lembra, de que o Flamengo teria sido beneficiado pelo juiz nas oitavas de final, contra o time pernambucano. O sr. Oscar Scolfaro de fato equivocou-se feio ao anular um gol do Sport, que àquela altura lhe daria a classificação. O que a torcida do Sport prefere ocultar — ignorando o lance nas montagens tendenciosas que andam pelo YouTube — é que Scolfaro também anulou um gol legítimo de Leandro. Na avaliação da *Placar* (09/04/1982, p. 76), "o Sport foi melhor em todo o jogo. Cada time teve um gol anulado erradamente. *Final justo.*" Ver, também, "Fla perde mas garante a vaga." *O Globo*, Rio de Janeiro, 1º de abril de 1982, p. 30.

55 Os gremistas, até o dia de hoje, hão de jurar que quem tirou a bola foi Andrade, e com a mão. Confundiram, coitados, a cor da pele do grande volante com a cor da manga do grande goleiro. Mas, se é questão de chorar misérias, esquecem-se de contar que, no primeiro tempo, Leão dá uma cotovelada na cara de Nunes, dentro da área, num pênalti claro que o juiz ignorou. Foi um lance *idêntico* ao que levou à expulsão do mesmíssimo Leão, ao pênalti convertido por Zenon e à vitória do Guarani sobre o Palmeiras por 1 a 0, no primeiro jogo da final de 1978.

II

56 Os dados sobre crescimento econômico são do Banco Mundial; sobre o desemprego, do Fundo Monetário Internacional.

57 Roberto Campos. *A lanterna na popa*. Volume II. Rio de Janeiro, Topbooks, 2004 (4ª edição), p. 1099.

58 Miriam Leitão. *Saga brasileira: a longa luta de um povo por sua moeda*. Rio de Janeiro, Record, 2011, pp. 94-95.

59 "Portugal dá início ao seu campeonato. Com 265 brasileiros." *O Globo*, Rio de Janeiro, 23 de agosto de 1987, p. 43.

60 "O mistério Zico". *Placar*, São Paulo, 5 de abril de 1985. "O mistério Zico: como um refém." *Placar*, São Paulo, 12 de abril de 1985.

61 "Addio a Lamberto Mazza, il presidente che portò Zico." *La Repubblica*, Roma, 20 de agosto de 2012. Disponível em < http://www.repubblica.it/sport/calcio/serie-a/udinese/2012/08/20/news/addio_a_lamberto_mazza_il_presidente_che_port_zico-41233101/ >. Acesso em 25 de dezembro de 2016.

62 As novas gerações não imaginam o poder que tinha o *jogo do bicho* no Rio de Janeiro dos anos 80. Além do Bangu, em breve o Botafogo teria de recorrer ao mecenato de outro notório contraventor, o sr. Emil Pinheiro. Em 1987, a Polícia Federal chegou a abrir inquérito para investigar um acordo entre a cúpula do bicho e o candidato brizolista ao Governo do Estado em 1986, o professor Darcy Ribeiro, num episódio batizado pela crônica política e policial de *acordo da churrascaria*. Ver "Apoio a Darcy leva 'Anísio' a depor na Polícia". *O Globo*, Rio de Janeiro, 15 de julho de 1987, p. 5.

63 "Começa o show que vale ouro." *Placar*, São Paulo, 25 de janeiro de 1985, p. 4.

64 Ibid.

65 Entre os grandes clubes, originários dos grupos A e B, classificaram-se Atlético Mineiro, Bahia, Corinthians, Coritiba, Flamengo, Guarani, Internacional e Vasco da Gama. Entre os pequenos, originários dos grupos C e D, classificaram-se Bangu, Brasil de Pelotas, Ceará, CSA (de Jacozinho), Joinville (SC), Mixto (MS), Ponte Preta e Sport do Recife.

66 "Começa o show que vale ouro." *Placar*, São Paulo, 25 de janeiro de 1985, p. 4.

67 "Enfim, as finais que o Brasil merece." *Placar*, São Paulo, 26 de julho de 1985, p. 3.

68 Georges Marchais. "Les documents préparatoires : une démarche ouverte, une démarche de combat." *L'Humanité*, Paris, 13 de fevereiro de 1979.

69 "As trapaças do destino." *Placar*, São Paulo, 30 de junho de 1986, pp. 21-22.

70 "As mágoas de Giulite". *Placar*, São Paulo, 20 de janeiro de 1986, p. 70. "Moisés é o meu candidato à Seleção." *Placar*, São Paulo, 16 de agosto de 1985, p. 36.

71 "É proibida a entrada de freiras." *Placar*, São Paulo, 20 de janeiro de 1986, pp. 24-29.

72 A *Frente Liberal* (depois Partido da Frente Liberal), recorde-se, surgiu em 1984 para abrigar os dissidentes do PDS que não aceitavam a candidatura de Paulo Salim Maluf à Presidência da República.

73 Sobre a persistência dos vínculos de Marin com Maluf, ver "Dirigentes pefelistas se reunirão para analisar posições do partido". *O Globo*, Rio de Janeiro, 19 de fevereiro de 1987, p. 2.

74 Entrevista concedida por Kléber Leite, 22 de fevereiro de 2016.

75 "É proibida a entrada de freiras." *Placar*, São Paulo, 20 de janeiro de 1986, pp. 27-28.

76 Entrevista concedida por Marcio Braga, 25 de maio de 2016.

77 João Saldanha. "Começou a batalha." *Jornal do Brasil*, Rio de Janeiro, 11 de agosto de 1987, p. 20.

78 O autor agradece muito especialmente as aulas que recebeu do próprio Marcio Braga sobre os processos históricos aqui descritos e sobre o funcionamento do chamado Sistema Nacional de Desportos. Sobre os primórdios do sistema, nos anos 30 e 40, ver Roger Kittleson. *The country of football: soccer and the making of modern Brazil*. Oakland, University of California Press, 2014, loc. 874-944 (edição Kindle).

79 No mesmo sentido, ver João Saldanha. "Independência ou morte." *Jornal do Brasil*, 2 de setembro de 1987, p. 20.

80 Os parágrafos precedentes são resultado de duas entrevistas concedidas por Marcio Braga ao autor, em 24 de fevereiro e 25 de maio de 2016. Ver também Marcio Braga. *Coração rubro-negro: histórias do tabelião, cartola e político*. Rio de Janeiro, Ponteio, 2013. Sobre Manoel Tubino, ver Rui Proença Garcia. *Homenagem [ao] Prof. Dr. Tubino, 1939-2008: um homem eterno pela sua obra*. 24° Congresso Internacional de Educação Física, Foz do Iguaçu, 10 a 14 de janeiro de 2009. Disponível em < http://www.cref6.org.br/2009_01_06_livreto_tubino.pdf >. Acesso em 25 de dezembro de 2016.

81 A federação do Amazonas absteve-se.

82 "Maravilha!" *Placar*, São Paulo, 23 de junho de 1986, p. 24.

83 "Quem perdeu, quem ganhou." *Placar*, São Paulo, 7 de julho de 1986, pp. 38-42.

84 "Avião da alegria". *Placar*, São Paulo, 26 de maio de 1986, p. 27. "Mordomias mexicanas", *Placar*, São Paulo, 16 de junho de 1986, p. 30. "Os alegres convescotes da CBF". *Placar*, São Paulo, 6 de julho de 1987, p. 11.

85 Entrevista concedida por Marcio Braga, 24 de fevereiro de 2016.

86 Para estudar a evolução (ou involução) do regulamento nessas duas semanas, convém contrastar o noticiário do dia 11 de agosto de 1986 com a edição da *Placar* da primeira semana da competição. Ver "Flu e Bangu abrem a Copa Brasil para os cariocas." *O Globo*, Rio de Janeiro, 12 de agosto de 1986, p. 24; "Rola, bola". *Placar*, São Paulo, 1° de setembro de 1986, pp. 31-33.

87 Paul A. Samuelson e William D. Nordhaus. *Economia*. Lisboa, McGraw-Hill de Portugal, 1993.

88 Sérgio Cabral. "Papo de esquina: uma política contra os clubes de futebol." *O Globo*, Rio de Janeiro, 5 de setembro de 1986, p. 23.

89 "Vasco propõe Superliga em oposição à CBF." *O Globo*, Rio de Janeiro, 26 de setembro de 1986, p. 26. "Fla aceita discutir liga. Não quer é 'casuísmo.' " *O Globo*, Rio de Janeiro, 27 de setembro de 1986, p. 28.

90 "Um chute desleal, uma fratura na tíbia." *Placar*, São Paulo, 6 de outubro de 1986, p. 21.

91 E nem hoje, a julgar pelo cipoal jurídico que opôs advogados de Portuguesa, Fluminense e Flamengo no caso Héverton, em 2013.

92 "Presidente do STJD prevê briga jurídica se doping ficar provado." *O Globo*, Rio de Janeiro, 8 de outubro de 1986, p. 27. "Confirmado o doping: Vasco está ameaçado." *O Globo*, Rio de Janeiro, 9 de outubro de 1986, p. 34.

93 "Eurico ameaça parar o campeonato se Joinville for beneficiado pela CBF." *O Globo*, Rio de Janeiro, 8 de outubro de 1986, p. 28.

94 "Confirmado o doping: Vasco está ameaçado." *O Globo*, Rio de Janeiro, 9 de outubro de 1986, p. 34.

95 "Liminar inclui o Coritiba na segunda fase." *O Globo*, Rio de Janeiro, 1° de novembro de 1986, p. 30.

96 "Justiça determina a volta do Coritiba à Copa." *O Globo*, Rio de Janeiro, 20 de dezembro de 1986, p. 28.

97 Cláudio Mello e Souza. "Um título que pode ser conseguido sem esforço." *O Globo*, Rio de Janeiro, 26 de dezembro de 1986, p. 17.

98 "Jogadores saem revoltados com violência da segurança paulista." *O Globo*, Rio de Janeiro, 12 de fevereiro de 1987, p. 32.

99 RSSSF. *Brazil 1986 Championship — Copa Brasil*. < http://www.rsssfbrasil.com/tablesae/br1986.htm >. Acesso em 28 de dezembro de 2016.

III

100 Em português: "Sr. Gorbachev, ponha este muro abaixo!"

101 Ao que Ulysses Guimarães retrucou, bem ao gosto da época: "Ingovernável é a fome, a miséria, a doença desassistida." Regina Echeverria. *Sarney, a biografia*. São Paulo, Leya, 2011, p. 425. Ver também Paulo Bonavides e Antonio Paes de Andrade. *História constitucional do Brasil*. Rio de Janeiro, Paz e Terra, 1991, pp. 494-495.

102 Roberto Campos. Op. cit., pp. 1183-1216.

103 Paulo Bonavides e Antonio Paes de Andrade. Op. cit., p. 458.

104 Para uma análise contemporânea algo mais equilibrada sobre virtudes e vícios do futebol argentino, ver "Novamente campeões". *Placar*, São Paulo, 10 de novembro de 1986, pp. 51-55.

105 Renato Maurício Prado. "Maradona resistiria à dupla Otávio e Nabi?" *O Globo*, Rio de Janeiro, 21 de janeiro de 1987, p. 25.

106 "Carlos Alberto fica, mas Nabi não quer mais 'estrangeiros'". *O Globo*, Rio de Janeiro, 5 de julho de 1987, p. 26.

107 Entrevista concedida ao autor por Fernando Araújo, diretor da LIESA, em 26 de fevereiro de 2016. Ver também Hiram Araújo. *Carnaval: seis milênios de história*. Rio de Janeiro, Gryphus, 2003.

108 "Vasco, contra, esvazia a liga independente". "Esteves, a favor, diz que idéia é de Castor". *O Globo*, Rio de Janeiro, 8 de janeiro de 1987, p. 27.

109 Marcio Braga. Op. cit., p. 269.

110 "Clubes pedirão reformulação total a Sarney." *O Globo*, Rio de Janeiro, 21 de fevereiro de 1987, p. 27.

111 "Liminar da Justiça paulista suspende resoluções do CND e favorece Federação do Rio." *O Globo*, Rio de Janeiro, 25 de fevereiro de 1987, p. 29.

112 "Liminar desobriga clubes e desconvoca jogadores". *O Globo*, Rio de Janeiro, 14 de maio de 1987.

113 "Seleção viaja com apenas 17 jogadores". *O Globo*, Rio de Janeiro, 15 de maio de 1987.

114 "Atacante embarca sorridente para se apresentar ao técnico em Londres". *O Globo*, Rio de Janeiro, 19 de maio de 1987, p. 26.

115 "A semana". *Placar*, São Paulo, 30 de março de 1987, p. 58.

116 "STJD confirma Botafogo no campeonato brasileiro". *O Globo*, Rio de Janeiro, 5 de junho de 1987, p. 25.

117 "Justiça Federal garante vaga do Coritiba no campeonato de 87". *O Globo*, Rio de Janeiro, 10 de junho de 1987.

118 "Federações querem manter 28 clubes na Copa Brasil". *O Globo*, Rio de Janeiro, 23 de junho de 1987, p. 25.

119 "Otávio tenta acabar com a briga de dirigentes, leva braçada e cai". *O Globo*, Rio de Janeiro, 24 de junho de 1987, p. 26.

120 "Autores do atentado a Sarney serão enquadrados na Lei de Segurança". "Presidente manteve a calma apesar da violência". *O Globo*, Rio de Janeiro, 27 de junho de 1987, p. 2.

121 "Polícia Federal prende ex-assessor de Brizola". *O Globo*, 30 de junho de 1987.

122 "No comício pelas diretas, líderes do PT ofendem Sarney e pregam quebra-quebra". *O Globo*, Rio de Janeiro, 13 de julho de 1987, p. 2. "DPF apura incitamento do PT à violência". *O Globo*, Rio de Janeiro, 14 de julho de 1987, pp. 1-2.

123 "Diretas violentas". ibid, p. 1.

124 "CBF não tem como fazer Campeonato Nacional". *Jornal do Brasil*, Rio de Janeiro, 8 de julho de 1987, p. 21.

125 "Copa Brasil só com patrocínio". *O Globo*, Rio de Janeiro, 8 de julho de 1987, p. 26.

126 "Sarney pede a Otávio por Botafogo-SP". *O Globo*, Rio de Janeiro, 9 de julho de 1987, p. 26.

127 Regina Echeverria. Op. cit., p. 50.

128 "Presidente da CBF não recebeu o bilhete e fará o possível para atender". *O Globo*, Rio de Janeiro, 9 de julho de 1987, p. 26.

129 "Ministro a Marcio: 'bilhete não interfere'". *O Globo*, Rio de Janeiro, 10 de julho de 1987, p. 26.

130 "Pernambuco acha precedente perigoso". Ibid.

131 "Moto Clube, do Maranhão, também vai pedir uma vaga". Ibid.

132 "João Cunha, irônico, desafia Marcio Braga". *O Globo*, Rio de Janeiro, 11 de julho de 1987, p. 26.

133 "Otávio defende Copa Brasil só para times que não precisam de dinheiro". Ibid.

134 "Só o Botafogo tem vaga garantida no próximo campeonato". *Jornal do Brasil*, Rio de Janeiro, 8 de julho de 1987, p. 11.

135 Sérgio Cabral. "Por uma Constituinte para o nosso futebol". *O Globo*, Rio de Janeiro, 27 de setembro de 1986, p. 27.

136 "Grandes clubes vão promover Copa Brasil por conta própria". *O Globo*, Rio de Janeiro, 12 de julho de 1987, p. 51.

137 "Clube dos Treze leva à CBF proposta da nova Copa Brasil." *O Globo*, Rio de Janeiro, 13 de julho de 1987, Caderno de Esportes, p. 3.

138 "Clube dos Treze leva à CBF proposta da nova Copa Brasil". *O Globo*, Rio de Janeiro, 13 de julho de 1987, Caderno de Esportes, p. 3. "Clube dos Treze dá ultimato à CBF". *O Globo*, Rio de Janeiro, 14 de julho de 1987, p. 24.

139 Ibid.

140 João Saldanha. "Independência ou morte." *Jornal do Brasil*, Rio de Janeiro, 2 de setembro de 1987, p. 20.

141 Cláudio Mello e Souza. "Grupo dos 13: os herdeiros de Maquiavel". *O Globo*, 23 de julho de 1987, p. 31.

142 "Copa União é considerada ilegal". *O Globo*, Rio de Janeiro, 15 de julho de 1987, p. 26.

143 Ibid.

144 "Clubes rejeitam proposta da CBF." *O Globo*, Rio de Janeiro, 16 de julho de 1987, p. 34.

145 "Clube dos Treze vai a Ulysses confirmar a copa independente." *O Globo*, Rio de Janeiro, 17 de julho de 1987, p. 25.

146 "Clubes rejeitam proposta da CBF." *O Globo*, Rio de Janeiro, 16 de julho de 1987, p. 34.

147 "Federações agora querem pedir o 'impeachment' de Otávio e Nabi." *O Globo*, Rio de Janeiro, 21 de julho de 1987, p. 27.

148 "Juiz manda a CBF convocar a assembléia do 'impeachment'." *O Globo*, Rio de Janeiro, 18 de setembro de 1987, p. 25.

149 "Clube dos Treze vira módulo da Copa Brasil." *O Globo*, Rio de Janeiro, 25 de julho de 1987, p. 27.

150 "Clube dos Treze quer só 16 em seu grupo e já se acha vencedor." *O Globo*, Rio de Janeiro, 23 de julho de 1987, p. 31.

151 "Copa Brasil: paulistas tentam tirar Goiás e incluir o Guarani." *O Globo*, Rio de Janeiro, 28 de julho de 1987, p. 25.

152 "Nabi rejeita proposta de América e Santa Cruz." *O Globo*, Rio de Janeiro, 23 de julho de 1987, p. 31.

153 Entrevista de Homero Lacerda à *Resenha do Leão*, 21 de agosto de 2015. Disponível em < https://www.youtube.com/watch?v=mRDpCx_uXj8&list=PLGxcA_QTwlr6sj3z5Lb4BJCqQPA8R2J8d&index=21 >. Acesso em 12 de junho de 2016.

154 "Guarani vai lutar na Justiça contra a CBF." *O Globo*, Rio de Janeiro, 29 de julho de 1987, p. 25.

155 "Nabi tira quem for à Justiça." *O Globo*, Rio de Janeiro, 30 de julho de 1987, p. 32.

156 "Bangu cria polêmica pela vaga." *O Globo*, Rio de Janeiro, 1º de agosto de 1987, p. 26.

157 Ibid.

158 "Caixa só vai pagar recursos aos clubes da Copa Brasil". *O Globo*, Rio de Janeiro, 28 de agosto de 1987, p. 30. "Vilela afirma que Clube dos 13 cedeu além dos limites." *O Globo*, Rio de Janeiro, 9 de setembro de 1987, p. 28.

159 "Copa Brasil vai ser organizada só pelos clubes." *O Globo*, Rio de Janeiro, 12 de julho de 1987, p. 1.

160 "Clube dos Treze leva à CBF proposta da nova Copa Brasil". *O Globo*, Rio de Janeiro, 13 de julho de 1987, Caderno de Esportes, p. 3.

161 "Otávio prefere posar com o troféu Stanley Rous e tomar seu sorvete." *O Globo*, Rio de Janeiro, 14 de julho de 1987, p. 24.

162 "Dirigentes deixam reunião certos de que sua proposta vai ser aprovada." *O Globo*, Rio de Janeiro, 14 de julho de 1987, p. 24.

163 "Ulysses promete apoio à copa organizada pelo Clube dos Treze." *O Globo*, Rio de Janeiro, 18 de julho de 1987, p. 27.

164 "Copa União já tem sua tabela." *O Globo*, Rio de Janeiro, 18 de agosto de 1987, p. 32. "Ministro não apóia Clube dos Treze." *O Globo*, Rio de Janeiro, 13 de agosto de 1987, p. 28.

165 "Clube dos Treze vai a Ulysses confirmar a copa independente." *O Globo*, Rio de Janeiro, 17 de julho de 1987, p. 25.

166 "Dirigentes discutem o Brasileiro e deixam Otávio e Nabi fora da reunião." *O Globo*, Rio de Janeiro, 7 de agosto de 1987, p. 27.

167 "Clube dos 13 fará a sua copa, com ou sem a CBF." *O Globo*, Rio de Janeiro, 8 de agosto de 1987, p. 27.

168 "CBF divulga rodada inicial de um grupo da Copa Brasil." *O Globo*, Rio de Janeiro, 14 de agosto de 1987, p. 25.

169 "Copa União: Fla já tem a rodada inicial." *O Globo*, Rio de Janeiro, 15 de agosto de 1987, p. 24.

170 "Copa União já tem sua tabela... E CBF divulga a da Copa Brasil." *O Globo*, Rio de Janeiro, 18 de agosto, p. 32.

171 "Federações exigem renúncia ou 'impeachment' de Otávio e Nabi. *O Globo*, Rio de Janeiro, 17 de agosto de 1987, Caderno de Esportes, p. 3.

172 "Eduardo Viana impõe condições para mediar um acordo com as federações." *O Globo*, Rio de Janeiro, 20 de agosto de 1987, p. 29.

173 "Clube dos Treze recebe convite para Torneio Ronald Reagan, nos EUA." "Marcio não aceita fórmula da CBF para Copa Brasil." *O Globo*, Rio de Janeiro, 24 de julho de 1987, pp. 23-24. "Aidar comanda a reação e desafia: 'Vamos ver quem tem mais força'." *O Globo*, Rio de Janeiro, 25 de julho de 1987, p. 27.

174 "Clube dos Treze quer só 16 em seu grupo e já se acha vencedor." *O Globo*, Rio de Janeiro, 23 de julho de 1987, p. 31.

175 "Copa Brasil: paulistas tentam tirar Goiás e incluir o Guarani." *O Globo*, Rio de Janeiro, 28 de julho de 1987, p. 25.

176 "Clube dos 13 fará a sua copa, com ou sem a CBF." *O Globo*, Rio de Janeiro, 8 de agosto de 1987, p. 27.

177 Entrevista concedida por Marcio Braga, 24 de fevereiro de 2016. Entrevista de Carlos Miguel Aidar. Diogo Dahl e Raphael Vieira. *Copa União*. [Filme-vídeo]. Coqueirão Pictures, Rio de Janeiro, 2013. 13 minutos e 40 segundos.

178 Entrevista concedida por Eurico Miranda em 19 de maio de 2016.

179 "CBF x Clube dos 13: acordo pode sair hoje." *O Globo*, Rio de Janeiro, 3 de setembro de 1987, p. 28.

180 "Viana propõe mudança só para a Libertadores." *O Globo*, Rio de Janeiro, 3 de setembro de 1987, p. 28.

181 Ibid.

182 "Otávio anuncia acordo CBF-clubes". *O Globo*, Rio de Janeiro, 4 de setembro de 1987, p. 24.

183 "Federações propõem quatro campeões em 87." *Jornal do Brasil*, Rio de Janeiro, 4 de setembro de 1987, p. 20.

184 "Otávio anuncia acordo CBF-clubes". *O Globo*, Rio de Janeiro, 4 de setembro de 1987, p. 24.

185 "Nabi já admite adiar o início do campeonato." *O Globo*, Rio de Janeiro, 3 de setembro de 1987, p. 28.

186 Na Argentina, a *liguilla pre-Libertadores* foi instituída em 1974, para indicar os dois representantes do país na Libertadores de 1975. Participariam o campeão e o vice dos torneios Nacional e do Metropolitano. Como o Rosario Central foi o vice-campeão dos dois torneios domésticos, em lugar de um quadrangular, adotou-se a fórmula de um triangular entre San Lorenzo, Newell's Old Boys e Rosario Central. O San Lorenzo, campeão do Nacional, ficou de fora do torneio sul-americano. Entre 1986 e 1991, o torneio, disputado sob fórmulas as mais diversas, indicou apenas o segundo representante na competição continental do ano seguinte. Em 1992, indicou os dois participantes argentinos na Libertadores e o único representante do país na recém-criada Copa Conmebol.

187 Entrevista de Eurico Miranda ao programa *Globo Esporte*, 4 de setembro de 1987. Diogo Dahl e Raphael Vieira. *Copa União*. [Filme-vídeo]. Coqueirão Pictures, Rio de Janeiro, 2013. 12 minutos e 55 segundos.

188 "Fla e São Paulo abrem Copa União." *O Globo*, Rio de Janeiro, 5 de setembro de 1987, p. 26.

189 "TV Globo transmitirá campeonato." *O Globo*, Rio de Janeiro, 5 de setembro de 1987, p. 26.

190 "América propõe reunião para lutar contra a discriminação." *O Globo*, Rio de Janeiro, 5 de setembro de 1987, p. 26.

191 "Nabi só aceitará a TV sem o prejuízo dos outros módulos." *O Globo*, Rio de Janeiro, 5 de setembro de 1987, p. 26.

192 "Copa União começa mesmo neste sábado." *O Globo*, Rio de Janeiro, 9 de setembro de 1987, p. 28.

193 "Módulo amarelo vencedor com o acesso e o descenso." *O Globo*, Rio de Janeiro, 9 de setembro de 1987, p. 28.

194 Ibid. Registre-se que o *Jornal do Brasil* afirmou, na mesma data, que ainda estava em análise, na CBF, a proposta de realizar um quadrangular para definir o campeão brasileiro, por exigência dos clubes do Módulo Amarelo. Mas o diário carioca esclarece que a proposta "foi levada ontem à CBF após [esses clubes] reunirem-se à tarde na sede do América". E o cotejo entre os dois maiores jornais do Rio deixa claro que o *JB* contava com informação menos atualizada. O artigo de *O Globo* incorpora os fatos ocorridos em três reuniões sucessivas: a dos pequenos, na sede do América; uma segunda, na FERJ, onde se analisaram as reivindicações formuladas na Tijuca (presume-se que com a participação dos pequenos); e uma terceira, na CBF, "quando foi entregue ao presidente Octávio Pinto Guimarães a solução para todas as divergências." Cf. "CBF impõe acesso e descenso no Brasileiro." *Jornal do Brasil*, Rio de Janeiro, 9 de setembro de 1987, p. 25.

195 "Vilela afirma que Clube dos 13 cedeu além dos limites." *O Globo*, Rio de Janeiro, 9 de setembro de 1987, p. 28.

196 "Clubes do módulo amarelo tentam romper acordo." *O Globo*, Rio de Janeiro, 10 de setembro de 1987, p. 32.

197 "Copa União, finalmente, é uma realidade." *O Globo*, Rio de Janeiro, 11 de setembro de 1987, p. 24.

198 "Palmeiras e Cruzeiro, com TV, estréiam no Pacaembu." *O Globo*, Rio de Janeiro, 11 de setembro de 1987, p. 24.

199 "CBF adia divulgação do regulamento para viabilizar regras de transmissão." *O Globo*, Rio de Janeiro, 11 de setembro de 1987, p. 24.

200 "CBF receberá hoje tabela e regulamento da Copa União." *O Globo*, Rio de Janeiro, 7 de setembro de 1987, Caderno de Esportes, p. 1. "Eurico avisa que todos os módulos receberão parte da quota da televisão." *O Globo*, Rio de Janeiro, 7 de setembro de 1987, Caderno de Esportes, p. 3.

201 "Decisão do TRF fortalece o Clube dos Treze." *O Globo*, Rio de Janeiro, 12 de setembro de 1987, p. 24.

202 "Os caprichos do regulamento." *Placar*, São Paulo, 21 de setembro de 1987, p. 48.

203 João Saldanha. "Falta o regulamento." *Jornal do Brasil*, Rio de Janeiro, 13 de setembro de 1987, p. 47.

204 "Otávio faz ameaças e mantém a 2ª rodada." *O Globo*, Rio de Janeiro, 15 de setembro de 1987, p. 28.

205 "Márcio Braga reprova regulamento dos módulos e ameaça romper com a CBF." *O Globo*, Rio de Janeiro, 16 de setembro de 1987, p. 26.

206 "Os caprichos do regulamento." *Placar*, São Paulo, 21 de setembro de 1987, p. 48.

207 Justiça Federal. 10ª Vara da Seção Judiciária de Pernambuco. Ação ordinária declaratória e de obrigação de fazer. Sport Club do Recife vs. União Federal e outros. Élio Wanderley de Siqueira Filho. 2 de maio de 1994. DOU, 11 de junho de 1994, p. 59/62.

208 "Mas o diálogo foi iniciado à noite, entre Eurico e Nabi." *O Globo*, Rio de Janeiro, 16 de julho de 1987, p. 34.

209 "CBF anuncia que Copa Brasil terá 32 clubes e começa mesmo dia 5." *O Globo*, Rio de Janeiro, 29 de agosto de 1987, p. 26.

210 Diogo Dahl e Raphael Vieira. *Copa União*. [Filme-vídeo]. Coqueirão Pictures, Rio de Janeiro, 2013. 13 minutos e 45 segundos.

211 Ibid.

212 Entrevista concedida por Juca Kfouri, 11 de fevereiro de 2016.

213 Entrevista concedida por João Henrique Areias, 15 de fevereiro de 2016.

214 "Bangu continua sem vencer sob direção de Leone." *O Globo*, Rio de Janeiro, 14 de setembro de 1987, Caderno de Esportes, p. 4.

215 "STJD nega mandado para interromper a Copa União." *O Globo*, Rio de Janeiro, 16 de setembro de 1987, p. 25.

216 "Castor acata regulamento e Bangu disputa campeonato." *O Globo*, Rio de Janeiro, 17 de setembro de 1987, p. 29.

217 "Clubes se reúnem em Minas para analisar o rompimento definitivo." *O Globo*, Rio de Janeiro, 21 de setembro de 1987, Caderno de Esportes, p. 3.

218 "Eurico, revoltado, sugere até prisão ou exílio para dirigentes da entidade." *O Globo*, Rio de Janeiro, 21 de setembro de 1987, Caderno de Esportes, p. 3.

219 "Acordo. O Grupo dos 13 vence a CBF." *O Estado de S. Paulo*, São Paulo, 23 de setembro de 1987, p. 13.

220 "CBF e o Clube dos Treze selam a paz." *O Globo*, Rio de Janeiro, 23 de setembro de 1987, p. 26.

221 Ibid.

222 "STJD nega mandado para interromper a Copa União." *O Globo*, Rio de Janeiro, 16 de setembro de 1987, p. 25.

223 "Sucessão passa a ser a meta de Aidar." *O Globo*, Rio de Janeiro, 23 de setembro de 1987, p. 26.

224 "Clube dos Treze escolhe o patrocinador da Copa." *O Globo*, Rio de Janeiro, 29 de setembro de 1987, p. 25.

225 "Clube dos Treze propõe seis meses para a competição." *O Globo*, Rio de Janeiro, 20 de outubro de 1987, p. 26.

226 "Clube dos Treze quer a competição de 1988 no primeiro semestre." *O Globo*, Rio de Janeiro, 18 de novembro de 1987, p. 26.

227 "Fla x Inter: começa a luta pelo tetra." *O Globo*, Rio de Janeiro, 6 de dezembro de 1987, p. 72.

228 "Marcio quer tetra do Fla no domingo." "Presidente do Internacional não aceitará o cruzamento." *O Globo*, Rio de Janeiro, 7 de dezembro de 1987, Caderno de Esportes, p. 5.

229 "Fla pede à CBF 2 anos de punição ao Atlético." *O Globo*, Rio de Janeiro, 8 de dezembro de 1987, p. 29.

230 "Gilberto diz que competição em 88 terá só 16 equipes." *O Globo*, Rio de Janeiro, 10 de dezembro de 1987, p. 36.

231 "CND não define a criação do Conselho Arbitral da CBF." *O Globo*, Rio de Janeiro, 19 de setembro de 1987, p. 27.

232 "Conselho arbitral de clubes vai ser adotado pela CBF." *O Globo*, Rio de Janeiro, 20 de novembro de 1987, p. 28.

233 "O temor de Otávio". *Placar*, São Paulo, 11 de dezembro de 1987, p. 55.

IV

234 Roberto Campos, op. cit., pp. 1081-1106. Ainda sobre a funesta Lei de Informática, ver Mário Henrique Simonsen. "Obscurantismo e lei de informática." *O Globo*, Rio de Janeiro, 13 de janeiro de 1987, p. 17.

235 Com correção monetária, isso dava R$ 319.183,23, em valores de julho de 2016.

236 Entrevista concedida por João Henrique Areias, 15 de fevereiro de 2016.

237 "Xuxa vende tudo." *O Globo*, Rio de Janeiro, 18 de junho de 1987, Segundo Caderno, p. 1.

238 João Henrique Areias. *Uma bela jogada: 20 anos de marketing esportivo*. Rio de Janeiro, Outras Letras, 2009, pp. 36-37.

239 O autor acha por bem esclarecer que nem Areias nem ninguém ainda o convenceu das superiores virtudes dos pontos corridos e, sobretudo, da conveniência de se adotar o calendário do Hemisfério Norte (o que obrigaria os nossos atletas a jogar no calor de 40°).

240 João Henrique Areias. Op. cit., pp. 38-39.

241 RSSSF. *Médias de Público dos Principais Clubes no Campeonato Brasileiro*. < http://www.rsssfbrasil.com/miscellaneous/mediaspub.htm >. Acesso em 26 de dezembro de 2016.

242 João Saldanha. "Trouxas e espertalhões." *Jornal do Brasil*, Rio de Janeiro, 19 de setembro de 1987, p. 21.

243 Em português: "Só queria que você soubesse que eu te acho o melhor de todos os tempos." Disponível em < https://www.youtube.com/watch?v=xffOCZYX6F8 >. Acesso em 26 de dezembro de 2016.

244 Disponível em < https://www.youtube.com/watch?v=PyMRktzpdtE >. Acesso em 26 de dezembro de 2016.

245 Disponível em < https://www.youtube.com/watch?v=ae0q7p3zBks >. Acesso em 26 de dezembro de 2016.

246 "Reunião acaba agradando aos 3 convidados." *O Globo*, Rio de Janeiro, 22 de setembro de 1987, p. 30.

247 "TV Globo transmitirá campeonato." *O Globo*, Rio de Janeiro, 5 de setembro de 1987, p. 26.

248 "Nabi só aceitará a TV sem o prejuízo dos outros módulos." *O Globo*, Rio de Janeiro, 5 de setembro de 1987, p. 26.

249 Para a partida transmitida, v. "Felizes estréias." *Placar*, São Paulo, 21 de setembro de 1987, p. 24.

250 "Para Viana, CBF não impedirá televisionamento direto dos jogos." *O Globo*, Rio de Janeiro, 6 de setembro de 1987, p. 40.

251 "Márcio vai propor em Minas o rompimento com a CBF." *O Globo*, Rio de Janeiro, 20 de setembro de 1987, p. 56.

252 Cláudio Mello e Souza. "A alegria de Nabi é ver o circo pegar fogo." *O Globo*, Rio de Janeiro, 20 de setembro de 1987, p. 55.

253 "Arnaldo mantém jogo com apoio do Presidente da Federação da Bahia." *O Globo*, Rio de Janeiro, 21 de setembro de 1987, Caderno de Esportes, p. 3.

254 "Cobraf afasta cinco juízes de seu quadro." *O Globo*, Rio de Janeiro, 22 de setembro de 1987, p. 29.

255 "Briga entre Clube dos 13 e CBF reabre crise no futebol brasileiro." *O Globo*, Rio de Janeiro, 21 de setembro de 1987, Caderno de Esportes, p. 3..

256 "CBF e o Clube dos Treze selam a paz." *O Globo*, Rio de Janeiro, 23 de setembro de 1987, p. 26.

257 Hoje, o assunto é regulado pela Lei n° 9.615, de 1998 (a chamada *Lei Pelé*), que dispõe, em seu artigo 42: "Pertence às entidades de prática desportiva o direito de arena, consistente na prerrogativa exclusiva de negociar, autorizar ou proibir a captação, a fixação, a emissão, a transmissão, a retransmissão ou a reprodução de imagens, por qualquer meio ou processo, de espetáculo desportivo de que participem." Foi com base numa palavrinha desse dispositivo legal — "proibir" — que o Sport do Recife fez o papelão de impedir que o DVD lançado pela Globo para registrar o hexacampeonato brasileiro do Flamengo contivesse imagens dos dois jogos entre o Flamengo e o Sport, em 2009.

258 "Recife ao vivo." *Placar*, São Paulo, 12 de outubro de 1987, p. 55.

259 "O marketing bandido." *Placar*, São Paulo, 2 de setembro de 1988, p. 13.

260 Entrevista concedida por Juca Kfouri, 11 de fevereiro de 2016.

261 João Henrique Areias, op. cit., pp. 43-44.

262 "Matheus é isso aí." *Placar*, São Paulo, 19 de outubro de 1987, p. 55.

263 A história é relatada por Juca Kfouri (entrevista concedida em 11 de fevereiro de 2016), João Henrique Areias (op. cit., pp. 44-45) e pelo próprio Jorge Giganti, em Diogo Dahl e Raphael Vieira. *Copa União*. [Filme-vídeo]. Coqueirão Pictures, Rio de Janeiro, 2013. 18 minutos.

264 "Times poderão ser patrocinados pela Coca-Cola nos campeonatos estaduais." *O Globo*, Rio de Janeiro, 11 de novembro de 1987, p. 28.

265 "Fifa proíbe campos pintados com patrocínio na Copa União." *O Globo*, Rio de Janeiro, 15 de outubro de 1987, p. 32.

266 "Clube dos Treze discute sobre a publicidade na segunda-feira." *O Globo*, Rio de Janeiro, 16 de outubro de 1987, p. 28. "Clube dos 13 já tem saída para manter a propaganda no gramado." *O Globo*, Rio de Janeiro, 19 de outubro de 1987, Caderno de Esportes, p. 3.

267 "Aidar quer uma solução negociada com a Fifa." *O Globo*, 17 de outubro de 1987, p. 28.

268 "Coca-Cola alerta que sem logotipo a quota de patrocínio sofrerá redução." *O Globo*, Rio de Janeiro, 20 de outubro de 1987, p. 26.

269 "Coca-Cola cede e paga valor total do contrato." *O Globo*, Rio de Janeiro, 12 de novembro de 1987, p. 28.

270 Entrevista de Homero Lacerda à *Resenha do Leão*, 21 de agosto de 2015. Disponível em < https://www.youtube.com/watch?v=mRDpCx_uXj8&list=PLGxcA_QTwlr6sj3z5Lb4BJCqQPA8R2J8d&index=21 >. Ver a partir de 17 minutos e 20 segundos. Acesso em 16 de agosto de 2016.

271 "Sport declara 'guerra' à Coca-Cola e anuncia projeto de se aliar à Pepsi." *Folha de S. Paulo*, São Paulo, 19 de novembro de 1987. Disponível em < http://blogs.diariodepernambuco.com.br/esportes/2011/03/01/rubro-negro-nao-bebe-coca-cola/ >. Acesso em 26 de dezembro de 2016. A reportagem afirma que o valor do patrocínio da Coca-Cola ao Santa Cruz era de 5 milhões de cruzeiros. Este autor preferiu aplicar aqui, sobre o valor total de 4,3 milhões de dólares, a fórmula acordada entre os dezesseis clubes participantes para a divisão dos patrocínios: Santa Cruz, Goiás e Coritiba receberiam meia quota cada, de um total de 14,5 quotas.

272 "Guerra à Coca." *Placar*, São Paulo, 27 de novembro de 1987, p. 58.

273 Entrevista de Homero Lacerda à *Resenha do Leão*, 21 de agosto de 2015.

274 "A estrela está no peito do Sport." *Diário de Pernambuco*, Recife, 29 de maio de 2007. Disponível em < http://www.meusport.com/forum/showthread.php?t=24206 >. Acesso em 26 de dezembro de 2016.

275 Ver, sobretudo, a estupenda reportagem de Marcelo Rezende sobre 22 federações estaduais, fruto de "seis meses e nove dias de pesquisas e viagens, 40h40min de avião, 30.365 km percorridos, 3/4 da circunferência da Terra". "Podres poderes." *Placar*, São Paulo, 8 de março de 1985, pp. 32-54.

276 João Henrique Areias. Op. cit., p. 46.

277 "Aqui está o troféu." *Placar*, São Paulo, 27 de novembro de 1987, p. 10.

278 Entrevista concedida por Juca Kfouri, 11 de fevereiro de 2016.

279 "Zico e o troféu da Copa União: 'nesse nem o Fla põe a mão." *O Dia*, Rio de Janeiro, 24 de fevereiro de 2011. Disponível em < http://odia.ig.com.br/portal/ataque/flamengo/zico-e-o-trof%C3%A9u-da-copa-uni%C3%A3o-nesse-nem-o-fla-p%C3%B5e-a-m%C3%A3o-1.294723 >. Acesso em 26 de dezembro de 2016.

280 Diogo Dahl e Raphael Vieira. *Copa União*. [Filme-vídeo]. Coqueirão Pictures, Rio de Janeiro, 2013. 11 minutos e 35 segundos.

281 "Copa União, finalmente, é uma realidade." *O Globo*, Rio de Janeiro, 11 de setembro de 1987, p. 24. Para o desconto de 50%, ver "Média de público foi de 41 mil com bilheteria e a TV." *O Globo*, 18 de dezembro de 1987, p. 26.

282 João Henrique Areias. Op. cit., pp. 46-48.

283 Entrevista concedida por João Henrique Areias, 15 de fevereiro de 2016.

284 Dados da RSSSF. Disponíveis em < http://www.rsssfbrasil.com/miscellaneous/pubcampnac.htm >. Acesso em 26 de dezembro de 2016.

285 "Média de público foi de 41 mil com bilheteria e a TV." *O Globo*, 18 de dezembro de 1987, p. 26.

V

286 Entrevista concedida por Juca Kfouri, 11 de fevereiro de 2016.

287 "Aidar prevê 45 mil pessoas por partida." *O Globo*, Rio de Janeiro, 7 de setembro de 1987, Caderno de Esportes, p. 3.

288 Para as médias anuais de público por clube, ver RSSSF: < http://www.rsssfbrasil.com/miscellaneous/mediaspub.htm >. Acesso em 28 de dezembro de 2016.

289 "Copa União: tabela já está definida." "Matemático diz que tabela beneficia, principalmente, o torcedor brasileiro." *O Globo*, Rio de Janeiro, 6 de setembro de 1987, p. 40. "Vasco enfrenta o Flamengo na segunda rodada da Copa União." *O Globo*, Rio de Janeiro, 7 de setembro de 1987, Caderno de Esportes, p. 3.

290 João Saldanha. "O palhaço o que é." *Jornal do Brasil*, Rio de Janeiro, 11 de setembro de 1987, p. 19.

291 Henrique Lago. "Chegou a hora de discutir apenas futebol." *O Globo*, Rio de Janeiro, 11 de setembro de 1987, p. 27.

292 Juca Kfouri. "A bela Copa União e a televisão." *Placar*, São Paulo, 21 de setembro de 1987, p. 35.

293 "As 15 maiores torcidas do Brasil." *Placar*, São Paulo, 17 de junho de 1983, pp. 19-23.

294 O regulamento do Campeonato Mineiro de 1984 previa disputa em dois turnos. Ao final de cada turno, haveria semifinais e finais em duas partidas — com um detalhe: o time de melhor campanha, entre os dois finalistas, haveria de beneficiar-se em caso de "resultados iguais". O Cruzeiro venceu o primeiro turno e, na decisão do segundo, massacrou o Galo por 4 a 0, no primeiro jogo, e perdeu o segundo por 1 a 0. Durante anos, o Atlético sustentou que houvera ali "resultados iguais" e que, portanto, deveria realizar-se uma finalíssima entre os dois rivais de sempre. Anos depois, os tribunais deram ganho de causa ao Cruzeiro. Ver "O troféu sem dono." *Placar*, São Paulo, 24 de novembro de 1986, p. 80.

295 "Um ano todo azul, promete o Cruzeiro." *Placar*, São Paulo, 14 de setembro de 1987, p. 44.

296 Entrevista concedida por Gilmar Rinaldi, 27 de junho de 2016.

297 "A revolta de Oscar." *Placar*, São Paulo, 22 de junho de 1987, pp. 27-28. "Cilinho mata ídolos." *Placar*, São Paulo, 29 de junho de 1987, pp. 15-17. Ver também "Oscar: 'não fico mais no banco." *Placar*, São Paulo, 9 de março de 1987, p. 17.

298 "O show tricolor." *Placar*, São Paulo, 21 de setembro de 1987, p. 20.

299 "Os adversários do Vasco que tomem cuidado." *Placar*, São Paulo, 14 de setembro de 1987, p. 32.

300 A afirmação é de Sérgio Frias, vice-presidente do Conselho Deliberativo do Vasco da Gama e, possivelmente, a maior autoridade viva sobre a história do clube. Entrevista concedida por Sérgio Frias, 17 de maio de 2016.

301 "Eurico quer anular julgamento de Geovani." *O Globo*, Rio de Janeiro, 2 de novembro de 1987, p. 4.

302 "Sai Dinamite, entra…" *Placar*, São Paulo, 9 de novembro de 1987, p. 35.

303 "Intrigas e entregas." *Placar*, São Paulo, 2 de novembro de 1987, pp. 38-39.

304 "Romário preocupa por suas atitudes." *O Globo*, Rio de Janeiro, 7 de outubro de 1987, p. 26.

305 "Lazaroni tenta sem conseguir motivar Romário a treinar." *O Globo*, Rio de Janeiro, 10 de outubro de 1987, p. 28.

306 "Vasco reage no fim e vira o jogo com 2 gols de Roberto." *O Globo*, Rio de Janeiro, 13 de novembro de 1987, p. 26.

307 Na última rodada, Botafogo e Goiás empataram em 2 a 2, no Maracanã, para 1.686 pagantes.

308 "Bonamigo: alma tricolor." *Placar*, São Paulo, 16 de novembro de 1987, pp. 24-28.

309 Ver Cláudio Mello e Souza. "Valdo: o fiel retrato de um jovem artista." *O Globo*, Rio de Janeiro, 30 de maio de 1987, p. 27. "Valdo não se deixa envolver com fama repentina." *O Globo*, Rio de Janeiro, 29 de maio de 1987, p. 36.

310 "Luís Felipe: em 1988, será melhor." *Placar*, São Paulo, 12 de outubro de 1987, pp. 23-25.

311 Para o histórico do caso, ver as seguintes reportagens de *O Globo*: "Jogadores acusados de estupro." 1º de agosto de 1987, p. 26. "Acusados de estupro podem ser condenados a três anos." 3 de agosto de 1987, Caderno de Esportes, p. 3. "Caso de estupro: acusados devem ser inocentados." 4 de agosto de 1987, p. 26. "Itamaraty acompanha caso de estupro na Suíça." 6 de agosto de 1987, p. 33. "Laudo já incrimina jogadores." 7 de agosto de 1987, p. 27. "Vítima decidirá terça-feira o destino dos 4 do Grêmio." 9 de agosto de 1987, p. 53. "'S. parecia ser muito mais velha.'" 13 de agosto de 1987, p. 28. "Versão do estupro na Suíça é contada na volta do Grêmio." 20 de agosto de 1987, p. 30. "Grêmio vai punir acusados de estupro, afinal libertados." "Tudo começou quando S. tirou a blusa e pediu uma camisa do time." 29 de agosto de 1987, p. 25. Ver também "Trauma e lição do escândalo." *Placar*, São Paulo, 19 de outubro de 1987, pp. 46-47.

312 João Saldanha. "Paraguai, Lolitas e ninfetas." *Jornal do Brasil*, Rio de Janeiro, 8 de agosto de 1987, p. 24.

313 "Mordido e em ascensão." *Placar*, São Paulo, 26 de outubro de 1987, p. 25.

314 "Todos contra Lima." *Placar*, São Paulo, 27 de novembro de 1987, pp. 50-51.

315 Conforme a prática consagrada internacionalmente, este autor computa apenas um ponto ao Internacional pela vitória obtida na prorrogação contra o Cruzeiro, no segundo jogo das semifinais. A RSSSF, no entanto, parece ter-lhe atribuído dois pontos pelo jogo, e é razoável presumir que se baseasse em dados da CBF. Ainda assim, com o pontinho extra, o Internacional apenas empataria com o Grêmio, em pontos somados. Ver < http://www.rsssfbrasil.com/tablesae/br1987.htm >. Acesso em 26 de dezembro de 2016.

316 "Inter faz coletivo até na véspera do jogo." *O Globo*, Rio de Janeiro, 29 de novembro de 1987, p. 63.

317 "Luís Carlos: coração em campo." *Placar*, São Paulo, 11 de dezembro de 1987, pp. 42-43.

318 Ibid.

319 "É hora de feijão com arroz." *Placar*, São Paulo, 9 de novembro de 1987, pp. 48-49.

320 "Luís Felipe: em 1988, será melhor." *Placar*, São Paulo, 12 de outubro de 1987, pp. 23-25.

321 "A ordem para o Fluminense é o título." *Placar*, São Paulo, 14 de setembro de 1987, p. 36.

322 "Derrota revolta torcedores do Flu." *O Globo*, Rio de Janeiro, 13 de outubro de 1987, p. 22. Para as acusações de "mercenário", ver "Romerito: 'não sou mercenário'." *Placar*, São Paulo, 4 de maio de 1987, pp. 44-45.

323 "Atlético e Inter, campeões." *Placar*, São Paulo, 26 de outubro de 1987, pp. 12-17.

324 "A bruxa tricolor." *Placar*, São Paulo, 11 de dezembro de 1987, pp. 52 e 53.

325 "Folga regada a caipirinha terminou mal." *O Globo*, Rio de Janeiro, 24 de janeiro de 1987, p. 30.

326 "O funil está se apertando." *Placar*, São Paulo, 2 de fevereiro de 1987, p. 20.

327 "Técnico culpa torcida e prêmios pelos insucessos." *O Globo*, Rio de Janeiro, 17 de novembro de 1987, p. 31.

328 "Vica não culpa os prêmios pelo fracasso." *O Globo*, Rio de Janeiro, 18 de novembro de 1987, p. 27.

329 Para um retrospecto desses anos funestos (1986-1999), ver o sítio *Os que quase acabaram com o Fluminense*, em < http://osquequaseacabaramcomofluminense.blogspot.com >. Acesso em 28 de dezembro de 2016.

330 "Éder acerta as bases do contrato amanhã." *O Globo*, Rio de Janeiro, 11 de outubro de 1987, p. 39.

331 "Éder chega disposto a beber cerveja, mostrar bom futebol e ganhar título." *O Globo*, Rio de Janeiro, 13 de outubro de 1987, p. 22.

332 "Vila Belmiro: triste lembrança dos bons tempos." *O Globo*, Rio de Janeiro, 8 de novembro de 1987, p. 52.

333 "César Sampaio: um garoto no meio dos cobrões." *Placar*, São Paulo, 15 de junho de 1987, pp. 47-48.

334 "Um gol de líder." *Placar*, São Paulo, 2 de novembro de 1987, pp. 13-14.

335 "Rodolfo Rodríguez: segurando toda barba." *Placar*, São Paulo, 16 de novembro de 1987, pp. 32-33.

336 "Santos, com dívidas e sem perspectivas, está à beira da ruína." *O Globo*, Rio de Janeiro, 8 de novembro de 1987, p. 52.

337 "Botafogo: tudo bem em 1988." *Placar*, São Paulo, 4 de dezembro de 1987, pp. 54-55.

338 Para a campanha do Corinthians, ver RSSSF. < http://www.rsssfbrasil.com/tablessz/sp1987.htm >. Acesso em 16 de agosto de 2016.

339 Para o pênalti defendido na estreia, ver "Começando pelo começo". *Placar*, São Paulo, 4 de março de 1988, pp. 8-11.

340 "Matheus pode fazer uma devassa nas contas de Pasqua." *Placar*, São Paulo, 13 de abril de 1987, p. 22.

341 "Vicente Matheus: 'eu sou o Corinthians'." *Placar*, São Paulo, 13 de abril de 1987, pp. 9-13.

342 "Édson: 'vou superar essa fase'." *Placar*, São Paulo, 4 de dezembro de 1987, pp. 42-43.

343 "Jorginho: humilhado e ofendido." *Placar*, São Paulo, 27 de novembro de 1987, pp. 42-43.

344 "Édson: 'vou superar essa fase'." *Placar*, São Paulo, 4 de dezembro de 1987, pp. 42-43.

345 "Jorginho: humilhado e ofendido." *Placar*, São Paulo, 27 de novembro de 1987, pp. 42-43.

346 Aqui se consideram apenas os times dos grupos A e B, que reuniam os vinte maiores clubes do país. Nos grupos C e D, com o rebotalho, Sport, Ceará, Mixto, Bangu, Ponte Preta, Joinville e Brasil de Pelotas pontuaram mais que o Bahia. O CSA de Jacozinho obteve o mesmo número de pontos.

347 "Ex-goleiro Rafael reduz Democracia Corintiana a 'quatro traíras'." *UOL Esporte*, São Paulo, 13 de setembro de 2013. Disponível em < http://esporte.uol.com.br/futebol/ultimas-noticias/2013/09/13/ex-goleiro-rafael-reduz-democracia-corintiana-a-quatro-trairas.htm >. Acesso em 26 de dezembro de 2016.

348 "Há 25 anos, Coritiba sofria a maior 'canetada' do futebol brasileiro." *Gazeta do Povo*, Curitiba, 21 de outubro de 2014. Disponível em < http://www.gazetadopovo.com.br/esportes/ha-25-anos-coritiba-sofria-a-maior-canetada-do-futebol-brasileiro-ef73908p7z728sg3a2jm5jp72 >. Acesso em 26 de dezembro de 2016.

349 "Adílio: vida nova no Paraná." *Placar*, São Paulo, 5 de outubro de 1987, pp. 44-45.

350 A bem da verdade, a final que consagrou o Bahia, contra o Internacional, disputou-se já bem entrado o ano de 1989, a 19 de fevereiro. Aqui não se levam em conta outros quadros nordestinos que pleiteiem (ilegitimamente) o *status* de campeão brasileiro.

351 "A última arte." *Placar*, São Paulo, 12 de outubro de 1987, p. 18.

352 "Flamengo derrota o Bahia e fica mais perto da vaga." *O Globo*, Rio de Janeiro, 13 de novembro de 1987, p. 26. Placar registra um público consideravelmente menor para o mesmo jogo: 64.110, o que estaria abaixo de pelo menos duas partidas da fase classificatória, o Flamengo x Botafogo de 23 de outubro (público de 73.461) e o Flamengo x Santa Cruz de 22 de novembro (público de 67.601).

353 "Luvanor: a estrela que todos querem." *Placar*, São Paulo, 8 de julho de 1983, pp. 30-31.

354 "Seriedade tricolor." *Placar*, São Paulo, 29 de junho de 1987, p. 34.

355 "Gols do metalúrgico Dadinho são a maior esperança do Santa Cruz." *O Globo*, 22 de novembro de 1987, p. 63.

356 "Renato: com o pé quente e firme em Minas." *Placar*, São Paulo, 23 de março de 1987, pp. 36-39.

357 Entrevista concedida por Marco Antônio da Silva (Marquinhos), 18 de abril de 2016.

358 Ibid. Ver também "Luizinho, homem de fé." *Placar*, São Paulo, 31 de agosto de 1987, pp. 30-34.

359 "Luisinho, de novo em fase excepcional." *O Globo*, Rio de Janeiro, 18 de outubro de 1987, p. 45.

360 Cláudio Mello e Souza. "No Maracanã, uma aula do professor Telê." *O Globo*, Rio de Janeiro, 28 de setembro de 1987, Caderno de Esportes, p. 3.

361 "É um pega pra capar." *Placar*, São Paulo, 19 de outubro de 1987, pp. 16-21.

362 "Atlético vence Flamengo no grito. De Leandro." *O Globo*, Rio de Janeiro, 2 de novembro de 1987, Caderno de Esportes, p. 5.

363 "Renato, 30 anos, ainda tem uma meta: a seleção." *O Globo*, Rio de Janeiro, 2 de novembro de 1987, Caderno de Esportes, p. 5.

364 "Gilmar: 'aqui os índios treinam, mas são os caciques que jogam'." *O Globo*, Rio de Janeiro, 11 de fevereiro de 1987, p. 25.

365 "A vantagem é mineira, uai." *Placar*, São Paulo, 9 de fevereiro de 1987, p. 21.

366 Claudio Mello e Souza. "O Flamengo ainda sonha com o regresso do herói." *O Globo*, Rio de Janeiro, 8 de fevereiro de 1987, p. 25.

367 "Zico: medo do fim." *Placar*, São Paulo, 8 de setembro de 1986, p. 30.

368 "Zico: entre a dor e o adeus." *Placar*, São Paulo, 15 de setembro de 1986, pp. 9-12.

369 "Torcedor compensado pela longa espera: de volta o craque Zico." *O Globo*, Rio de Janeiro, 22 de junho de 1987, Caderno de Esportes, p. 3.

370 Cláudio Mello e Souza. "Domingo de Vasco no dia das torcidas." *O Globo*, Rio de Janeiro, 10 de agosto de 1987, Caderno de Esportes, p. 3.

371 "Zico assegura que não está acabado: 'volto em 15 dias'." *O Globo*, Rio de Janeiro, 12 de agosto de 1987, p. 26.

372 "Sócrates diz adeus ao Fla." *Placar*, São Paulo, 23 de março de 1987, pp. 18-20.

373 "Leandro: um cowboy desarmado." *Placar*, São Paulo, 23 de novembro de 1987, pp. 42-43.

374 "Flamengo sabe como Bebeto foi agredido." *O Globo*, Rio de Janeiro, 12 de maio de 1987, p. 26.

375 Literalmente, "o púbis de ouro", numa mescla proposital de italiano e *lunfardo*. Maradona, como se recordará, despontou no Argentinos Juniors como "el *pibe* [menino] de oro". Ver Leonardo Capanni. "Renato Portaluppi, il 'pube de oro': il playboy brasiliano della dolce vita romana." *Zona Cesarini*. Disponível em < http://zonacesarini.net/2015/07/17/renato-portaluppi-roma/ >. Acesso em 26 de dezembro de 2016.

376 Entrevista concedida por Zico, 1° de março de 2016.

377 "Carlinhos e a arte de armar um bom time em dois meses." *O Globo*, Rio de Janeiro, 22 de novembro de 1987, p. 62.

378 Ibid.

379 "Um abraço de Acácio que emociona Zico." *O Globo*, Rio de Janeiro, 21 de setembro de 1987, Caderno de Esportes, p. 10.

380 "Atlético vence Flamengo no grito. De Leandro." *O Globo*, Rio de Janeiro, 2 de novembro de 1987, Caderno de Esportes, p. 5.

381 Entrevista concedida por Zico, 1° de março de 2016.

382 "Uma realidade cheia de alegria." *O Globo*, Rio de Janeiro, 24 de abril de 1988, p. 50.

383 Antonio Maria Filho. "Por que o Flamengo e não os outros três?" *Jornal do Brasil*, Rio de Janeiro, 22 de novembro de 1987, p. 42.

384 "O vandalismo da torcida na arquibancada." *O Globo*, Rio de Janeiro, 8 de novembro de 1987, p. 53.

385 Entrevista concedida por Gilberto Cardoso Filho, 8 de julho de 2016.

386 "Time tem incentivo extra: Cz$ 600 mil." *O Globo*, Rio de Janeiro, 22 de novembro de 1987, p. 63.

387 V. Juca Kfouri. "Uma copa, oito mãos." *Placar*, São Paulo, 27 de novembro de 1987, p. 19.

388 "Inter e Cruzeiro jogam atrás. Só podia dar 0 a 0." *O Globo*, Rio de Janeiro, 30 de novembro de 1987, Caderno de Esportes, p. 3.

389 Ricardo Prado: "Flamengo: uma sonora paixão." In Joaquim Vaz de Carvalho (org.). *Flamengo: uma emoção inesquecível*. Rio de Janeiro, Relume Dumará, 1995, pp. 146-147.

390 "A vantagem é do Mengo." *Placar*, São Paulo, 4 de dezembro de 1987, p. 12.

391 "Bebeto vai de chuteira abençoada pelos orixás." *O Globo*, Rio de Janeiro, 12 de dezembro de 1987, p. 30.

392 "A guerrilha dos verdes." *Placar*, São Paulo, 15 de março de 1985, pp. 32-35.

393 Entrevista concedida por Francisco Albertino Moraes, 1° de julho de 2016.

394 "Violência, o outro lado da festa." *O Globo*, Rio de Janeiro, 30 de novembro de 1987, Caderno de Esportes, p. 5.

395 "Torcida do Atlético, frustrada, promete vingança no Mineirão." *O Globo*, Rio de Janeiro, 1° de dezembro de 1987, p. 25. Sobre o tal acordo (ou pacto) de Porto Alegre, ver "Torcidas se unem para mudar o futebol." *Jornal do Brasil*, Rio de Janeiro, 31 de agosto de 1987, Caderno de Esportes, p. 7.

396 "Telê não tem dúvida: 'vamos ganhar.'" *O Globo*, Rio de Janeiro, 1° de dezembro de 1987, p. 25.

397 "Luisinho: 'temos de ganhar de qualquer jeito, até no grito.'" *O Globo*, Rio de Janeiro, 2 de dezembro de 1987, p. 25.

398 Entrevista concedida por Francisco Albertino Moraes, 1° de julho de 2016.

399 Ibid. "Quarenta e um feridos, o saldo de uma noite violenta." *O Globo*, Rio de Janeiro, 3 de dezembro de 1987, p. 30. "Sandra, em meio às brigas, não vibra." Ibid., p. 29.

400 "Zico vai jogar as finais. Depois, opera o joelho." *O Globo*, Rio de Janeiro, 4 de dezembro de 1987, p. 26.

401 "Neylor define hoje se Zico opera novamente." *O Globo*, Rio de Janeiro, 3 de dezembro de 1987, p. 29.

402 Entrevista concedida por Marco Antônio da Silva (Marquinhos), 18 de abril de 2016.

403 "Inter elimina o Cruzeiro e vai decidir com o Flamengo." *O Globo*, Rio de Janeiro, 4 de dezembro de 1987, p. 25.

404 V., e.g., "A vitória vale tetra." *Placar*, São Paulo, 11 de dezembro de 1987, p. 17. "Flamengo e Inter iniciam luta do tetra em igualdade." *O Globo*, Rio de Janeiro, 6 de dezembro de 1987, p. 1. "Flamengo e Inter lutam pelo tetra." *Folha de S. Paulo*, São Paulo, 6 de dezembro de 1987, p. 1. "Tetra, grande chance." *O Estado de S. Paulo*, São Paulo, 6 de dezembro de 1987, p. 42.

405 "Reunião na CBF define fórmula para a decisão." *O Globo*, Rio de Janeiro, 4 de dezembro de 1987, p. 26.

406 "Márcio é agredido a socos na CBF." *O Globo*, Rio de Janeiro, 7 de dezembro de 1987, p. 28.

407 "O que ninguém viu." *Placar*, São Paulo, 11 de dezembro de 1987, p. 22.

408 "Otávio diz que nenhum dos times tem vantagem." *O Globo*, Rio de Janeiro, 7 de dezembro de 1987, p. 28.

409 "A vitória vale tetra." *Placar*, São Paulo, 11 de dezembro de 1987, p. 25.

410 "Ênio critica adversário: 'foi o Fla que praticou o antijogo'." *O Globo*, Rio de Janeiro, 7 de dezembro de 1987, p. 3.

411 Cláudio Mello e Souza. "Um lance de sorte no jogo de um dia 13." *O Globo*, Rio de Janeiro, 7 de dezembro, de 1987, p. 71.

412 "Hoje é tudo ou nada na carreira de Zico." *O Globo*, Rio de Janeiro, 13 de dezembro de 1987, p. 68.

413 "Embratel parada pode impedir transmissão de jogo pela TV." *O Globo*, Rio de Janeiro, 13 de dezembro de 1987, p. 26.

414 "Flamengo está pronto para decidir e já comemora título." *O Globo*, Rio de Janeiro, 13 de dezembro de 1987, p. 71.

415 "Chuva pára a cidade." *O Globo*, Rio de Janeiro, 14 de dezembro de 1987, p. 1.

416 Diogo Dahl e Raphael Vieira. *Copa União*. [Filme-vídeo]. Coqueirão Pictures, Rio de Janeiro, 2013. 1 hora e 13 minutos.

417 "O que ninguém viu." *Placar*, São Paulo, 18 de dezembro de 1987, p. 19.

VI

418 Entrevista concedida por Estevam Soares, 27 de abril de 2016.

419 Entrevista concedida por Mauro Galvão, 24 de junho de 2016.

420 Entrevista concedida por Evair Paulino, 19 de abril de 2016.

421 Entrevista de Homero Lacerda à *Resenha do Leão*, 21 de agosto de 2015. Disponível em < https://www.youtube.com/watch?v=mRDpCx_uXj8&list=PLGxcA_QTwlr6sj3z5Lb4BJCqQPA8R2J8d&index=21 >. A partir de 5 minutos e 26 segundos. Acesso em 25 de dezembro de 2016.

422 O Sport do Recife foi novamente rebaixado para a segunda divisão ao término dos campeonatos de 1989, 2001, 2009 e 2012. Até 2015, também foram rebaixados quatro vezes o Coritiba, o Criciúma, o Goiás, o Náutico, o Santa Cruz e o Vitória. Em 2016, o América mineiro sofreu o seu quinto rebaixamento.

Em 1999, o Sport foi o último colocado, mas a regra previa o rebaixamento com base numa média ponderada das pontuações obtidas em 1998 e 1999, e o clube safou-se por pouco. Além de 1987, o clube venceu a segunda divisão em mais uma oportunidade, em 1990, e é no mínimo curioso, quase uma confissão, que esta segunda conquista também tenha merecido uma estrelinha comemorativa em seu escudo.

Para o significado das estrelas no escudo do Sport, ver < http://www.meusport.com/2008/06/escudo_agora_tem_tres_estrelas/ >. Acesso em 26 de dezembro de 2016.

423 Trata-se de *outro* João Paulo, distinto daquele que surgira no Santos, em 1978, e que a essa altura jogava no Corinthians. Mas este também era muito bom ponta-esquerda e chegou a integrar a Seleção Brasileira nos Jogos Olímpicos de 1988 e na Copa América de 1991. Virou ídolo no Bari da Itália, onde formou uma bela dupla de ataque com o romeno Florin Răducioiu.

424 Entrevista concedida por Mauro Galvão, 24 de junho de 2016.

425 Entrevista concedida por Émerson Leão, 21 de abril de 2016.

426 "Sport: um timaço em construção." *Placar*, São Paulo, 25 de maio de 1987, pp. 54-55. "Troca-troca: a alegria com camisas novas." *Placar*, São Paulo, 22 de junho de 1987, pp. 42-44.

427 Ver a seção "Quem sou eu", no *blog* do técnico Estevam Soares: < http://estevamsoares.blogspot.com/ >. Acesso em 26 de dezembro de 2016.

428 "Revolução na terra do frevo." *Placar*, São Paulo, 16 de março de 1987, pp. 38-39.

429 "Zico e Falcão do agreste." *Placar*, São Paulo, 10 de novembro de 1986, p. 44.

430 "Betão é fera, sim senhor." *Placar*, São Paulo, 20 de outubro de 1986, p. 53.

431 Ver < http://www.90min.com/pt-BR/posts/1031269-10-dos-piores-centroavantes-

-da-historia-gremio/5-nando-lambada >. Acesso em 26 de dezembro de 2016.

432 "Sport cansa de perder, demite Ernesto Guedes e entrega a equipe a Leão." *Jornal do Brasil*, Rio de Janeiro, 7 de agosto de 1987, p. 22.

433 "O Santa Cruz leva o bi." *Placar*, São Paulo, 24 de agosto de 1987, p. 13.

434 "Éder acerta as bases do contrato amanhã." *O Globo*, Rio de Janeiro, 11 de outubro de 1987, p. 39.

435 Entrevista concedida por Estevam Soares, 27 de abril de 2016.

436 Entrevista concedida por Émerson Leão, 21 de abril de 2016.

437 Ibid.

438 *Resumo da campanha do Sport no Campeonato Brasileiro de 1987*. [Filme-vídeo]. 13 minutos e 33 segundos. Disponível em < https://www.youtube.com/watch?v=xXb7M4ccRrI&index=61&list=PLGxcA_QTwlr6sj3z5Lb4BJ-CqQPA8R2J8d >. Acesso em 16 de agosto de 2016.

439 Entrevista concedida por Mauro Galvão, 24 de junho de 2016.

440 Entrevista concedida por Evair Paulino, 19 de abril de 2016.

441 Entrevista concedida por Estevam Soares, 27 de abril de 2016.

442 "Sport já está lá." *Placar*, 4 de dezembro de 1987, p. 27.

443 "Vitória." *Jornal do Brasil*, Rio de Janeiro, 26 de novembro de 1987, p. 23.

444 "Bangu derrota Sport e fica perto da vaga." *O Globo*, Rio de Janeiro, 26 de novembro de 1987, p. 31.

445 Entrevista de Homero Lacerda à *Resenha do Leão*, 21 de agosto de 2015. A partir de 28 minutos e 35 segundos.

446 Ver < https://www.youtube.com/watch?v=q72KCfz5S40 >. Acesso em 28 de dezembro de 1987.

447 Entrevista de Homero Lacerda à *Resenha do Leão*, 21 de agosto de 2015. A partir de 32 minutos e 15 segundos.

448 Ibid. A partir de 33 minutos e 19 segundos. Acesso em 17 de julho de 2016.

449 Quem falou em "tijolo" foi Estevam Soares, em entrevista a este autor. *O Globo*, o *JB* e a *Placar* falam em "pedrada". "Bangu é derrotado pelo Sport em partida tumultuada: 3 a 1." *O Globo*, Rio de Janeiro, 30 de novembro de 1987, Caderno de Esportes, p. 2. "Bangu perde o jogo de muitas brigas." *Jornal do Brasil*, Rio de Janeiro, 30 de novembro de 1987, Caderno de Esportes, p. 5. "Sport já está lá." *Placar*, São Paulo, 4 de dezembro de 1987, p. 27.

450 Entrevista concedida por Mauro Galvão, 24 de junho de 2016.

451 Entrevista concedida por Estevam Soares, 27 de abril de 2016.

452 Entrevista concedida por Estevam Soares, 27 de abril de 2016.

453 Entrevista de Homero Lacerda à *Resenha do Leão*, 21 de agosto de 2015. A partir de 39 minutos e 39 segundos. A reportagem de *O Globo*, no dia seguinte, informa que quem foi atingido foi o ponta Marinho, do Bangu. "Bangu é derrotado pelo Sport em partida tumultuada: 3 a 1." *O Globo*, Rio de Janeiro, 30 de novembro de 1987, Caderno de Esportes, p. 2.

454 *Placar*, São Paulo, 4 de dezembro de 1987, p. 27.

455 "Policiamento não impede violência." *O Globo*, Rio de Janeiro, 30 de novembro de 1987, Caderno de Esportes, p. 2.

456 "Cariocas culpam o ambiente hostil." *O Globo*, Rio de Janeiro, 30 de novembro de 1987, Caderno de Esportes, p. 2.

457 "Sport já está lá." *Placar*, São Paulo, 4 de dezembro de 1987, p. 27.

458 Entrevista concedida por Estevam Soares, 27 de abril de 2016.

459 Para a versão de Saldanha sobre o desentendimento que teve com Castor de Andrade, em 1967, ver a entrevista de Saldanha ao programa *Roda Viva*, em 25 de maio de 1987, disponível em < https://www.youtube.com/watch?v=fBjcJUskjRw > (a partir de 1 hora, 3 minutos e 35 segundos). Acesso em 26 de dezembro de 2016. Para a versão de Castor de Andrade, ver "Um rei à Bangu". *Placar*, São Paulo, 14 de março de 1980, p. 38.

460 João Saldanha. "País sem lei." *Jornal do Brasil*, Rio de Janeiro, 18 de dezembro de 1987, p. 23. Ver também, do mesmo autor, "Quem garante?" *Jornal do Brasil*, Rio de Janeiro, 2 de dezembro de 1987, p. 21.

461 Conversão pela correção monetária realizada em 17 de julho de 2016.

462 "Bangu perde recurso contra Sport por 5 a 0." *O Globo*, Rio de Janeiro, 17 de dezembro de 1987, p. 33.

463 "Bangu quer os pontos do jogo com Sport." *O Globo*, Rio de Janeiro, 1° de dezembro de 1987, p. 25.

464 "Bangu não deixa Sport jogar com o Guarani." *O Globo*, Rio de Janeiro, 5 de dezembro de 1987, p. 26.

465 "No módulo amarelo, o Guarani sai na frente." *O Globo*, Rio de Janeiro, 7 de dezembro de 1987, Caderno de Esportes, p. 6.

466 "Bangu perde recurso contra Sport por 5 a 0." *O Globo*, Rio de Janeiro, 17 de dezembro de 1987, p. 33.

467 "CND exige que CBF apure agressão a Fred Oliveira." *Diário de Pernambuco*, Recife, 12 de dezembro de 1987, p. 1. Para o pressentimento de Fred de Oliveira e a duração da surra, entrevista concedida por Estevam Soares, 27 de abril de 2016.

468 "Socos e pontapés voltam a tumultuar o dia-a-dia da CBF." *O Globo*, Rio de Janeiro, 11 de dezembro de 1987, p. 27.

469 "Deu galo na noite em que Castor morreu." *IstoÉ*, São Paulo, 16 de abril de 1997. Disponível em < https://web.archive.org/web/20020116202547/http://www.terra.com.br/istoe/semana/143731f.htm >. Acesso em 26 de dezembro de 2016.

470 "Legal, Guarani!" *Placar*, São Paulo, 11 de dezembro de 1987, pp. 26-27.

471 Ibid.

472 O que há é a afirmação nesse sentido do próprio Sport, em recurso ao STJD datado de 13 de junho de 1988, e um documento maroto da própria CBF, datado de 13 de janeiro de 1988, que afirma que, dentre os clubes participantes dos dois módulos, "protestaram contra o regulamento da competição de 87, na esfera judicial ou administrativa, o América FC, que não disputou o campeonato, o Guarani, a Ponte Preta, a A. [A.] Portuguesa de Desportos, o Vitória (BA) e o SC Recife". Não está claro que esse "protesto" seja o que supostamente se registrou em dezembro e, pelos demais clubes mencionados, a impressão que fica é de que a CBF se refere àqueles que se insurgiram contra o regulamento ainda em setembro.

473 "Sport e Guarani dividem o título." *Diário de Pernambuco*, Recife, 14 de dezembro de 1987, *Esportes*, p. 1.

474 Entrevista concedida por Evair Paulino, 19 de abril de 2016.

475 Assinale-se, aliás, a curiosa coincidência de o juiz da final ser conterrâneo do tal Domingos, o amigo de Fred Lacerda na comissão de arbitragem da CBF.

476 Entrevista concedida por Estevam Soares, 27 de abril de 2016.

477 Josenildo dos Santos Souza. *Súmula do jogo Sport Club do Recife 3 x 0 Guarani Esporte Clube* [sic]. Campeonato Brasileiro — Copa Brasil, Módulo Amarelo. Recife, 13 de dezembro de 1987, pp. 4-5. A revista *Placar* daquela semana registra cartões amarelos apenas para Estevam Soares, Ricardo Rocha, João Carlos Maringá e Catatau, além da expulsão de Paulo Isidoro (que diz ter ocorrido aos 31 do primeiro tempo). V. "Tabelão". *Placar*, São Paulo, 18 de dezembro de 1987, p. 57.

478 "Sport e Guarani dividem o título." *Diário de Pernambuco*, Recife, 14 de dezembro de 1987, *Esportes*, p. 1.

479 Para a reconstrução das cobranças de pênaltis, usaram-se duas fontes: o artigo "Jogos do Módulo Amarelo do Campeonato Brasileiro de Futebol de 1987", da Wikipedia em língua portuguesa, e a edição do *Diário de Pernambuco* de 14 de dezembro de 1987. Por menos respeitável que pareça, o artigo da Wikipedia merece mais crédito no que respeita à reconstituição da sequência de pênaltis, porque há um erro evidente no *Diário de Pernambuco*: o jornal afirma que foi na "sexta série" das cobranças alternadas que Sérgio Neri defendeu a cobrança de Rogério, depois repetida, e que "nas duas séries seguintes, foram convertidos os quatro pênaltis". Com isso, teriam sido cobrados treze tiros livres de cada lado e o placar teria registrado 12 x 12 (considerando que Ribamar e Valdir Carioca desperdiçaram suas cobranças). A súmula do jogo, no entanto, registra placar de 11 x 11. A conclusão que se impõe é que a cobrança de Rogério não se deu na "sexta série" de cobranças alternadas, mas na quinta. Ver "Sport e Guarani dividem o título." *Diário de Pernambuco*, Recife, 14 de dezembro de 1987, *Esportes*, p. 1. "Jogos do Módulo Amarelo do Campeonato Brasileiro de Futebol de 1987." *Wikipedia*. Disponível em < https://pt.wikipedia.org/wiki/Jogos_do_M%C3%B3dulo_Amarelo_do_Campeonato_Brasileiro_de_Futebol_de_1987 >. Acesso em 26 de dezembro de 2016.

480 Josenildo dos Santos Souza. *Súmula do jogo Sport Club do Recife 3 x 0 Guarani Esporte Clube* [sic]. Campeonato Brasileiro — Copa Brasil, Módulo Amarelo. Recife, 13 de dezembro de 1987, p. 6. O juiz afirma que a cobrança de Rogério era a oitava, não a décima, a cargo dos jogadores do Sport. No entanto, essa afirmativa contrasta com as duas fontes registradas na nota precedente, e não é impossível que o árbitro, sob forte tensão, se tenha enganado na hora de redigir a súmula.

481 Entrevista concedida por Émerson Leão, 21 de abril de 2016.

482 Entrevista concedida por Estevam Soares, 27 de abril de 2016.

483 Josenildo dos Santos Souza. *Súmula do jogo Sport Club do Recife 3 x 0 Guarani Esporte Clube* [sic]. Campeonato Brasileiro — Copa Brasil, Módulo Amarelo. Recife, 13 de dezembro de 1987, p. 6.

484 "Otávio nega o erro de impressão." *O Globo*, Rio de Janeiro, 4 de dezembro de 1987, p. 26.

485 Confederação Brasileira de Futebol. Telex do presidente em exercício ao presidente do Conselho Nacional dos Desportos. Rio de Janeiro, 22 de janeiro de 1988.

486 Sport Club do Recife. Impugnação às contestações. Justiça Federal. 10ª Vara da Seção Judiciária de Pernambuco. Ação ordinária declaratória e de obrigação de fazer. Sport Club do Recife vs. União Federal e outros. 27 de janeiro de 1989, pp. 294-300.

487 Juca Kfouri. "O futebol tem cada figurinha que só vendo." *Placar*, São Paulo, 11 de novembro de 1988, p. 16.

VII

488 Para registro, até o ano de 2016, o Sport disputou a segunda divisão do Campeonato Brasileiro em 1980, 1984, 1987, 1990, 2002, 2003, 2004, 2005, 2006, 2010, 2011 e 2013.

489 "Para Otávio, título só com a quarta fase." *O Globo*, Rio de Janeiro, 7 de dezembro de 1987, Caderno de Esportes, p. 5.

490 "Márcio quer tetra do Fla no domingo." "Presidente do Internacional não aceitará o cruzamento." *O Globo*, Rio de Janeiro, 7 de dezembro de 1987, Caderno de Esportes, p. 5.

491 Entrevista concedida por João Henrique Areias, 15 de fevereiro de 2016.

492 "Armando Nogueira: no ar, a Copa União." *Placar*, São Paulo, 28 de setembro de 1987, p. 24.

493 João Saldanha. "O circo." *Jornal do Brasil*, Rio de Janeiro, 9 de dezembro de 1987, p. 23.

494 Juca Kfouri. "A volta dos vampiros." *Placar*, São Paulo, 15 de janeiro de 1988, p. 15.

495 Conselho Nacional de Desportos. Telex MEC.CND.BSB n° 279/87. Brasília, 17 de dezembro de 1987. "CND

manda convocar Arbitral." *O Globo*, Rio de Janeiro, 17 de dezembro de 1987, p. 33.

496 "Arbitral: Nabi vai chamar 32 clubes." *O Globo*, Rio de Janeiro, 18 de dezembro de 1987, p. 25.

497 Confederação Brasileira de Futebol. Ofício CBF n° 10265. Rio de Janeiro, 18 de dezembro de 1987.

498 Conselho Nacional de Desportos. Ofício MEC/CND/PRESI n° 185/88. Brasília, 12 de fevereiro de 1988.

499 Conselho Nacional de Desportos. Telex MEC.CND.BSB n° 22/88. Brasília, 7 de janeiro de 1988. "Conselho Arbitral se reúne até dia 19." *O Globo*, Rio de Janeiro, 7 de janeiro de 1988, p. 32.

500 "CBF fica sem saída e convoca Arbitral." *O Globo*, Rio de Janeiro, 9 de janeiro de 1988, p. 26.

501 "Afinal, CBF convoca o Arbitral de clubes." *O Globo*, Rio de Janeiro, 14 de janeiro de 1988, p. 28.

502 "Nabi Chedid receita mais um impasse no Arbitral." *O Globo*, Rio de Janeiro, 12 de janeiro de 1988, p. 22. O trecho suprimido da transcrição ("do próximo Campeonato Brasileiro") foi evidentemente um erro do repórter ou do próprio Nabi, uma vez que a reunião do conselho arbitral fora convocada para tratar especificamente do campeonato de 1987.

503 V. Cassio Zirpoli. "Nome e sobrenome do título de 1987: Hugo Napoleão." *Diário de Pernambuco. Esportes* (blog). Recife, 16 de abril de 2010. Disponível em < http://blogs.diariodepernambuco.com.br/esportes/2010/04/16/nome-e-sobrenome-do-titulo-de-1987-hugo-napoleao/ >. Acesso em 27 de dezembro de 2016.

504 Entrevista concedida (por e-mail) pelo deputado Hugo Napoleão, 14 de junho de 2016.

505 Justiça Federal. 1ª Vara da Seção Judiciária de Pernambuco. Medida cautelar preparatória de ação principal ordinária declaratória e de obrigação de fazer. Sport Club do Recife vs. União Federal e outros. Genival Matias de Oliveira. 14 de janeiro de 1988, pp. 1-57. "Arbitral decide que o Fla é o campeão de 87." *O Globo*, Rio de Janeiro, 16 de janeiro de 1988, p. 26.

506 Confederação Brasileira de Futebol. Ata da reunião do Conselho Arbitral da 1ª Divisão da Confederação Brasileira de Futebol. Rio de Janeiro, 15 de janeiro de 1988, pp. 9-10.

507 Há por aí um vídeo em que um Eurico Miranda muito mais jovem e magro afirma textualmente: "O Flamengo foi o campeão brasileiro. Não tem o que discutir: o conselho arbitral já decidiu isso. Eles [a CBF e as federações que a integravam], infelizmente, continuam os mesmos... os mesmos incompetentes, e continuam criando problemas." Trata-se de entrevista concedida ao programa *Globo Esporte* no dia 29 de janeiro de 1988 e transmitida no dia seguinte. Disponível em < https://www.youtube.com/watch?v=HNcYZf0hgyY >. Acesso em 27 de dezembro de 2016.

508 Bivar é o dirigente que, em 2013, afirmou que, durante o período em que presidiu o Sport, em 2001, o clube pagou comissão para que o volante Leomar, então jogador do clube, fosse convocado para a Seleção Brasileira. "Presidente do Sport diz que pagou para ter atleta do clube na Seleção." *GloboEsporte*, Rio de Janeiro, 8 de março de 2013. Disponível em < http://globoesporte.globo.com/pe/futebol/times/sport/noticia/2013/03/presidente-do-sport-diz-que-pagou-para-ter-atleta-do-clube-na-selecao.html >. Acesso em 27 de dezembro de 2016.

509 É falsa a versão, tantas vezes repetida (e.g., em < http://jornalheiros.blogspot.ca/2011/02/verdade-sobre-1987.html >, acesso em 27 de dezembro de 2016), segundo a qual teriam votado contra a proposta Sport, Guarani, Náutico, *Fluminense* e *Vasco*. Basta somar o peso dos votos de que dispunha cada um desses clubes, pelo sistema do voto qualificado, para constatar que, com esses cinco, se ultrapassaria a contagem de 104 votos. "Arbitral decide que o Fla é o campeão de 1987." *O Globo*, Rio de Janeiro, 16 de janeiro de 1988, p. 26. "Arbitral sem dar unanimidade faz CBF manter 4ª fase." *Jornal do Brasil*, Rio de Janeiro, 16 de janeiro de 1988, p. 18. Para o número de votos atribuído a cada clube, de acordo com sua colocação no campeonato de 1986, ver: "Afinal, CBF convoca o Arbitral de clubes," *O Globo*, Rio de Janeiro, 14 de janeiro de 1988, p. 28.

510 João Saldanha. "Paraguai, Lolitas e ninfetas." *Jornal do Brasil*, Rio de Janeiro, 8 de agosto de 1987, p. 24.

511 "Arbitral se reúne para discutir o cruzamento." *O Globo*, Rio de Janeiro, 15 de janeiro de 1988, p. 22.

512 "CND apoia decisão de Marcio Braga." *O Globo*, Rio de Janeiro, 22 de janeiro de 1988, p. 24.

513 "CBF marca o cruzamento para domingo." *O Globo*, Rio de Janeiro, 21 de janeiro de 1988, p. 28.

514 "Sport afirma que vai ao Sul." *O Globo*, Rio de Janeiro, 21 de janeiro de 1988, p. 28.

515 "Fla chama Nabi para a sua festa." *O Globo*, Rio de Janeiro, 22 de janeiro de 1988, p. 24.

516 "Nabi ameaça com denúncia à FIFA." *O Globo*, Rio de Janeiro, 23 de janeiro de 1988, p. 28.

517 "Fla comemora tetra em grande estilo." *O Globo*, Rio de Janeiro, 25 de janeiro de 1988, Caderno de Esportes, p. 6. Ver também, na mesma edição, "Sport vai a campo e ganha sem jogar" e "Campinas: Guarani vence Fla por WO", p. 5.

518 "Nabi ameaça com denúncia à FIFA." *O Globo*, Rio de Janeiro, 23 de janeiro de 1988, p. 28.

519 Em entrevista a este autor, Leão limitou-se a afirmar: "O Sport, dentro de Recife, não perdia para ninguém. […] Entendo que, se jogasse com o Flamengo, eu não sei no Rio, mas no Recife não perdia."

Já Estevam Soares parece ter-se dado conta da enormidade do que ia dizer e mudou de ideia no meio: "Fiquei frustrado de não ter podido jogar com o Flamengo. Friamente, nós tínhamos confiança que seríamos campeões. […] Agora, no fundo, depois que eles não vieram… fatalmente nós talvez não seríamos campeões [sic]."

Ao *GloboEsporte*, o zagueiro Marco Antônio arriscou, muitos anos depois, a previsão: "A gente tinha time para bater o Flamengo. Acredito que seria um jogo muito bom e que ia dar Sport." V. "'Sport tinha time para vencer o Fla em 1987', diz autor do gol do título." *GloboEsporte*, Rio de Janeiro, 12 de outubro de 2013. Disponível em < http://globoesporte.globo.com/pe/futebol/times/sport/noticia/2013/10/sport-tinha-time-para-vencer-o-fla-em-1987-diz-autor-do-gol-do-titulo.html >. Acesso 27 de dezembro de 2016.

520 Entrevista concedida por Estevam Soares, 27 de abril de 2016.

521 Naquela mesma tarde, faltou luz no Maracanã aos 21 do segundo tempo, quando o Flamengo já vencia o Vasco por 1 a 0, gol de Bebeto, na rodada inaugural do Campeonato Carioca. Após 32 minutos de interrupção, justamente quando os refletores começavam a reacender, Eurico Miranda determinou que seu time se retirasse de campo. Posteriormente, a Justiça desportiva confirmou a vitória do Flamengo. "Falta luz e o clássico não termina." *O Globo*, Rio de Janeiro, 1° de fevereiro de 1988, Caderno de Esportes, p. 8.

522 "Bangu, na estréia de Zagalo, dá goleada na Cabofriense." *O Globo*, Rio de Janeiro, 1° de fevereiro de 1988, Caderno de Esportes, p. 2.

523 "América perde para o Porto Alegre e torcida protesta." *O Globo*, Rio de Janeiro, 1° de fevereiro de 1988, Caderno de Esportes, p. 4.

524 "Tabelão." *Placar*, São Paulo, 5 de fevereiro de 1988, p. 60.

525 Disponível em < https://www.youtube.com/watch?v=L7bpn5lahpM&list=PLGxcA_QTwlr6sj3z5Lb4BJCqQPA8R2J8d&index=68 >. Acesso em 27 de dezembro de 2016.

526 Ver o vídeo disponível em < https://www.youtube.com/watch?v=L7bpn5lahpM&list=PLGxcA_QTwlr6sj3z5Lb4BJCqQPA8R2J8d&index=68 >, as 2 horas, 2 minutos e 10 segundos. Acesso em 27 de dezembro de 2016.

527 "Tabelão." *Placar*, São Paulo, 12 de fevereiro de 1988, p. 58.

528 "1987 Campeonato Brasileiro Série A." *Wikipedia*. Disponível em < https://en.wikipedia.org/wiki/1987_Campeonato_Brasileiro_S%C3%A9rie_A#Final_Phase >. Acesso em 27 de dezembro de 2016.

529 "Brazilian Championship 1987". RSSSF. < http://www.rsssfbrasil.com/tablesae/br1987.htm >. Acesso em 27 de dezembro de 2016.

530 Ver o vídeo disponível em < https://www.youtube.com/watch?v=L7bpn5lahpM&list=PLGxcA_QTwlr6sj3z5Lb4BJCqQPA8R2J8d&index=68 >, às 2 horas, 3 minutos e 50 segundos.

531 "CBF espera para definir campeão e vice de 1987." *O Globo*, Rio de Janeiro, 9 de fevereiro de 1987, p. 29.

532 "Fla tem estratégia para ser o campeão." *O Globo*, Rio de Janeiro, 11 de fevereiro de 1988, p. 34.

533 Conselho Nacional de Desportos. Ofício MEC/CND/PRESI n° 185/88. Brasília, 12 de fevereiro de 1988.

534 "CND declara ilegal o cruzamento." *O Globo*, Rio de Janeiro, 12 de fevereiro de 1988, p. 24.

535 "Fla vibra: TFR cassa liminar e o título de 87 do Sport." *O Globo*, Rio de Janeiro, 23 de fevereiro de 1988, p. 26.

536 Clube de Regatas do Flamengo. Ofício ao presidente da Confederação Brasileira de Futebol. Rio de Janeiro, 3 de março de 1988.

537 Confederação Brasileira de Futebol. Telex ao presidente do CND. Rio de Janeiro, 22 de janeiro de 1987.

538 "As letras do Brasil na Libertadores." *O Globo*, Rio de Janeiro, 27 de abril de 1988, p. 23.

539 "CBF espera para definir campeão e vice de 1987." *O Globo*, Rio de Janeiro, 9 de fevereiro de 1988, p. 29.

540 "Libertadores: Sport exige sua inscrição." *O Globo*, Rio de Janeiro, 15 de abril de 1988, p. 27.

541 David Goldblatt. "Get rid of Blatter — but not FIFA." *The Guardian*, Londres, 28 de maio de 2015. Disponível em < https://www.theguardian.com/commentisfree/2015/may/28/fifa-corruption-blatter-resign >. Acesso em 27 de dezembro de 2016.

542 "Ricardo Teixeira: olho grande no poder." *Placar*, São Paulo, 26 de outubro de 1987, pp. 35-37.

543 A liminar em favor da Ponte Preta foi cortesia do ministro Édson Vidigal, do Tribunal Federal de Recursos. Em protesto contra a decisão, no primeiro turno, todos os demais times participantes, salvo o Corinthians, recusaram-se a jogar contra a Ponte Preta e o Bandeirante. Os dois intrusos figuraram em apenas dois jogos daquela fase: Ponte Preta 5 x 1 Bandeirante, a 20 de março, e Corinthians 0 x 0 Ponte Preta, a 21 de abril. No segundo turno, o boicote foi-se erodindo e os dois clubes figuraram em mais dezenove partidas. Em princípios de junho, o TFR derrubou as liminares, os dois clubes foram eliminados do campeonato e anularam-se as 21 partidas que disputaram. V. "São Paulo Championship 1988." RSSSF. < http://www.rsssfbrasil.com/tablessz/sp1988.htm >. Acesso em 27 de dezembro de 2016. V. também "Bandeirante insiste." *Placar*, São Paulo, 4 de março de 1988, p. 55. "Liminar da Ponte." *Placar*, São Paulo, 18 de março de 1988, p. 52. "O tribunal na marca do pênalti." *Placar*, São Paulo, 10 de junho de 1988, p. 10. "Enfim, bom futebol." *Placar*, São Paulo, 17 de junho de 1988, pp. 8-11. Juca Kfouri. "A geração do quase." *Placar*, 17 de junho de 1988, p. 19.

544 "Futebol troca gols por vitórias no TFR." *O Globo*, Rio de Janeiro, 20 de julho de 1987, p. 27.

545 "Havelange: ou CBF cumpre o regulamento ou se retira." *O Globo*, Rio de Janeiro, 1° de maio de 1988, p. 60.

546 Confederação Brasileira de Futebol. Resolução da Diretoria n° 03/88. Rio de Janeiro, 24 de maio de 1988.

547 "CBF à Fifa: Sport foi o campeão brasileiro." *O Globo*, Rio de Janeiro, 20 de maio de 1988, p. 26.

548 "CBF vai punir quem entrar na Justiça." *O Globo*, Rio de Janeiro, 25 de maio de 1988, p. 25.

549 "Clube dos Treze não aceita Sport como campeão." *O Globo*, Rio de Janeiro, 21 de maio de 1988, p. 24.

550 Clube dos Treze. Ata da reunião de 24 de junho de 1988. São Paulo, 24 de junho de 1988.

551 Superior Tribunal de Justiça Desportiva. Recurso voluntário. Clube de Regatas do Flamengo e Sport Club Internacional vs. Confederação Brasileira de Futebol. Clube de Regatas do Flamengo e Sport Club Internacional. Rio de Janeiro, 2 de junho de 1988.

552 "STJD cassa ato da CBF e confirma o título da Copa União." *O Globo*, Rio de Janeiro, 10 de junho de 1988, p. 26.

553 Clube de Regatas do Flamengo e Sport Club Internacional. Representação ao Conselho Nacional de Desportos. Rio de Janeiro, 16 de junho de 1988. V. também "Brasil pode ficar sem clube na Taça." *O Globo*, Rio de Janeiro, 14 de junho de 1988, p. 26. "CND impede reunião do STJD." *O Globo*, Rio de Janeiro, 17 de junho de 1988, p. 26. "Roma proíbe Renato de jogar pela seleção." *O Globo*, Rio de Janeiro, 18 de junho de 1988, p. 25 (último parágrafo).

554 "Libertadores." *Placar*, São Paulo, 24 de junho de 1988, p. 56.

555 "CBF desafia os clubes. Clubes ameaçam seleção." *O Globo*, Rio de Janeiro, 21 de junho de 1988, p. 26.

556 A saber, Boca Juniors, Independiente, Racing Club, River Plate e San Lorenzo de Almagro. A constatação de que havia, na Argentina, cinco clubes maiores que os demais, remonta aos primórdios do profissionalismo. Em 1937, a AFA curvou-se a essa realidade ao instituir um mecanismo de voto qualificado em suas deliberações, premiando os clubes que tivessem mais de 15 mil sócios, que figurassem há mais de vinte anos consecutivos na primeira divisão e que a tivessem conquistado em duas ou mais ocasiões.

557 "Adeus, Libertadores." *Placar*, São Paulo, 23 de setembro de 1988, p. 40.

558 Clube dos Treze. Ata da reunião de 24 de junho de 1988. São Paulo, 24 de junho de 1988.

559 Juca Kfouri passa perto dessa interpretação em sua coluna "A revolução inadiável" (*Placar*, São Paulo, 8 de julho de 1988, p. 17).

560 Em contraste com o que consta da ata, *O Globo* do dia seguinte afirma que, dos dezesseis participantes da Copa União de 1987, "apenas o Santos e o Santa Cruz não mandaram representantes." "Clubes aceitam ceder jogadores." *O Globo*, Rio de Janeiro, 25 de junho de 1988, p. 26.

561 "Espião entre os 13." *Placar*, São Paulo, 27 de novembro de 1987, p. 55.

562 "Eurico Miranda: de acusado a acusador." *Placar*, São Paulo, 2 de setembro de 1988, p. 12.

563 "Clube dos Treze não aceita Sport campeão." *O Globo*, Rio de Janeiro, 21 de maio de 1988, p. 24.

564 "Clube dos 13 aceita discutir 20 na Copa." *O Globo*, Rio de Janeiro, 4 de junho de 1988, p. 27.

565 "Clube dos Treze insiste nos 20 times. Recomeça a briga." *O Globo*, Rio de Janeiro, 21 de julho de 1988, p. 30.

566 "Clubes aceitam ceder jogadores." *O Globo*, Rio de Janeiro, 25 de junho de 1988, p. 26.

567 "Clube dos Treze acerta esquema da TV na Copa." *O Globo*, Rio de Janeiro, 28 de junho de 1988, p. 24.

568 "Só a Federação do Rio quer 24 clubes no Brasileiro-88." *O Globo*, Rio de Janeiro, 23 de julho de 1988, p. 26.

569 "Clube dos 13 admite pensar em campeonato com 20 times." *O Globo*, Rio de Janeiro, 20 de julho de 1988, p. 27.

570 "Nabi garante que chegará aos 24." *O Globo*, Rio de Janeiro, 21 de julho de 1988, p. 29.

571 "Clube dos Treze acerta esquema da TV na Copa." *O Globo*, Rio de Janeiro, 28 de junho de 1988, p. 24.

572 Entrevista concedida por João Henrique Areias, 13 de julho de 2016. Para o apoio de 21 federações a Teixeira, ver "Prioridade de Teixeira na CBF é a eliminatória." *O Globo*, Rio de Janeiro, 30 de junho de 1988, p. 30.

573 "Clube dos 13 admite pensar em campeonato com 20 times." *O Globo*, Rio de Janeiro, 20 de julho de 1988, p. 27.

574 "Clube dos Treze insiste nos 20 times. Recomeça a briga." *O Globo*, Rio de Janeiro, 21 de julho de 1988, p. 30.

575 Entrevista concedida por João Henrique Areias, 13 de julho de 2016.

576 Entrevista concedida por Juca Kfouri, 12 de fevereiro de 2016.

577 Entrevista concedida por João Henrique Areias, 15 de fevereiro de 2016.

578 "CBF reúne arbitral com apenas 20 clubes." *O Globo*, Rio de Janeiro, 29 de julho de 1988, p. 28.

579 "Copa União, com 20 clubes, pode até copiar o calendário europeu." *O Globo*, Rio de Janeiro, 3 de agosto de 1988, p. 24.

580 "CND cobra da CBF um calendário à européia." *O Globo*, Rio de Janeiro, 13 de agosto de 1988, p. 26.

581 "Clube dos Treze acerta hoje os detalhes da Copa União." *O Globo*, Rio de Janeiro, 15 de agosto de 1988, Caderno de Esportes, p. 3.

582 "Desta vez é definitivo: 20 times na Copa União." *O Globo*, Rio de Janeiro, 16 de agosto de 1988, p. 26.

583 "Copa União e calendário-88: decisões amanhã no CND." *O Globo*, Rio de Janeiro, 18 de agosto de 1988, p. 29.

584 "CBF quer 24 clubes e Copa até maio." *O Globo*, Rio de Janeiro, 19 de agosto de 1988, p. 26.

585 "CND se reúne hoje sob pressão." *O Globo*, Rio de Janeiro, 19 de agosto de 1988, p. 26.

586 "Copa União: 24 clubes e fim em maio." *O Globo*, Rio de Janeiro, 20 de agosto de 1988, p. 30.

587 "Só Nabi ainda discute a escolha." *O Globo*, Rio de Janeiro, 20 de agosto de 1988, p. 30.

588 "Vasco não aceita Copa até maio de 89." *O Globo*, Rio de Janeiro, 23 de agosto de 1988, p. 30.

589 "Tubino diz que cabe à CBF definir Copa União." *O Globo*, Rio de Janeiro, 24 de agosto de 1988, p. 26.

590 "CBF decreta fim do empate no Brasileiro. Clubes reagem." *O Globo*, Rio de Janeiro, 3 de setembro de 1988, p. 24.

591 Para a íntegra do discurso do dr. Ulysses Guimarães, consultar < http://www2.camara.leg.br/atividade-legislativa/plenario/discursos/escrevendohistoria/190-anos-do-parlamento-brasileiro/ulysses-guimaraes_051088 >. Acesso em 27 de dezembro de 2016.

592 "Quarta-feira histórica." *Placar*, São Paulo, 14 de outubro de 1988, pp. 30-31.

593 Para a inscrição de Djalminha, ver "Filho de Djalma Dias reforça o Fla." *O Globo*, Rio de Janeiro, 21 de dezembro de 1988, p. 26.

594 "Férias viram um caso de polícia." *O Globo*, Rio de Janeiro, 13 de dezembro de 1988, p. 26.

595 "Vasco não aceita Copa até maio de 89." *O Globo*, Rio de Janeiro, 23 de agosto de 1988, p. 30. "Vasco exige que as verbas sejam divididas por igual." *O Globo*, Rio de Janeiro, 24 de agosto de 1988, p. 26.

596 "São Paulo, Palmeiras e Vasco são 'rebaixados' em nova divisão da receita de TV." *UOL Esporte*, São Paulo, 16 de março de 2011. Disponível em < http://esporte.uol.com.br/futebol/ultimas-noticias/2011/03/16/sao-paulo-palmeiras-e-vasco-sao-rebaixados-em-nova-divisao-de-receita-de-tv.jhtm >. Acesso em 27 de dezembro de 2016.

597 "A meta é devolver alegria à torcida." *O Globo*, Rio de Janeiro, 15 de janeiro de 1989, p. 54. V. também Renato Mauricio Prado. "Na nova seleção, velhos são Eurico e Caixa d'Água." *O Globo*, Rio de Janeiro, 17 de janeiro de 1989, p. 29.

598 "A caixinha de surpresas do futebol." *O Globo*, Rio de Janeiro, 19 de janeiro de 1989, p. 34.

599 "Prioridade de Teixeira na CBF é a eliminatória." *O Globo*, Rio de Janeiro, 30 de junho de 1988, p. 30. Para o técnico da seleção, ver "O poderoso chefão." *Placar*, São Paulo, 27 de janeiro de 1989, pp. 10-13.

600 "Ricardo Teixeira se diz eleito e quer Copa de 98 no Brasil." *O Globo*, Rio de Janeiro, 23 de novembro de 1988, p. 23.

601 Cláudio Mello e Souza. "Um candidato que veio das Minas Gerais." *O Globo*, Rio de Janeiro, 1º de julho de 1988, p. 25. "Retrato de um mineiro vitorioso." *O Globo*, Rio de Janeiro, 16 de janeiro de 1989, p. 26.

602 Juca Kfouri. "A revolução inadiável." *Placar*, São Paulo, 8 de julho de 1988, p. 17.

603 Marcio Braga. Op. cit., p. 269.

604 "Clube dos Treze está decidido a criar uma nova Federação." *O Globo*, Rio de Janeiro, 21 de outubro de 1988, p. 24.

605 Cláudio Mello e Souza. "Os jogadores decidem fazer um gol contra." *O Globo*, Rio de Janeiro, 1º dezembro de 1988, p. 31.

606 "CBF: Nabi ameaça jogar 'pesado' para se eleger." *O Globo*, Rio de Janeiro, 21 de dezembro de 1988, p. 26.

607 "Na CBF, o 'jogo pesado' da eleição." *O Globo*, Rio de Janeiro, 23 de dezembro de 1988, p. 24.

608 "CBF marca jogos até dia 18 de dezembro." *O Globo*, Rio de Janeiro, 12 de novembro de 1988, p. 27.

609 "Clube dos Treze rompe com CBF e cria a sua Federação." *O Globo*, Rio de Janeiro, 17 de novembro de 1988, p. 38.

610 "Ricardo Teixeira se diz eleito e quer Copa de 98 no Brasil." *O Globo*, Rio de Janeiro, 23 de novembro de 1988, p. 23.

611 "Otávio vai dar apoio a Ricardo para destruir Nabi." *O Globo*, Rio de Janeiro, 5 de janeiro de 1989, p. 30.

612 "Na hora de registrar a chapa, o apoio de 23 Federações." *O Globo*, Rio de Janeiro, 6 de janeiro de 1989, p. 26.

613 "Nabi desiste da eleição na CBF em favor de Teixeira." *O Globo*, Rio de Janeiro, 7 de janeiro de 1989, p. 29.

VIII

614 Entrevista concedida por Marcio Braga, 24 de fevereiro de 2016

615 Entrevista concedida por Gilberto Cardoso Filho, 8 de julho de 2016.

616 Entrevista concedida por Kleber Leite, 22 de fevereiro de 2016.

617 À época, 1988, não existia ainda a Advocacia Geral da União, e o Ministério Público Federal exercia as duas funções, por vezes contraditórias, de defender os interesses gerais da sociedade e de representar a União em juízo.

618 Justiça Federal. 10ª Vara da Seção Judiciária de Pernambuco. Ação ordinária declaratória e de obrigação de fazer. Sport Club do Recife vs. União Federal e outros. União Federal (Claudio Lemos Fonteles). Mandado de segurança. 18 de fevereiro de 1988, pp. 263-268.

619 Ibid. União Federal (Gizelda Patriota de Oliveira). Apelação. 10 de agosto de 1994, pp. 387-390.

620 Ibid. União Federal (Pedro Paulo Pinto Moreira). Recurso especial. 15 de agosto de 1997, pp. 411-417.

621 Entrevista concedida por Claudio Lemos Fonteles, 20 de junho de 2016.

622 Justiça Federal. 10ª Vara da Seção Judiciária de Pernambuco. Ação ordinária declaratória e de obrigação de fazer. Sport Club do Recife vs. União Federal e outros. Sport Club do Recife. Juntada aos autos. 30 de maio de 1988, pp. 263-268.

623 Os primeiros concursos públicos para juiz federal só se realizaram em meados dos anos 70.

624 Para amplo registro noticioso do *escândalo da mandioca*, ver o sítio da Procuradoria Regional da República da 5ª Região (Pernambuco): < http://www.prr5.mpf.mp.br/prr5/index.php?opcao=4.5.5 >. Ver também a cronologia disponível em < http://www.prr5.mpf.mp.br/prr5/index.php?opcao=4.5.2 >.Acesso em 28 de dezembro de 2016.

625 Cópia digitalizada da denúncia está disponível em < http://www.prr5.mpf.mp.br/prr5/conteudo/espaco/em/historico/denuncia_n_02_82.pdf >. Acesso em 27 de dezembro de 2016.

626 "O caso como foi." *Veja*, São Paulo, 12 de maio de 1982, pp. 27-28.

627 "Fim do silêncio: viúva do procurador exige justiça." *Jornal do Brasil*, Rio de Janeiro, 8 de outubro de 1982, p. 7. Disponível em < http://www.prr5.mpf.mp.br/prr5/conteudo/espaco/em/imprensa/1982-10-08_jornal_do_brasil.pdf >. Acesso em 27 de dezembro de 2016.

628 "Três mil pessoas promovem uma passeata de protesto." *Jornal do Commercio*, Recife, 9 de outubro de 1982, p. 13. Disponível em < http://www.prr5.mpf.mp.br/prr5/conteudo/espaco/em/imprensa/1982-10-09_jc.pdf >. Acesso em 27 de dezembro de 2016.

629 "Tribunal manda acusados a júri." *Diário de Pernambuco*, Recife, 10 de novembro de 1982, p. 1. Disponível em < http://www.prr5.mpf.mp.br/prr5/conteudo/espaco/em/imprensa/1982-11-10_dp.pdf >. Acesso em 27 de dezembro de 2016.

630 "Réus vaiados, juiz aplaudido." *O Globo*, Rio de Janeiro, 12 de outubro de 1983, p. 6. Disponível em < http://www.prr5.mpf.mp.br/prr5/conteudo/espaco/em/imprensa/1983-10-12_o_globo.pdf >. Acesso em 27 de dezembro de 2016.

631 Para as datas de nomeação e aposentadoria do dr. Genival Matias de Oliveira, ver < http://www.jfpe.jus.br/index.php/institucional/431-juiz-federal-genival-matias-de-oliveira-.html >. Acesso em 27 de dezembro de 2016.

632 Esse entendimento foi publicamente esposado por Manoel Tubino em 13 de janeiro de 1988. V. "CND admite não haver cruzamento." *O Globo*, Rio de Janeiro, 14 de janeiro de 1988, p. 28.

633 Lá pelas tantas, ele envereda pelo *nonsense* das "normas constitucionais inconstitucionais".

634 Todas as citações foram extraídas de Justiça Federal. 10ª Vara da Seção Judiciária de Pernambuco. Ação ordinária declaratória e de obrigação de fazer. Sport Club do Recife vs. União Federal e outros. Sentença. Élio Wanderley de Siqueira Filho. 2 de maio de 1994, pp. 43-54.

635 Ver, por exemplo, "Os caprichos do regulamento." *Placar*, São Paulo, 21 de setembro de 1987, p. 48.

636 "CBF e o Clube dos Treze selam a paz." *O Globo*, Rio de Janeiro, 23 de setembro de 1987, p. 26.

637 Justiça Federal. 10ª Vara da Seção Judiciária de Pernambuco. Ação ordinária declaratória e de obrigação de fazer. Sport Club do Recife vs. União Federal e outros. Sport Club do Recife. Petição inicial. 10 de fevereiro de 1988, p. 6.

638 "STJD nega mandado para interromper a Copa União." *O Globo*, Rio de Janeiro, 16 de setembro de 1987, p. 25.

639 "Sucessão passa a ser a meta de Aidar." *O Globo*, Rio de Janeiro, 23 de setembro de 1987, p. 26.

640 "Clube dos Treze escolhe o patrocinador da Copa." *O Globo*, Rio de Janeiro, 29 de setembro de 1987, p. 25.

641 "Clube dos Treze propõe seis meses para a competição." *O Globo*, Rio de Janeiro, 20 de outubro de 1987, p. 26.

642 "Clube dos Treze quer a competição de 1988 no primeiro semestre." *O Globo*, Rio de Janeiro, 18 de novembro de 1987, p. 26.

643 "Fla x Inter: começa a luta pelo tetra." *O Globo*, Rio de Janeiro, 6 de dezembro de 1987, p. 72.

644 "Marcio quer tetra do Fla no domingo." "Presidente do Internacional não aceitará o cruzamento." *O Globo*, Rio de Janeiro, 7 de dezembro de 1987, Caderno de Esportes, p. 5.

645 "Fla pede à CBF 2 anos de punição ao Atlético." *O Globo*, Rio de Janeiro, 8 de dezembro de 1987, p. 29.

646 "Gilberto diz que competição em 88 terá só 16 equipes." *O Globo*, Rio de Janeiro, 10 de dezembro de 1987, p. 36.

647 "CBF e o Clube dos Treze selam a paz." *O Globo*, Rio de Janeiro, 23 de setembro de 1987, p. 26.

648 Confederação Brasileira de Futebol. Telex CBF-391-9. Rio de Janeiro, 13 de janeiro de 1988.

649 Ibid.

650 Entrevista de Homero Lacerda à *Resenha do Leão*, 21 de agosto de 2015. Disponível em < https://www.youtube.com/watch?v=mRDpCx_uXj8&list=PLGxcA_QTwIr6sj3z5Lb4BJCqQPA8R2J8d&index=21 >. A partir de 2 minutos e 20 segundos. Acesso em 25 de dezembro de 2016.

651 Entrevista concedida por Kleber Leite, 22 de fevereiro de 2016.

652 Clube dos Treze. Ata da assembleia geral extraordinária do dia 9 de junho de 1997. São Paulo, 9 de junho de 1997.

653 Fredie Didier Jr. Parecer ao Clube de Regatas do Flamengo. Processo 0004055-52.1900.4.05.8300. Salvador, 23 de maio de 2012.

654 Este autor não teve acesso ao parecer de Álvaro Melo Filho. Consta que ele enveredou por um caminho de difícil compreensão, mas aparentemente não incorreto, para justificar a legalidade do reconhecimento. Aparentemente, sustentou que, assim como o título do Sport estava protegido pela *coisa julgada* (i.e., por uma sentença definitiva e imutável), também o do Flamengo transitara em julgado numa esfera distinta, na esfera desportiva, uma vez que o Sport jamais se insurgiu, pela via administrativa ou judicial, contra as decisões do CND de 1988.

655 "Com Taça das Bolinhas nas mãos, Juvenal diz: 'Vou me deliciar com ela'." *GloboEsporte*, Rio de Janeiro, 14 de fevereiro de 2011. Disponível em < http://globoesporte.globo.com/futebol/noticia/2011/02/com-taca-das-bolinhas-nas-maos-juvenal-diz-vou-me-deliciar-com-ela.html >. Acesso em 27 de dezembro de 2016.

656 Confederação Brasileira de Futebol. Resolução da presidência n° 02/2011. Rio de Janeiro, 21 de fevereiro de 2011.

657 Justiça Federal. 10ª Vara da Seção Judiciária de Pernambuco. Ação ordinária declaratória e de obrigação de fazer. Sport Club do Recife vs. União Federal e outros. Sport Club do Recife. Interpelação. 25 de fevereiro de 2011.

658 Justiça Federal. 10ª Vara da Seção Judiciária de Pernambuco. Ação de cumprimento de sentença condenatória. Sport Club do Recife vs. União Federal e outros. Sport Club do Recife. Requerimento de cumprimento de sentença. 5 de maio de 2011.

659 Justiça Federal. 10ª Vara da Seção Judiciária de Pernambuco. Ação de cumprimento de sentença condenatória. Sport Club do Recife vs. União Federal e outros. Edvaldo Batista da Silva Júnior. 5 de maio de 2011.

660 Superior Tribunal de Justiça. Ação de cumprimento de sentença condenatória. Sport Club do Recife vs. União Federal e outros. Julgamento de recurso extraordinário. Voto do ministro João Otávio de Noronha. Brasília, 1° de abril de 2014.

661 José Eustáquio Cardoso. "Eu juiz." *Pétalas na Estrada*. Rio de Janeiro, edição do autor, 2006, pp. 18-19.

662 Tribunal Regional Federal da 5ª Região. Ação de cumprimento de sentença condenatória. Sport Club do Recife vs. União Federal e outros. Julgamento de apelação. Voto do desembargador Francisco Cavalcanti. Recife, 5 de julho de 2012.

663 Superior Tribunal de Justiça. Ação de cumprimento de sentença condenatória. Sport Club do Recife vs. União Federal e outros. Julgamento de recurso especial. Voto do ministro Sidnei Beneti. Brasília, 1° de abril de 2014.

664 Superior Tribunal de Justiça. Ação de cumprimento de sentença condenatória. Sport Club do Recife vs. União Federal e outros. Julgamento de recurso especial. Voto do ministro João Otávio de Noronha. Brasília, 1° de abril de 2014.

665 Superior Tribunal de Justiça. Ação de cumprimento de sentença condenatória. Sport Club do Recife vs. União Federal e outros. Julgamento de recurso especial. Voto do ministro Sidnei Beneti. Brasília, 1° de abril de 2014.

IX

666 Para um relato *vascaíno* do que ocorreu, ver Sérgio Frias. *Eurico Miranda: todos contra ele*. Rio de Janeiro, MPM Neto Editora, 2012, pp. 204-206. Daí se destaca a seguinte passagem: "No dia 12 de julho, Eurico negociaria com o atacante [Bebeto] *na concentração da Seleção Brasileira em Teresópolis* os valores contratuais." [Grifos deste autor.]

667 Em 1997, Edmundo pôde jogar a finalíssima contra o Palmeiras a despeito de ter sido expulso no primeiro jogo da decisão. Em 2000, houve graves incidentes na finalíssima entre Vasco e São Caetano, disputada num São Januário superlotado. Invocando o "princípio jurídico" de que "futebol se ganha em campo", o STJD de Luiz Zveiter escusou-se de punir o Vasco, quer com a perda do jogo, quer com a perda do mando de campo, e remarcou a partida para o Maracanã, para o mês seguinte. Àquela altura, o São Caetano já negociara seus principais jogadores e não dispunha do preparo físico que foi o seu diferencial na reta final do Campeonato Brasileiro. Para uma visão vascaína da questão, ver Sérgio Frias, op. cit., pp. 365-386. Para uma visão simpática ao São Caetano, ver Luís Felipe dos Santos. "Grandes crimes do futebol brasileiro: o São Caetano de 2000." *Impedimento*, 28 de março de 2012. Disponível em < http://impedimento.org/grandes-crimes-do-futebol-brasileiro-o-sao-caetano-de-2000/ >. Acesso em 17 de agosto de 2016.

668 A exceção, que mais do que confirma a regra, foi a Copa João Havelange de 2000, vencida pelo Vasco da Gama. Mas aqui não se tratava de afirmar a independência dos grandes clubes, e sim de ajudar a CBF a sair de uma

enrascada judicial, resultado do rebaixamento do Gama, no ano anterior, no contexto do *caso Sandro Hiroshi*.

669 "Em 23 anos na CBF, Ricardo Teixeira foi alvo de diversas denúncias." *BBC Brasil*, 12 de março de 2012. Disponível em < http://www.bbc.com/portuguese/noticias/2012/03/120216_ricardo_teixeira_dg.shtml >. Acesso em 27 de dezembro de 2016.

670 Nos anos subsequentes, o Bragantino foi campeão da segunda divisão paulista (1988), da segunda divisão nacional (1989), campeão paulista (1990), vice-campeão brasileiro (1991) e quarto colocado no Campeonato Brasileiro de 1992.

671 "Bragantino de Nabi agora é grande." *O Globo*, Rio de Janeiro, 4 de dezembro de 1989, p. 65.

672 Cláudio Mello e Souza. "O convidado pode acabar com a festa." *O Globo*, Rio de Janeiro. 16 de novembro de 1988, p. 29.

673 "Morre Eduardo Viana e chega ao fim Era Caixa d'Água na FERJ". *O Globo*, Rio de Janeiro, 21 de agosto de 2006. < http://oglobo.globo.com/esportes/morre-eduardo-viana-chega-ao-fim-era-caixa-dagua-na-ferj-4564359 >. Acesso em 26 de dezembro de 2016.

674 "Marin, ex-presidente da CBF, é detido na Suíça acusado de corrupção." *Folha de S. Paulo*, São Paulo, 27 de maio de 2015. < http://www1.folha.uol.com.br/esporte/2015/05/1634207-ex-presidente-da-cbf-e-outros--6-cartolas-sao-detidos-por-corrupcao-na-suica.shtml >. Acesso em 27 de dezembro de 2016.

675 "Independent Ethics Committee bans 11 individuals from football-related activities." *FIFA.com*, 27 de maio de 2015. < http://www.fifa.com/governance/news/y=2015/m=5/news=independent-ethics-committee-bans-11-individuals-from-football-related-2609267.html?intcmp=fifacom_hp_module_news >. Acesso em 27 de dezembro de 2016.

676 "Candidato à presidência do São Paulo quer dar a Taça das Bolinhas para o Fla." *GloboEsporte*, 22 de dezembro de 2013. < http://globoesporte.globo.com/futebol/times/sao-paulo/noticia/2013/12/candidato-presidencia-do-sao-paulo-quer-dar-taca-das-bolinhas-para-o-fla.html >. Acesso em 27 de dezembro de 2016.

677 Juca Kfouri. "Taça das Bolinhas sem votação no São Paulo." *Blog do Juca Kfouri*, 11 de fevereiro de 2015. < http://blogdojuca.uol.com.br/2015/02/taca-das-bolinhas-sem-votacao-no-sao-paulo/ >. Acesso em 27 de dezembro de 2016.

678 14 de agosto de 2016.

679 Para o caso inglês, ver David Goldblatt. *The Game of our Lives: the English Premier League and the making of modern Britain*. Nova York, Nation Books, 2014, loc. 490-688 (edição Kindle). Ver também *The Hillsborough Stadium disaster. 15 April 1989. Inquiry by the Rt. Hon. Lord Justice Taylor. Final Report*. Londres, Home Office, janeiro de 1990 (disponível em < http://hillsborough.independent.gov.uk/repository/docs/HOM000028060001.pdf >, acesso em 28 de dezembro de 2016). As conclusões deste autor amparam-se, ainda, em entrevista que realizou com o próprio David Goldblatt a 24 de março de 2016.

680 O texto integral da lei está disponível em < http://noticias.juridicas.com/base_datos/Anterior/r0-l10-1990.html >. Acesso em 28 de dezembro de 2016. Para a ameaça do estado espanhol, o autor baseou-se no relato de João Henrique Areias, em entrevistas realizadas em 15 de fevereiro e 14 de julho de 2016.

681 Para o caso da Argentina, ainda incipiente e de desfecho incerto, ver "Presidente de la Nación… y de la AFA a distancia." *La Nación*, Buenos Aires, 20 de julho de 2016. Disponível em < http://www.lanacion.com.ar/1920422-presidente-de-la-nacion-y-de-la-afa-a-distancia >. Acesso em 15 de agosto de 2016.

Esta obra foi produzida nas
oficinas da Imos Gráfica e Editora na
cidade do Rio de Janeiro